GUIDE POCHE DES URGENCES - 3e édition

Du même auteur chez le même éditeur

Guide poche infirmier - 5e édition en préparation.
L'infirmière et les urgences, 5e édition 2005.
Dictionnaire des maladies à l'usage des professions de santé, 3e édition 2003.

GUIDE POCHE DES URGENCES

3e édition

Christophe Prudhomme

sous la direction de Jean-François d'Ivernois

MALOINE
27, RUE DE L'ÉCOLE DE MÉDECINE, 75006 PARIS
2005

Dr Christophe PRUDHOMME
Praticien hospitalier
SAMU 93
Hôpital Avicenne
Bobigny

Avec tous mes remerciements pour ses précieux conseils au Pr Frédéric ADNET, Professeur des Universités-Praticien Hospitalier à la Faculté de médecine de Bobigny et au SAMU 93.

Avertissement important

Comme toute science, la médecine est en constante évolution. La recherche et l'expérience clinique élargissent en permanence nos connaissances, en particulier dans le domaine du traitement et des thérapeutiques médicamenteuses. Lorsque un dosage ou une indication est précisée dans cet ouvrage, le lecteur doit prendre en compte le fait que les auteurs et l'éditeur ont pris le plus grand soin pour que ces données correspondent à l'**état des connaissances à la date de parution du livre.**

L'éditeur ne peut cependant se porter garant des indications de doses et de formes d'administration indiquées. Chaque utilisateur est tenu de vérifier avec le plus grand soin sur les notices des produits utilisés et, éventuellement, en consultant un spécialiste, la concordance des recommandations concernant les doses et les contre-indications précisées dans cet ouvrage. Une telle vérification est particulièrement importante dans le cas des produits rarement utilisés ou de ceux récemment mis sur le marché. **Toute prescription et calcul de dose se fait sous l'entière responsabilité de l'utilisateur.** Les auteurs et l'éditeur sollicitent chaque lecteur pour qu'il leur indique toute erreur ou inexactitude.

Dépôt légal : octobre 2005 - ISBN 2-224-02931-4
Achevé d'imprimer en octobre 2005 par Bookprint, S.L., Barcelone, Espagne.

Table des matières

Tri et orientations diagnostiques

1

Brûlures – Inhalation de fumées

Interrogatoire

- Circonstances de l'accident (feu d'appartement, explosion, projection de liquides…).
- Atmosphère close ou feu en plein air.
- Antécédents médicaux pouvant influer sur le pronostic ces brûlures.
- Éventuelles lésions traumatiques associées.

Conduite à tenir

- Enlever tous les vêtements non collés aux brûlures.
- En cas de brûlures chimiques : lavage abondant à l'eau du robinet ou au sérum physiologique.
- En cas de brûlures thermiques vues précocement : refroidissement par irrigation à l'eau du robinet pendant 15 min.
- Surveillance pouls, PA, température, SpO_2, scope.
- Envelopper les zones atteintes dans des champs stériles humidifiés avec du sérum physiologique.
- Oxygène nasal à fort débit.
- Voie veineuse périphérique de gros calibre avec un soluté de Ringer lactate.
- Prélèvements : ionogramme sanguin, urée et créatinine, glycémie, NFS, hémostase, GDS avec dosage du CO (en cas d'inhalation de fumée).
- Sonde urinaire à poser immédiatement en cas de brûlures des organes génitaux externes, dans les autres cas pour surveiller la diurèse.

Signes de gravité

- Surface :
  - **Plus de 15 % chez l'adulte.**
  - **Plus de 10 % chez l'enfant** (ou chez les personnes âgées ou en mauvais état général).
- Lésions associées (inhalation de fumée, traumatismes, électrocution).
- Localisations particulières :
  - Face → brûlures associées des voies aériennes supérieures àœdème avec risque d'asphyxie → **intubation précoce.**
  - **Brûlures circulaires** → syndrome des loges → **incisions de décharge.**
  - **Extrémités** → séquelles fonctionnelles.
  - **Organes génitaux** → œdème très rapide → **sonde urinaire.**

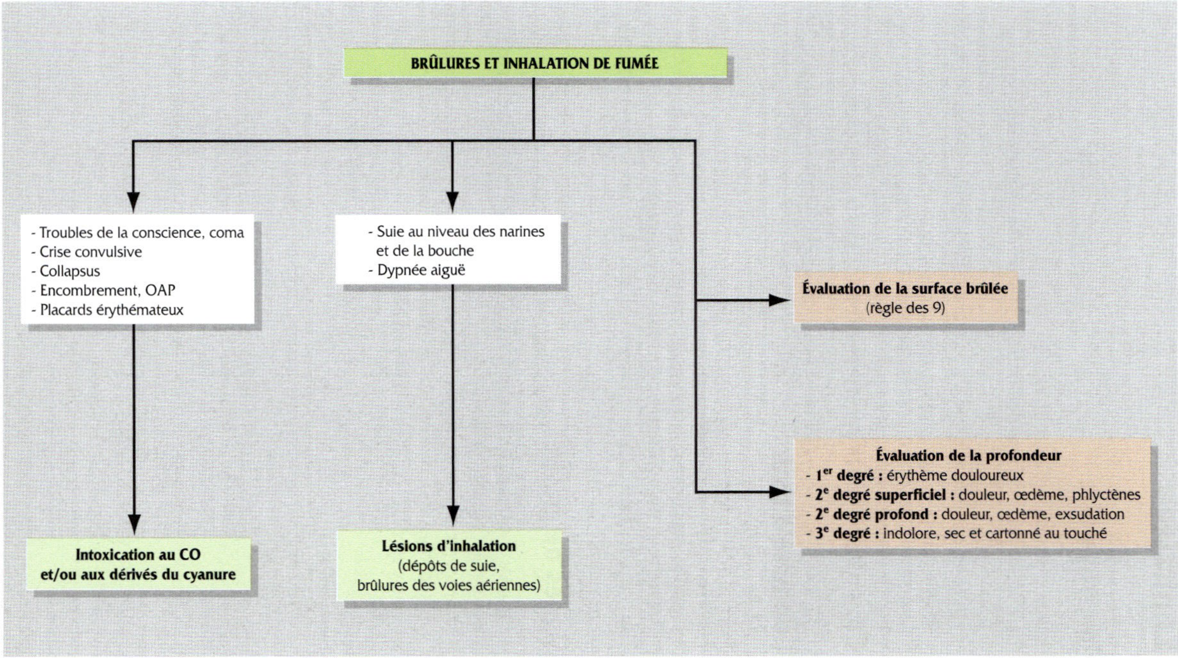
BRÛLURES ET INHALATION DE FUMÉE
- Troubles de la conscience, coma
- Crise convulsive
- Collapsus
- Encombrement, OAP
- Placards érythémateux
- Suie au niveau des narines et de la bouche
- Dypnée aiguë
Évaluation de la surface brûlée (règle des 9)
Évaluation de la profondeur
- 1er degré : érythème douloureux
- 2e degré superficiel : douleur, œdème, phlyctènes
- 2e degré profond : douleur, œdème, exsudation
- 3e degré : indolore, sec et cartonné au touché
Intoxication au CO et/ou aux dérivés du cyanure
Lésions d'inhalation (dépôts de suie, brûlures des voies aériennes)

Céphalées

Interrogatoire

- Durée, permanente ou non ?
- Circonstances : lieu, type de chauffage, présence d'un chauffe-eau ?
- Localisation ?
- Sensation de battements ou de pulsations, existence de nausées, de troubles visuels ?
- La douleur empêche-t-elle de dormir la nuit ?
- Est-elle comme d'habitude ou pas ?
- Existence d'un traumatisme crânien récent ?

Conduite à tenir

- Température.
- Pouls et pression artérielle.
- Glycémie capillaire.
- Recherche de signes méningés, de déficits neurologiques.
- Au moindre doute : scanner, complété par une PL en cas de signes méningés.

Signes de gravité

- Présence de **troubles de la conscience et/ou de signes neurologiques** en foyer, notamment s'ils sont évolutifs.
- Présence de **signes méningés** (raideur de la nuque, vomissements en jets, photophobie, signe de Kernig ou de Brudzinski).
- Femme enceinte → penser à la **pré-éclampsie.**

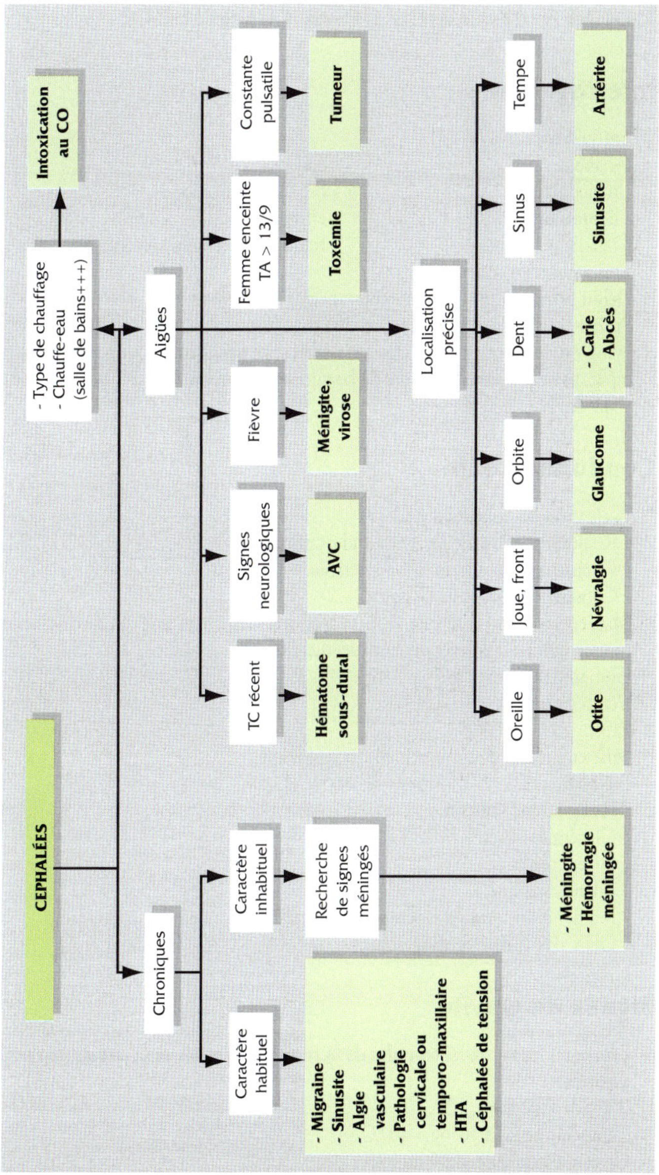
CEPHALÉES
Chroniques
Aigües
- Type de chauffage
- Chauffe-eau
(salle de bains+++)
Intoxication au CO
Caractère habituel
- Migraine
- Sinusite
- Algie vasculaire
- Pathologie cervicale ou temporo-maxillaire
- HTA
- Céphalée de tension
Caractère inhabituel
Recherche de signes méningés
- Méningite
- Hémorragie méningée
TC récent
Hématome sous-dural
Signes neurologiques
AVC
Fièvre
Ménigite, virose
Femme enceinte
TA > 13/9
Toxémie
Constante pulsatile
Tumeur
Localisation précise
Oreille
Otite
Joue, front
Névralgie
Orbite
Glaucome
Dent
- Carie
- Abcès
Sinus
Sinusite
Tempe
Artérite

Coma – Troubles de la conscience

Interrogatoire

- Antécédents :
  - diabète
  - toxicomanie
  - dépression
  - tétanie
  - épilepsie
  - bronchite chronique
  - cirrhose
  - traumatisme crânien récent ou ancien…
- Traitements en cours.
- Début brutal ou progressif, circonstances d'apparition ?
- Prise de médicaments, d'alcool ou d'autres toxiques ?
- Symptômes évoquant une crise convulsive (mouvements anormaux, raidissement, bave aux lèvres, morsure de langue, perte d'urine) ?
- Type de chauffage utilisé ?

Conduite à tenir

- Évaluation des fonctions vitales :
  - Respiration = fréquence, amplitude, cyanose, SpO_2.
  - Circulation = pouls, pression artérielle.
  - Conscience = score de Glasgow.
- Mise en position latérale de sécurité avec éventuellement une canule de Guedel (ne pas oublier d'enlever un éventuel dentier).
- Glycémie capillaire.
- Température.
- ECG.
- Mise en place d'une voie veineuse périphérique.
- Prélèvements :
  - Ionogramme sanguin.
  - Glycémie.
  - Urée, créatinine.
  - Bilan hépatique.
  - Numération-formule sanguine, plaquettes.
  - GDS avec carboxyhémoglobine.

Signes de gravité

- Dans tous les cas où les **troubles de la respiration et/ou de la circulation sont associés.**
- Score de Glasgow < 12.
- Température < 35 °C ou > 40 °C.
- Glycémie capillaire < 2,5 mmol/L.

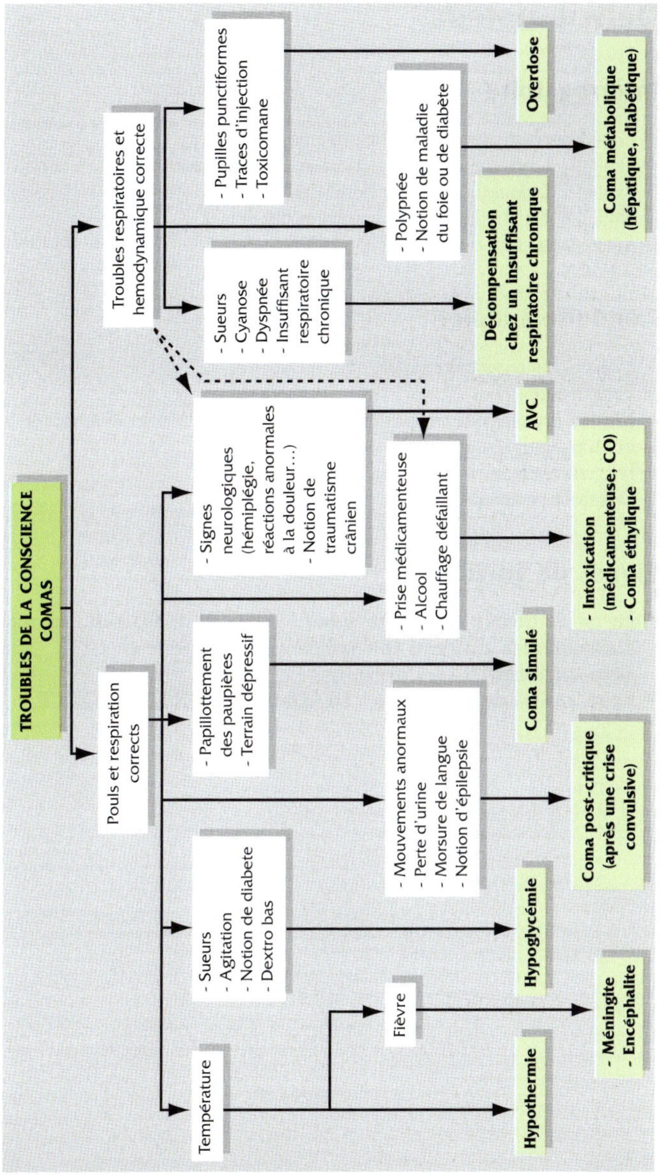
TROUBLES DE LA CONSCIENCE
COMAS
Pouls et respiration corrects
Troubles respiratoires et hemodynamique correcte
- Pupilles punctiformes
- Traces d'injection
- Toxicomane
Overdose
- Polypnée
- Notion de maladie du foie ou de diabète
Coma métabolique (hépatique, diabétique)
- Sueurs
- Cyanose
- Dyspnée
- Insuffisant respiratoire chronique
Décompensation chez un insuffisant respiratoire chronique
- Signes neurologiques (hémiplégie, réactions anormales à la douleur…)
- Notion de traumatisme crânien
AVC
- Prise médicamenteuse
- Alcool
- Chauffage défaillant
- Intoxication (médicamenteuse, CO)
- Coma éthylique
- Papillottement des paupières
- Terrain dépressif
Coma simulé
- Mouvements anormaux
- Perte d'urine
- Morsure de langue
- Notion d'épilepsie
Coma post-critique (après une crise convulsive)
- Sueurs
- Agitation
- Notion de diabete
- Dextro bas
Hypoglycémie
Température
Fièvre
- Méningite
- Encéphalite
Hypothermie

Déficit moteur

Interrogatoire

- Circonstances de survenue : brutale ou progressive?
- Existence d'un traumatisme?
- Existence de douleurs vertébrales localisées?
- Notion d'intoxication (organophosphorés, botulisme).
- Antécédents : myasthénie connue?

Conduite à tenir

- Évaluer l'état respiratoire : GDS.
- Température.
- Examen neurologique complet, détaillé et horodaté : localiser le niveau de la lésion et éliminer une compression médullaire.
- Imagerie cérébrale et rachidienne.
- Éventuelle ponction lombaire.

Signes de gravité

- En cas de **trouble respiratoire** associé = **URGENCE VITALE**. Nécessité d'administration d'oxygène et ventilation assistée précoce en cas de signe d'hypoventilation ($PCO_2 > 50$ mmHg).
- En cas de **signe de compression = DÉCOMPRESSION EN URGENCE.**

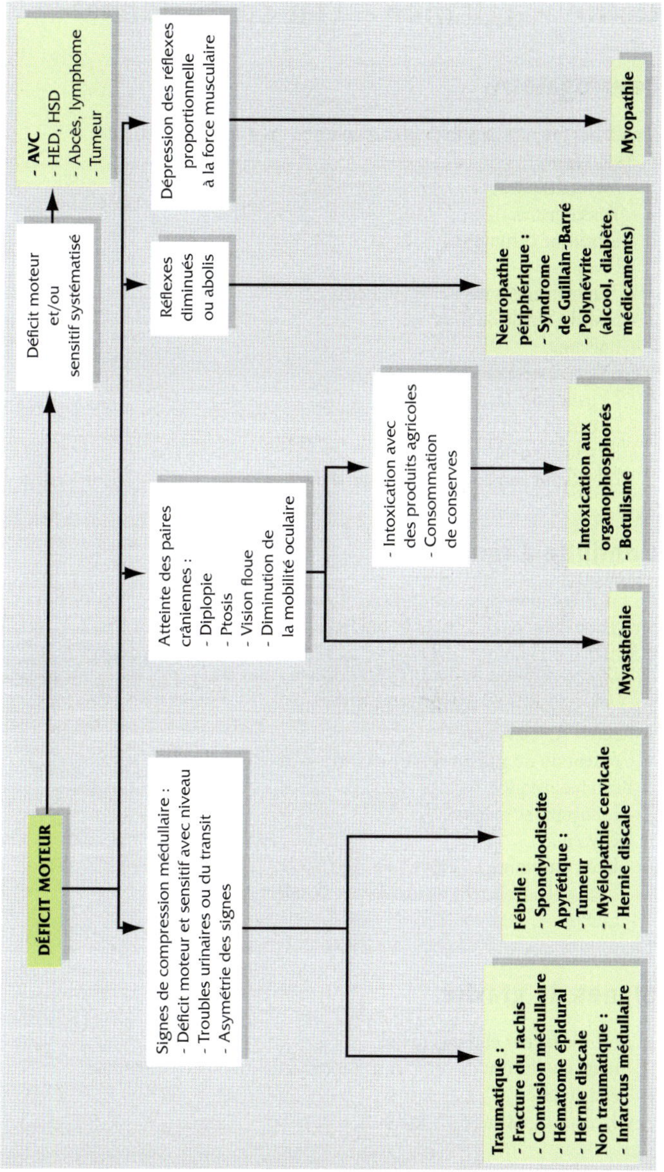
DÉFICIT MOTEUR
Déficit moteur et/ou sensitif systématisé
- AVC
- HED, HSD
- Abcès, lymphome
- Tumeur
Signes de compression médullaire :
- Déficit moteur et sensitif avec niveau
- Troubles urinaires ou du transit
- Asymétrie des signes
Atteinte des paires crâniennes :
- Diplopie
- Ptosis
- Vision floue
- Diminution de la mobilité oculaire
Réflexes diminués ou abolis
Dépression des réflexes proportionnelle à la force musculaire
Traumatique :
- Fracture du rachis
- Contusion médullaire
- Hématome épidural
- Hernie discale
Non traumatique :
- Infarctus médullaire
Fébrile :
- Spondylodiscite
Apyrétique :
- Tumeur
- Myélopathie cervicale
- Hernie discale
Myasthénie
- Intoxication avec des produits agricoles
- Consommation de conserves
- Intoxication aux organophosphorés
- Botulisme
Neuropathie périphérique :
- Syndrome de Guillain-Barré
- Polynévrite (alcool, diabète, médicaments)
Myopathie

Délire – Agitation – État confusionnel

Interrogatoire

Il n'est pas toujours possible, en particulier en cas d'agitation clastique.

- Antécédents :
  - Psychiatriques.
  - Toxicomanie.
  - Éthylisme chronique.
  - Diabète.
  - Traumatisme crânien, même ancien.
  - Maladie rénale ou hépatique.
  - Épilepsie.
- De façon schématique :
  - Le maniaque amuse.
  - Le confus rend perplexe.
  - Le schizophrène intrigue.
  - Le délirant paranoïaque provoque la discussion.

Conduite à tenir

En cas d'agitation et de dangerosité, il est nécessaire de prendre des mesures de protection tant pour le malade que pour le personnel : isolement, contention mécanique et chimique (par ex. avec un neuroleptique du type Loxapac®).

La présence d'un psychiatre est utile. Il faut également se méfier des agités anxieux qui peuvent présenter un risque suicidaire majeur.

- Pouls, PA, température.
- Contention du patient et mise en place si possible d'une voie veineuse.
- Bilan biologique :
  - Ionogramme sanguin.
  - Glycémie.
  - Urée, créatinine.
  - Éventuelle recherche de toxiques et alcoolémie.
  - GDS.

Signes de gravité

- Accès de **fureur et dangerosité**.
- Altération de l'état de conscience associée à des troubles respiratoires.
- Température > 40 °C.
- Glycémie capillaire < 2,5 mmol/L.

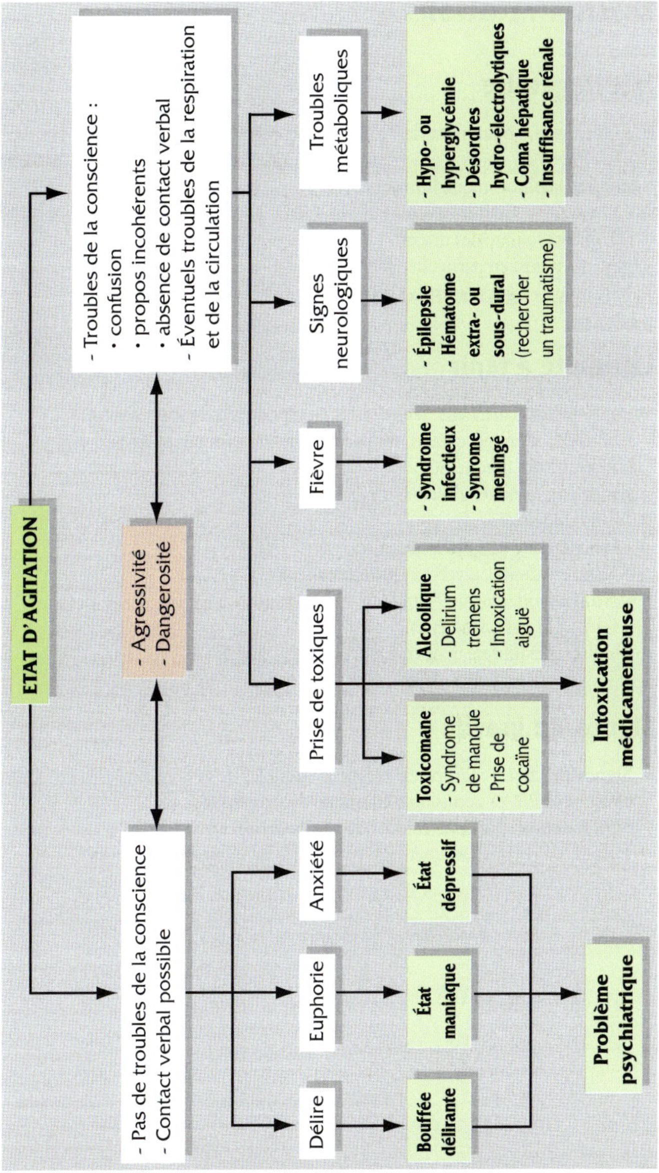
ETAT D'AGITATION
- Pas de troubles de la conscience
- Contact verbal possible
- Agressivité
- Dangerosité
- Troubles de la conscience :
• confusion
• propos incohérents
• absence de contact verbal
- Éventuels troubles de la respiration et de la circulation
Délire
Euphorie
Anxiété
Prise de toxiques
Fièvre
Signes neurologiques
Troubles métaboliques
Bouffée délirante
État maniaque
État dépressif
Toxicomane
- Syndrome de manque
- Prise de cocaïne
Alcoolique
- Delirium tremens
- Intoxication aiguë
- Syndrome infectieux
- Synrome meningé
- Épilepsie
- Hématome extra- ou sous-dural (rechercher un traumatisme)
- Hypo- ou hyperglycémie
- Désordres hydro-électrolytiques
- Coma hépatique
- Insuffisance rénale
Problème psychiatrique
Intoxication médicamenteuse

Déshydratation

Interrogatoire

- Antécédents, notamment de diabète, de néphropathie…
- Traitement en cours : diurétiques, médicaments pouvant induire un diabète insipide néphrogénique (lithium…)?
- Circonstances (effort, exposition au soleil…), volumes et types de boissons absorbées, volume des urines.
- Perte de poids, en particulier chez l'enfant?
- Existence de signes digestifs : diarrhée, vomissements?

Conduite à tenir

- Pouls, pression artérielle, température, temps de recoloration capillaire.
- Recherche d'un pli cutané, d'un collapsus veineux périphérique; examen de l'humidité des muqueuses.
- Bandelette urinaire, glycémie capillaire.
- Bilan biologique :
  - Ionogramme sanguin et urinaire.
  - Urée, créatinine, glycémie, protides totaux.
  - Numération – formule sanguine avec hématocrite.
  - GDS (pH et bicarbonates).
- Mesure de la diurèse et des éventuelles pertes digestives.

Signes de gravité

- **Signes de choc :** marbrures, polypnée, troubles de la conscience, tachycardie, chute de la PA → perfusion d'un soluté de remplissage.
- **Signes neurologiques :** troubles de la conscience, convulsions.
- **Enfant** (en particulier si perte de poids > 10 %) et **vieillard**.

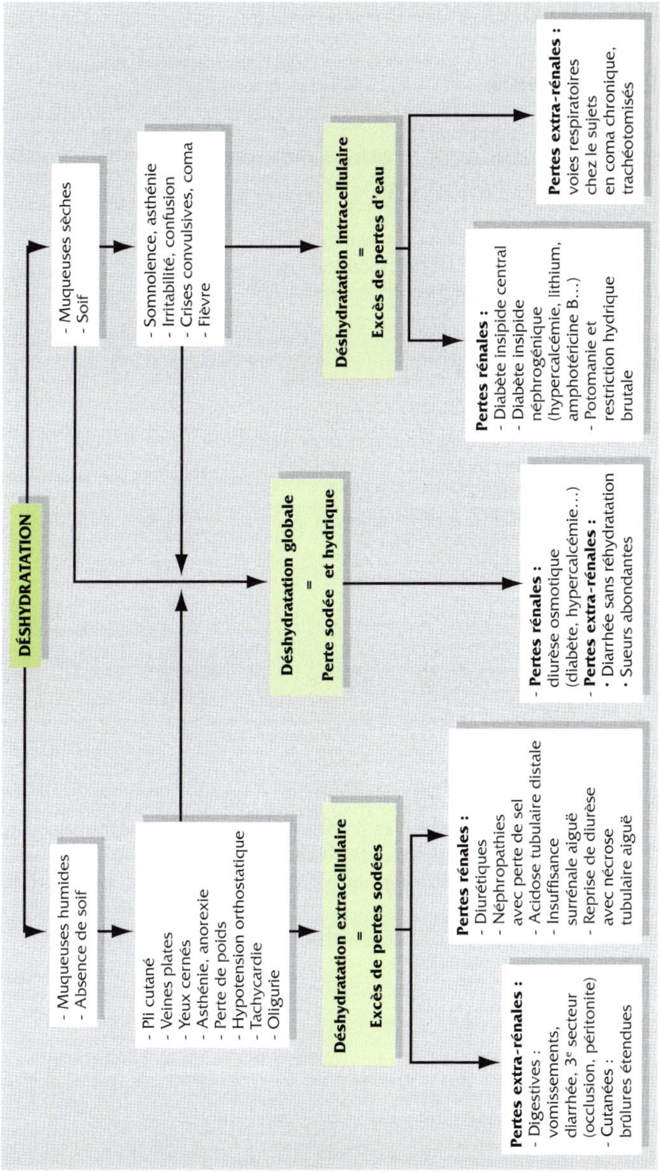
DÉSHYDRATATION
- Muqueuses humides
- Absence de soif
- Pli cutané
- Veines plates
- Yeux cernés
- Asthénie, anorexie
- Perte de poids
- Hypotension orthostatique
- Tachycardie
- Oligurie
Déshydratation extracellulaire
=
Excès de pertes sodées
Pertes extra-rénales :
- Digestives :
vomissements,
diarrhée, 3e secteur
(occlusion, péritonite)
- Cutanées :
brûlures étendues
Pertes rénales :
- Diurétiques
- Néphropathies
avec perte de sel
- Acidose tubulaire distale
- Insuffisance
surrénale aiguë
- Reprise de diurèse
avec nécrose
tubulaire aiguë
Déshydratation globale
=
Perte sodée et hydrique
- Pertes rénales :
diurèse osmotique
(diabète, hypercalcémie…)
- Pertes extra-rénales :
• Diarrhée sans réhydratation
• Sueurs abondantes
- Muqueuses sèches
- Soif
- Somnolence, asthénie
- Irritabilité, confusion
- Crises convulsives, coma
- Fièvre
Déshydratation intracellulaire
=
Excès de pertes d'eau
Pertes rénales :
- Diabète insipide central
- Diabète insipide
néphrogénique
(hypercalcémie, lithium,
amphotéricine B…)
- Potomanie et
restriction hydrique
brutale
Pertes extra-rénales :
voies respiratoires
chez le sujets
en coma chronique,
trachéotomisés

Diarrhée et vomissements

Interrogatoire

- Début brutal et progressif?
- Aliments consommés dans les 24 h et les jours précédents?
- Autres malades dans l'entourage?
- Voyage à l'étranger?
- Aspect et couleur des selles, des vomissements?
- Douleur abdominale? Diffuse, localisée?
- Traitement antibiotique récent?

Conduite à tenir

- Température, pouls, pression artérielle.
- Évaluation de l'état d'hydratation et de l'éventuelle perte de poids récente (notamment chez les enfants).
- Examen de l'abdomen. Toucher rectal.
- Examens complémentaires possibles :
  - Recherche de sang dans les selles.
  - Examen des selles au microscope après coloration.
  - Coproculture.
  - NFS.
  - Hémocultures.
  - Radiographie d'abdomen, échographie.
  - Rectoscopie.

Signes de gravité

- La priorité est la recherche d'un possible retentissement hémodynamique avec une hypotension et des signes d'**état de choc** (hypovolémie et/ou sepsis).
- La présence d'un **abdomen aigu** impose un avis chirurgical pour une éventuelle intervention en urgence.

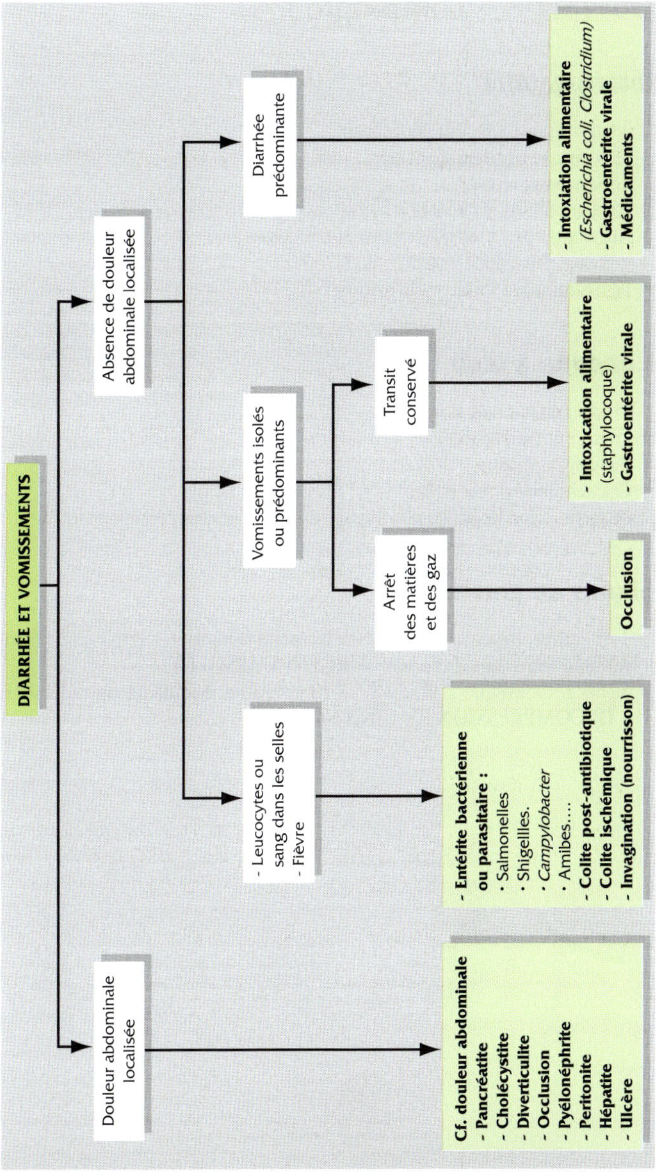
DIARRHÉE ET VOMISSEMENTS
Douleur abdominale localisée
Absence de douleur abdominale localisée
Cf. douleur abdominale
- Pancréatite
- Cholécystite
- Diverticulite
- Occlusion
- Pyélonéphrite
- Péritonite
- Hépatite
- Ulcère
- Leucocytes ou sang dans les selles
- Fièvre
Vomissements isolés ou prédominants
Diarrhée prédominante
- Entérite bactérienne ou parasitaire :
· Salmonelles
· Shigellles.
· Campylobacter
· Amibes....
- Colite post-antibiotique
- Colite ischémique
- Invagination (nourrisson)
Arrêt des matières et des gaz
Transit conservé
Occlusion
- Intoxication alimentaire (staphylocoque)
- Gastroentérite virale
- Intoxiation alimentaire (Escherichia coli, Clostridium)
- Gastroentérite virale
- Médicaments

Dorsalgie – Lombalgie

Interrogatoire

- Traumatisme ou facteur déclenchant?
- Survenue à l'effort ou spontanée?
- Localisation précise.
- Irradiation (vers le membre inférieur, les organes génitaux, l'abdomen…)?
- Augmentée par la toux, l'éternuement, la défécation?
- Présence d'un déficit neurologique?
- Signes urinaires : brûlures, hématurie?

Conduite à tenir

- Installer en position antalgique.
- Pouls, PA, température.
- Bandelette urinaire.
- Examens biologiques (selon les cas) : NFS, CRP, ECBU.
- Imagerie (selon les cas) : radiographies du rachis, scanner, échographie.

Signes de gravité

- Tachycardie, hypotension, asymétrie des pouls fémoraux → suspicion de **fissuration d'anévrisme de l'aorte = URGENCE ABSOLUE.**
- Signes neurologiques déficitaires → **compression médullaire ou radiculaire = DÉCOMPRESSION EN URGENCE.**

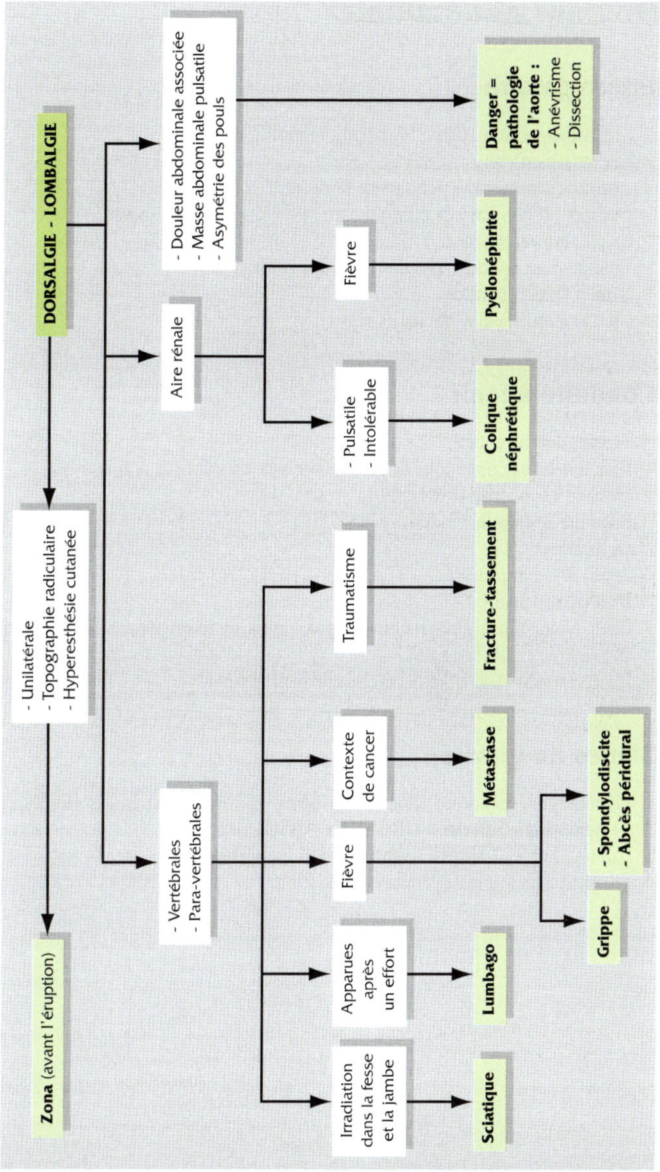
DORSALGIE - LOMBALGIE
- Unilatérale
- Topographie radiculaire
- Hyperesthésie cutanée
Zona (avant l'éruption)
- Vertébrales
- Para-vertébrales
Aire rénale
- Douleur abdominale associée
- Masse abdominale pulsatile
- Asymétrie des pouls
Danger = pathologie de l'aorte :
- Anévrisme
- Dissection
Fièvre
Pyélonéphrite
- Pulsatile
- Intolérable
Colique néphrétique
Traumatisme
Fracture-tassement
Contexte de cancer
Métastase
Fièvre
- Spondylodiscite
- Abcès péridural
Grippe
Apparues après un effort
Lumbago
Irradiation dans la fesse et la jambe
Sciatique

Douleur abdominale

Interrogatoire

- Mode d'apparition : début brutal ou progressif?
- La douleur est-elle :
  - continue ou avec des périodes de rémission?
  - calmée ou non par une position particulière ou un médicament?
- Localisation, irradiation.
- Troubles fonctionnels : diarrhée, nausées, vomissements?
- Notion de traumatisme.
- Chez la femme jeune : retard de règles?

Conduite à tenir

Si hypotension ou choc :
- Voie veineuse périphérique de gros calibre avec un soluté de remplissage.
- O_2 nasal à fort débit (6-9 L/min).
- Bilan pré-opératoire en urgence et GDS.

Dans les autres cas :
- Pouls, PA, température.
- Bandelette urinaire.
- Bilan biologique : ionogramme sanguin, NFS et plaquettes, éventuellement amylasémie et amylasurie.
- Imagerie : ASP, échographie, éventuellement scanner.

Signes de gravité

- Hypotension, signes de choc (pouls filant, marbrures, extrémités froides…) → **hémorragie interne = URGENCE ABSOLUE**.
- Contracture généralisée = « ventre de bois » = **péritonite**.
- Distension abdominale gênant la respiration.

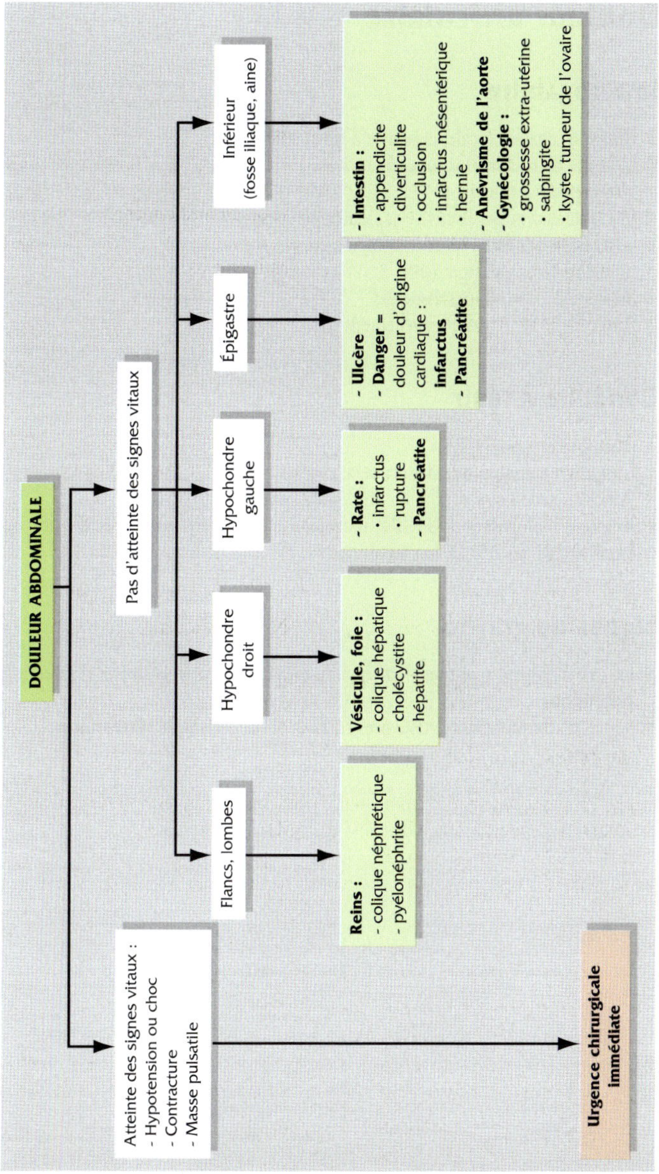
DOULEUR ABDOMINALE
Atteinte des signes vitaux :
- Hypotension ou choc
- Contracture
- Masse pulsatile
Urgence chirurgicale immédiate
Pas d'atteinte des signes vitaux
Flancs, lombes
Reins :
- colique néphrétique
- pyélonéphrite
Hypochondre droit
Vésicule, foie :
- colique hépatique
- cholécystite
- hépatite
Hypochondre gauche
- Rate :
· infarctus
· rupture
- Pancréatite
Épigastre
- Ulcère
- Danger = douleur d'origine cardiaque : infarctus
- Pancréatite
Inférieur (fosse iliaque, aine)
- Intestin :
· appendicite
· diverticulite
· occlusion
· infarctus mésentérique
· hernie
- Anévrisme de l'aorte
- Gynécologie :
· grossesse extra-utérine
· salpingite
· kyste, tumeur de l'ovaire

Douleur articulaire

Interrogatoire

- Rougeur, chaleur locale, existence d'un épanchement?
- Nombre d'articulations touchées.
- Horaires des douleurs.
- Déclenchement par l'activité et calmée par le repos?
- Type de la douleur : sourde, intolérable...?
- Douleurs fixes ou migrantes?
- Signes extra-articulaires associés?
- Antécédent de maladie sexuellement transmissible?

Conduite à tenir

- Température, pouls, PA.
- Imagerie : radiographies des articulations atteintes.
- Ponction articulaire et examen du liquide synovial.
- Examens biologiques : VS, CRP, recherche anticorps antinucléaires, fixation du latex, titrage des ASLO, hémocultures.

Signes de gravité

- En cas d'arthrite septique → risque de **destruction articulaire** et d'**infection systémique**.
- Signes d'atteintes extra-articulaires en faveur d'une **maladie systémique**.

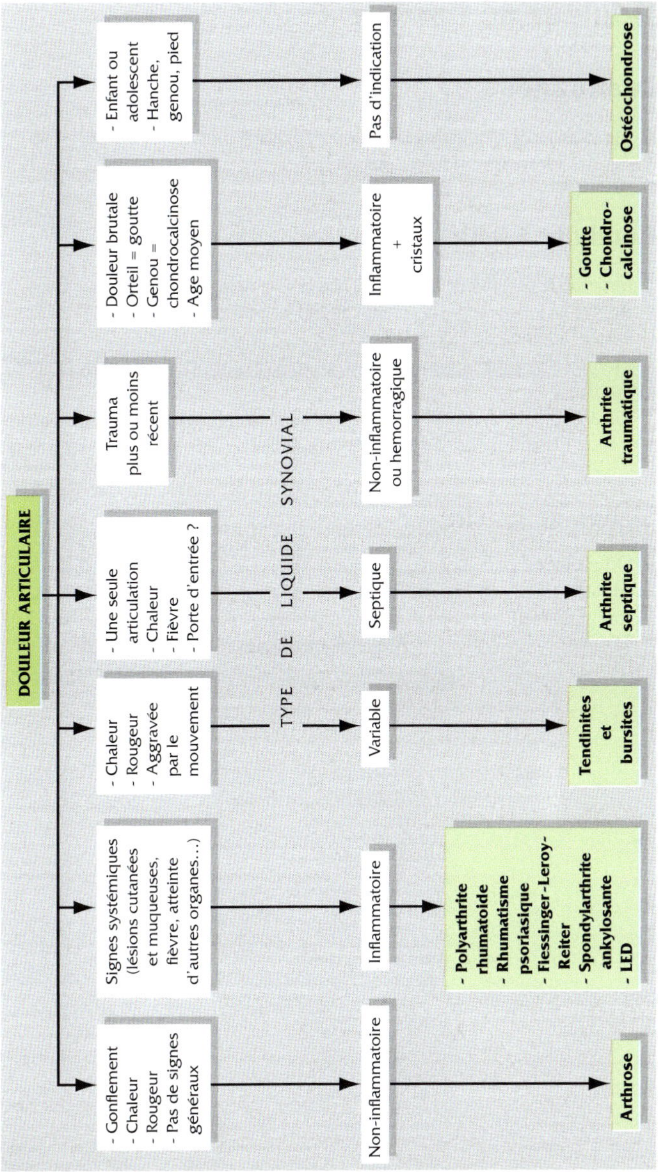
DOULEUR ARTICULAIRE
- Gonflement
- Chaleur
- Rougeur
- Pas de signes généraux
Signes systémiques (lésions cutanées et muqueuses, fièvre, atteinte d'autres organes...)
- Chaleur
- Rougeur
- Aggravée par le mouvement
- Une seule articulation
- Chaleur
- Fièvre
- Porte d'entrée ?
Trauma plus ou moins récent
- Douleur brutale
- Orteil = goutte
- Genou = chondrocalcinose
- Age moyen
- Enfant ou adolescent
- Hanche, genou, pied
TYPE DE LIQUIDE SYNOVIAL
Non-inflammatoire
Inflammatoire
Variable
Septique
Non-inflammatoire ou hemorragique
Inflammatoire + cristaux
Pas d'indication
Arthrose
- Polyarthrite rhumatoide
- Rhumatisme psoriasique
- Fiessinger-Leroy-Reiter
- Spondylarthrite ankylosante
- LED
Tendinites et bursites
Arthrite septique
Arthrite traumatique
- Goutte
- Chondro-calcinose
Ostéochondrose

Douleur de l'oreille

Interrogatoire

- Antécédents de traumatisme ou d'une pathologie connue de l'oreille.
- Activité aquatique : natation, plongée… ?

Conduite à tenir

- Inspecter le pavillon de l'oreille : le palper et le tirer délicatement.
- Inspection à l'otoscope du conduit auditif externe et du tympan.
- Tester l'audition du patient.
- Examiner les autres structures de la sphère ORL (dents, articulation temporo-maxillaire…).
- Radiographies : mastoïde en cas d'otorrhée; face et sinus en cas de suspicion d'abcès dentaire; articulation temporo-maxillaire.

Signes de gravité

- Otite externe chez les patients immunodéprimés (le plus souvent diabétique) → **otite maligne externe** (*Pseudomonas aeruginosa* résistant au traitement conventionnel).
- Mastoïdite chez l'enfant → **risque de méningite et d'abcès cérébral**.

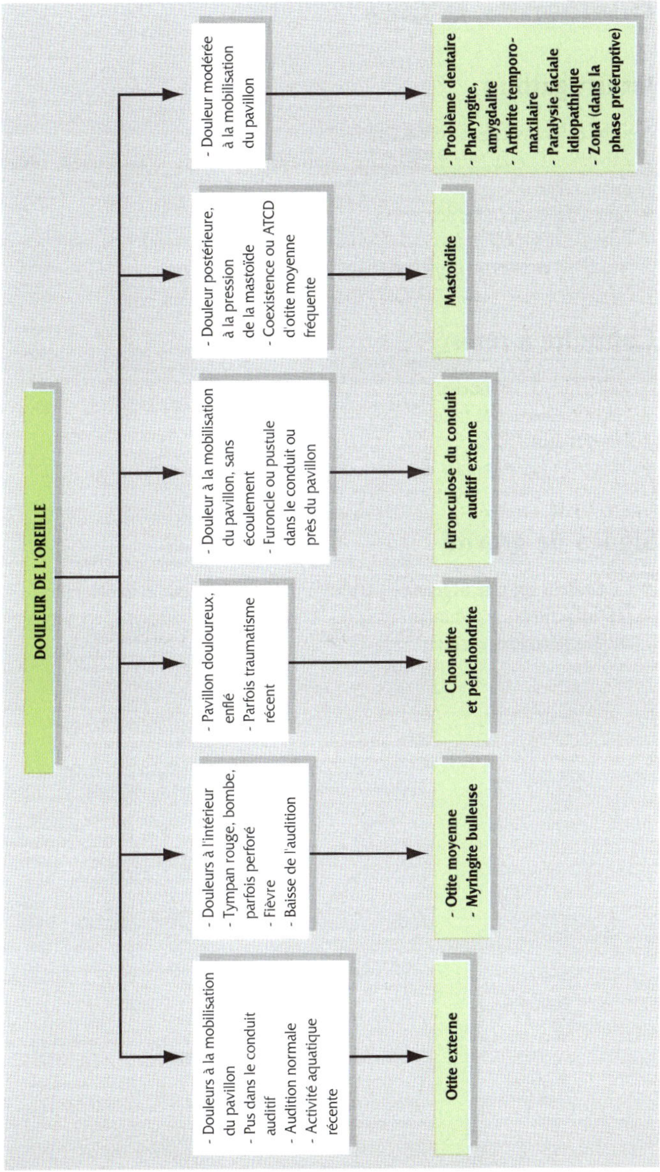
DOULEUR DE L'OREILLE
- Douleurs à la mobilisation du pavillon
- Pus dans le conduit auditif
- Audition normale
- Activité aquatique récente
Otite externe
- Douleurs à l'intérieur
- Tympan rouge, bombe, parfois perforé
- Fièvre
- Baisse de l'audition
- Otite moyenne
- Myringite bulleuse
- Pavillon douloureux, enflé
- Parfois traumatisme récent
Chondrite et périchondrite
- Douleur à la mobilisation du pavillon, sans écoulement
- Furoncle ou pustule dans le conduit ou près du pavillon
Furonculose du conduit auditif externe
- Douleur postérieure, à la pression de la mastoïde
- Coexistence ou ATCD d'otite moyenne fréquente
Mastoïdite
- Douleur modérée à la mobilisation du pavillon
- Problème dentaire
- Pharyngite, amygdalite
- Arthrite temporo-maxilaire
- Paralysie faciale idiopathique
- Zona (dans la phase prééruptive)

Douleur de la face

Interrogatoire

- Type et localisation de la douleur.
- Existence d'un facteur déclenchant : stimulation d'une zone particulière, bâillement, repas… ?
- Antécédents de caries dentaires?
- Prise de neuroleptiques : les dystonies aiguës peuvent simuler de nombreuses affections faciales ou oculaires.

Conduite à tenir

- Inspection de la bouche.
- Palpation du massif facial.
- Température.
- Imagerie : radiographies des sinus, des tissus mous de la joue, sialographie.

Signes de gravité

- La **douleur est une urgence** → traitement symptomatique et étiologique.
- Les **infections**, notamment abcédées, nécessitent un traitement en urgence : antibiothérapie et excision.

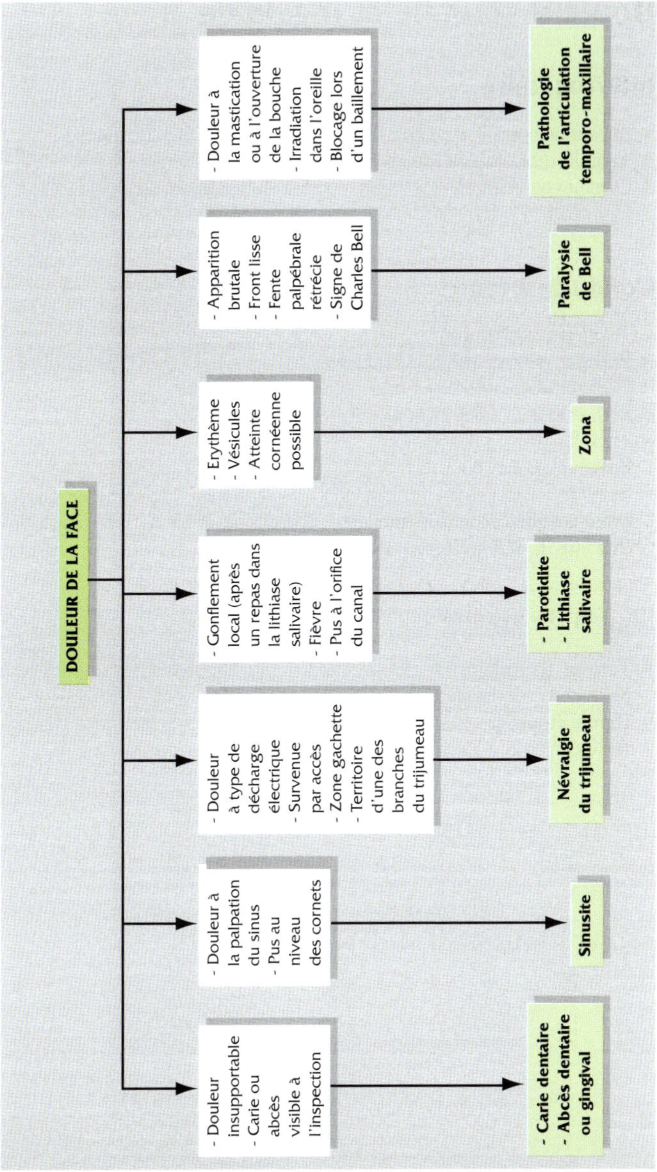
DOULEUR DE LA FACE
- Douleur insupportable
- Carie ou abcès visible à l'inspection
- Carie dentaire
- Abcès dentaire ou gingival
- Douleur à la palpation du sinus
- Pus au niveau des cornets
Sinusite
- Douleur à type de décharge électrique
- Survenue par accès
- Zone gachette
- Territoire d'une des branches du trijumeau
Névralgie du trijumeau
- Gonflement local (après un repas dans la lithiase salivaire)
- Fièvre
- Pus à l'orifice du canal
- Parotidite
- Lithiase salivaire
- Erythème
- Vésicules
- Atteinte cornéenne possible
Zona
- Apparition brutale
- Front lisse
- Fente palpébrale rétrécie
- Signe de Charles Bell
Paralysie de Bell
- Douleur à la mastication ou à l'ouverture de la bouche
- Irradiation dans l'oreille
- Blocage lors d'un baillement
Pathologie de l'articulation temporo-maxillaire

Douleur scrotale et inguinale aiguë

Interrogatoire

- Apparition brutale ou progressive? Après un effort, un exercice sportif?
- Troubles digestifs, douleurs abdominales associées?
- Oreillons ou urétrite?
- Fièvre?

Conduite à tenir

- Température, pouls, PA.
- Palpation des testicules et des épididymes.
- Palpation abdominale et examen des orifices herniaires.
- Recherche d'un écoulement urétral.
- Transillumination des bourses.
- Bilan biologique : NFS.
- Imagerie : radiographie d'abdomen sans préparation (recherche de niveaux hydro-aériques, de lithiases urinaires) ; échographie et scintigraphie testiculaire chez tous les patients suspects de torsion.

Signes de gravité

- **Torsion testiculaire** → nécessité de détorsion chirurgicale en urgence pour préserver la viabilité du testicule.
- **Hernie étranglée** → essai de réduction manuelle, sinon intervention chirurgicale en urgence.

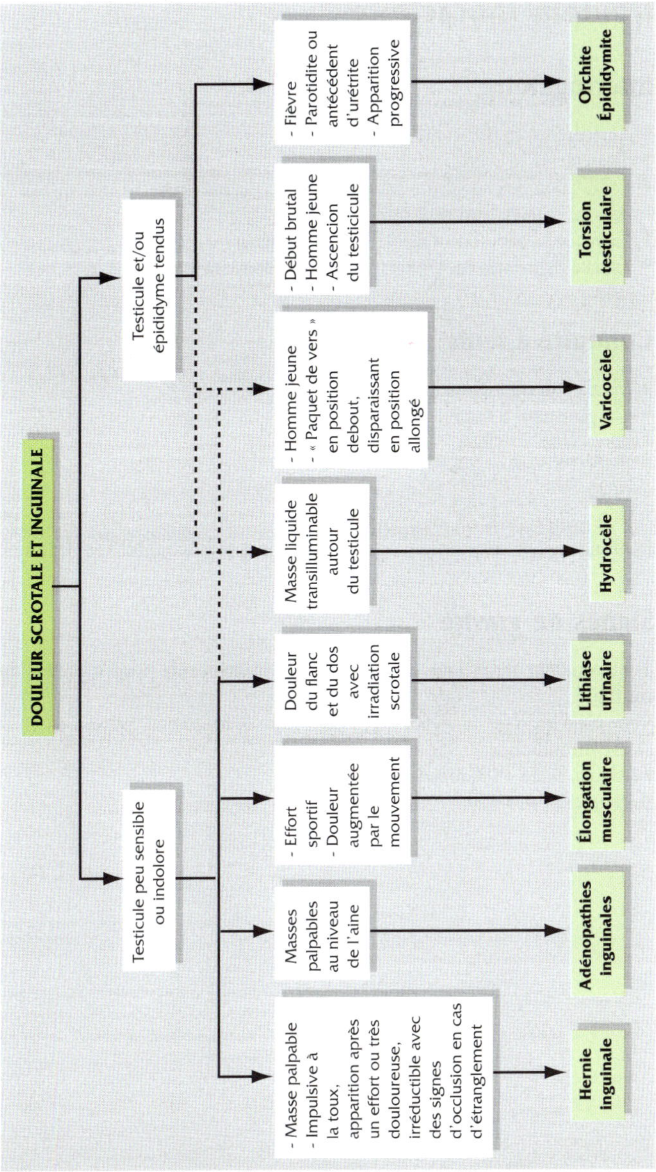
DOULEUR SCROTALE ET INGUINALE
Testicule et/ou épididyme tendus
Testicule peu sensible ou indolore
- Fièvre
- Parotidite ou antécédent d'urétrite
- Apparition progressive
- Début brutal
- Homme jeune
- Ascencion du testicicule
- Homme jeune
- « Paquet de vers » en position debout, disparaissant en position allongé
Masse liquide transilluminable autour du testicule
Douleur du flanc et du dos avec irradiation scrotale
- Effort sportif
- Douleur augmentée par le mouvement
Masses palpables au niveau de l'aine
- Masse palpable
- Impulsive à la toux, apparition après un effort ou très douloureuse, irréductible avec des signes d'occlusion en cas d'étranglement
Orchite Épididymite
Torsion testiculaire
Varicocèle
Hydrocèle
Lithiase urinaire
Élongation musculaire
Adénopathies inguinales
Hernie inguinale

Douleur thoracique

Interrogatoire

- Antécédents, en particulier cardiaques.
- Traitements en cours.
- Localisation de la douleur? Est-ce qu'elle serre (constrictive)? Est-ce qu'elle va dans les épaules, les bras, la mâchoire?
- Survenue à l'effort ou au repos? Horaire de début?
- Est-elle augmentée par l'inspiration, par un mouvement particulier?

Conduite à tenir

- Installation en position buste surélevé.
- Oxygène nasal 3 L/min.
- Surveillance scopique.
- Pouls, PA, température.
- ECG.
- Voie veineuse avec un soluté glucosé.
- Bilan sanguin : enzymes cardiaques, ionogramme, hémostase, NFS et plaquettes.

Signes de gravité

Toute douleur thoracique est un infarctus du myocarde jusqu'à preuve du contraire.

- En cas d'infarctus du myocarde, ne pas perdre de temps pour pouvoir effectuer une **thrombolyse** ou une **angioplastie**.
- PA systolique < 100 mmHg.
- Pouls < 50 ou > 120.

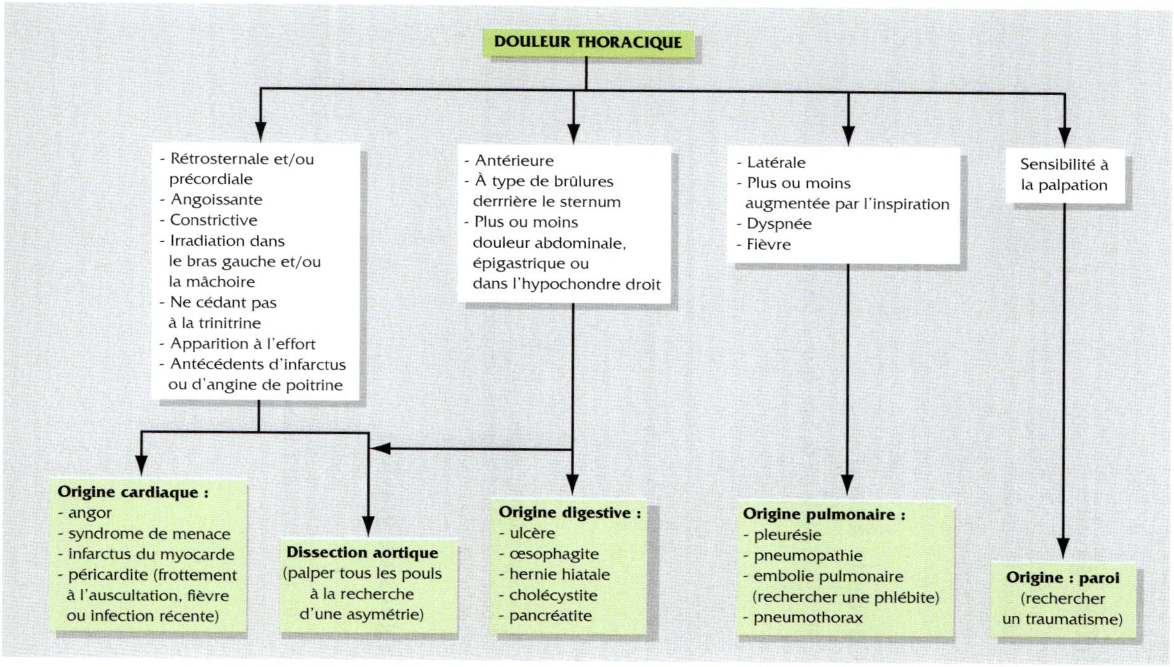
DOULEUR THORACIQUE
- Rétrosternale et/ou précordiale
- Angoissante
- Constrictive
- Irradiation dans le bras gauche et/ou la mâchoire
- Ne cédant pas à la trinitrine
- Apparition à l'effort
- Antécédents d'infarctus ou d'angine de poitrine
- Antérieure
- À type de brûlures derrrière le sternum
- Plus ou moins douleur abdominale, épigastrique ou dans l'hypochondre droit
- Latérale
- Plus ou moins augmentée par l'inspiration
- Dyspnée
- Fièvre
Sensibilité à la palpation
Origine cardiaque :
- angor
- syndrome de menace
- infarctus du myocarde
- péricardite (frottement à l'auscultation, fièvre ou infection récente)
Dissection aortique (palper tous les pouls à la recherche d'une asymétrie)
Origine digestive :
- ulcère
- œsophagite
- hernie hiatale
- cholécystite
- pancréatite
Origine pulmonaire :
- pleurésie
- pneumopathie
- embolie pulmonaire (rechercher une phlébite)
- pneumothorax
Origine : paroi (rechercher un traumatisme)

Dyspnée

Interrogatoire

- Antécédents : cardiologiques, asthme, bronchite chronique...
- Histoire de la maladie :
  - début des signes et mode d'installation;
  - notion d'aggravation récente;
  - traitement en cours, notamment des antibiotiques pour une infection pulmonaire.

Conduite à tenir

- Si notion d'inhalation de corps étranger (en particulier chez l'enfant) :
  - Ne pas allonger, laisser en position assise.
  - Surtout pas de geste intempestif (risque de mobilisation du corps étranger et d'obstruction totale).
- Dans les autres cas :
  - Position semi-assise.
  - Pouls, PA, oxymétrie de pouls, température, éventuellement débit-mètre de pointe (peak-flow).
  - Oxygène nasal (attention au débit chez l'insuffisant respiratoire).
  - GDS.
  - ECG.
  - Radiographie pulmonaire.
  - Bilan biologique à adapter en fonction des antécédents et des traitements en cours.

Signes de gravité

- Signes de détresse respiratoire : polypnée, cyanose, tirage, sueurs. En cas de difficulté à la parole et de troubles de la conscience : **URGENCE ABSOLUE = RISQUE D'ARRÊT RESPIRATOIRE BRUTAL.**

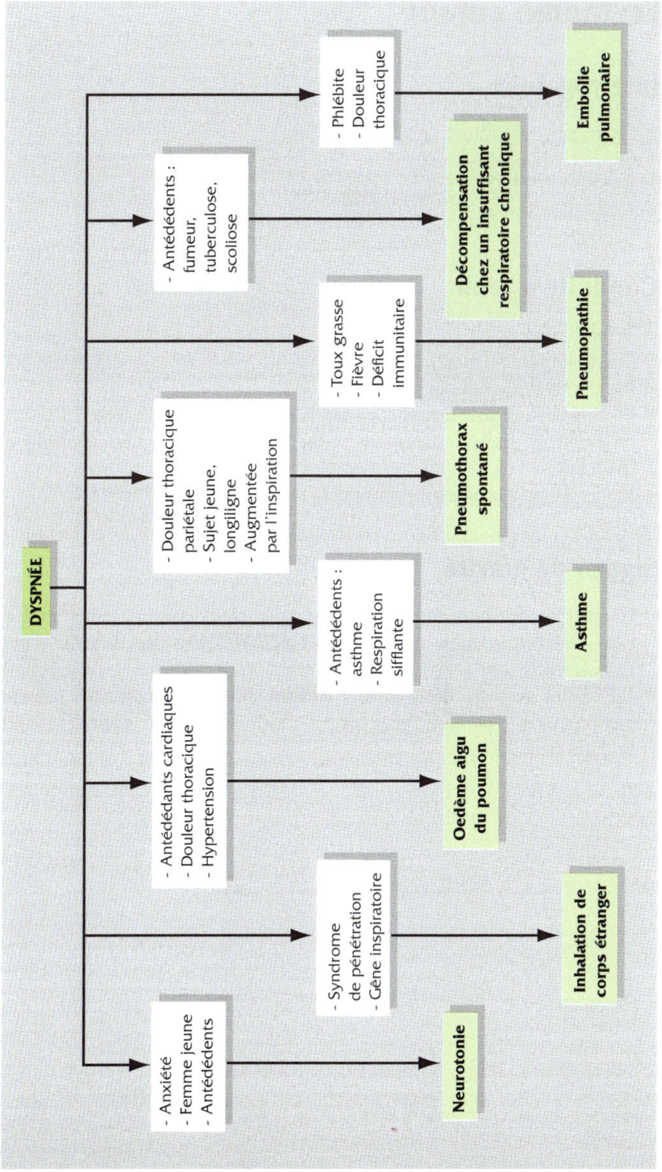
DYSPNÉE
- Anxiété
- Femme jeune
- Antédédents
Neurotonie
- Syndrome de pénétration
- Gêne inspiratoire
Inhalation de corps étranger
- Antédédants cardiaques
- Douleur thoracique
- Hypertension
Oedème aigu du poumon
- Antédédents : asthme
- Respiration sifflante
Asthme
- Douleur thoracique pariétale
- Sujet jeune, longiligne
- Augmentée par l'inspiration
Pneumothorax spontané
- Toux grasse
- Fièvre
- Déficit immunitaire
Pneumopathie
- Antédédents : fumeur, tuberculose, scoliose
Décompensation chez un insuffisant respiratoire chronique
- Phlébite
- Douleur thoracique
Embolie pulmonaire

Érythème cutané

Interrogatoire

- Contact ou exposition à un allergène? Prurit?
- Contact avec une personne atteinte d'un érythème cutané?
- Localisation initiale et progression des lésions.
- Symptômes associés?

Conduite à tenir

- Température.
- Description et localisation des lésions.
- Rechercher des signes généraux associés.
- Bilan biologique (en particulier en cas de signes d'infection) : NFS, CRP, VS, prélèvements des lésions pour recherche microbiologique, tests sérologiques (syphilis).
- Études des desquamations, examen de la peau à la lumière de Wood.

Signes de gravité

- L'apparition de taches purpuriques d'extension rapide dans un contexte infectieux doit faire craindre un ***PURPURA FULMINANS*** dans le cadre d'une méningococcémie.
- Les lésions avec des **décollements étendus** du revêtement cutané peuvent mettre en jeu le pronostic vital par perte hydrique massive (équivalent à des brûlures étendues).

ÉRYTHÈME CUTANÉ (types de lésions)

Macules
- Médicament
- Rougeole
- Rubéole
- Varicelle
- Roséole
- Naevus
- Kaposi

Papules
- Médicament
- Acné
- Rougeole
- Rubéole
- Varicelle
- Roséole
- Verrue
- Psoriasis
- Lichen plan
- Kaposi

Plaques
- Furonculose
- Pytiriasis rosé
- Intertrigo
- Dermatite de stase
- Psoriasis
- Carcinome basocellulaire
- Sarcoïdose
- Mycosis fongoïde
- Érythrasma

Pustules
- Folliculite
- Impetigo
- Candidose
- Acné
- Psoriasis

Lésions desquamantes
- Dermatites (atopique, contact, nourrisson, séborrhéique)
- Psoriasis

Ulcérations
- Ischémie
- Dermatite de stase
- Pyoderma gangrenosum

Vésicules et bulles
- Dermites de contact
- Herpès
- Érythème polymorphe
- Médicament
- Pemphigus

Papules urticariennes
- Médicament
- Insectes
- Réactions allergiques

Éruptions linéaires
- Dermatite de contact
- Gale
- Neurodermite

ÉRYTHÈME CUTANÉ (localisation)

Face et cuir chevelu →
- Acné
- Dermatite atopique
- Dermatite séborrhéique
- Lupus érythémateux
- Rougeole (face puis tronc)
- Rubéole (face puis tronc)
- Impétigo
- Herpès et zona
- Xanthelasma

Tronc →
- Pityriasis rosé
- Varicelle (tronc puis cou et face)
- Zona
- Roséole (tronc puis cou et extrémités sup.)
- Acné
- Typhus (tronc puis extrémités, centrifuge)

Membres →
- Psoriasis
- Érythème noueux
- Zona
- Lichen plan
- Dermatite de stase (membres inf.)
- Scarlatine (plis de flexion)
- Purpura de Schoenlein-Henoch (pétéchies aux membres inf.)
- Gale
- Xanthomes (tendons, paumes, tubérosités)
- Nécrobiose lipoïdique diabétique (pieds)

Perinée →
- Syphilis
- Chancre mou
- Lymphogranulomatose
- Condylomes acuminés
- Psoriasis
- Lichen plan
- Teigne
- Dermatite fessière (nourrisson)
- Erythrasma
- Pédiculose
- Herpès

État de choc

Interrogatoire

Il est, bien sûr, réduit au minimum en cas d'atteinte majeure des fonctions vitales.

- Antécédents.
- Type de symptômes, depuis quand?
- Notion d'allergie, prise de médicaments récente, aliments ingérés, piqûre d'insecte?
- Vomissements sanglants, selles rouges ou noires nauséabondes?
- Infection, traitement en cours?
- Si chimiothérapie en cours : date de la dernière cure, dernière numération-formule sanguine?

Conduite à tenir

- Installation immédiate en position adaptés :
  - Si choc cardiogénique : buste relevé.
  - Dans les autres cas : décubitus dorsal, jambes surélevées.
- Oxygénothérapie à fort débit (6-9 L/min).
- Surveillance : scope, pression artérielle, oxymètre de pouls, température.
- Mise en place de 2 voies veineuses de gros calibre (16 G si possible) avec un soluté de remplissage de type cristalloïde (Ringer lactate) ou hydroxyéthylamidon (Voluven®). Dans le choc cardiogénique, une seule voie veineuse suffit et pas de remplissage.
- Bilan biologique :
  - Groupe-Rhésus, agglutinines irrégulières.
  - Numération-formule sanguine.
  - Hémostase.
  - Ionogramme sanguin.
  - Éventuellement enzymes.
- ECG.
- Imagerie : orientée en fonction de l'étiologie suspectée.

Signes de gravité

Dans tous les cas : **risque de désamorçage de la pompe cardiaque et d'arrêt cardiaque**.

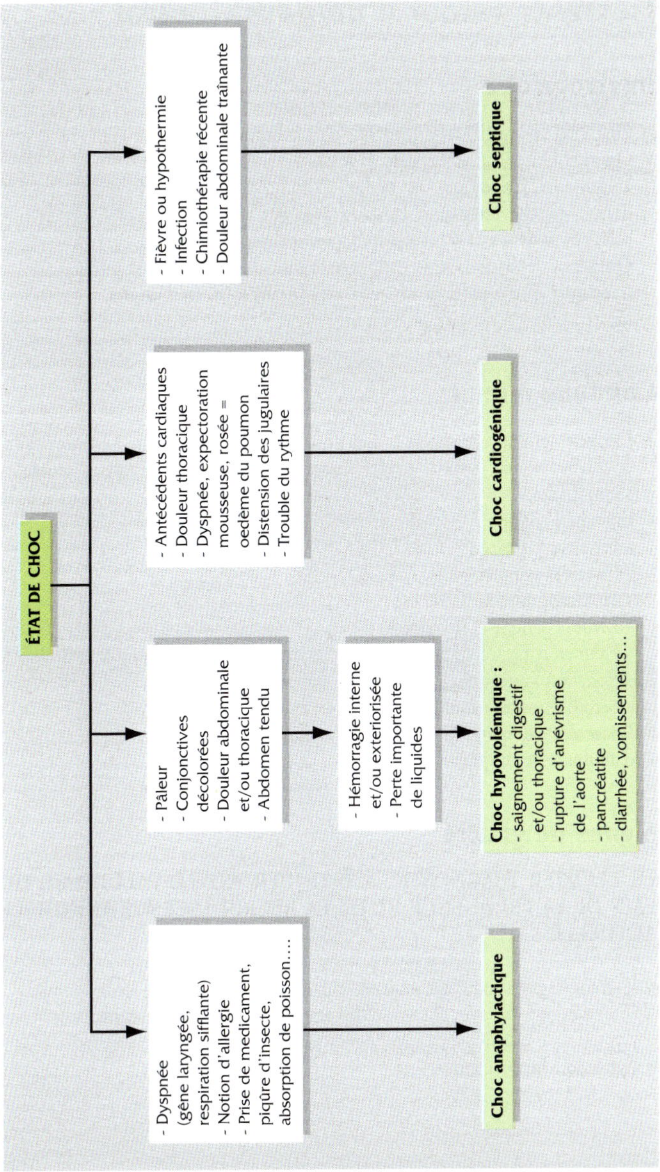
ÉTAT DE CHOC
- Dyspnée (gêne laryngée, respiration sifflante)
- Notion d'allergie
- Prise de medicament, piqûre d'insecte, absorption de poisson….
- Pâleur
- Conjonctives décolorées
- Douleur abdominale et/ou thoracique
- Abdomen tendu
- Hémorragie interne et/ou exteriorisée
- Perte importante de liquides
- Antécédents cardiaques
- Douleur thoracique
- Dyspnée, expectoration mousseuse, rosée = oedème du poumon
- Distension des jugulaires
- Trouble du rythme
- Fièvre ou hypothermie
- Infection
- Chimiothérapie récente
- Douleur abdominale traînante
Choc anaphylactique
Choc hypovolémique :
- saignement digestif et/ou thoracique
- rupture d'anévrisme de l'aorte
- pancréatite
- diarrhée, vomissements…
Choc cardiogénique
Choc septique

Fièvre au retour d'un pays tropical

Interrogatoire

- **Où?** Pays : en quelle saison, en ville ou à la campagne.
- **Quand?** Durée du séjour, date de retour.
- **Comment?** Conditions de séjour : risques alimentaires, baignades en eau douce, marche pieds nus, contacts avec des animaux, rapports sexuels non protégés, activités particulières (plongée, spéléologie, « raids »...).
- **Qui?** État des vaccinations, prophylaxie antipalustre adaptée et suffisante.
- **Avec qui?** Autres participants au voyage malades, contacts locaux.
- Fièvre isolée ou accompagnée d'autres signes?

Conduite à tenir

- Examen clinique complet : hépatomégalie, splénomégalie, adénopathies, érythème cutané, prurit, ictère, signes neurologiques, arthralgies, douleurs abdominales...
- Bilan biologique :
  - NFS et plaquettes.
  - Frottis sanguin et goutte épaisse.
  - Hémocultures et ECBU.
  - Bilan hépatique et hémostase.
  - Examen parasitologique des selles et coproculture (en fonction de la clinique).
  - Ponction lombaire (en cas de signes méningés).
  - Sérodiagnostics : amibiase, viroses (en fonction de la clinique).
- Imagerie : radiographie de thorax, échographie abdominale (en cas de suspicion d'amibiase hépatique).

Signes de gravité

LE PREMIER DIAGNOSTIC À ÉVOQUER EST LE PALUDISME DU FAIT DE SA FRÉQUENCE ET DE LA RECRUDESCENCE MONDIALE ACTUELLE.

- Terrain fragile : grand âge ou jeune enfant, grossesse, diabète, splénectomie.
- Troubles digestifs avec altération de l'état général et déshydratation.
- Troubles de la conscience et/ou signes neurologiques.
- Syndrome hémorragique.

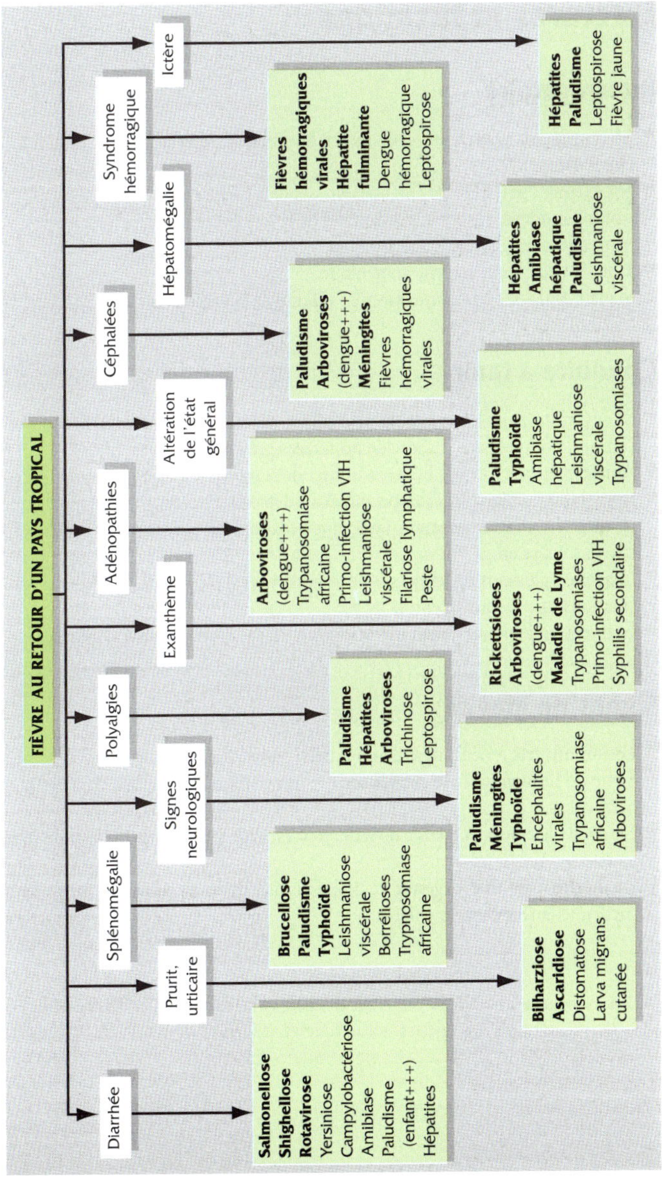
FIÈVRE AU RETOUR D'UN PAYS TROPICAL
Diarrhée
Salmonellose
Shighellose
Rotavirose
Yersiniose
Campylobactériose
Amibiase
Paludisme (enfant+++)
Hépatites
Prurit, urticaire
Bilharziose
Ascaridiose
Distomatose
Larva migrans cutanée
Splénomégalie
Brucellose
Paludisme
Typhoïde
Leishmaniose viscérale
Borrélioses
Trypnosomiase africaine
Signes neurologiques
Paludisme
Méningites
Typhoïde
Encéphalites virales
Trypanosomiase africaine
Arboviroses
Polyalgies
Paludisme
Hépatites
Arboviroses
Trichinose
Leptospirose
Exanthème
Rickettsioses
Arboviroses
(dengue+++)
Maladie de Lyme
Trypanosomiases
Primo-infection VIH
Syphilis secondaire
Adénopathies
Arboviroses
(dengue+++)
Trypanosomiase africaine
Primo-infection VIH
Leishmaniose viscérale
Filariose lymphatique
Peste
Altération de l'état général
Paludisme
Typhoïde
Amibiase hépatique
Leishmaniose viscérale
Trypanosomiases
Céphalées
Paludisme
Arboviroses
(dengue+++)
Méningites
Fièvres hémorragiques virales
Hépatomégalie
Hépatites
Amibiase hépatique
Paludisme
Leishmaniose viscérale
Syndrome hémorragique
Fièvres hémorragiques virales
Hépatite fulminante
Dengue hémorragique
Leptospirose
Ictère
Hépatites
Paludisme
Leptospirose
Fièvre jaune

Fractures et luxations

Interrogatoire

- Mécanisme de survenue : choc direct ou indirect, violent ou peu important, chute (hauteur) ?
- Sur le coup : sensation de craquement, douleur (siège) ?
- Après : impotence immédiate, troubles de la sensibilité?
- Antécédents médicaux et chirurgicaux.
- Horaire de la dernière prise alimentaire.
- Si plaie associée ou fracture ouverte : validité de la vaccination antitétanique.

Conduite à tenir

- Si ouverture : antiseptique iodé (Bétadine® par exemple), pansement, couverture antibiotique dans le cadre de protocoles pré-établis.
- Antalgie efficace : ne pas hésiter à utiliser de la morphine si besoin.
- Immobilisation (attelle, écharpe, matelas à dépression…) en position antalgique et après éventuelle réduction (avec une sédation) en prenant les articulations sus- et sous-jacentes.
- Imagerie : plusieurs incidences sont nécessaires et il est capital d'inclure les articulations sus- et sous-jacentes.
- Examens biologiques : bilan pré-opératoire en cas d'intervention chirurgicale.

Signes de gravité

- **Lésion ouverte** → chirurgie dans un délai maximal de 6 heures.
- Signe de **lésions vasculo-nerveuses** → intervention chirurgicale dans les plus brefs délais.
- En cas de luxation, la facilité de réduction est directement liée au délai de mise en œuvre.
- La **douleur est une urgence** et doit être une préoccupation constante, tout particulièrement chez les enfants.

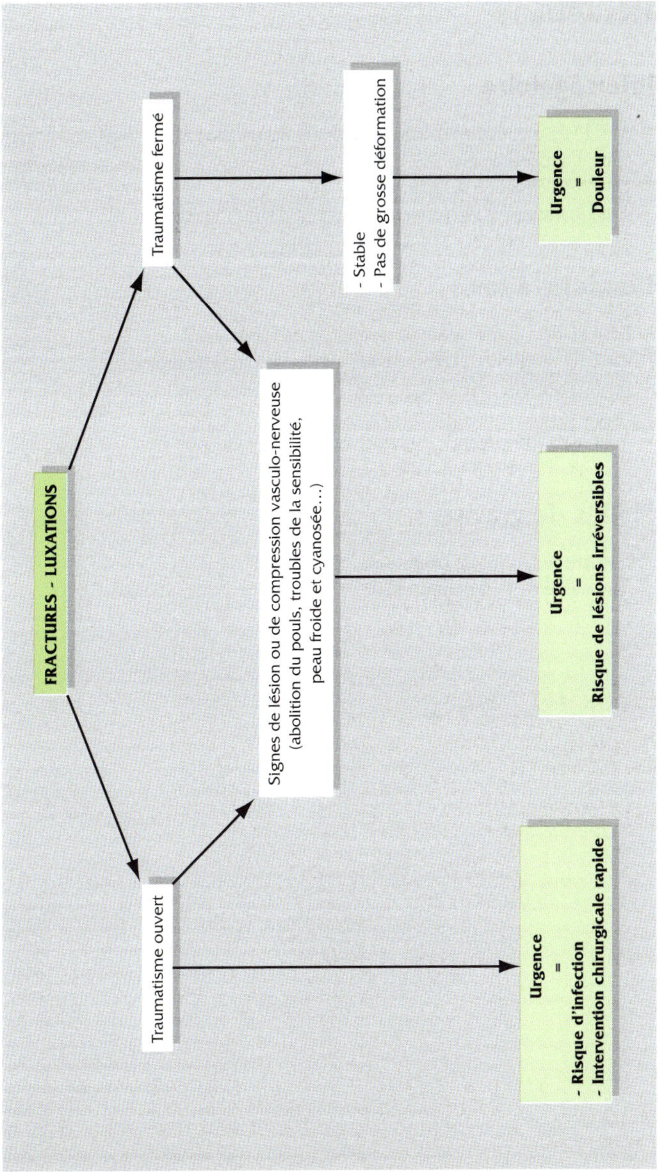
FRACTURES - LUXATIONS
Traumatisme ouvert
Traumatisme fermé
Signes de lésion ou de compression vasculo-nerveuse (abolition du pouls, troubles de la sensibilité, peau froide et cyanosée…)
- Stable
- Pas de grosse déformation
Urgence = - Risque d'infection - Intervention chirurgicale rapide
Urgence = Risque de lésions irréversibles
Urgence = Douleur

Hématurie

Interrogatoire

- ATCD de traumatisme, de lithiase rénale, de maladies hématologiques, de traitement anticoagulant ?
- Douleur, sensibilité des flancs ?
- Troubles urinaires : dysurie, pollakiurie, mictions impérieuses... ?

Conduite à tenir

- Examen des organes génitaux externes et de l'abdomen.
- Toucher rectal chez l'homme pour apprécier l'état de la prostate.
- Bilan biologique : NFS, plaquettes, TP et TCA, ionogramme, urée et créatinine.
- ECBU.
- Imagerie : échographie, angioscanner ou UIV. Cystoscopie sur avis urologique.

Signes de gravité

- Hématurie signant un **trouble de l'hémostase**.
- **Anomalies de la fonction rénale**.

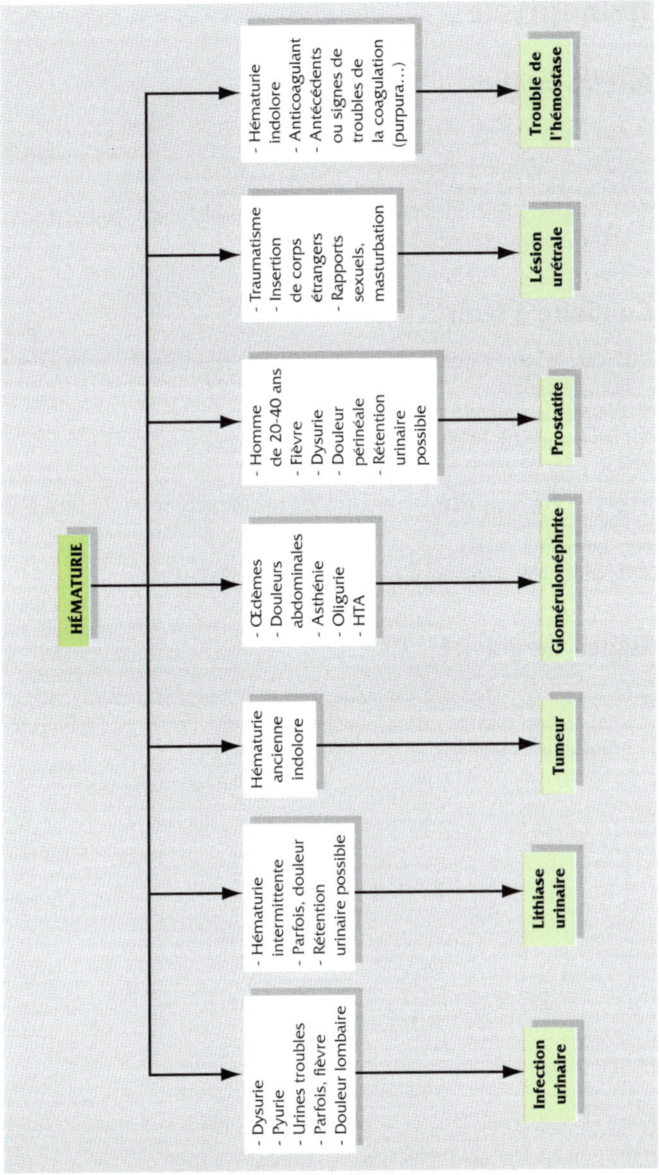
HÉMATURIE
- Dysurie
- Pyurie
- Urines troubles
- Parfois, fièvre
- Douleur lombaire
Infection urinaire
- Hématurie intermittente
- Parfois, douleur
- Rétention urinaire possible
Lithiase urinaire
Hématurie ancienne indolore
Tumeur
- Œdèmes
- Douleurs abdominales
- Asthénie
- Oligurie
- HTA
Glomérulonéphrite
- Homme de 20-40 ans
- Fièvre
- Dysurie
- Douleur périnéale
- Rétention urinaire possible
Prostatite
- Traumatisme
- Insertion de corps étrangers
- Rapports sexuels, masturbation
Lésion urétrale
- Hématurie indolore
- Anticoagulant
- Antécédents ou signes de troubles de la coagulation (purpura...)
Trouble de l'hémostase

Hémoptysie

Interrogatoire

- Abondance et couleur des crachats?
- Antécédents pulmonaires ou cardiaques?
- Tabagisme, amaigrissement récent, toux chronique?
- Facteurs de risque de thrombose veineuse : immobilisation, post-opératoire, obésité, tabagisme et pilule, long voyage…

Conduite à tenir

- Évaluer le volume du saignement, ainsi que son retentissement respiratoire et hémodynamique.
- Température, pouls, PA, SpO_2.
- Oxygène nasal 5-10 L/min.
- Voie veineuse périphérique.
- Bilan biologique : GDS, NFS et plaquettes, groupe sanguin, TP-TCA.
- Radiographie pulmonaire.
- Fibroscopie bronchique.
- Artériographie diagnostique et thérapeutique (embolisation).

Signes de gravité

- Le volume de l'hémoptysie est indépendant de la gravité de la maladie causale : il existe dans tous les cas un risque d'hémoptysie massive avec **inondation bronchique et asphyxie**.

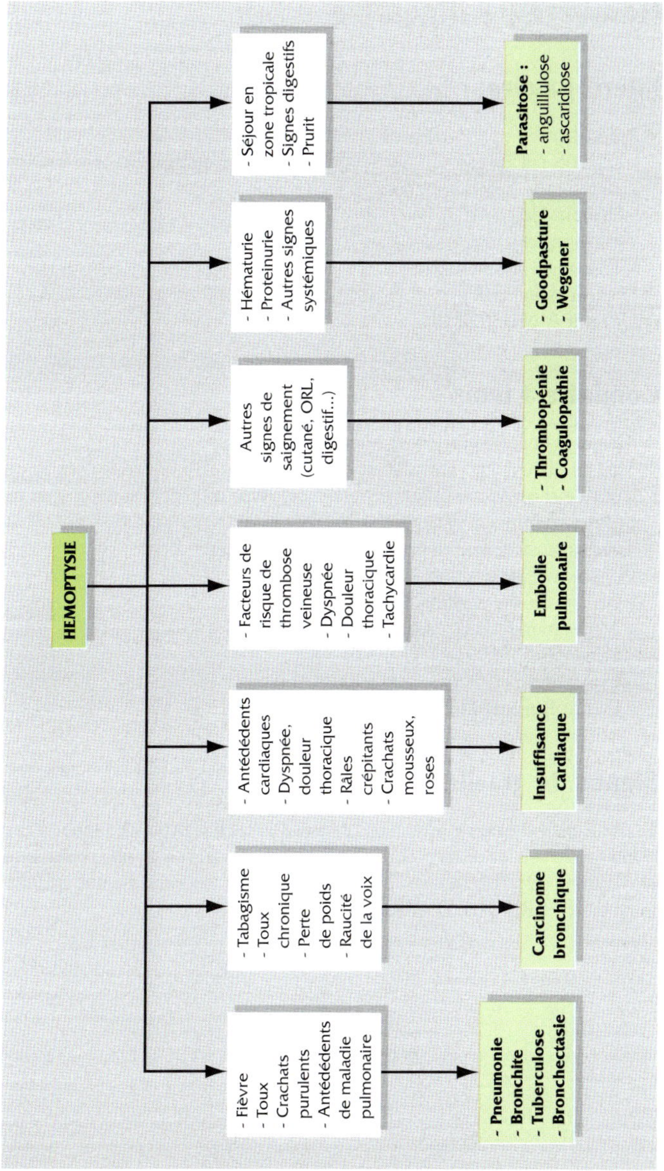
HEMOPTYSIE
- Fièvre
- Toux
- Crachats purulents
- Antédédents de maladie pulmonaire
- Pneumonie
- Bronchite
- Tuberculose
- Bronchectasie
- Tabagisme
- Toux chronique
- Perte de poids
- Raucité de la voix
Carcinome bronchique
- Antédédents cardiaques
- Dyspnée, douleur thoracique
- Râles crépitants
- Crachats mousseux, roses
Insuffisance cardiaque
- Facteurs de risque de thrombose veineuse
- Dyspnée
- Douleur thoracique
- Tachycardie
Embolie pulmonaire
Autres signes de saignement (cutané, ORL, digestif...)
- Thrombopénie
- Coagulopathie
- Hématurie
- Proteinurie
- Autres signes systémiques
- Goodpasture
- Wegener
- Séjour en zone tropicale
- Signes digestifs
- Prurit
Parasitose :
- anguillulose
- ascaridiose

Hémorragie digestive

Interrogatoire

- Antécédents :
  - Digestifs : ulcère gastrique ou duodénal, varices oesophagiennes.
  - Hépatiques : hépatite, cirrhose.
  - Hémorroïdes.
  - Éthylisme chronique non avoué.
  - Traitement anticoagulant.
- Douleur abdominale?
- Quantité et couleur du sang émis?

Conduite à tenir

- Mesure de la pression artérielle et du pouls.
- Mise en place d'une voie veineuse de gros diamètre (16 G), voire deux en cas d'état de choc avec un soluté de remplissage type colloïde (Plasmion®) ou un hydroxyéthylamidon (Voluven®).
- Toucher rectal et mise en place d'une sonde gastrique.
- Bilan biologique en urgence :
  - Groupe-Rhésus, agglutinines irrégulières.
  - Numération-formule sanguine.
  - Hémostase.
  - Ionogramme.
  - Éventuellement bilan hépatique.

Signes de gravité

Le risque majeur en cas d'hémorragie digestive est le **choc hypovolémique** : il faut savoir que le volume de sang extériorisé ne représente parfois qu'une petite partie de l'hémorragie; l'estomac ou les intestins peuvent en contenir une quantité importante → **RISQUE D'ARRÊT CARDIAQUE**.

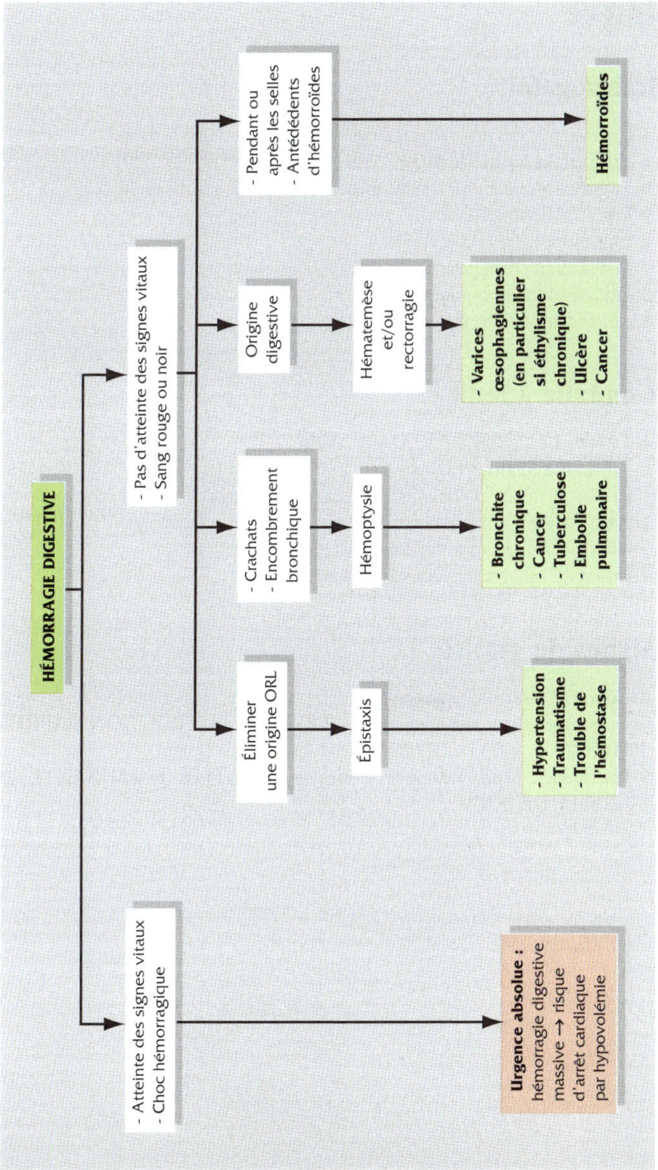
HÉMORRAGIE DIGESTIVE
- Atteinte des signes vitaux
- Choc hémorragique
Urgence absolue : hémorragie digestive massive → risque d'arrêt cardiaque par hypovolémie
- Pas d'atteinte des signes vitaux
- Sang rouge ou noir
Éliminer une origine ORL
Épistaxis
- Hypertension
- Traumatisme
- Trouble de l'hémostase
- Crachats
- Encombrement bronchique
Hémoptysie
- Bronchite chronique
- Cancer
- Tuberculose
- Embolie pulmonaire
Origine digestive
Hématemèse et/ou rectorragie
- Varices œsophagiennes (en particulier si éthylisme chronique)
- Ulcère
- Cancer
- Pendant ou après les selles
- Antédédents d'hémorroïdes
Hémorroïdes

Ictère

Interrogatoire

- Contact avec des personnes ictériques ou atteintes d'une hépatite?
- Vaccination contre l'hépatite A et B? Voyages dans un pays à hygiène précaire?
- Transfusions sanguines? Toxicomanie? Partenaires sexuels multiples?
- Prises médicamenteuses?
- Couleur des selles et des urines?
- Intoxication éthylique chronique?
- Lithiases biliaires connues?
- Antécédents familiaux d'ictère.

Conduite à tenir

- Température, pouls, PA, glycémie capillaire.
- Palpation abdominale, notamment du foie et de la rate.
- Recherche de signes cliniques en faveur d'une cirrhose.
- Bilan biologique : bilirubine libre et conjuguée, transaminases, γ-GT, NFS, sérologie des hépatites, amylasémie et amylasurie.
- Imagerie : échographie, scanner abdominal.

Signes de gravité

- Un **ictère à bilirubine conjuguée** (selles décolorées, urines foncées) est un signe d'obstruction des voies biliaires → **LEVER L'OBSTRUCTION RAPIDEMENT.**
- Insuffisance hépato-cellulaire sévère → **HÉPATITE FULMINANTE → GREFFE DE FOIE.**

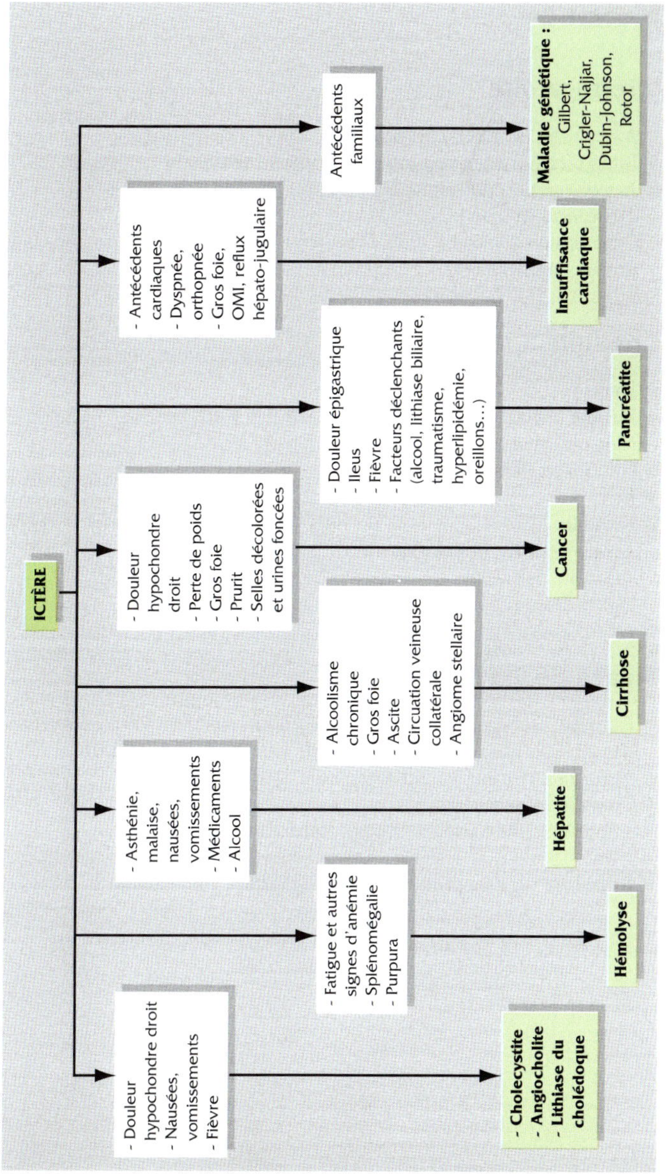
ICTÈRE
- Douleur hypochondre droit
- Nausées, vomissements
- Fièvre
- Cholecystite
- Angiocholite
- Lithiase du cholédoque
- Fatigue et autres signes d'anémie
- Splénomégalie
- Purpura
Hémolyse
- Asthénie, malaise, nausées, vomissements
- Médicaments
- Alcool
Hépatite
- Alcoolisme chronique
- Gros foie
- Ascite
- Circuation veineuse collatérale
- Angiome stellaire
Cirrhose
- Douleur hypochondre droit
- Perte de poids
- Gros foie
- Prurit
- Selles décolorées et urines foncées
Cancer
- Douleur épigastrique
- Ileus
- Fièvre
- Facteurs déclenchants (alcool, lithiase biliaire, traumatisme, hyperlipidémie, oreillons...)
Pancréatite
- Antécédents cardiaques
- Dyspnée, orthopnée
- Gros foie, OMI, reflux hépato-jugulaire
Insuffisance cardiaque
Antécédents familiaux
Maladie génétique :
Gilbert, Crigler-Naijar, Dubin-Johnson, Rotor

Malaises

Interrogatoire

- Avec ou sans perte de connaissance?
- Brutal ou signes avant-coureurs : pâleur, sueurs, vertiges?
- Antécédents : diabète, cardiaques, épilepsie, tétanie...?
- Traitements en cours?
- Circonstances : émotion, stress, chaleur, foule, à la miction, pendant un effort de toux, en se levant?

Conduite à tenir

- Pouls.
- Pression artérielle (si la systolique est inférieure à 100 mmHg → allonger et relever les jambes).
- Glycémie capillaire.
- ECG.
- Recherche de :
  - signes de déficit neurologiques;
  - morsure de langue;
  - perte d'urines.

Signes de gravité

- Persistance des signes de malaise : pâleur, sueurs, pouls lent (ou accéléré), pression artérielle basse → **ÉTAT DE CHOC = URGENCE ABSOLUE.**
- Association avec une douleur abdominale ou thoracique.
- Troubles de la conscience :
  - Après une crise convulsive : risque d'inhalation ou de récidive.
  - Une hypoglycémie prolongée peut entraîner des séquelles neurologiques.
- **Le malaise vagal ne peut être qu'un diagnostic d'élimination.**

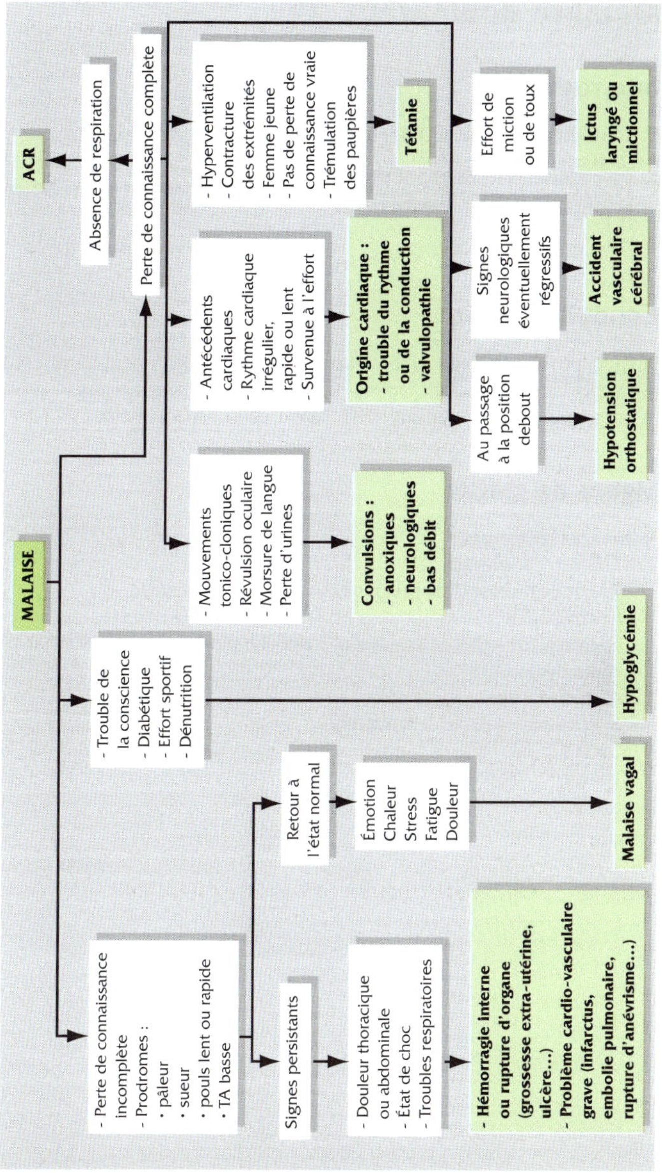
MALAISE
ACR
Absence de respiration
Perte de connaissance complète
- Hyperventilation
- Contracture des extrémités
- Femme jeune
- Pas de perte de connaissance vraie
- Trémulation des paupières
Tétanie
- Antécédents cardiaques
- Rythme cardiaque irrégulier, rapide ou lent
- Survenue à l'effort
Origine cardiaque :
- trouble du rythme ou de la conduction
- valvulopathie
- Mouvements tonico-cloniques
- Révulsion oculaire
- Morsure de langue
- Perte d'urines
Convulsions :
- anoxiques
- neurologiques
- bas débit
Effort de miction ou de toux
Ictus laryngé ou mictionnel
Signes neurologiques éventuellement régressifs
Accident vasculaire cérébral
Au passage à la position debout
Hypotension orthostatique
- Trouble de la conscience
- Diabétique
- Effort sportif
- Dénutrition
Hypoglycémie
- Perte de connaissance incomplète
- Prodromes :
• pâleur
• sueur
• pouls lent ou rapide
• TA basse
Retour à l'état normal
Émotion
Chaleur
Stress
Fatigue
Douleur
Malaise vagal
Signes persistants
- Douleur thoracique ou abdominale
- État de choc
- Troubles respiratoires
- Hémorragie interne ou rupture d'organe (grossesse extra-utérine, ulcère…)
- Problème cardio-vasculaire grave (infarctus, embolie pulmonaire, rupture d'anévrisme…)

Membre douloureux

Interrogatoire

- Antécédents : en particulier de phlébite, varices, artérite, chirurgie vasculaire….
- Localisation exacte.
- Type de la douleur : aiguë, pulsatile, augmentée par la pression ou à la flexion du pied?
- Fièvre?

Conduite à tenir

- Pouls, pression artérielle, température, ECG.
- Examen clinique : chaleur, couleur, palpation des pouls périphériques.
- Imagerie (selon l'étiologie suspectée) : écho-Doppler, artériographie.

Signes de gravité

- *En cas d'ischémie aiguë :*
  - Urgence à désobstruer.
  - Risque de **nécrose et de gangrène** conduisant à l'amputation.
- *En cas de phlébite :*
  - Recherche de signes en faveur d'une **embolie pulmonaire :** douleur thoracique, dyspnée…
- *En cas d'infection :*
  - Si extension → risque de **septicémie**.
  - Surveiller les signes d'appel : tachycardie, pouls filant, altération de la conscience, dyspnée, polypnée.

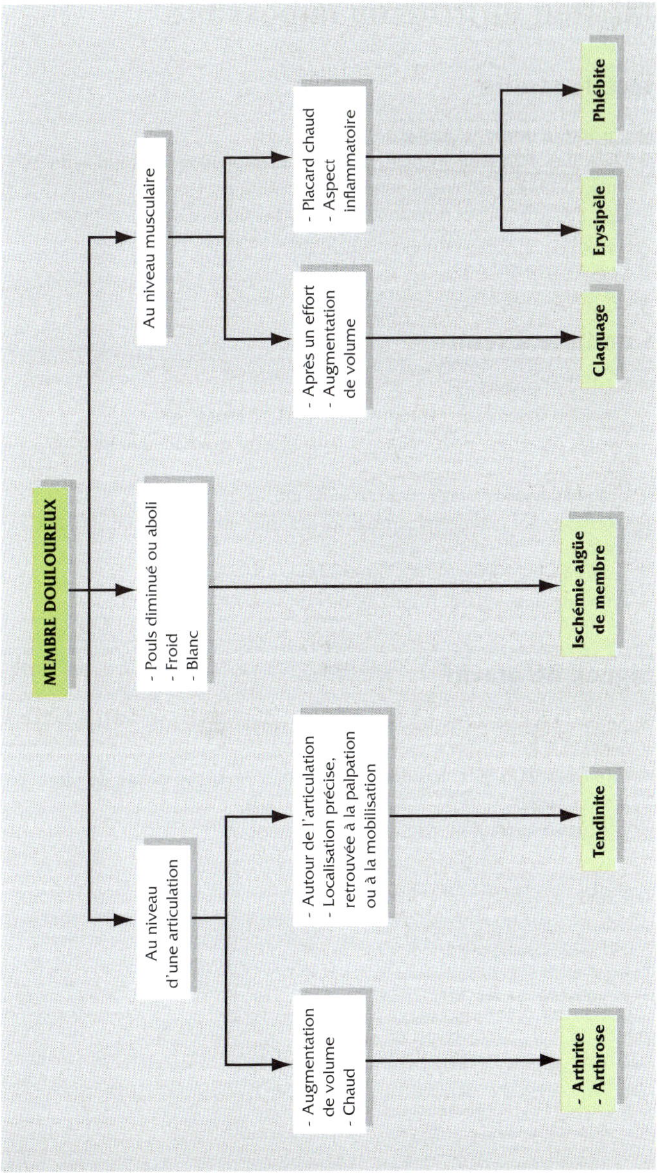
MEMBRE DOULOUREUX
Au niveau d'une articulation
- Pouls diminué ou aboli
- Froid
- Blanc
Au niveau musculaire
- Augmentation de volume
- Chaud
- Autour de l'articulation
- Localisation précise, retrouvée à la palpation ou à la mobilisation
- Après un effort
- Augmentation de volume
- Placard chaud
- Aspect inflammatoire
- Arthrite
- Arthrose
Tendinite
Ischémie aigüe de membre
Claquage
Erysipèle
Phlébite

Miction difficile ou impossible

Interrogatoire

- Quantité d'urine. Fréquence des mictions.
- Difficultés pour uriner, sensation de miction incomplète, diminution du jet?
- Antécédents de pathologies pulmonaires, cardiaques, rénales?
- Prise de médicaments néphrotoxiques ou susceptibles d'agir sur la prostate?
- Présence d'un écoulement urétral (homme)? De pertes vaginales (femme)?
- Couleur et odeur des urines.

Conduite à tenir

- Pouls, PA, température.
- Palpation abdominale à la recherche d'un globe vésical.
- Recueil des urines pour examen à la bandelette et échantillon pour un ionogramme et un ECBU.
- Bilan biologique : ionogramme sanguin, urée et créatinine.
- Imagerie : ASP, échographie rénale et des voies urinaires, éventuellement uroscanner.
- En cas de déshydratation ou d'hypovolémie → remplissage.
- En cas de globe vésical → sondage ou cathétérisme sus-pubien.

Signes de gravité

- Anurie complète → risque d'**insuffisance rénale aiguë** avec des lésions rénales définitives.
- Hypovolémie, sepsis, insuffisance cardiaque → risque d'**état de choc** avec menace vitale.
- Obstacle sus-vésical sur rein unique ou bilatéral.

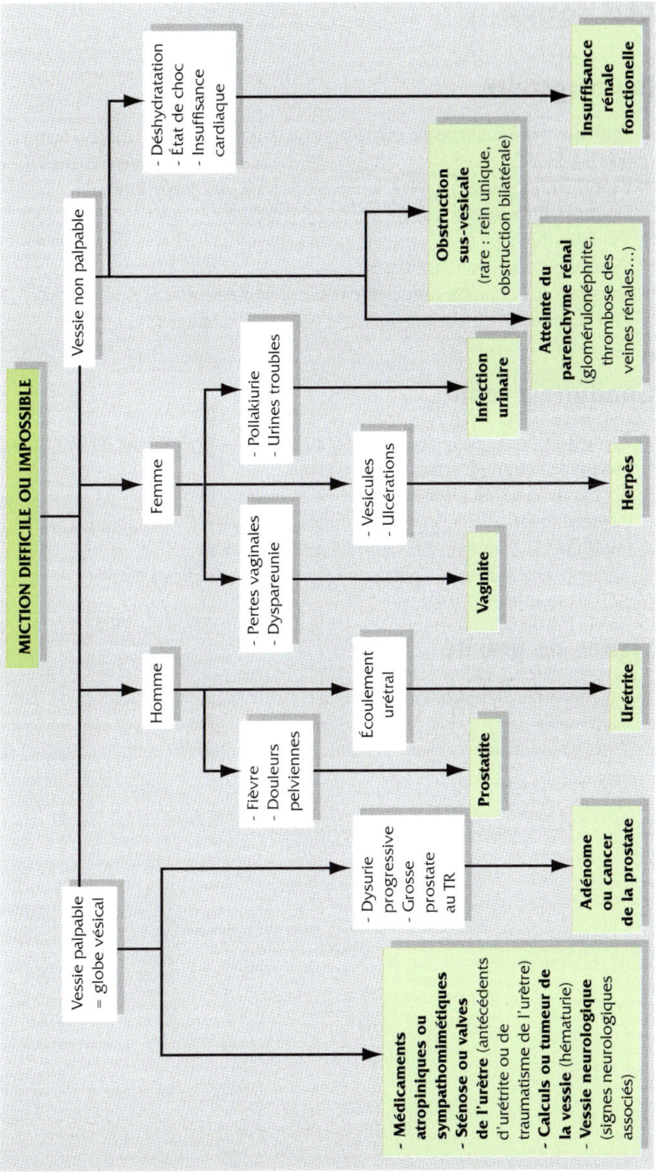
MICTION DIFFICILE OU IMPOSSIBLE
Vessie palpable = globe vésical
Homme
Femme
Vessie non palpable
- Dysurie progressive
- Grosse prostate au TR
- Fièvre
- Douleurs pelviennes
Écoulement urétral
- Pertes vaginales
- Dyspareunie
- Vesicules
- Ulcérations
- Pollakiurie
- Urines troubles
- Déshydratation
- État de choc
- Insuffisance cardiaque
- Médicaments atropiniques ou sympathomimétiques
- Sténose ou valves de l'urètre (antécédents d'urétrite ou de traumatisme de l'urètre)
- Calculs ou tumeur de la vessie (hématurie)
- Vessie neurologique (signes neurologiques associés)
Adénome ou cancer de la prostate
Prostatite
Urétrite
Vaginite
Herpès
Infection urinaire
Atteinte du parenchyme rénal (glomérulonéphrite, thrombose des veines rénales...)
Obstruction sus-vesicale (rare : rein unique, obstruction bilatérale)
Insuffisance rénale fonctionelle

Œil rouge

Interrogatoire

- Existence d'un traumatisme ou de la projection d'un corps étranger (copeau de bois ou de métal….) ?
- Exposition prolongée au soleil, à une lampe à UV, travail de soudage?
- Douleur? Profonde ou superficielle?
- Trouble visuel?
- Sécrétions? Claires ou purulentes?
- Existence de symptômes associés (nausées, vomissements…)?
- Prise de médicaments atropiniques ou sympathomimétques?

Conduite à tenir

- Examen de l'œil : taille de la pupille, aspect de la cornée (claire ou obscurcie), mesure de l'acuité visuelle, tonicité de l'œil.
- En cas de crise de glaucome aigu → traitement en urgence (cf. Protocoles thérapeutiques).
- Possibilité de coloration à la fluorescéine de la cornée.
- Adresser en consultation ophtalmologique dans les meilleurs délais.

Signes de gravité

- Un **glaucome aigu** peut entraîner une perte de la vision en l'absence de traitement rapide.
- Tout **traumatisme** oculaire nécessite une consultation ophtalmologique en urgence.

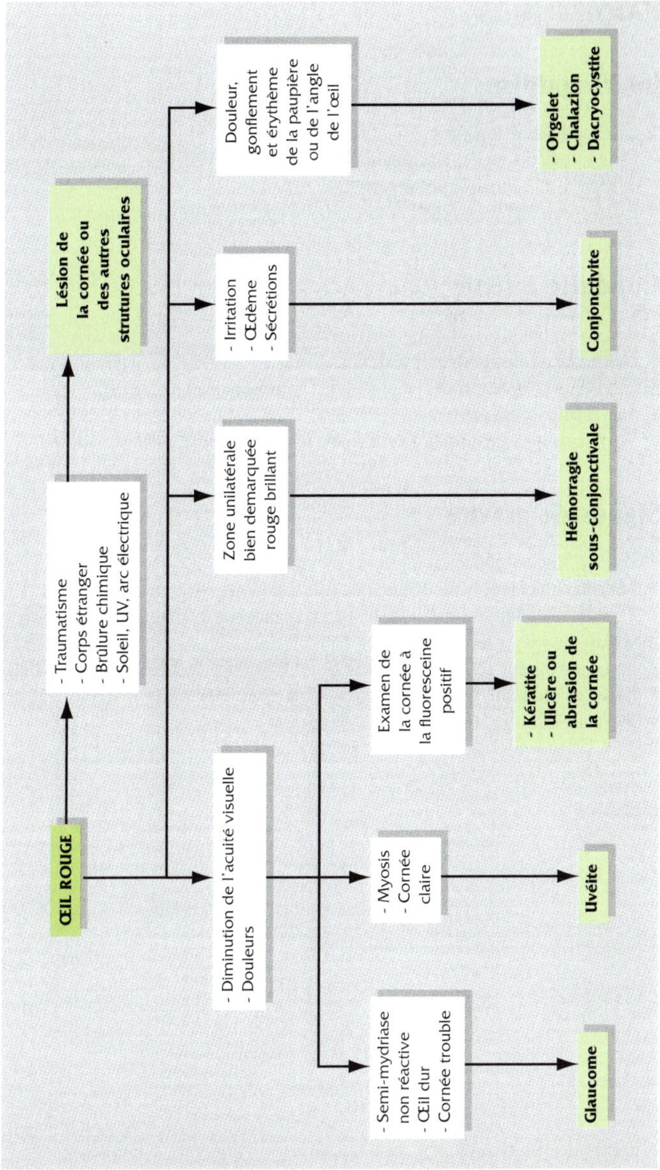
ŒIL ROUGE
- Traumatisme
- Corps étranger
- Brûlure chimique
- Soleil, UV, arc électrique
Lésion de la cornée ou des autres strutures oculaires
- Diminution de l'acuité visuelle
- Douleurs
Zone unilatérale bien demarquée rouge brillant
- Irritation
- Œdème
- Sécrétions
Douleur, gonflement et érythème de la paupière ou de l'angle de l'œil
- Semi-mydriase non réactive
- Œil dur
- Cornée trouble
- Myosis
- Cornée claire
Examen de la cornée à la fluoresceine positif
Glaucome
Uvéite
- Kératite
- Ulcère ou abrasion de la cornée
Hémorragie sous-conjonctivale
Conjonctivite
- Orgelet
- Chalazion
- Dacryocystite

Palpitations

Interrogatoire

- Circonstances d'apparition ?
- Description des signes : palpitations fugaces ou permanentes, malaise avec ou sans perte de connaissance, angoisse… ?
- Existence de signes associés : douleur thoracique, dyspnée notamment ?

Conduite à tenir

- Pouls, PA, SpO_2.
- Défibrillateur disponible à proximité.
- ECG (laisser les électrodes en place pour pouvoir répéter les tracés).
- Surveillance scopique.
- Voie veineuse avec un soluté cristalloïde (sérum glucosé ou Ringer lactate).

Signes de gravité

- Pouls < 50 ou > 150.
- Mauvaise tolérance hémodynamique (PA systolique < 100 mmHg).
- Signe de souffrance myocardique (douleurs angineuses) ou d'insuffisance cardiaque (OAP).
- Le risque majeur en cas de tachycardie est le passage en **fibrillation ventriculaire** qui nécessite la mise en œuvre d'un **choc électrique externe** dans les meilleurs délais.

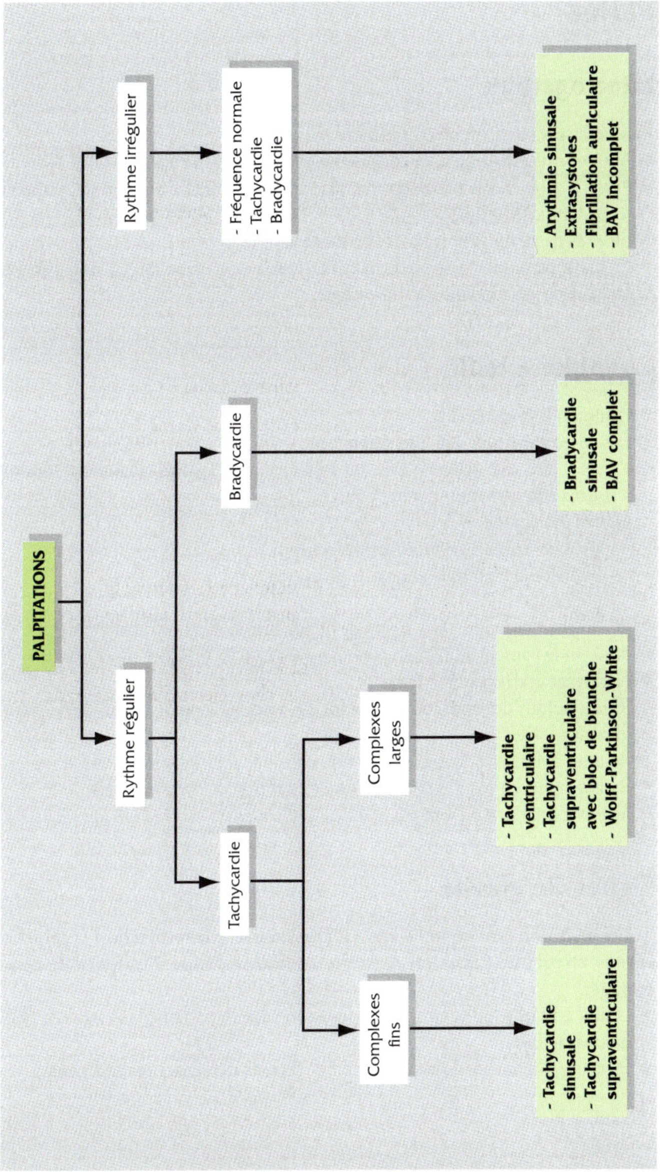
PALPITATIONS
Rythme régulier
Rythme irrégulier
Tachycardie
Bradycardie
- Fréquence normale
- Tachycardie
- Bradycardie
Complexes fins
Complexes larges
- Tachycardie sinusale
- Tachycardie supraventriculaire
- Tachycardie ventriculaire
- Tachycardie supraventriculaire avec bloc de branche
- Wolff-Parkinson-White
- Bradycardie sinusale
- BAV complet
- Arythmie sinusale
- Extrasystoles
- Fibrillation auriculaire
- BAV incomplet

Plaies

Interrogatoire

- Mécanisme : avec un objet tranchant, écrasement?
- Antécédents : maladie de la coagulation, prise d'anticoagulants?
- Avant d'avoir mis le pansement en place, le saignement était-il en jet, pulsatile ou en nappe, continu?
- En présence d'un garrot, noter l'heure de la pose.
- En cas de plaie de la main : rechercher un trouble de la motricité et de la sensibilité.
- Validité de la vaccination antitétanique.

Conduite à tenir

- Pouls, pression artérielle.
- En cas de spoliation sanguine importante :
  - Pose d'une voie veineuse avec un soluté colloïde (par ex. Plasmion®) ou un hydroxyéthylamidon (par ex. Voluven®).
  - Bilan biologique :
    - Groupe-Rhésus, agglutinines irrégulières.
    - Numération-formule sanguine, plaquettes.
    - Hémostase.
- Rechercher les pouls et des signes de déficit neurologique en aval de la plaie.
- Ne lever le pansement compressif ou le garrot qu'en présence du chirurgien.
- Nettoyage et désinfection large.
- Rasage autour des bords de la plaie (ne pas raser les sourcils car risque de préjudice esthétique).
- Pour les doigts : trempage 4-5 minutes dans une solution désinfectante.
- Radiographie en cas d'écrasement ou de suspicion de corps étranger.
- Si les vaccinations ne sont pas à jour : sérothérapie et vaccination antitétanique.

Signes de gravité

Toute plaie doit être explorée avant d'être suturée, à la recherche d'éventuelles lésions vasculo-nerveuses ou musculo-tendineuses, voire d'un possible corps étranger.

- Lésion artérielle (ou veineuse avec perte sanguine importante) → risque de **choc hémorragique**.
- Plaies de la main → risque important de **lésions nerveuses et tendineuses**.

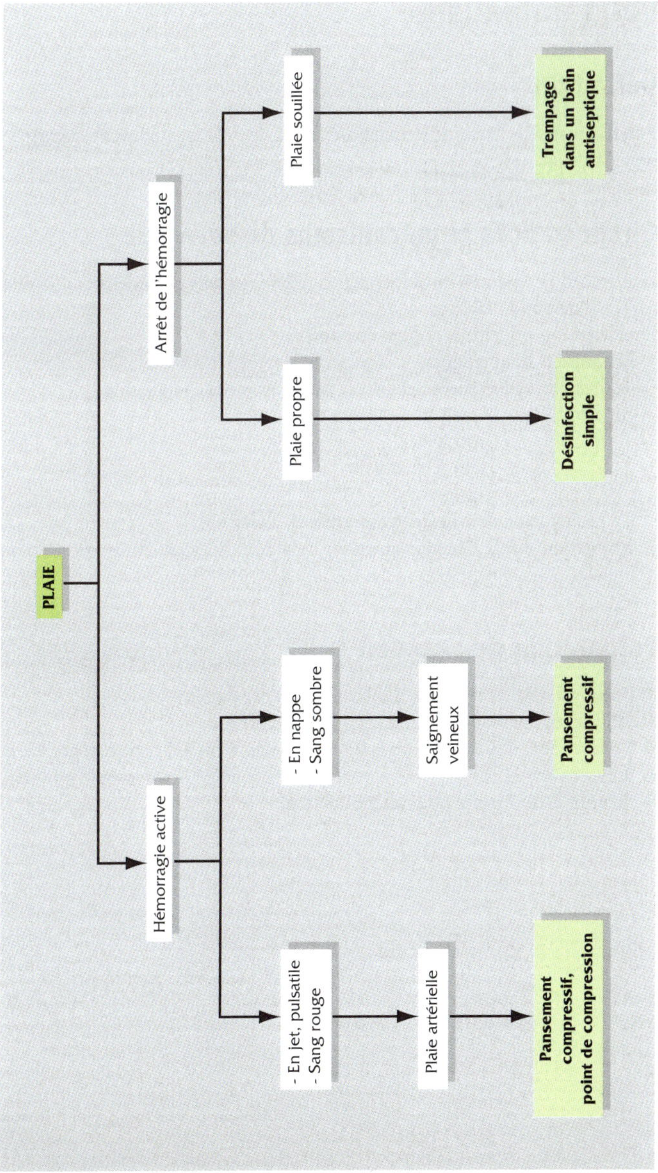
PLAIE
Hémorragie active
Arrêt de l'hémorragie
- En jet, pulsatile
- Sang rouge
- En nappe
- Sang sombre
Plaie propre
Plaie souillée
Plaie artérielle
Saignement veineux
Pansement compressif, point de compression
Pansement compressif
Désinfection simple
Trempage dans un bain antiseptique

Polytraumatisme

Définition

Polytraumatisé = blessé présentant au moins deux lésions pouvant engager le pronostic vital.

Circonstances et mécanismes de survenue

Leur recueil est essentiel car ils permettent d'orienter vers des lésions qui ne sont pas sur le devant du tableau.
Deux éléments principaux doivent être notés :

- **Les impacts traumatiques :**
  - Directs (avec éventuellement des écrasements et des compression).
  - Indirects :
    - Rachis :
      - Tassements.
      - Flexion/extension.
      - Torsion.
    - Mobilisation des viscères (crâne, thorax, abdomen).
- **Majoration due à l'énergie cinétique** : en particulier en cas de décélération brutale.

Préparation de l'accueil

- Personnel médical et paramédical compétent disponible.
- Salle de réanimation prête avec son matériel vérifié.
- S'assurer de la disponibilité du radiologue, notamment pour une échographie et un scanner.
- Prévenir le laboratoire et la banque du sang.

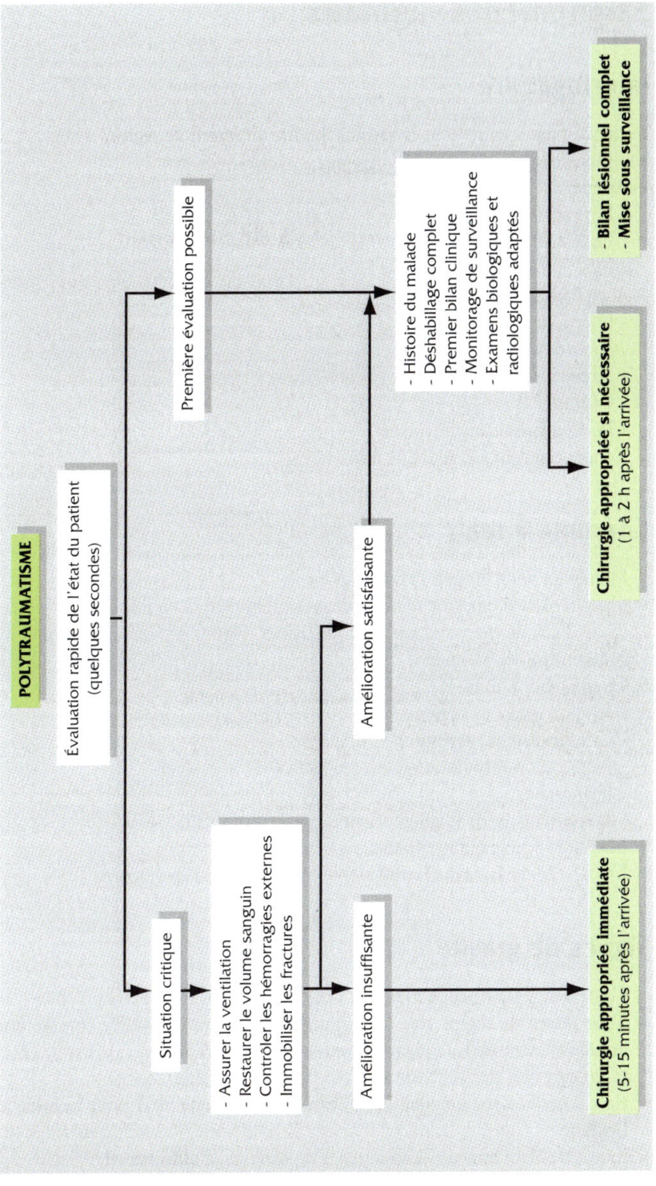
POLYTRAUMATISME
Évaluation rapide de l'état du patient (quelques secondes)
Première évaluation possible
Situation critique
- Assurer la ventilation
- Restaurer le volume sanguin
- Contrôler les hémorragies externes
- Immobiliser les fractures
Amélioration insuffisante
Amélioration satisfaisante
- Histoire du malade
- Déshabillage complet
- Premier bilan clinique
- Monitorage de surveillance
- Examens biologiques et radiologiques adaptés
Chirurgie appropriée immédiate
(5-15 minutes après l'arrivée)
Chirurgie appropriée si nécessaire
(1 à 2 h après l'arrivée)
- Bilan lésionnel complet
- Mise sous surveillance

Saignements vaginaux

Interrogatoire

- La question essentielle est de savoir s'il existe un **retard de règles**?
- Grossesse en cours, terme, échographie?
- Pathologie de la grossesse :
  - Hypertension.
  - Placenta bas inséré.
  - Infection en cours.
- Antécédents gynécologiques :
  - Infection.
  - Kyste de l'ovaire.
  - Fibrome.
  - Cancer.
  - IVG ou fausse-couche récente.
- Volume, couleur, existence de débris?

Conduite à tenir

- Mesure du pouls et de la pression artérielle.
- Mise en place d'une voie veineuse de gros calibre (16 G ou plus), voire de deux en cas d'état de choc, avec une gélatine (par ex. Plasmion®) ou un hydroxyéthylamidon (par ex. Voluven®).
- Oxygène 6-9 L/min.
- Bilan biologique en urgence :
  - Groupe, Rhésus, agglutinines irrégulière.
  - Numération-formule sanguine, plaquettes.
  - Hémostase.
  - Si retard de règles ou doute sur une grossesse débutante : β-HCG.
- Imagerie : échographie pelvienne.
- En cas d'hémorragie du 3e trimestre → avis obstétrical en urgence.

Signes de gravité

- Toute hémorragie peut entraîner un **état de choc** par spoliation sanguine.
- **Tout retard de règles avec un saignement doit être considéré comme une grossesse extra-utérine jusqu'à preuve du contraire** → en cas d'état de choc, la patiente doit être conduite au bloc opératoire immédiatement.
- En cas de grossesse au cours du 3e trimestre → **risque vital pour la mère et l'enfant**.
- En cas d'enfant mineur → attention à la possibilité d'**abus sexuel**.

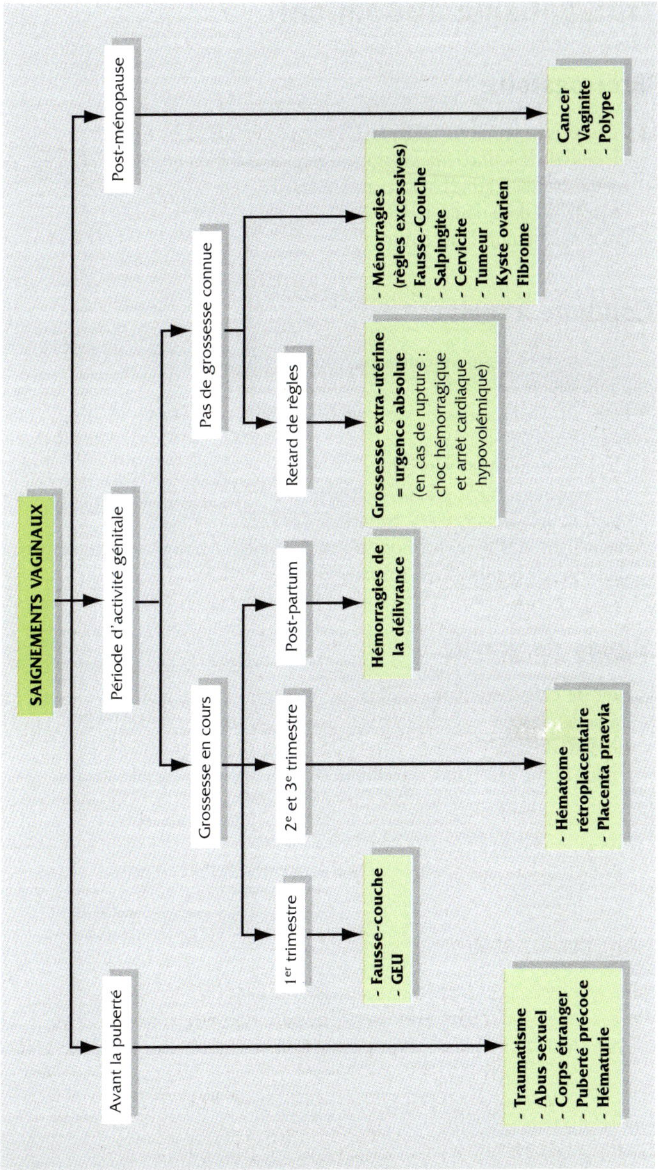
SAIGNEMENTS VAGINAUX
Avant la puberté
Période d'activité génitale
Post-ménopause
- Traumatisme
- Abus sexuel
- Corps étranger
- Puberté précoce
- Hématurie
Grossesse en cours
Pas de grossesse connue
- Cancer
- Vaginite
- Polype
1er trimestre
2e et 3e trimestre
Post-partum
Retard de règles
- Fausse-couche
- GEU
- Hématome rétroplacentaire
- Placenta praevia
Hémorragies de la délivrance
Grossesse extra-utérine = urgence absolue
(en cas de rupture : choc hémorragique et arrêt cardiaque hypovolémique)
- Ménorragies (règles excessives)
- Fausse-Couche
- Salpingite
- Cervicite
- Tumeur
- Kyste ovarien
- Fibrome

Traumatisme abdominal

Interrogatoire

- Traumatisme fermé ou pénétrant?
- Mécanisme lésionnel : traumatisme direct, décélération brutale (AVP, chute de grande hauteur), arme blanche, arme à feu… ?
- Localisation de la douleur?
- Envie mais impossibilité d'uriner?

Conduite à tenir

- Installation en position semi-assise, jambes repliées.
- Pouls, PA.
- Poser une voie veineuse de gros calibre (minimum 16 G) avec un soluté cristalloïde (Ringer lactate par exemple).
- Oxygène au masque à fort débit.
- Prélèvements : NFS, groupe et Rhésus, hémostase, urée et créatinine, ionogramme, amylasémie, GDS, bandelette urinaire.
- Radiologie : ASP avec cliché centré sur les coupoles (debout ou décubitus latéral gauche), échographie, éventuellement scanner.

Signes de gravité

- **État de choc :** remplissage initial par un hydroxyéthylamidon (Voluven® par exemple) puis dès que possible avec des dérivés sanguins → **LAPAROTOMIE EN URGENCE.**
- Traumatisme pénétrant : exploration chirurgicale indispensable.

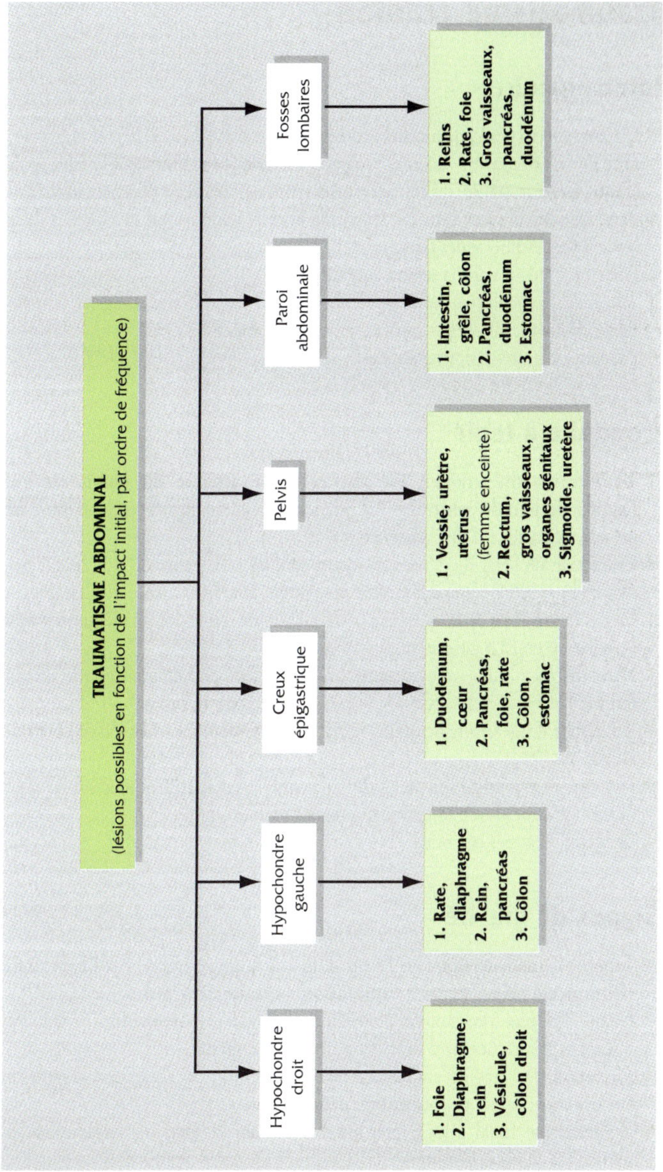
TRAUMATISME ABDOMINAL
(lésions possibles en fonction de l'impact initial, par ordre de fréquence)
Hypochondre droit
1. Foie
2. Diaphragme, rein
3. Vésicule, côlon droit
Hypochondre gauche
1. Rate, diaphragme
2. Rein, pancréas
3. Côlon
Creux épigastrique
1. Duodenum, cœur
2. Pancréas, foie, rate
3. Côlon, estomac
Pelvis
1. Vessie, urètre, utérus (femme enceinte)
2. Rectum, gros vaisseaux, organes génitaux
3. Sigmoïde, uretère
Paroi abdominale
1. Intestin, grêle, côlon
2. Pancréas, duodénum
3. Estomac
Fosses lombaires
1. Reins
2. Rate, foie
3. Gros vaisseaux, pancréas, duodénum

Traumatisme crânien

Interrogatoire

- Circonstances et mécanisme de l'accident. En cas d'accident de la voie publique : port de la ceinture de sécurité, violence du choc, lieu d'impact…? En cas de chute : hauteur, nature du sol, amortissement éventuel, zone d'impact initial?
- Perte de connaissance initiale? Intervalle libre et réapparition de troubles de la conscience? Amnésie des faits?
- Gêne ou douleur dans la région cervicale?
- Antécédents médicaux ayant pu déclencher un malaise avec chute et traumatisme crânien (pathologies cardiaques, diabète, épilepsie…)?
- Existence d'autres lésions associées?

Conduite à tenir

- **Tout traumatisé crânien est suspect d'une atteinte du rachis cervical jusqu'à preuve du contraire** (en particulier s'il est inconscient) → mise en place systématique d'un collier cervical.
- Évaluation de l'état de gravité et notamment de la présence de troubles hémodynamiques et/ou respiratoires associés : pouls, PA, SpO_2, score de Glasgow.
- En cas de troubles de la conscience (dans l'attente d'une éventuelle intubation), installation en PLS avec le buste surélevé.
- Mise en place d'une voie veineuse avec un soluté cristalloïde de type Ringer lactate.
- Recherche d'une otorragie, d'une otorrhée ou d'une rhinorrhée (écoulement de LCR).
- Pansement provisoire des plaies du cuir chevelu en attendant leur suture pour éviter une déperdition sanguine qui peut être importante.
- Imagerie : scanner cérébral.

Signes de gravité

- Trouble hémodynamique en faveur d'une hémorragie interne → **l'hémostase chirurgicale prime sur tout exploration ou traitement neurochirurgical**.
- Coma d'emblée ou troubles respiratoires associés → intubation et sédation + scanner à la recherche d'une lésion neurochirurgicale.
- Altération de l'état de conscience avec diminution du score de Glasgow ou apparition de signes de focalisation neurologique.
- Traumatisme facial associé pouvant retentir sur la fonction respiratoire (en particulier en cas d'hémorragie ORL).

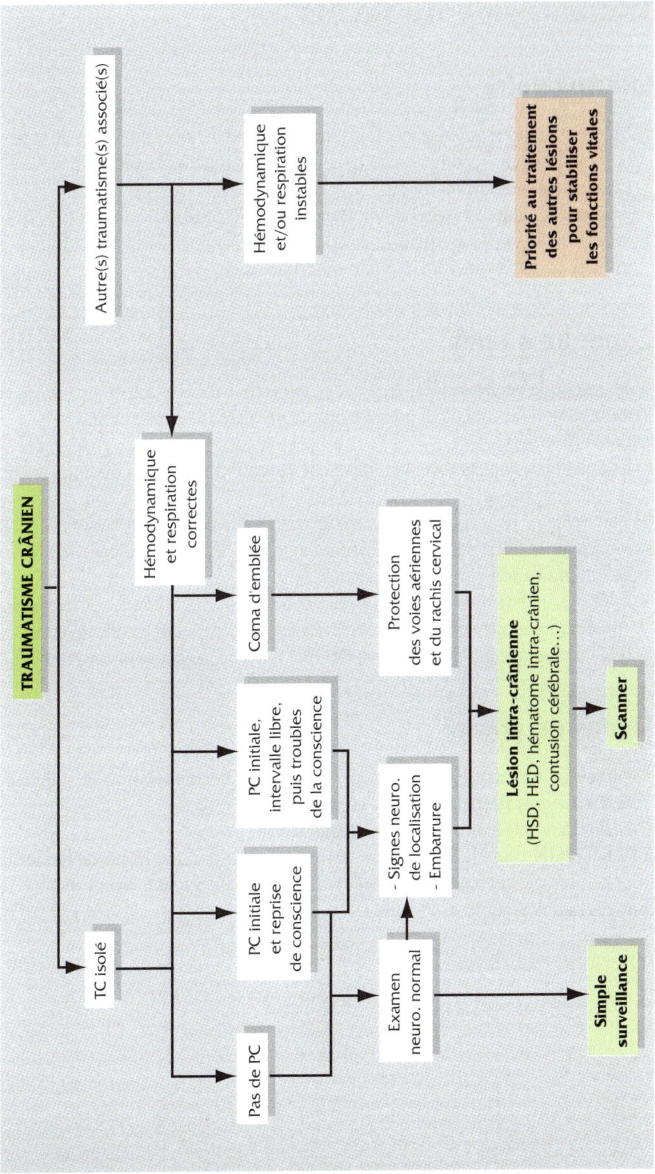
TRAUMATISME CRÂNIEN
TC isolé
Autre(s) traumatisme(s) associé(s)
Hémodynamique et respiration correctes
Hémodynamique et/ou respiration instables
Priorité au traitement des autres lésions pour stabiliser les fonctions vitales
Pas de PC
PC initiale et reprise de conscience
PC initiale, intervalle libre, puis troubles de la conscience
Coma d'emblée
Examen neuro. normal
- Signes neuro. de localisation
- Embarrure
Protection des voies aériennes et du rachis cervical
Simple surveillance
Lésion intra-crânienne
(HSD, HED, hématome intra-crânien, contusion cérébrale…)
Scanner

Traumatisme du rachis

Interrogatoire

- Mécanisme du traumatisme : mouvement en coup de fouet du cou et de la tête (« coup du lapin »), compression longitudinale (chute de grande hauteur)... ?
- Douleur de la nuque ou du dos?
- Présence de signes en faveur d'une atteinte neurologique : paresthésies des extrémités, troubles de la motricité et de la sensibilité, paralysie flasque, incontinence urinaire ou fécale, atteinte respiratoire, hypotension.

Conduite à tenir

- Maintenir le collier cervical en place et respecter l'axe tête-cou-tronc lors de la mobilisation du patient (si possible utiliser un matelas à dépression).
- Pouls, PA, SpO_2.
- Examen neurologique détaillé : motricité et sensibilité, réflexes ostéotendineux et bulbocaverneux.
- Voie veineuse de sécurité avec un soluté cristalloïde type Ringer lactate.
- Maintenir la liberté des voies aériennes en cas de lésion rachidienne haute : si besoin intubation et ventilation assistée.
- Imagerie : radiographies standards (face et de profil, cliché bouche ouverte pour visualiser les 2 premières vertèbres cervicales), scanner (examen de référence).
- Bilan biologique pré-opératoire et éventuel GDS en cas d'atteinte respiratoire.

Signes de gravité

- Paraplégie ou tétraplégie d'emblée → éventuelle **décompression et stabilisation chirurgicale** de la lésion en urgence.
- Lésion cervicale haute → **atteinte respiratoire**.

ATTENTION : un cliché de rachis normal n'exclut pas une lésion de la moelle (une hémorragie centrale de la moelle ou une luxation spontanément réduite ne sont pas radiologiquement visibles).

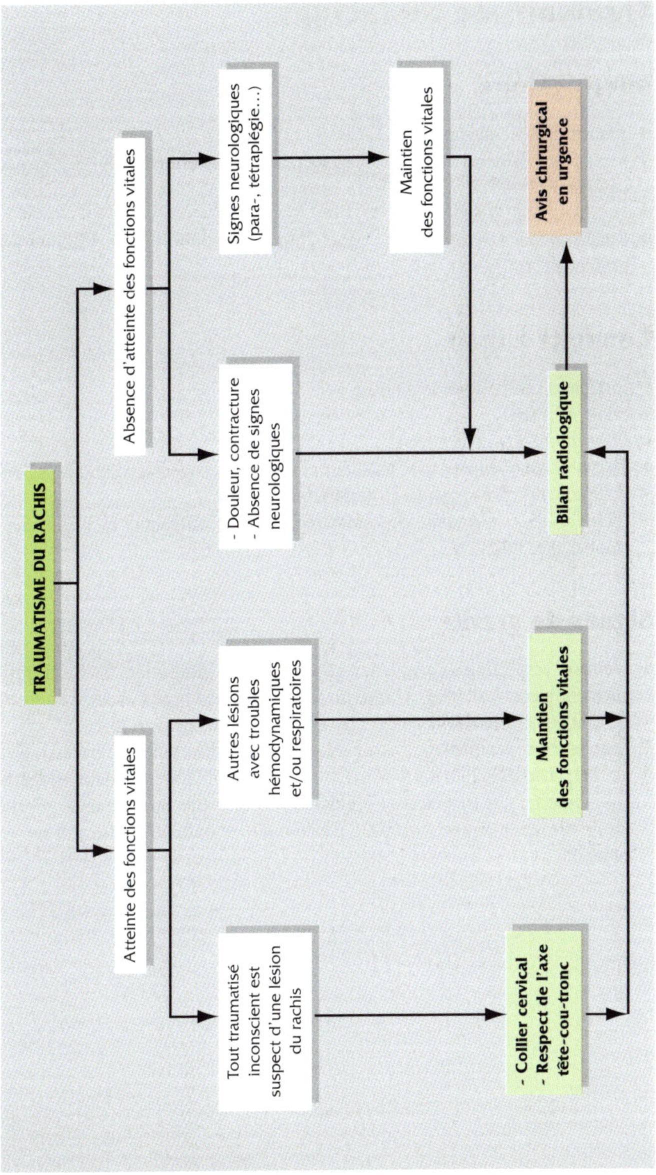
TRAUMATISME DU RACHIS
Atteinte des fonctions vitales
Absence d'atteinte des fonctions vitales
Tout traumatisé inconscient est suspect d'une lésion du rachis
Autres lésions avec troubles hémodynamiques et/ou respiratoires
- Douleur, contracture
- Absence de signes neurologiques
Signes neurologiques (para-, tétraplégie...)
Maintien des fonctions vitales
- Collier cervical
- Respect de l'axe tête-cou-tronc
Maintien des fonctions vitales
Bilan radiologique
Avis chirurgical en urgence

Traumatisme thoracique

Interrogatoire

- Traumatisme fermé ou ouvert?
- Mécanisme lésionnel : traumatisme direct, décélération brutale, chute de grande hauteur… ?
- Localisation de la douleur?
- Retentissement respiratoire : gêne continue, inhibition de l'inspiration profonde… ?

Conduite à tenir

- Installation en position semi-assise.
- Pouls, PA, SpO_2.
- Oxygénothérapie à fort débit.
- Pose d'un voie veineuse avec un soluté cristalloïde (Ringer lactate).
- Prélèvements : NFS, groupe et Rhésus, GDS.
- Radiologie : radiographie de thorax, échographie cardiaque, éventuellement scanner avec injection.

Signes de gravité

- **Détresse respiratoire :** ventilation au masque puis **intubation.** En cas d'épanchement pleural : drainage (risque de décompensation brutale avec ACR en cas de ventilation sans **drainage** par majoration de l'épanchement gazeux).
- **État de choc : remplissage** avec un soluté du type HEA (Voluven® par exemple).
- En l'absence d'amélioration hémodynamique malgré le remplissage et devant l'apparition d'une **turgescence jugulaire**, suspecter une **tamponnade** (surtout en cas de traumatisme avec plaie pénétrante) → **ponction péricardique** en urgence.

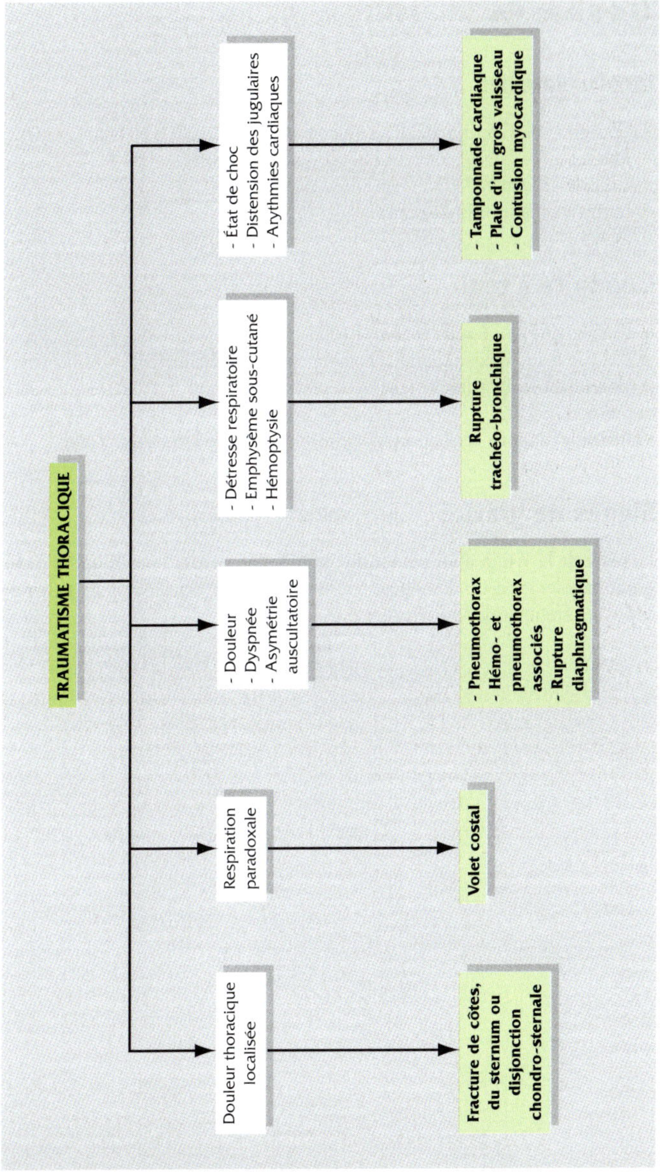
TRAUMATISME THORACIQUE
Douleur thoracique localisée
Fracture de côtes, du sternum ou disjonction chondro-sternale
Respiration paradoxale
Volet costal
- Douleur
- Dyspnée
- Asymétrie auscultatoire
- Pneumothorax
- Hémo- et pneumothorax associés
- Rupture diaphragmatique
- Détresse respiratoire
- Emphysème sous-cutané
- Hémoptysie
Rupture trachéo-bronchique
- État de choc
- Distension des jugulaires
- Arythmies cardiaques
- Tamponnade cardiaque
- Plaie d'un gros vaisseau
- Contusion myocardique

Trouble de la vision

Interrogatoire

- Circonstances d'apparition : brutale ou progressive, à la suite d'un traumatisme… ?
- Antécédents : diabète, intervention sur une cataracte… ?
- Céphalées ? Douleur et/ou rougeur associée ?
- Autres anomalies neurologiques ?

Conduite à tenir

- Examen de l'acuité et du champ visuel.
- Examen neurologique complet, notamment des différentes paires crâniennes.
- Consultation ophtalmologique avec notamment fond d'œil et mesure de la pression oculaire.
- Imagerie : scanner cérébral au moindre doute de lésion intra-crânienne.

Signes de gravité

La **perte de la vision d'un œil est une urgence** nécessitant un **avis ophtalmologique** dans les meilleurs délais pour que le patient puisse bénéficier d'un traitement adéquat susceptible de faire régresser le trouble.

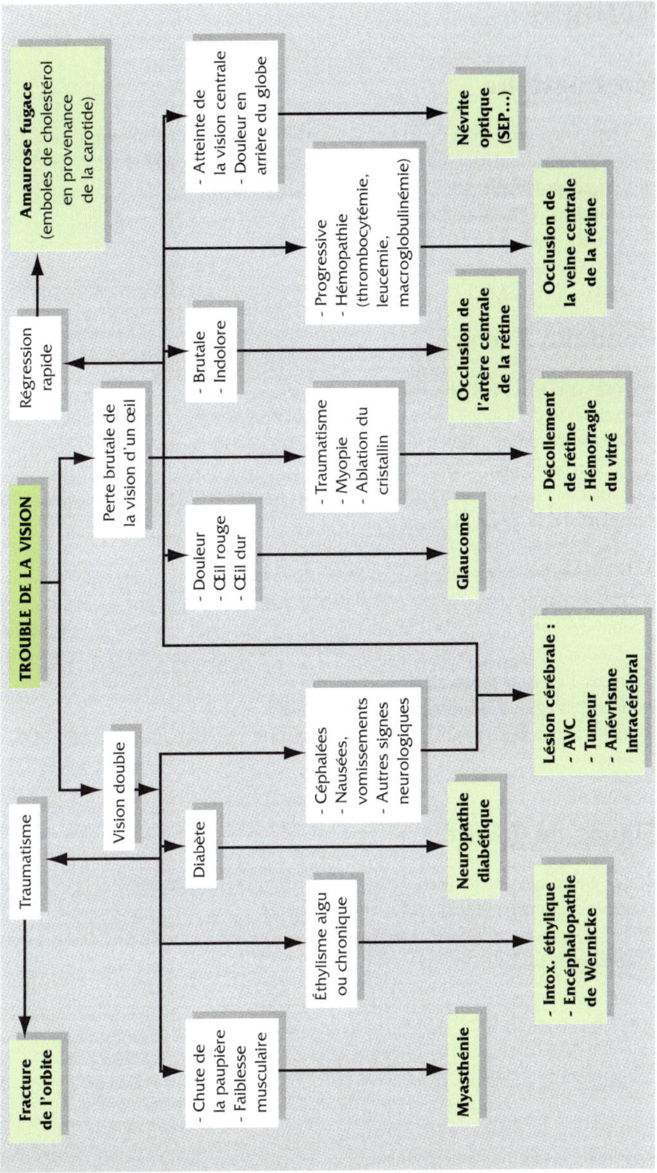
TROUBLE DE LA VISION
Perte brutale de la vision d'un œil
Vision double
Régression rapide
Amaurose fugace (emboles de cholestérol en provenance de la carotide)
- Atteinte de la vision centrale
- Douleur en arrière du globe
Névrite optique (SEP...)
- Progressive
- Hémopathie (thrombocytémie, leucémie, macroglobulinémie)
Occlusion de la veine centrale de la rétine
- Brutale
- Indolore
Occlusion de l'artère centrale de la rétine
- Traumatisme
- Myopie
- Ablation du cristallin
- Décollement de rétine
- Hémorragie du vitré
- Douleur
- Œil rouge
- Œil dur
Glaucome
- Céphalées
- Nausées, vomissements
- Autres signes neurologiques
Lésion cérébrale :
- AVC
- Tumeur
- Anévrisme intracérébral
Traumatisme
Fracture de l'orbite
Diabète
Neuropathie diabétique
Éthylisme aigu ou chronique
- Intox. éthylique
- Encéphalopathie de Wernicke
- Chute de la paupière
- Faiblesse musculaire
Myasthénie

Vertiges

Interrogatoire

- Vertige vrai (sensation de tête ou de l'environnement qui tourne) ou sensation vertigineuse (sensation de tête vide, sensation de syncope à la position debout)?
- Vertiges provoqués par certains mouvements de la tête?
- Céphalées? Diminution de l'audition?
- Nausées, vomissements, troubles de la marche?
- Premier épisode ou antécédents similaires?

Conduite à tenir

- Pouls et PA en position couchée et debout.
- Examen neurologique complet en recherchant notamment un nystagmus et une atteinte des paires crâniennes.
- Recherche de signe d'hypovolémie :
  - Anémie : pâleur conjonctivale, sang dans les selles ou dans l'estomac (mise en place d'une sonde gastrique).
  - Déshydratation : pli cutané notamment.
- ECG chez les patients hypotendus ou susceptibles de présenter une coronaropathie.
- Test de Barany : faire passer rapidement le patient de la position assise à la position debout en tournant simultanément la tête d'un côté ou de l'autre en observant le regard → déclenchement d'un nystagmus, de vertiges et de nausées en cas de vertige positionnel.
- Bilan biologique : ionogramme sanguin, NFS.
- Imagerie : scanner cérébral en cas de suspicion de lésion intracérébrale (AVC, tumeur...).

Signes de gravité

- Le vertige peut être le premier signe d'une **hémorragie interne** qui peut brutalement s'aggraver et menacer la vie du patient.
- Toute signe neurologique associé impose un scanner à la recherche d'une **lésion cérébrale** (tumeur, AVC).

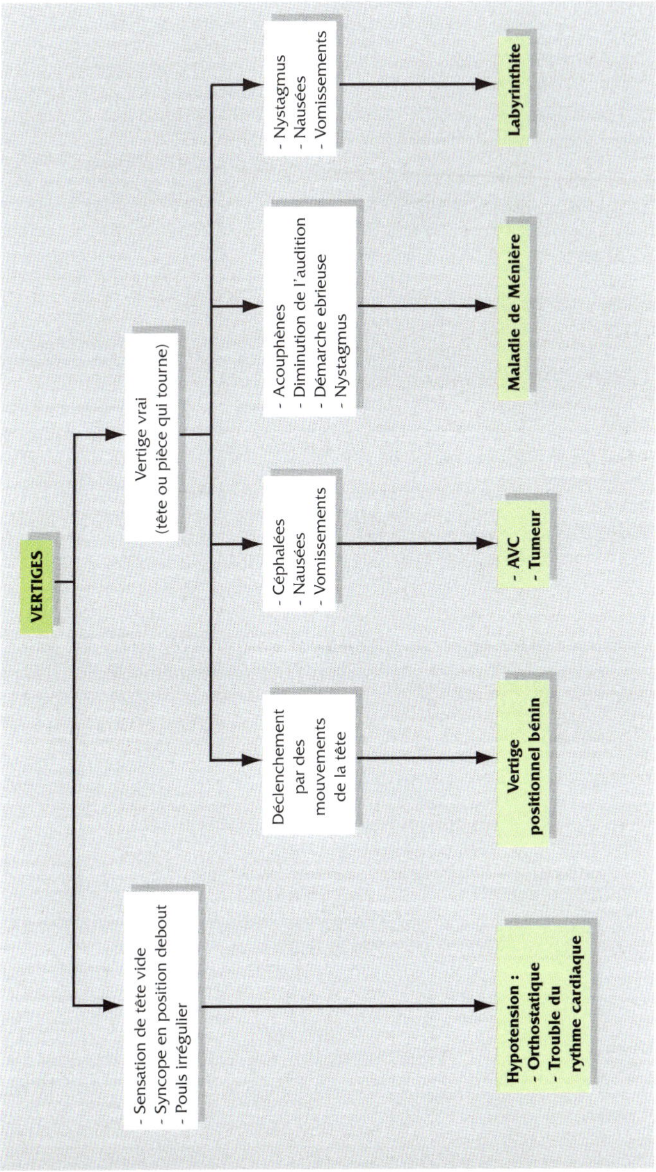
VERTIGES
- Sensation de tête vide
- Syncope en position debout
- Pouls irrégulier
Hypotension :
- Orthostatique
- Trouble du rythme cardiaque
Vertige vrai
(tête ou pièce qui tourne)
Déclenchement par des mouvements de la tête
Vertige positionnel bénin
- Céphalées
- Nausées
- Vomissements
- AVC
- Tumeur
- Acouphènes
- Diminution de l'audition
- Démarche ebrieuse
- Nystagmus
Maladie de Ménière
- Nystagmus
- Nausées
- Vomissements
Labyrinthite

Protocoles thérapeutiques

2

Accidents d'exposition au sang

ACCIDENT

DÉCLARATION D'ACCIDENT DE TRAVAIL
- Dans les 24 heures
- En respectant l'anonymat du malade source

PREMIERS SOINS

EXPOSITION PERCUTANÉE
- Nettoyage immédiat de la plaie à l'eau et au savon
- Rinçage
- Antisepsie par dérivés chlorés (Dakin ou eau de Javel à 12° diluée au 1/10) ou alcool à 70° ou povidone iodée en solution dermique (contact au moins 5 min)

PROJECTION MUQUEUSE
Rinçage immédiat et prolongé au sérum physiologique ou à l'eau

ÉVALUATION DES RISQUES INFECTIEUX
En liaison avec le médecin responsable du malade source :
- Profondeur de la blessure
- Type d'aiguille et geste en cause
- Statut sérologique et clinique du malade source

Proposition d'une prophylaxie antirétrovirale

Pas de prophylaxie

Accord de l'intéressé

Refus de l'intéressé

Risque nul
Pas de suivi

Traitement immédiat (dans les 4 premières heures au mieux)

Conseil médical dans les 48 h (médecin référent pour décider de la poursuite ou non du traitement)

Si risque identifié ou indéterminé : suivi sérologique et clinique par le médecin du travail :
- VIH : avant le 8e jour, M3, M6 (M4, M7 si antirétroviraux)
- VHB : vérification des anticorps anti-HBs, éventuellement immunoglobulines spécifiques dans les 48 h, en fonction du risque, et vaccination
- VHC : transaminases + sérologie à J0 ; transaminases/15 j jusqu'à M3 ; sérologie VHC M3, M6 ; PCR si ALAT augmentent ou sérologie VHC +

Recommandations pour la chimioprophylaxie antirétrovirale après exposition à du sang VIH +

Type d'accident	Produit biologique	Prophylaxie antirétrovirale	Antiviraux utilisables***
Percutané	**Sang** - Risque très élevé* ou élevé** - Risque faible*** **Liquide biologique** - Contenant du sang visible **ou** autre liquide potentiellement infectieux **ou** tissu - Autre liquide biologique	 Recommandée Proposée Proposée Non	2 INTI + 1 IP
Muqueux ou cutané avec risque accru**	**Sang** **Liquide biologique** - Contenant du sang visible **ou** autre liquide potentiellement infectieux **ou** tissu - Autre liquide biologique	Proposée Proposée Non	2 INTI + 1 IP

INTI : inhibiteur nucléosidique de la transcriptase inverse – IP : inhibiteur de la protéase

* Risque très élevé : exposition à un large volume de sang (piqûre profonde avec une aiguille de grand diamètre ayant servi à une ponction veineuse ou artérielle) ET présence d'un titre élevé de VIH dans le sang (patient atteint de primo-infection ou de sida au stade terminal; charge virale plasmatique élevée)

** Risque élevé : SOIT exposition à un large volume de sang, SOIT sang avec un titre élevé de VIH

*** Risque faible : NI exposition à un large volume de sang NI présence d'un titre élevé de VIH dans le sang (par ex. : suture avec une aiguille pleine chez un patient asymptomatique)

**** Si le patient source VIH+ est connu, il faut adapter la prophylaxie selon la charge virale et le traitement du patient source. Dans tous les cas, il vaut mieux éviter les molécules à toxicité potentiellement rapide (Efavirenz®) ou potentiellement allergisantes (Névirapine®, Abacavir®)

Référence : circulaire DGH/DH/DRT n° 99/680 du 8/12/1999.

Accidents hémorragiques des anticoagulants

MESURES GÉNÉRALES

- **Contrôle de l'éventuel état de choc hémorragique :**
  - Position : décubitus dorsal, jambes surélevées
  - O_2 nasal : 4-6 L/min
  - Voie veineuse de gros calibre avec soluté de remplissage (**Voluven**® ou **Plasmion**®) puis éventuelle transfusion
- **Biologie :**
  - Groupe, Rhésus, RAI
  - NFS, plaquettes
  - Hémostase : TP ou INR, TCA

Héparine non-fractionnée

TRAITEMENT SPÉCIFIQUE

- **Protamine** : 100 unités anti-héparine (UAH) neutralisent 100 unités d'héparine
- Dose variable en fonction de l'héparinémie constatée et non de la dose d'héparine injectée
- **En pratique :**
  - Héparine non-fractionnée en continue : **protamine** 3 000-5 000 UAH en IV lente
  - Héparine calcique en SC : même dose initiale suivie d'une perfusion de 5 000 UAH sur 6 h

HBPM

TRAITEMENT SPÉCIFIQUE

- Neutralisation de l'activité anti-IIa complète mais seulement à 50 % de l'activité anti-Xa ; par ailleurs demi-vie longue
- **En pratique :**
  - **Protamine** 3000-5000 UAH en IV lente
  - Réinjection de 3000 UI de protamine si activité anti-Xa résiduelle au bout de 6 heures supérieure à 0,2 UI

AVK

TRAITEMENT SPÉCIFIQUE

- **Cible < INR < 4,5, sans saignement majeur :** supprimer la prise suivante et rechercher la cause du surdosage
- **5 < INR < 9, sans saignement majeur :** arrêt de l'AVK et **vitamine K** 1-2 mg PO ou 1-1,5 mg IV lent (1 h) (reprendre à plus faible dose quand INR < 4)
- **INR > 9 sans saignement majeur :** arrêt de l'AVK et **vitamine K** 3-5 mg PO ou 1-1,5 mg IV lent (1 h) à renouveler éventuellement 6 h plus tard en fonction de l'INR (reprendre à plus faible dose quand INR < 4)
- **Saignement majeur ou INR très élevé :**
  - **Vitamine K** 10 mg IV lente (> 10 min) à renouveler si besoin toutes les 12 heures
  - Complexe prothrombinique (**PPSB = Kaskadil**®) : 20-30 UI/kg de facteur IX et/ou **PFC** 10-20 mL/kg
  - Contrôle de l'INR dans l'heure qui suit : si > 1,5, renouveler éventuellement l'administration de **Kaskadil**®

À noter : après traitement par fortes doses de vitamine K1, nécessité de l'utilisation d'héparine en attendant le retour à une efficacité des AVK.

Accident vasculaire cérébral ischémique

ACCIDENT ISCHÉMIQUE TRANSITOIRE (AIT)
= régression des signes en moins de 30 min.

- Cécité monoculaire transitoire
- Déficit sensitif et/ou moteur unilatéral, aphasie

→ En faveur du territoire carotidien

- Instabilité ou ataxie aiguë
- Troubles visuels, moteurs ou sensitifs bilatéraux ou à bascule
- Association de vertiges, diplopie, dysarthrie, troubles de la déglutition, troubles de la vigilance ou confusion

→ En faveur du territoire vertébro-basilaire

ATTENTION : diagnostic différentiel

- Hypoglycémie
- Migraine avec aura
- Crise convulsive
- Intoxication au CO
- Thrombophlébite cérébrale
- Infarctus ou hématome cérébelleux
- Méningo-encéphalite, abcès du cerveau
- Dissection de l'artère vertébrale ou de la carotide

BILAN

- **Biologie :** NFS et plaquettes, hémostase, ionogramme sanguin, glycémie, créatininémie, VS, CRP
- ECG
- **Imagerie cérébrale :** IRM avec séquence de diffusion ou scanner sans injection
- **Exploration des artères cervico-encéphaliques :** écho-Doppler (avec si possible Doppler transcrânien) ; possibilité d'angio-IRM ou d'angioscanner couplé à l'imagerie cérébrale

FACTEURS DE RISQUE

- AIT récidivants ou crescendo
- AIT d'origine cardiaque
- AIT en rapport avec une dissection carotidienne ou vertébrale

OUI →

ANTICOAGULANTS :
- **Héparine** en IV continue : 50-100 UI/kg en bolus, puis 400-600 UI/kg/jour (objectif : TCA 1,5-2 fois le témoin)
- **HBPM :** objectif activité anti-Xa entre 0,5 et 1

CHIRURGIE EN URGENCE :
AIT récidivants et sténose très serrée de la carotide

NON →

Aspirine
160-300 mg/j

ACCIDENT VASCULAIRE ISCHÉMIQUE CONSTITUÉ

- Déficit sensorimoteur unilatéral pouvant aller jusqu'à l'hémiplégie
- Aphasie
- Hémianopsie

→ Atteinte du territoire sylvien

Signes isolés ou associés
- Hémianopsie
- Troubles sensitifs d'un hémicorps
- Agnosie visuelle
- Syndrome cérébelleux
- Atteinte des nerfs crâniens du même côté que la lésion
- Troubles sensitifs ou moteurs du côté opposé à la lésion
- Diplopie

→ Atteinte du territoire vertébro-basilaire

- Déficit moteur ou sensitif pur
- Hémiparésie-hémiataxie
- Syndrome dysathrie-main malhabile

→ Syndrome lacunaire

Symptômes d'apparition récente + possibilité de prise en charge dans une unité d'urgences cérébro-vasculaires + critères d'éligibilité pour une thrombolyse (voir encadré ci-dessous)

OUI

CRITÈRES D'ÉLIGIBILITÉ POUR UNE THROMBOLYSE

- Symptômes d'AVC ischémique apparus moins de 3 heures avant l'initiation du traitement
- Absence de signes d'hémorragie intracrânienne au scanner et de contre-indications à l'utilisation d'un thrombolytique
- Âge entre 18 et 80 ans
- Déficit neurologique fixé sans amélioration rapide
- Absence de signes de gravité clinique (cotée éventuellement selon certaines échelles comme le NIHSS, voir p. 315) et/ou à l'imagerie
- Absence de crises convulsives
- Absence de signes pouvant évoquer une hémorragie sous-arachnoïdienne (même si scanner normal)
- Absence d'administration d'héparine dans les 48 h précédentes
- Plaquettes > 100 000 mm^3
- Absence de diabète avec ATCD d'AVC
- Absence d'AVC datant de moins de 3 mois
- PA_S > 185 mmHg et PA_d > 110 mmHg ou nécessité d'un traitement antihypertenseur IV pour obtenir ces chiffres
- Glycémie < 50 ou > 400 mg/dL

→

TRAITEMENT THROMBOLYTIQUE

Alteplase (Actilyse®) : 0,9 mg/kg (dose max. 90 mg) dont 10 % en bolus et le reliquat en perfusion IV de 60 min

NON

→ Scanner sans injection ou IRM (si possible)

→ Prise en charge classique et transfert dans un service de neurologie (voir page suivante)

Absence d'indication de thrombolyse

↓

MESURES GÉNÉRALES

- Oxygénothérapie en fonction de l'oxymétrie de pouls
- Sonde avec évacuation gastrique en cas de troubles de la déglutition
- Maintien de la glycémie en zone normale
- En l'absence de dissection aortique, d'insuffisance coronarienne aiguë ou d'œdème pulmonaire, respecter l'HTA jusqu'à 230/130 mmHg
- Traiter l'hyperthermie et rechercher une infection
- ECG à la recherche de troubles du rythme cardiaque
- En cas de crise convulsive (en dehors d'une crise inaugurale) → traitement anticonvulsivant préventif

↓

- Cardiopathie emboligène
- AVC en progression dans le territoire vertébro-basilaire
- Dissection d'artère cervicale extracrânienne

↓

ANTICOAGULANTS

- **Héparine** en IV continue : 50-100 UI/kg en bolus, puis 400-600 UI/kg/jour (objectif : TCA 1,5-2 fois le témoin)
- **HBPM** : objectif activé anti-Xa entre 0,5 et 1

- Coma profond
- Détresse respiratoire
- Inhalation

↓

INTUBATION ET VENTILATION ASSISTEE : discussion au cas par cas en tenant compte de l'âge physiologique, de la comorbidité, de l'état clinique et des données de l'imagerie

TA > 230/130 mmHg

↓

ANTIHYPERTENSEURS
(doses à augmenter progressivement en fonction du résultat)

- **Nicardipine (Loxen®)** 1 mg/h

ou

- **Uradipil (Eupressyl®)** 10 mg/h

AVIS NEUROCHIRURGICAL en cas d'ischémie cérébelleuse et d'hydrocéphalie aiguë

Accouchement inopiné

Présentation du sommet

↓

Dilatation complète
+
Poche des eaux rompue

↓

Faire pousser pendant les contractions :
- pas plus de 3 efforts par contraction
- respiration ample et profonde entre les contractions

↓

Empêcher la tête de sortir trop vite :
- main droite soutient le périnée
- main gauche ralentit la sortie de la tête

↓

Arrêt de la progression
ou périnée blanc
→ **épisiotomie**
lors d'un effort de poussée

↓

Après la sortie de la tête,
index et médius sur les mastoïdes
et le maxillaire inférieur
→ traction douce vers le plancher
(dégagement de l'épaule antérieure)
puis
→ traction douce vers le plafond
(dégagement de l'épaule postérieure)

Présentation du siège

↓

4 gestes qui sauvent

↓

1. Arrêt de la progression
→ **épisiotomie**

↓

2. **Respecter une position dos antérieur, sinon tourner le dos en avant**

↓

3. **Pas de manœuvres intempestives (surtout ne jamais tirer)**

↓

4. En cas de rétention tête dernière :
manœuvre de Mauriceau
- fœtus à cheval sur l'avant-bras droit avec index et médius en crochet dans la bouche
- avant-bras gauche sur le dos avec index et médius en fourche sur le cou
- tirer dans l'axe

puis
- lorsque les oreilles apparaissent, redresser le dos progressivement

Différentes phases d'un accouchement par le siège

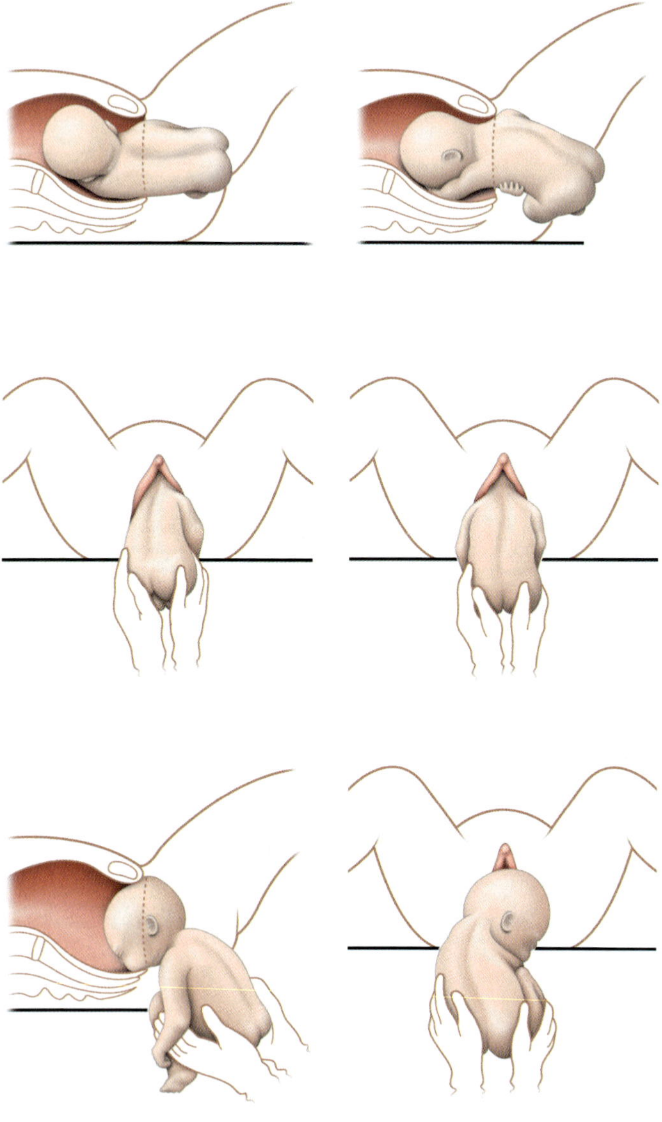

Nouveau-né

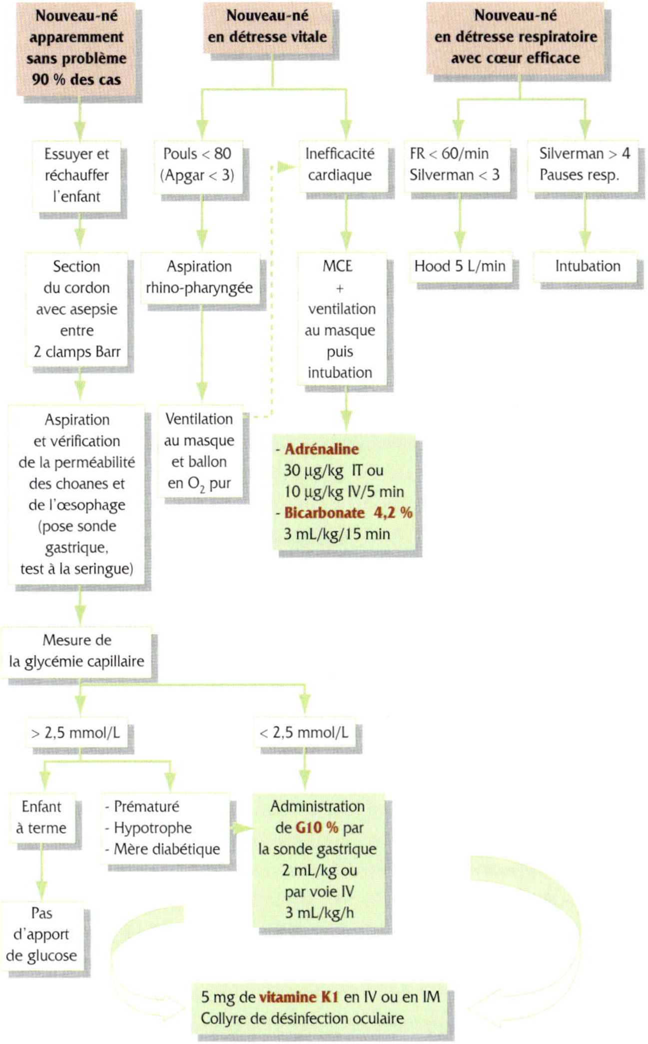
Nouveau-né apparemment sans problème 90 % des cas
Nouveau-né en détresse vitale
Nouveau-né en détresse respiratoire avec cœur efficace
Essuyer et réchauffer l'enfant
Pouls < 80 (Apgar < 3)
Inefficacité cardiaque
FR < 60/min Silverman < 3
Silverman > 4 Pauses resp.
Section du cordon avec asepsie entre 2 clamps Barr
Aspiration rhino-pharyngée
MCE + ventilation au masque puis intubation
Hood 5 L/min
Intubation
Aspiration et vérification de la perméabilité des choanes et de l'œsophage (pose sonde gastrique, test à la seringue)
Ventilation au masque et ballon en O_2 pur
- Adrénaline 30 µg/kg IT ou 10 µg/kg IV/5 min
- Bicarbonate 4,2 % 3 mL/kg/15 min
Mesure de la glycémie capillaire
> 2,5 mmol/L
< 2,5 mmol/L
Enfant à terme
- Prématuré
- Hypotrophe
- Mère diabétique
Administration de G10 % par la sonde gastrique 2 mL/kg ou par voie IV 3 mL/kg/h
Pas d'apport de glucose
5 mg de vitamine K1 en IV ou en IM
Collyre de désinfection oculaire

Délivrance

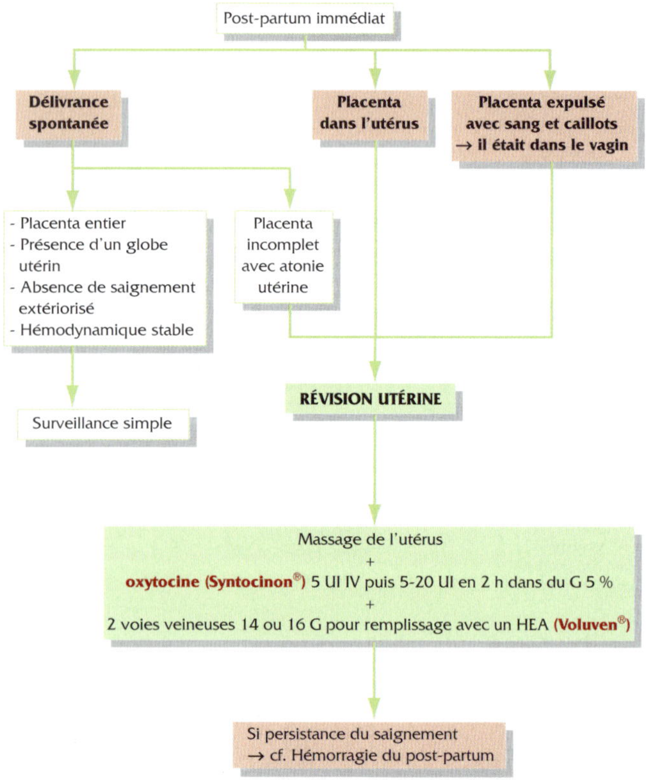
Post-partum immédiat
Délivrance spontanée
Placenta dans l'utérus
Placenta expulsé avec sang et caillots → il était dans le vagin
- Placenta entier
- Présence d'un globe utérin
- Absence de saignement extériorisé
- Hémodynamique stable
Placenta incomplet avec atonie utérine
Surveillance simple
RÉVISION UTÉRINE
Massage de l'utérus
+
oxytocine (Syntocinon®) 5 UI IV puis 5-20 UI en 2 h dans du G 5 %
+
2 voies veineuses 14 ou 16 G pour remplissage avec un HEA (Voluven®)
Si persistance du saignement → cf. Hémorragie du post-partum

Acidocétose diabétique

80 % DID connu
- Insulinothérapie inadaptée
- Infection
- Médicaments (corticoïdes)
- IDM (parfois indolore)
- AVC, ischémie aiguë de membre
- Traumatisme, chirurgie

20 %
Révélation
du DID inconnu

FACTEUR DÉCLENCHANT

OBJECTIFS : CORRIGER
- La volémie
  (déficit en eau et en sodium)
- Le déficit en insuline
- L'acidose
- Le déficit en potassium

TRAITEMENT DE LA CAUSE DÉCLENCHANTE

RÉHYDRATATION et REMPLISSAGE
- Si PAS < 90 mmHg :
  500 mL de produit de remplissage en 30 min (Plasmion® ou Voluven®)
- H0-H2 :
  2000 mL de sérum physiologique
- H2-H6
  (ou dès que glycémie < 10 mmol/L :
  3-4000 mL de G 5 % + 3-4 g NaCl/L
  + 2-3 g KCl/L
- H6-H24 :
  1000 mL de G 5 %/3 h + 2 g NaCl/L
  + 2 g KCl/L
  + 1 A phosphate dipotassique/L

- 100 mg de vitamine B1
  dans le premier flacon si éthylisme

INSULINE
0,1 UI/kg/h au PSE
à baisser progressivement
dès que la glycémie
< 20 mmol/L

BICARBONATE DE SODIUM
- Uniquement si pH < 7
- 500 mL de 1,4 % en 30 min.

SURVEILLANCE
(horaire pendant les 3 h puis toutes les 3-4 h)
- Diurèse horaire
- Glycémie capillaire + bandelette urinaire
- Ionogramme sanguin, glycémie ± GDS

ADAPTATION DU TRAITEMENT

Formules utiles

Osmolarité

[2 × Na (mmol/L)] + glucose (mmol/L) + urée (mmol/L) → hyperosmolarité > 330 mOsm/L

Trou anionique

Na + K – [Cl + HCO_3] en mmol/L → augmentation si > 16 mmol/L

Natrémie corrigée

Na mesurée + [0,3 × glycémie (mmol/L)]

Acrosyndromes aigus

DOULEURS
+
MODIFICATIONS DE COULEUR OU DE TEMPERATURE DES EXTREMITES

PHÉNOMÈNE DE RAYNAUD

- Accès répétés d'ischémie suivie d'une phase de reperfusion :
  - Phase blanche (syncopale)
  - Phase bleue (cyanose)
  - Phase rouge (reperfusion)
- Doigts des mains et des pieds (en général respect du pouce)
- Régression totale mais durée variable
- En général, rythmée par le froid

CAUSES

- Primitives
- Secondaires :
  - Médicaments et toxiques (dérivés de l'ergot de seigle...)
  - Connectivites et vascularites (sclérodermie...)
  - Artériopathies
  - Professionnelles et traumatiques (syndrome des vibrations...)
  - Endocrines (myxœdème, acromégalie...)

ENGELURES

- Lésions éryhrocyaniques à type de papules érythémateuses
- Au niveau des pulpes ou de la face externe des orteils

CAUSES

- Exposition prolongée au froid humide modéré
- Souvent femme jeune, de poids inférieur à la moyenne, portant volontiers des souliers trop serrés

GRAVITÉ

- Douleur profonde
- Ischémie persistante et inhabituelle

→ risque de nécrose cutanée irréversible

TRAITEMENT

- Réchauffement des doigts et pansements vaselinés en cas de nécrose
- Éviter les traumatismes
- Arrêt du médicament éventuellement responsable
- Perfusion de macromolécules ou de sérum physiologique (hémodilution)
- Antalgie : **morphine** 0,1 mg/kg puis 2 mg/10 min jusqu'à obtention de l'effet souhaité et en surveillant la respiration
- Vasodilatateurs :
  - **Nicardipine (Loxen®)** : 2-4 mg/h à adapter par paliers de 0,5 mg/h
  - Parfois **iloprost (Ilomédine®)** : 1 A dans 25 mL de sérum physiologique, débuter à 1 mL/h puis augmenter par palier de 1 mL/h toutes les 30 min en fonction de la tolérance jusqu'à 4 mL/h (si P < 75 kg) et 5 mL/h (si P > 75 kg)
- En fonction de la cause : souvent antiagrégants plaquettaires (**aspirine** 160 à 300 mg) et anticoagulants (**héparine**)
- Antibiothérapie antistaphylococcique en cas de surinfection
- Mise à jour de la protection antitétanique

Agitation

Hypoglycémie

- 20-50 mL de **G 30 %**
puis
- Sucres lents per os ou G 10 % IV

Glycémie capillaire normale

TROUBLES ORGANIQUES
- Neurologiques, infectieux, métaboliques, endocriniens, cardio-vasculaires
- Intoxication (psycho-stimulants : cocaïne, ecstasy, amphétamines…)
- Traumatisme crânien

OUI

SÉDATION PAR BENZODIAZEPINES
- **Diazépam (Valium®)** 10-20 mg IV ou IM (renouvellement éventuel, dose max. 60 mg)
ou
- **Clorazépate dipotassique (Tranxène®)** 20-50 mg IV ou IM (renouvellement éventuel, dose max. 300 mg)

Présence de signes neurologiques de focalisation, d'un syndrome méningé … et toujours en cas de TC

SCANNER CÉRÉBRAL (sans injection)

Prise en charge symptomatique et traitement étiologique

NON

TROUBLES PSYCHIATRIQUES
- Délire, hallucinations
- Excitation, euphorie, logorrhée

MESURES GÉNÉRALES
- Isoler le patient mais avec une surveillance continue
- Limiter les échanges à un seul interlocuteur
- Proposer un traitement per os : **prazépam (Lysanxia®)** 10-40 mg en sub-lingual
- Si besoin, contention physique

SÉDATION PAR NEUROLEPTIQUES
- **Halopéridol (Haldol®)** 10-20 mg per os
ou
- **Loxapine (Loxapac®)** 150-250 mg IM

Si besoin, hospitalisation contre la volonté du patient (cf. HDT et HO)

Réévaluer en permanence la situation
→ les causes psychiatriques sont un diagnostic d'élimination

Agranulocytose et pancytopénie iatrogène

DÉFINITION

Agranulocytose
- Neutrophiles < 500/mm^3 (souvent < 200/mm^3)
- Pas d'anomalie des autres lignées

Pancytopénie
- Atteinte des trois lignées
- Hémoglobine < 12 g/dL
- Plaquettes < 120 000/mm^3
- Neutrophiles < 1 500/mm^3

BILAN D'ENTRÉE
- NFS, plaquettes, réticulocytes, CRP, VS
- Bilan hépatique
- Hémostase : TP, TCA, fibrinogène
- Ionogramme sanguin, urée et créatinine
- Bilan infectieux : radiographie thoracique, ECBU, hémocultures et coprocultures répétées

+ éventuel myélogramme dans les meilleurs délais à visée étiologique

MESURES GÉNÉRALES
- **Isolement** en chambre seule et transfert dans un service spécialisé avec chambre d'isolement
- Mesures d'**asepsie rigoureuse** (port de bavette, lavage soigneux des mains avant d'entrer dans la chambre, surblouse, utilisation de gants stériles pour examiner le patient)
- Surveillance (4 fois/jour) : température, TA, pouls, fréquence respiratoire
- Bains de bouche à répéter 6 fois par jour (**héxétidine [Hextril®]**, **amphotéricine B** en suspension, **bicarbonate de sodium à 1,4 %**)

URGENCE
=
Neutrophiles < 500/mm^3 + fièvre > 38 °C

ANTIBIOTHÉRAPIE APRÈS PRÉLÈVEMENTS
- **Céfotaxime (Clafororan®)** : 1 g × 3 fois/jour en IV

plus
- **Nétilmicine (Nétromycine®)** 3 mg/kg × 2 fois/jour en IV

ou (si contre-indications aux aminosides)
- **Ciprofloxacine (Ciflox®)** 200 mg × 2 fois/jour en IV

AUTRES MESURES EN FONCTION DE LA SITUATION
- Retrait en urgence d'une éventuelle voie centrale si suspicion de porte d'entrée (cathéter ou chambre douloureuses, orifice inflammatoire)
- Transfusion de concentrés de globules rouges si hémoglobine < 8 g/dL (ou 10 g/dL chez le coronarien)
- Transfusion de plaquettes si chiffre < 20 000/mm^3 (notamment si syndrome hémorragique cutanéomuqueux) ou < 50 000 mm^3 en cas de CIVD, d'hémorragie active ou de nécessité de geste invasif

Amibiase

AMIBIASE INTESTINALE

Symptomatique dans 10 % des cas uniquement !
- Syndrome dysentérique (diarrhée glairo-sanglante)
- Douleurs abdominales basses
- Fièvre (1/3 cas)
- Faux-besoins

↓

Examen parasitologique des selles

↓

Pas de nécessité d'attendre le résultat pour commencer le traitement
- **Hydroxyquinoléine (Intétrix®)** 4 à 6 gel/j en 3 prises pendant 10 jours
- **Métronidazole (Flagyl®)** per os 20-40 mg/kg/j en 3 prises pendant 10 jours

ou
- **Secnidazole (Flagentyl®)** 2 g/ j per os en une prise pendant 3 jours

AMIBIASE HÉPATIQUE

- Douleur intense de l'hypochondre droit avec irradiation dans l'épaule droite
- Fièvre
- Altération de l'état général
- Hépatomégalie

↓

- Échographie et scanner
- Sérologie
- Examen parasitologique des selles (rarement contributif)

↓

- **Métronidazole (Flagyl®)** IV 1,5 g/j en 3 perfusions de 30-60 min

ou
- **Ornidazole (Tibéral®)** IV 20-40 mg/kg/j en 3 prises pendant 10 jours
- **Hydroxyquinoléine (Intétrix®)** 4 à 6 gel/j en 3 prises pendant 10 jours

Anévrisme de l'aorte abdominale

- Signes de choc
- Douleur abdominale violente
- Contracture abdominale avec masse battante, douloureuse

→ **RUPTURE**

- Marbrures des jambes sans état de choc
- Pouls fémoraux asymétriques
- Masse abdominale battante, douloureuse

→ **FISSURATION**

MESURES GÉNÉRALES

- Oxygène au masque (4-6 L/min)
- Voie veineuse périphérique de gros calibre (si possible 2) avec soluté de type **Ringer lactate**
- Antalgique : **morphine** 0,1 mg/kg IV
- Installation du pantalon antichoc non gonflé sous le patient
- Prélèvements : groupe, Rhésus, agglutinines irrégulières, NFS, hémostase, ionogramme sanguin, urée et créatinine

Rupture :

- Décubitus dorsal avec les jambes surélevées
- **Remplissage** avec soluté colloïde (**Plasmion®**, **Voluven®**) et accélérateur de perfusion
→ objectif, PAs = 80 mmHg
- **Gonflage éventuel du pantalon antichoc :** 80 mmHg aux jambes et 60 mmHg pour abdomen
- Si **intubation** → induction en séquence rapide (**étomidate = Hypnomidate®** 0,3 mg/kg, **succinylcholine = Célocurine®** 1 mg/kg)

→ **BLOC OPÉRATOIRE DIRECT**

Fissuration :

Hypotension artérielle contrôlée (PAs = 90-100 mmHg) : **nicardipine (Loxen®)** 1-4 mg/h

→ Échographie éventuellement complétée, si le patient est stable, par un scanner (± aortographie)

→ **AVIS CHIRURGICAL**

Angiocholite

- Confirmation du diagnostic = **échographie**
- Bilan biologique : hémocultures, ionogramme sanguin, urée et créatinine, NFS, bilirubine, transaminases, phosphatases alcalines

↓

MESURES GÉNÉRALES
- Voie veineuse avec 2 L de **G 5 %** avec 4 g/L de NaCl et 2 g/L de KCl (à adapter selon la fonction rénale et le ionogramme)
- Si vomissements : aspiration gastrique continue
- Laisser le malade à jeun
- Vessie de glace sur l'hypochondre droit
- Antalgiques : **phloroglucinol (Spasfon®)** 40 mg en IV lent (3/4 fois par jour) ou **tiémonium (Viscéralgine®)** 5 mg en IV lent (3/4 fois par jour)

↓

SIGNES DE GRAVITÉ
(péritonite et/ou choc septique)

OUI ↓

CHIRURGIE EN URGENCE
(drainage des voies biliaires et cholécystectomie)
- Traitement symptomatique de l'état de choc
- Débuter l'antibiothérapie (cf. ci-contre)

NON ↓

ANTIBIOTHÉRAPIE
- **Pipéracilline/tazobactam (Tazocilline®)** 4 g/8 h et **gentamicine** 1,5 mg/kg/12 h
ou (en cas d'allergie aux b-lactamines)
- **Ciprofloxacine (Ciflox®)** 400 mg/12 h, **métronidazole (Flagyl®)** 500 mg/8 h et **gentamicine** 1,5 mg/kg/12 h (mais schéma peu actif sur l'entérocoque)

↓

TRAITEMENT ENDOSCOPIQUE
Cholangiopancréatographie rétrograde endoscopique (CPRE) avec sphinctérotomie après 48 heures d'antibiothérapie

↓

Cholécystectomie dans un second temps

Arrêt cardio-respiratoire

Libération des voies aériennes, ventilation artificielle, MCE
+
Mise en place d'un **scope-défibrillateur**

Fibrillation ventriculaire

Activité électrique sans pouls (hors FV)
- *dissociation électromécanique*
- *rythme idioventriculaire*
- *bradyasystolie*

Asystolie

Fibrillation ventriculaire

CEE 200 J

CEE 300 J

CEE 360 J

Intubation + voie veineuse avec du sérum physiologique

- **Adrénaline** 1 mg IVD/3 min
- **Bicarbonate de sodium** 1 mmol/kg
(si hyperkaliémie connue ou suspectée)

Nouvelle série de 3 CEE à 360 J

- **Lidocaïne (Xylocard®)** 1,5 mg/kg IV (dose pouvant être répétée 5 min plus tard)
- **Bicarbonate de sodium** 1 mmol/kg si ACR > 15 min, à répéter à la dose de 0,5 mmol/kg toutes les 10 min

Nouvelle série de 3 CEE à 360 J

En cas d'échec, utilisation d'autres antiarythmiques possible :
- **Amiodarone (Cordarone®) :** 300 mg IV en 5 min
- **Sulfate de magnésium 15 % :** 3 g (20 mL) en IV en 1-2 min

Nouvelle série de 3 CEE à 360 J

Envisager l'arrêt de la réanimation

MCE
+
ventilation artificielle

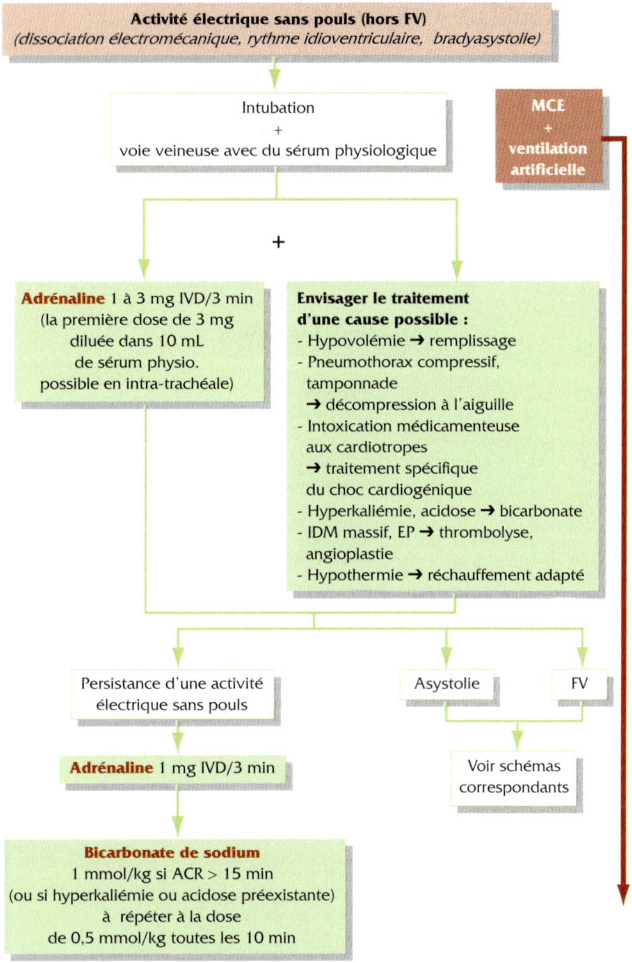
Activité électrique sans pouls (hors FV)
(dissociation électromécanique, rythme idioventriculaire, bradyasystolie)
Intubation
+
voie veineuse avec du sérum physiologique
MCE
+
ventilation artificielle
+
Adrénaline 1 à 3 mg IVD/3 min (la première dose de 3 mg diluée dans 10 mL de sérum physio. possible en intra-trachéale)
Envisager le traitement d'une cause possible :
- Hypovolémie → remplissage
- Pneumothorax compressif, tamponnade → décompression à l'aiguille
- Intoxication médicamenteuse aux cardiotropes → traitement spécifique du choc cardiogénique
- Hyperkaliémie, acidose → bicarbonate
- IDM massif, EP → thrombolyse, angioplastie
- Hypothermie → réchauffement adapté
Persistance d'une activité électrique sans pouls
Asystolie
FV
Voir schémas correspondants
Adrénaline 1 mg IVD/3 min
Bicarbonate de sodium
1 mmol/kg si ACR > 15 min
(ou si hyperkaliémie ou acidose préexistante)
à répéter à la dose
de 0,5 mmol/kg toutes les 10 min

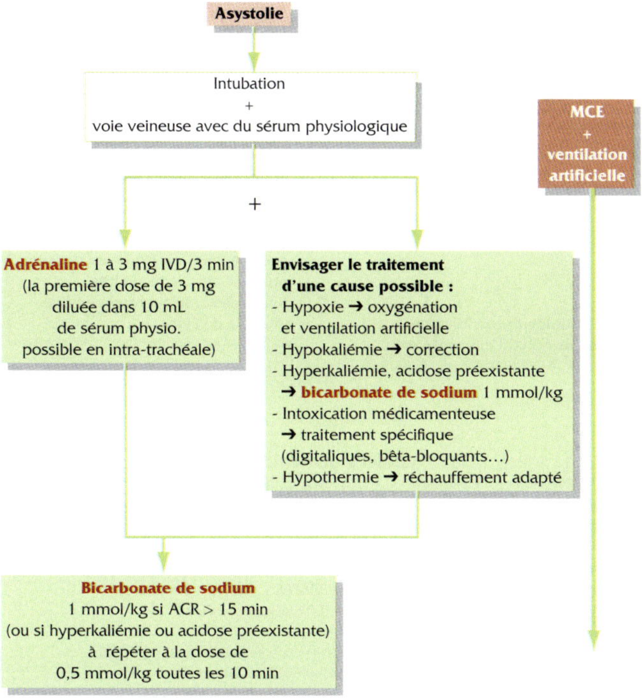
Asystolie
Intubation
+
voie veineuse avec du sérum physiologique
MCE
+
ventilation artificielle
+
Adrénaline 1 à 3 mg IVD/3 min
(la première dose de 3 mg
diluée dans 10 mL
de sérum physio.
possible en intra-trachéale)
Envisager le traitement
d'une cause possible :
- Hypoxie → oxygénation
et ventilation artificielle
- Hypokaliémie → correction
- Hyperkaliémie, acidose préexistante
→ bicarbonate de sodium 1 mmol/kg
- Intoxication médicamenteuse
→ traitement spécifique
(digitaliques, bêta-bloquants…)
- Hypothermie → réchauffement adapté
Bicarbonate de sodium
1 mmol/kg si ACR > 15 min
(ou si hyperkaliémie ou acidose préexistante)
à répéter à la dose de
0,5 mmol/kg toutes les 10 min

Arthrite infectieuse

PONCTION ARTICULAIRE
- 1 tube examen cytobactériologique, 1 tube recherche de cristaux, 2 flacons d'hémocultures
- Évacuation de l'épanchement

ARGUMENTS POSITIFS
Recherche d'une cause : pathologie favorisante (polyartrhite rhumatoïde, immunodépression, diabète, alcoolisme, cancer), infection locale (ulcère de jambe, cellulite…), bactériémie (pneumopathie, pyélonéphrite…), piqûre ou morsure, prothèse articulaire, urétrite, toxicomanie, séjour récent en forêt (maladie de Lyme)…

Liquide purulent et/ou plus de 50 000 éléments/mm³

MESURES GÉNÉRALES
- Prélèvements : hémocultures, NFS avec CRP, hémostase (en cas d'hémarthrose ou de traitement anticoagulant)
- Radiographie en cas de traumatisme, de suspicion de corps étranger ou de chrondrocalcinose
- Mise au repos de l'articulation (éventuelle immobilisation par gouttière plâtrée) et prévention thrombo-embolique par HBPM si membre inférieur
- Antalgique : **paracétamol ± codéine (Efferalgan codéine®)** ou **propofan (Antalvic®)** 3-6 cps /j
- En cas de porte d'entrée cutanée : vérifier la vaccination anti-tétanique

PORTE D'ENTRÉE NOSOCOMIALE
Vancomycine
IV 30 mg/kg/ j en 2-3 fois
plus
ofloxacine (Oflocet®)
IV 400-600 mg/j en 2-3 fois

SUSPICION DE MST
Ceftriaxone (Rocéphine®)
IV 2 g/j en 1 fois
ou (en cas d'allergie aux ß-lactamines)
ofloxacine (Oflocet®)
IV 400-600 mg/j en 2-3 fois

ANTIBIOTHÉRAPIE EMPIRIQUE
(examen direct inconstamment positif)
- **Amoxiclline-acide clavulanique (Augmentin®)** IV 4-6 g/j en 4 fois plus **ofloxacine (Oflocet®)** IV 400-600 mg/j en 2-3 fois ou **gentamicine** IV 3 mg/kg/j en 2 fois
ou (si allergie aux b-lactamines)
- **Ofloxacine (Oflocet®)** IV400-600 mg/j en 2-3 fois plus **rifampicine (Rifadine®)** IV 20 mg/kg/j en 1 injection

Ascite (complications de l')

ASCITE TENDUE

↓

- Gêne fonctionnelle (notamment respiratoire)
- Résistance au régime désodé/diurétiques

↓

PONCTION ÉVACUATRICE

- Prélèvements pour analyse biochimique et bactériologique du liquide
- Au-delà de 5 L, expansion volémique par de l'albumine à 20 % (**Octabiline®**, **Vialebex®**) : 100 mL pour 2 L évacués au-delà de 5 L

↓

TRAITEMENT MÉDICAL

- Repos au lit
- Régime désodé (0,5 g/j)
- Diurétiques :
  - **Spironolactone** 75 à 300 mg/j en augmentant progressivement la dose

  ou
  - **Furosémide** 20-80 mg/j en complémentant en potassium

↓

SURVEILLANCE

- Perte de poids : égale au volume ponctionné (ou 500 g/j avec le seul traitement diurétique)
- Périmètre abdominal
- Diurèse des 24 h
- Ionogrammes sanguin et urinaire :
- Natrémie et kaliémie
- Créatininémie

→ si $Na^+ < 130$ mmol/L, $K^+ > 5,5$ mmol/L, créatininémie > 100 µmol/L : ARRÊT DES DIURÉTIQUES

ASCITE + FIÈVRE ou HYPOTHERMIE
=
INFECTION DU LIQUIDE D'ASCITE
=
URGENCE

Autres éléments en faveur :
- Hypotension artérielle
- Douleurs abdominales, diarrhée
- Encéphalopathie hépatique, décompensation œdémato-ascitique sans cause évidente, hémorragie digestive
- Hyperleucocytose avec polynucléose
- Aggravation de la fonction hépatique (↓ facteur V, ↑ bilirubine)
- Apparition d'une insuffisance rénale

↓

PRÉLÈVEMENTS BIOLOGIQUES

- Liquide d'ascite :
  - **Cytologie : neutrophiles > 500/mm³ (mais doute à partir de 250/mm³)**
  - Culture sur milieu d'hémoculture
  - Dosage des protides
- Hémocultures
- Bandelette urinaire et ECBU

↓

TRAITEMENT

- **Antibiothérapie** immédiate après prélèvements :
  - **Céfotaxime (Claforan®)** 2 g × 3 fois/j ou **amoxicilline + ac. clavulanique (Augmentin®)** 1 g × 3 fois/j
  - Alternative : **ofloxacine (Oflocet®)** 200 mg × 2 fois/jour
- **Remplissage** vasculaire avec albumine à 20 % (**Octabiline®**, **Vialebex®**) : 1,5 g/kg/24 h soit 300-400 mL

↓

SURVEILLANCE

- Pouls, PA, température
- Poids
- Conscience (risque d'encéphalopathie hépatique)
- Recherche d'un ictère, d'une défaillance rénale, cardiaque ou respiratoire

→ **ATTENTION** au **syndrome hépatorénal** qui est une insuffisance rénale fonctionnelle compliquant une insuffisance hépatocellulaire en phase terminale

Asthme aigu grave

Critères de gravité immédiate

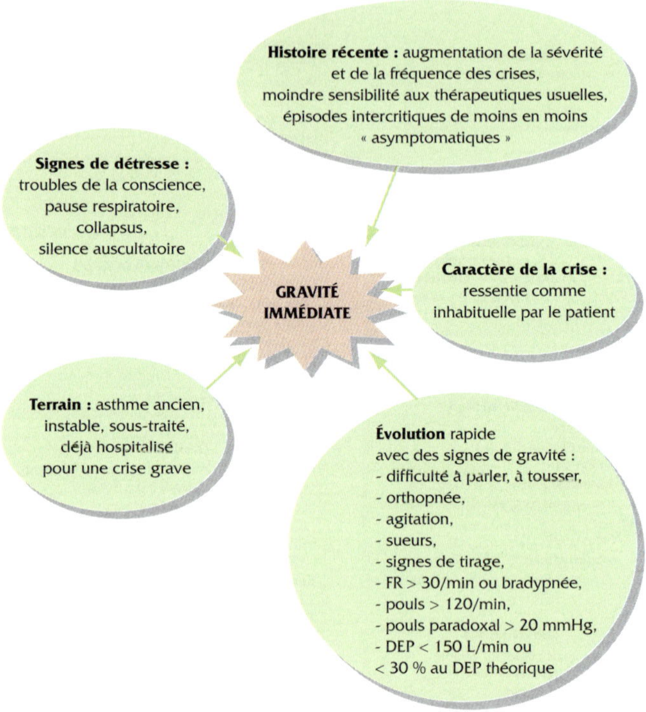

Classification de la crise d'asthme en fonction du DEP instantané ou du DEP théorique (voir p. 000)

- DEP < 150 L/min ou > 30 % du DEP théorique : crise d'asthme aigu grave
- 150 < DEP < 250 L/min ou 30 % < DEP < 50 % : crise d'asthme sévère
- DEP > 250 L/min ou > 50 % : crise d'asthme modérée

Traitement

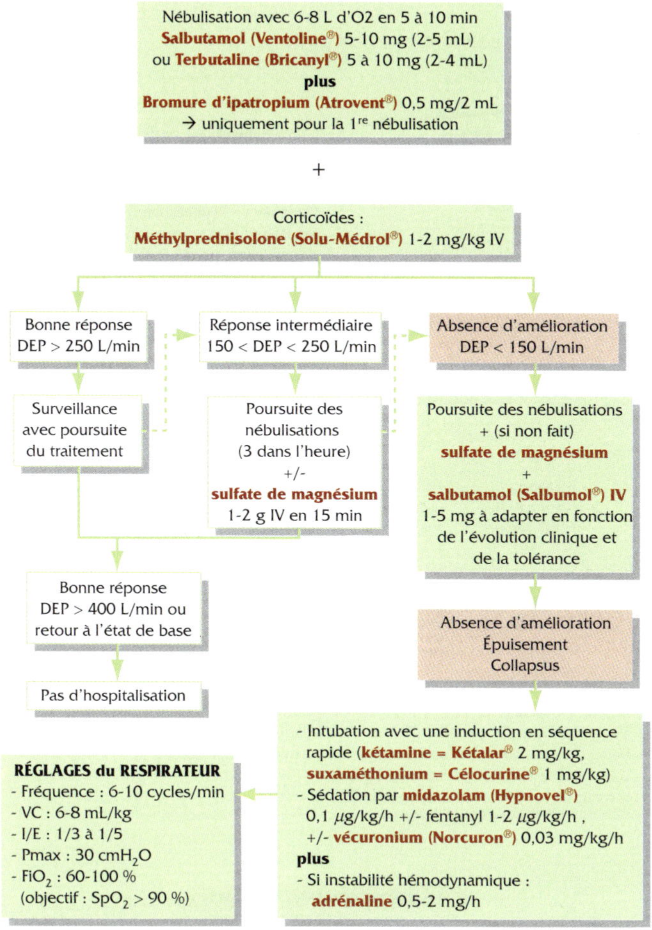

NB. Chez l'enfant: Ventoline® 50 à 150 µg/kg (sans dépasser 5 mg), soit 2-6 gouttes/10 kg si solution à 5 mg/mL; Bricanyl® dosette 0,1 à 0,2 mg/kg soit 1-2 gouttes/kg (à partir de 20 kg, dosette complète); à compléter avec de l'Atrovent® enfant, dosette à 0,25 mg/2 mL ou du sérum physiologique pour obtenir 4 à 5 mL de solution.

Blast

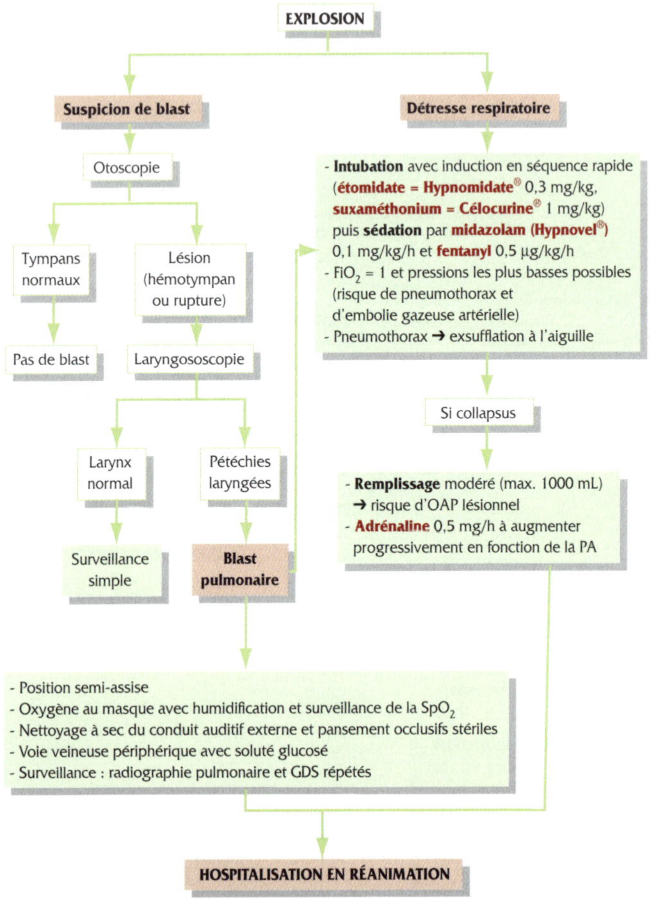

ATTENTION AUX LÉSIONS ASSOCIÉES POSSIBLES

- **Lésions abdominales :** perforations des organes creux (côlon, intestin grêle…)
- **Lésions oculaires :** hématome sous-conjonctival, hémorragie de la chambre antérieure ou du vitré, luxation du cristallin, décollement de la rétine, plaie du globe
- **Atteinte cardiaque :** troubles du rythme ou de la conduction, signes d'ischémie dus à des embolies gazeuses d'origine pulmonaire

Bloc atrioventriculaire complet (BAV 3)

MESURES GÉNÉRALES
- ECG et surveillance scopique
- Voie veineuse avec **G 5 %**
- Oxygène au masque 6 L/min

→ Bonne tolérance hémodynamique, pouls > 40/min

→ Respect de la bradycardie et surveillance simple
→ arrêt des médicaments bradycardisants (digitaliques, β-bloquants, autres antiarythmiques)
→ hospitaliser en cardiologie

En cas de **mauvaise tolérance** : angor fonctionnel, dyspnée, hypotension, troubles de la conscience, œdème du poumon, IDM*

TRAITEMENT MÉDICAMENTEUX
- **Atropine** 0,5-1 mg IVD, à répéter si besoin (max 3 mg)

si insuffisant
- **Isoprénaline (Isuprel®)** 5 A dans 250 mL de G 5 %, régler le débit entre 5 et 25 gouttes/min pour obtenir une FC à 50-60/min ou au PSE 0,05-1 µg/kg/min. Protéger flacon et tubulure de la lumière

ENTRAÎNEMENT PAR VOIE EXTERNE
- Analgésie souvent nécessaire pour supporter les contractions des muscles de la paroi thoracique : **morphine** 0,05-0,1 mg/kg IV.
- Sédation de complément si nécessaire par **midazolam (Hypnovel®)** 2-3 mg IV

EN CAS D'INEFFICACITÉ
- Si choc associé : **adrénaline** 1 mg/h à augmenter par palier de 0,5 mg/h en fonction de la PA et de FC
- Pose d'une sonde d'entraînement par voie veineuse.

TRANSFERT
dans service spécialisé pour pose d'un pace maker définitif

PENSER À UNE INTOXICATION
- Bêtabloquants (cf. p. 191) ou
- Digitaliques (cf. p. 195)

* À la phase aiguë de l'IDM, l'isoprénaline n'est pas formellement contre-indiquée mais la mesure essentielle est la désobstruction coronaire (thrombolyse ou angioplastie).

Botulisme

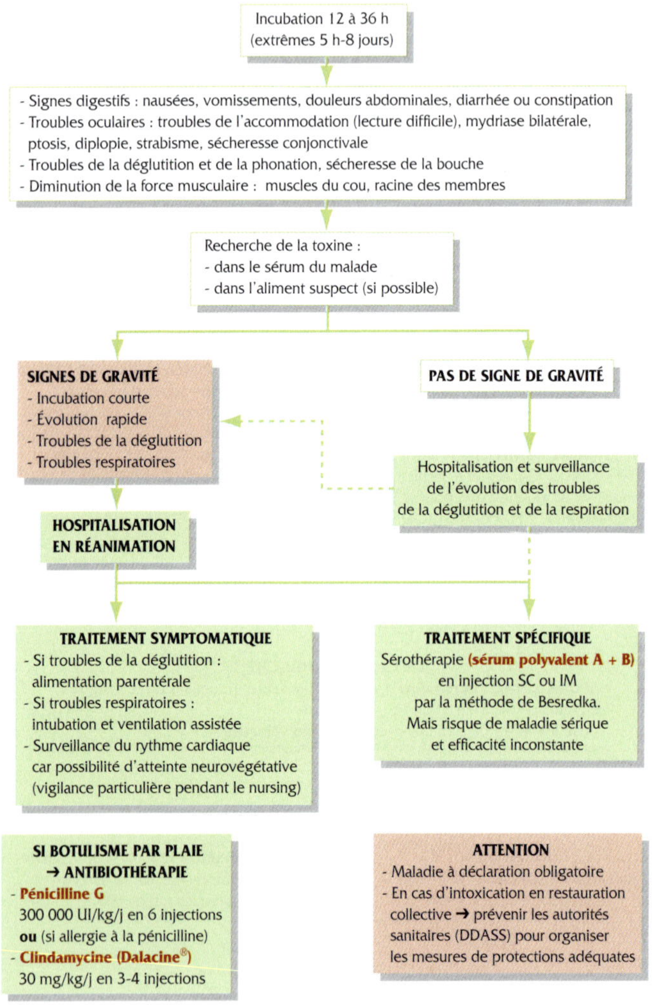

Méthode de Besredka : injection de 1/10 à 1/100 de mL 1-2 h avant de faire l'injection curative pour éviter un accident anaphylactique.

Bouffée délirante aiguë

PREMIÈRE ÉTAPE
- Vérifier la glycémie capillaire
- Contrôler la température

ÉLIMINER UNE CAUSE TOXIQUE
- Abus de substances toxiques : alcool, haschich à fortes doses, amphétamines, ecstasy, cocaïne
- Intolérance ou surdosage médicamenteux : antidépresseurs tricycliques, surdosage en insuline, corticoïdes, isoniazide, antiparkinsoniens, cimétidine, surdosage en thyroxine, digitaline, méfloquine…
- Toxiques professionnels : plomb tétraéthyle, organo-mercuriels, bromure de méthyle, sulfure de carbone…

ÉLIMINER UNE AFFECTION NEUROLOGIQUE
- Encéphalite virale et abcès cérébral sans fièvre
- Épilepsie temporale
- Hypertension artériellemaligne, surtout chez le vieillard
- Hémorragie méningée, méningite, hypertension intracrânienne
- Porphyrie aiguë intermittente
- Insolation

DEUXIÈME ÉTAPE
Dialoguer avec le patient pour essayer de confier le patient au psychiatre sans sédation

ÉCHEC

TROISIÈME ETAPE = SÉDATION PHARMACOLOGIQUE
- Neuroleptique : **loxapine (Loxapac®)** 75-125 mg IM
ou **cyamémazine (Tercian®)** 50-100 mg IM

plus
- Benzodiazépine : **clorazépate dipotassique (Tranxène®)** 50 mg IM
ou diazépam (Valium®) 10 mg IM

PRÉVOIR HOSPITALISATION SOUS CONTRAINTE
Cf. HDT et HO p. 440-442

BPCO en décompensation aiguë

ÉVALUATION DE LA GRAVITÉ CLINIQUE

SIGNES NEUROLOGIQUES
- Somnolence, astérixis
- Agitation, obnubilation
- Troubles du jugement, du comportement

SIGNES RESPIRATOIRES
- Tachypnée ou pauses respiratoires
- Tirage, respiration paradoxale
- Cyanose, sueurs
- Encombrement, incapacité de tousser

SIGNES CARDIOVASCULAIRES
- Tachycardie
- Signes d'insuffisance cardiaque droite (hépatomégalie, reflux hépato-jugulaire, turgescence jugulaire…)

- O_2 (sonde nasale) avec objectif d'une saturation > 90 %
- Gaz du sang en air ambiant et sous oxygène
- ECG, radio de thorax face et profil (si possible debout)

- Surveillance clinique. Faire tousser et cracher (clapping +++)
- Adapter le débit d'oxygène en fonction des GDS
- Si bronchospasme : nébulisation de **terbutaline (Bricanyl®)** 2 dosettes (10 mg) + **bromure d'ipratropium (Atrovent®)** 1 dosette (0,5 mg). À renouveler 4-6 fois/j (ajouter l'**Atrovent®** 1 fois sur 2 seulement)
- Si signes d'insuffisance cardiaque gauche : **furosémide (Lasilix®)** 20-60 mg IVD, **isosorbide dinitrate (Risordan®)** 2-4 mg/h à adapter en fonction de la PA, sinon tonicardiaques (**dobutamine = Dobutrex®** 3-10 µg/kg/min)
- Protection thrombo-embolique par HBPM : par ex. **enoxaparine (Lovénox®)** 20-40 mg/j en SC
- Si signe d'infection pulmonaire → antibiothérapie : **amoxicilline + acide clavulanique (Augmentin®)** 1 g × 3/j ou si traitement préalable par une pénicilline, **ofloxacine (Oflocet®)** 200 mg × 2/j

ABSENCE D'AMÉLIORATION

PAS D'ÉPUISEMENT

Essai d'une ventilation non-invasive en pression positive (CPAP)

ÉPUISEMENT

ÉPUISEMENT
Aggravation des troubles de la conscience et des GDS avec acidose, hypercapnie et hypoxie sévères ($pH < 7,30$, $PCO_2 > 60$ mmHg et $PO_2 < 50$ mmHg)

INTUBATION ET VENTILATION
- Remplissage préalable pour éviter le collapsus de reventilation : 150-200 mL d'HEA (par ex. **Voluven®**)
- Intubation avec une induction en séquence rapide : **étomidate (Hypnomidate®)** 0,3 mg/kg et **suxaméthonium (Célocurine®)** 1 mg/kg)
- Sédation : **midazolam (Hypnovel®)** 0,1 mg/kg/h et **fentanyl** 0,3-0,5 µg/kg/h

Bronchiolite

INTOLÉRANCE ALIMENTAIRE
- Vomissements
- Refus des biberons
- Incapacité à assurer des apports hydriques minimaux de 100 mL/kg

TERRAIN
- Âge < 3 mois
- Prématurité, dysplasie broncho-pulmonaire ou autres atteinte pulmonaire
- Cardiopathie congénitale
- Immuno-dépression

GRAVITÉ

DÉTRESSE RESPIRATOIRE
- Tachypnée > 60/min
- Lutte respiratoire ou épuisement
- Irrégularité du rythme respiratoire
- Sueurs, tachycardie, HTA, signes d'hypercapnie
- Agitation empêchant le sommeil

INTUBATION ET VENTILATION ASSISTÉE
- Prémédication IV(voie intra-rectale possible = dose × 3) avec **midazolam (Hypnovel®)** 0,1 mg/kg et **atropine** 0,02 mg/kg (risque de bradycardie, voire d'asystolie)
- Intubation nasotrachéale avec raccord de Beaufils (permet l'intubation sous O_2)
- Aspiration trachéale dès la réussite de l'intubation
- Ventilation : FR = 60/min, FiO_2 = 100 %, Pmax = 20 cm d'H_2O, PEEP = 2 cm d'H_2O
- Sédation avec **midazolam (Hypnovel®)** 0,1 mg/kg/h et **fentanyl** 0,5 µg/kg/h
- Contention pour éviter l'extubation

ABSENCE DE SIGNES DE GRAVITÉ

TRAITEMENT AMBULATOIRE

- Biberons fractionnés
- Kinésithérapie respiratoire
- Humidification de l'air ambiant
- Lavage de nez au sérum physiologique
- Couchage proclive dorsal

BRONCHODILATATEURS

Terbutaline (Bricanyl®) ou **salbutamol (Ventoline®)** avec **Babyhaler®** ou équivalent : 2 bouffées à répéter en fonction de l'évolution

PRÉSENCE DE SIGNES DE GRAVITÉ

HOSPITALISATION

- Position semi-assise
- Monitoring cardio-respiratoire
- Kinésithérapie respiratoire
- Désinfection rhino-pharyngée
- Gavage 120 mL/kg/j (fractionnement des repas)

ou

- Perfusion 100-120 mL/kg/j avec G 10 % avec 3 g/L NaCl, 1,5 g/L KCl et 1 g/L de gluconate de calcium

OXYGÈNE

Lunettes nasales

➔ objectif saturation > 95 %

BRONCHODILATEURS

Terbutaline (Bricanyl®) nébulisation : 1 goutte/kg (avec un minimum de 10 gouttes) + sérum physiologique pour obtenir un volume de 4 mL à renouveler toutes les 4-6 h

ANTIBIOTIQUES

En cas de :
- fièvre > 39 °C
- sécrétions purulentes
- otite

- **Amoxicilline-acide clavulanique (Augmentin®)** 80 mg/kg/j en 3 prises

ou

- **Cefpodoxime (Orélox®)** 8 mg/kg/j en 2 prises

CORTICOÏDES

Si évolution traînante :
bétaméthasone (Célestène®) 15 gouttes/kg en 1 prise le matin pendant 4 jours

Brûlures graves

PREMIERS GESTES

- Éteindre les flammes (manœuvre du « tombé-roulé »), couper l'alimentation électrique, enlever les vêtements (sauf si adhésion à la peau)
- Refroidissement par l'eau du robinet : 15 min si surface limitée, temps plus réduit si surface étendue (risque d'hypothermie)

SUSPICION DE LÉSIONS D'INHALATION
(espace clos, flammes, brûlures de la face, crachats noirs ou suie au niveau ORL, dyspnée)

- Insuffisance respiratoire → INTUBATION
- Pas d'insuffisance respiratoire → **LARYNGOSCOPIE ou FIBROSCOPIE**
  - Œdème glottique → INTUBATION
  - Pas d'œdème glottique → **SURVEILLANCE** (SpO$_2$, GDS, radio de poumons)
    - **AGGRAVATION** → INTUBATION

REMPLISSAGE
(objectif → diurèse > 1 mL/kg/h)

ADULTE (besoins/24 h)

- **Formule de Parkland :**
  - 4 mL/kg et pour chaque % de surface brûlée avec du **Ringer lactate**
  - la moitié à perfuser dans les 8 premières heures

ou

- **Formule d'Evans :**
  - 2 000 mL de ration de base
  - plus 2 mL/kg et pour chaque % de surface brûlée
  - la moitié en **Ringer lactate** et la moitié avec une gélatine (par ex. **Plasmion®**)
  - la moitié à perfuser dans les 8 premières heures

ENFANT (besoins/24 h)

- 2 000 mL par m^2 de surface corporelle (SC) plus 5 000 mL/m^2 de surface brûlée
- La moitié dans les 8 premières heures
- Soluté de **Ringer-Hartman** ou **Ringer lactate**
- SC en m^2 = $\frac{(\text{Poids en kg} \times 4) + 7}{\text{Poids en kg} + 90}$

INTUBATION

- Voie nasotrachéale
- Induction en séquence rapide : **étomidate (Hypnomidate®)** 0,3 mg/kg et **suxaméthonium (Célocurine®)** 1 mg/kg
- Sédation : **midazolam (Hypnovel®)** 0,1 mg/kg/h et **fentanyl** 0,5 µg/kg/h

MESURES GÉNÉRALES

- Hospitalisation dans un centre spécialisé
- Emballage des lésions dans des champs stériles humidifiés au sérum physio. ou dans des pansements spéciaux au gel à l'eau (uniquement si petites surfaces)
- En cas de brûlures circulaires, de signes de compression et de délai pour le transfert dans un centre spécialisé
  → nettoyage avec antiseptique non alcoolisé, incisions de décharge et emballage dans du tulle gras

ANTALGIE

- **Morphine** IV 0,1 mg/kg puis 2 mg/10 min jusqu'à l'effet souhaité **ou**
- **Fentanyl** 1 µg/kg IV **ou**
- **Nalbuphine (Nubain®)** 0,25 mg/kg IV (chez l'enfant > 18 mois 0,3 mg intra-rectal ou 0,2-0,5 mg IV)
  ± **midazolam (Hypnovel®)** 0,3 mg/kg en IR ou 0,1 mg/kg en IV

Caustiques (ingestion de)

MESURES GÉNÉRALES

- Examen ORL (recherche de lésions)
- Nettoyage de la bouche avec des compresses par tamponnement, lavage abondant de la peau souillée par le caustique ou les vomissements avec du sérum physiologique (ou de l'eau du robinet).
- Voie veineuse périphérique avec soluté de type **Ringer lactate**
- Si troubles respiratoires : oxygène au masque à haute concentration (10-12 L/min) et corticoïdes (**méthylprednisolone = Solu-Médrol®** 120 mg IV)
- Antalgiques (en fonction de l'intensité) : **paracétamol (Perfalgan®)** flacon de 1 g dans 100 mL à perfuser en 15 min, **morphine** IV bolus 0,1 mg/kg, puis 2 mg/10 min jusqu'à obtention de l'effet souhaité et en surveillant la respiration

NE RIEN DONNER PAR LA BOUCHE. NE PAS FAIRE VOMIR. PAS DE SONDE GASTRIQUE

ABSENCE DE GRAVITÉ IMMÉDIATE

- Surveillance
- Fibroscopie oesogastro-duodénale :
  - en cas d'ingestion certaine ou fortement suspecte
  - pas d'indication en cas de produits dilués, comme l'eau de Javel, et en l'absence de signes cliniques persistants

SIGNES DE GRAVITÉ

Vomissements (éventuellement hémorragiques), défense ou contracture abdominale, état de choc hypovolémique, agitation majeure, détresse respiratoire

État de choc

- Remplissage avec un colloïde (**Voluven®**, **Plasmion®**)
- Biologie : NFS, hémostase, ionogramme sanguin, GDS

État instable

Fibroscopie et/ou chirurgie en urgence

État stabilisé

- Radio pulmonaire et ASP
- Fibroscopie digestive

Détresse respiratoire

- Intubation avec induction en séquence rapide :
  - **étomidate = Hypnomidate®** 0,3 mg/kg
  - **suxaméthonium = Célocurine®** 1 mg/kg
  - remplissage préventif avec colloïde : **Voluven®**, **Plasmion®** 250-500 mL

puis

- Sédation avec :
  - **midazolam (Hypnovel®)** 0,1 mg/kg/h
  - **fentanyl** 0,5 µg/kg/h

- Radio pulmonaire et ASP
- Fibroscopie digestive et trachéo-bronchique

Cellulites infectieuses – Gangrène gazeuse

ASPECT TYPIQUE

- Localisation : membres inférieurs, visage, membres supérieurs, organes génitaux externes
- Placard rouge inflammatoire, induré, douloureux, couvert de bulles hémorragiques
- Fièvre à 38-39 °C
- Douleur intense avec fréquente abolition de la sensibilité superficielle
- Signes de sepsis grave : polypnée, hypotension, oligurie
- Parfois crépitation à la palpation = gangrène gazeuse à *Clostridium perfringens*

EXAMENS

- **Biologie :**
  - NFS, plaquettes, CRP, VS, ionogramme sanguin, urée et créatinine
  - Sérologies antistreptococciques : ASLO, ADB, anti-hyaluronidase
- **Imagerie :** radiographie de la région atteinte à la recherche d'air sous-cutané
- **Bactériologie :** hémocultures, prélèvements de plaies et des lésions nécrotiques au niveau de la cellulite (écouvillon ou ponction)

MESURES GÉNÉRALES

- Hospitalisation en urgence en USI
- Voie veineuse avec traitement d'un éventuel état de choc (voir p. 119)
- Oxygénothérapie nasale +/- intubation et ventilation assistée
- Mise à jour de la protection antitétanique
- Antalgie : **paracétamol (Perfalgan®)** 1 g en IV lente en 15 min, si insuffisant **morphine** 0,1 mg/kg puis 2 mg/10 min jusqu'à obtention de l'effet souhaité et en surveillant la respiration
- Thromboprophylaxie avec une HBPM

ANTIBIOTHÉRAPIE IMMÉDIATE

- **Protocole classique :**
  Pénicilline G 5 M UI × 6 fois/j
  plus gentamicine 1 mg/kg × 3 fois/j
  plus métronidazole (Flagyl®) 500 mg × 3 fois/j
- **Alternative : pipéracilline + tazobactam (Tazocilline®)** 4 g × 3 fois/j
- **En cas de doute sur staphylocoque** (plaie cutanée, diabète, début moins brutal) : remplacer la pénicilline G par **amoxicilline-acide clavulanique (Augmentin®)** 1 g × 6 fois/j ou **vancomycine** 1 g × 2 fois/j

INDICATIONS CHIRURGICALES

- Signes généraux : état de choc
- Signes locaux : crépitation et/ou gaz sur la radio, nécrose cutanée, anesthésie cutanée, lividité ou cyanose du membre

CHIRURGIE

- Après correction de l'état de choc
- Débridement avec excision des tissus nécrosés

OXYGÉNOTHERAPIE HYPERBARE
(présence de gaz dans les tissus)

- Ne doit pas retarder le traitement chirurgical
- Dépendant de la disponibilité d'un caisson

Choc anaphylactique

FACTEURS DÉCLENCHANTS

- Médicaments (antibiotiques, antalgiques, hypnotiques, morphinomimétiques, solutés de remplissage, produits de contraste)
- Aliments (poissons, crustacés…)
- Piqûres d'hymenoptères

↓

MESURES GÉNÉRALES

- Éviction de l'allergène (arrêt de perfusion+++)
- Pas de dyspnée → décubitus dorsal, jambes surélevées
- Dyspnée → position semi-assise avec jambes surélevées et oxygénothérapie au masque à haute concentration (10-12 L/min)
- Voie veineuse périphérique de gros calibre (si possible 2) avec soluté de **Ringer lactate** (éventuellement HEA = **Voluven®**)

Collapsus prédominant

- Remplissage
- **Adrénaline :**
  - 1 mg dilué dans 10 mL de sérum physiologique → injection IV mL par mL jusqu'à obtention d'une PAS > 90 mmHg
  - Si collapsus persistant : 0,5 mg/h en IV continu à augmenter par palier de 0 ,5 mg/h

Bronchospame prédominant

- Nébulisation de **terbutaline (Bricanyl®)** 10 mg ou **adrénaline** (2 mg dans 3 mL de sérum physio.) avec 6-8 L/min d'O_2
- Si insuffisant, passer à la voie IV → **salbutamol (Salbumol®)** 0,5 mg/h à augmenter progressivement jusqu'à un max. de 5 mg/h sous surveillance de la fréquence cardiaque

Laryngospasme prédominant

- **Adrénaline** IV et/ou en nébulisation (cf. supra)
- Si absence d'amélioration immédiate et asphyxie → intubation sous induction à séquence rapide (**étomidate = Hypnomidate®** 0,3 mg/kg, **suxaméthonium = Célocurine®** 1 mg/kg) avec une sonde de petit calibre
- Si échec → cricothyroïdectomie de sauvetage

MESURES ASSOCIÉES

- Corticoïdes : **méthylprednisolone (Solu-Médrol®)** 120 mg IVD
- Si choc peu sévère :
  - **dexchlorphéniramine (Polaramine®)** 5 mg IVD

ou

  - **hydroxyzine (Atarax®)** 100 mg IV lente en 5 min

Choc cardiogénique

INSUFFISANCE CARDIAQUE DROITE ISOLÉE

- Embolie pulmonaire
- Tamponnade péricardique
- IDM du ventricule droit ± trouble de la conduction
- Insuffisance respiratoire aiguë

INSUFFISANCE CARDIAQUE GAUCHE

- IDM à la phase aiguë
- Lésions valvulaires aiguës (endocardite ou dissection aortique avec insuffisance aortique)
- Troubles du rythme et de la conduction
- Évolution terminale d'une cardiomyopathie
- Intoxication médicamenteuse (ß-bloquants, carbamates, inhibiteurs calciques...)
- Myocardite (+ IVD)

MESURES GÉNÉRALES

- Position semi-assise
- Oxygène au masque à haute concentration → objectif $SpO_2 > 90$ %
- Si troubles de la conscience et/ou détresse respiratoire → intubation avec induction par séquence rapide (**étomidate = Hypnomidate®** 0,3 mg/kg, **suxaméthonium = Célocurine®** 1 mg/kg)
- Voie veineuse périphérique
- Scope et ECG

TRAITEMENT SYMPTOMATIQUE (insuffisance cardiaque droite)

- Test de remplissage 250 mL de gélatine (**Plasmion®**) ou d'HEA (**Voluven®**) en 10 min
- **Adrénaline** 0,5 mg/h à augmenter par palier de 0,5 mg

TRAITEMENT SYMPTOMATIQUE (insuffisance cardiaque gauche)

- **Dobutamine (Dobutrex®)** 5 µg/kg/min à augmenter en fonctions des résultats
- Possibilité de ventilation non invasive si patient coopérant

TRAITEMENT ÉTIOLOGIQUE (insuffisance cardiaque droite)

- Entraînement électrosystolique externe
- Thrombolyse d'une EP
- Thrombolyse et/ou angioplastie d'un IDM
- Ponction d'un épanchement péricardique

TRAITEMENT ÉTIOLOGIQUE (insuffisance cardiaque gauche)

- Angioplastie d'un IDM (thrombolyse à discuter en fonction du délai de mise en œuvre)
- Réduction du trouble du rythme (CEE)
- Traitement spécifique d'une intoxication
- Assistance circulatoire (contre-pulsion intra-aortique)
- Chirurgie cardiaque en urgence

Choc hémorragique

MESURES GÉNÉRALES

- Surélévation des jambes
- 2 voies veineuses périphériques de gros calibre (16 ou 14 G) avec soluté de remplissage
- Oxygène au masque à haute concentration (10-12 L/min)
- Prélèvements : groupe, Rhésus, agglutinines irrégulières, NFS, hémostase

REMPLISSAGE RAPIDE

Soluté colloïde (**Voluven®, Plasmion®**) en perfusion accélérée (poches de contre-pression)
→ objectif, PAS = 80 mmHg en l'absence de TC, sinon 100 mmHg

GESTES D'HÉMOSTASE

- Pansement compressif ou point de compression
- Garrot pneumatique en cas d'amputation de membre
- Suture du scalp
- Clampage d'une artériole superficielle
- Mèchage d'un épistaxis
- Sonde digestive de tamponnement
  → cf. Hémorragie digestive

INSUFFISANT = HÉMODYNAMIQUE INSTABLE

HÉMOSTASE CHIRURGICALE

→ bloc opératoire direct

PANTALON ANTI-CHOC

- **Indications :**
  - hémorragie abdominale non contrôlée
  - fracture du bassin avec état de choc
  - fracture des membres inférieurs avec état de choc
- **Gonflage initial** → jambes = 80 mmHg
- Si insuffisant → gonflage de l'abdomen à 60 mmHg

INTUBATION ET VENTILATION

- **Indications :** troubles de la conscience, détresse respiratoire, gonflage du pantalon anti-choc avec de hautes pressions
- **Induction** en séquence rapide : **étomidate (Hypnomidate®)** 0,3 mg/kg, **suxaméthonium (Célocurine®)** 1 mg/kg
- Si pneumothorax, possibilité d'aggravation sous ventilation mécanique
  → drainage thoracique

TRANSFUSION

- Culots globulaires O^- en attente de sang isogroupe
- Possibilité d'autotransfusion de sauvetage en cas d'hémothorax grave

Choc septique

MESURES GÉNÉRALES

- Position semi-assise, jambes surélevées
- Oxygène avec masque à haute concentration (10-12 L/min)
- Voie veineuse périphérique de gros calibre (si possible 2) avec un soluté de **remplissage** (**Plamion®, Voluven®**)
- **Bactériologie :** hémoculture, ECBU et prélèvements ciblés en fonction de la porte d'entrée suspectée
- **Biologie :** ionogramme sanguin et urinaire, urée et créatinine, glycémie, NFS, hémostase complète (possible CIVD), bilan hépatique
- GDS
- Sonde urinaire pour surveiller la **diurèse horaire**
- Surveillance : pouls, PA, SpO_2, température
- Si détresse respiratoire et/ou troubles de la conscience : **intubation** avec induction en séquence rapide (**étomidate = Hypnomidate®** 0,3 mg/kg, **suxaméthonium = Célocurine®** 1 mg/kg)

↓

REMPLISSAGE VASCULAIRE

500 mL (20 mL/kg chez l'enfant) d'un soluté colloïde (**Voluven®, Plasmion®**) en 20 min

↓

Échec → Nouveau remplissage avec les mêmes volumes → Échec → CATÉCHOLAMINES

Mauvaise tolérance du remplissage → CATÉCHOLAMINES

CATÉCHOLAMINES

Dopamine 10-20 µg/kg/min (adaptation par paliers de 2,5-5 µg/kg/min toutes les 10 min)

↓

Échec

↓

EXPLORATION HÉMODYNAMIQUE

(PVC, écho-Doppler, Swan-Ganz)

OUI → Choix des catécholamines en fonction des résultats

NON → **Adrénaline** 0,5-5 µg/kg/min (adaptation par palier de 0,5 µg/kg/min toutes les 10 min)

Cholécystite

- Confirmation du diagnostic = **échographie**
- Bilan biologique : ionogramme sanguin, urée et créatinine, NFS, bilirubine, transaminases, phosphatases alcalines

↓

HOSPITALISATION

- Voie veineuse avec 2 L/j de G 5 % avec 4 g/L de NaCl et 2 g/L de KCl (à adapter selon la fonction rénale et le ionogramme)
- Si vomissements : aspiration gastrique continue
- Laisser le malade à jeun

↓

ANTALGIE

- Vessie de glace sur l'hypochondre droit
- **Phloroglucinol (Spasfon®)** 40 mg en IV lent (3/4 fois par jour)

ou

- **Tiémonium (Viscéralgine®)** 5 mg en IV lent (3/4 fois par jour)

↓

ANTIBIOTIQUES (en IV)

- **Amoxicilline + acide clavulanique (Augmentin®)** 1 g/6 h et **gentamicine** 1,5 mg/kg/12 h **ou** (en cas d'allergie aux ß-lactamines)
- **Ciprofloxacine (Ciflox®)** 400 mg/12 h, **métronidazole (Flagyl®)** 500 mg/8 h et **gentamicine** 1,5 mg/kg/12 h (mais schéma peu actif sur l'entérocoque)

↓

Délai de 24-48 h pour contrôler l'infection

↓

AVIS CHIRURGICAL
(pour cholécystectomie)

Colique néphrétique

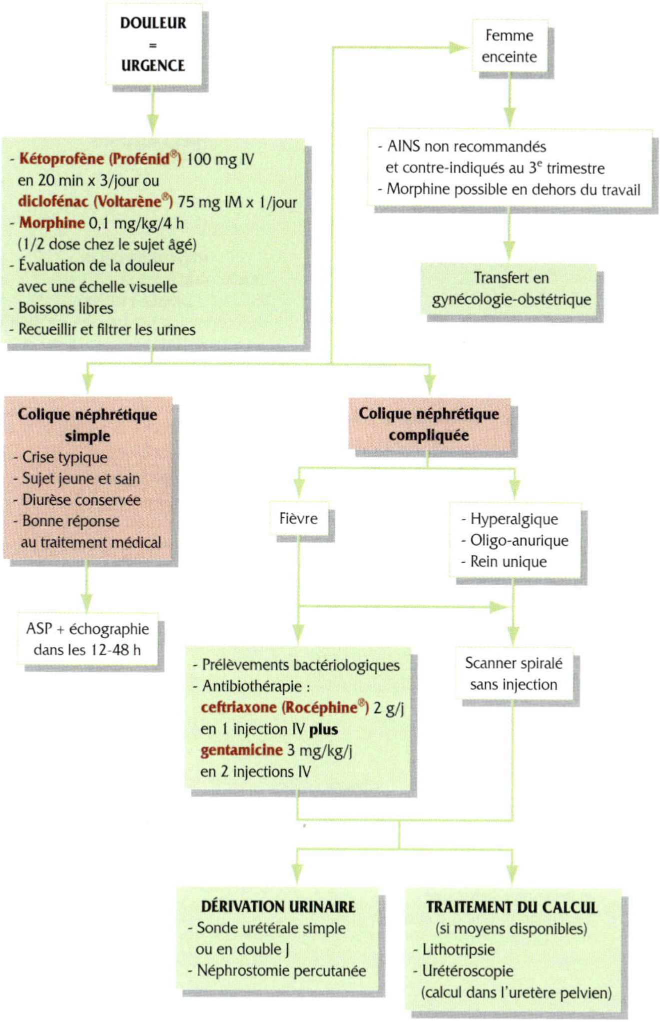

Coma hyperosmolaire

Osmolarité calculée (mOsml/L) = [(natrémie + kaliémie) × 2] + urée sanguine + glycémie (valeurs en mmol/L)

COLLAPSUS

REMPLISSAGE
Soluté colloïde (**Voluven®**, **Plasmion®**)
1000 mL (ou plus) en 1 h

Si troubles de la conscience marqués et/ou troubles respiratoires

INTUBATION
- Induction par **étomidate (Hypnomidate®)** 0,3 mg/kg (pas de suxaméthonium car contexte d'acidose et d'hyperkaliémie)

puis
- Sédation par **midazolam (Hypnovel®)** 0,1mg/kg et **fentanyl** 0,5 μg/kg en surveillant la PA

PAS DE COLLAPSUS ou APRÈS CORRECTION DU COLLAPSUS

RÉHYDRATATION
- **Sérum salé à 4,5 %** : 2-3 L dans les 3 premières heures puis correction progressive sur 48 h (au total 8-10 L)
- Surveiller la reprise de la diurèse

INSULINOTHÉRAPIE
- **Insuline** 0,1 mg/kg/h
- Associer du **sérum glucosé 2,5 %** lorsque la glycémie atteint 3 g/L
- Chlorure de potassium : 2 g/L

SURVEILLANCE
- Biologie : glycémie, ionogramme sanguin et urinaire, urée et créatinine, CPK
- GDS
- ECG
- Surveiller l'apparition de signe de surcharge hydrique en cas d'altération de la fonction cardiaque
- Prévention thrombo-embolique : HBPM

Coma myxœdémateux

CONTEXTE
- Adulte > 50 ans avec antécédent d'hypothyroïdie
- Affections intercurrentes : infection, AVC, IDM, exposition au froid…

+

TABLEAU DES « HYPO »
- Coma calme hypotonique (parfois crises convulsives)
- Hypothermie
- Bradycardie avec hypotension
- Bradypnée avec hypoventilation alvéolaire
- Peau froide, sèche, infiltrée
- Hyponatrémie, anémie, hypoglycémie

↓

MESURES GÉNÉRALES
- Voie veineuse avec sérum physiologique
- ECG et surveillance scopique
- Assurer une ventilation efficace : **intubation et ventilation** assistée d'indication large
- **Réchauffement** externe lent et progressif : couverture de type **Metalline®**
- **Restriction hydrique** car hyponatrémie de dilution
- Bilan biologique : ionogramme, glycémie, NFS-plaquettes, hémostase, CPK, **bilan hormonal** (T_3, T_4 et TSH)
- GDS
- **Si collapsus : sérum physiologique** et/ou un colloïde (**Voluven®**) car insensibilité au catécholamines
- **Si anémie sévère :** transfusion
- Surveillance régulière de la **glycémie** car risque d'hypoglycémie

↓

TRAITEMENT SPÉCIFIQUE
- **Hormonothérapie :**
  - **T_3 (Cynomel®)** 75-100 µg/j per os en 3 prises
  - **T_4 (L-Thyroxine®)** 300-500 µg/j en bolus IV
- **Corticoïdes :** **hémissucinate d'hydrocortisone** 50-100 mg/8 h IV

+

TRAITEMENT DE L'ÉVENTUEL FACTEUR DÉCLENCHANT

Convulsions

Crise(s) convulsive(s) isolée(s)

ARRÊTER LA CRISE
Diazépam (Valium®) 2 mg/min jusqu'à l'arrêt des convulsions (max 20 mg)
ou
clonazépam (Rivotril®) 1 mg en 3 min pouvant être répété après 10 min

↓

Glycémie capillaire : si hypoglycémie → 10 à 50 mL de G 30 %

↓

Crise convulsive accompagnée :
- Répétition des crises, état de mal convulsif (EMC)
- Confusion post-critique > 30 min
- Déficit post-critique
- Fièvre > 38 °C
- Alcoolisation
- Syndrome de sevrage alcoolique, éthylique chronique
- Intoxication
- Trouble métabolique
- Maladie générale (cancer, lymphome, SIDA…)
- Grossesse

↓

- EMC → cf. page suivante
- Grossesse → cf. Eclampsie
- Sevrage alcoolique → cf. p. 241 Sevrage alcoolique
- Selon les cas :
  - Scanner puis éventuelle ponction lombaire
  - Recherche de toxiques, alcoolémie
  - Bilan biologique sanguin

↓

TRAITEMENT SPÉCIFIQUE

Crise convulsive isolée

↓ Épilepsie connue

↓

- Prise correcte du traitement → dosage des anti-épileptiques
- Recherche d'un facteur déclenchant (manque de sommeil, surmenage, fièvre, sevrage éthylique ou en benzodiazépine …)

↓

- Reprise du traitement antérieur
- Consultation neurologique pour équilibration du traitement

↓ 1re crise convulsive

↓

EEG

↓ Normal → Consultation neurologique (ci-dessous)

↓ Signes en foyer

↓

Scanner et/ou IRM

↓

- Traitement anti-épileptique de fond
- Traitement étiologique si possible

Normal ↓

- **Consultation neurologique**
- **Si sortie avant la consultation :**
  - **Clobazam (Urbanyl®)** 60 mg à J1, 40 mg J2 puis 20 mg à partir de J3
  - **Conseils :**
    - arrêt de travail et repos (éviter le surmenage, beaucoup dormir)
    - pas d'activité dangereuse (conduite automobile, certains sports…)
    - éviter la consommation d'alcool
    - prendre les benzodiazépines régulièrement

État de mal convulsif

- Assurer la liberté des voies aériennes (si possible canule de Guedel)
- Oxygénothérapie au masque
- Mise en place d'une voie veineuse avec du sérum glucosé
- Vérification de la glycémie capillaire
- Détecter et traiter une hyperthermie
- Injecter 100 mg de **vitamine B1** chez l'alcoolique connu ou suspecté

1er temps

Diazépam (Valium®) 2 mg/min jusqu'à l'arrêt des convulsions (max 20 mg)
ou
clonazépam (Rivotril®) 1 mg en 3 min pouvant être répété après 10 min

2e temps

Fosphénytoïne (Prodilantin®) : 15 mg/kg d'EP
(= équivalent phénytoïne, flacon de 500 mg d'EP) sans dépasser 100 à 150 mg/min et sous surveillance ECG, de la PA et de la respiration.
ou
phénobarbital (Gardénal®) 100 mg/min jusqu'au contrôle de la crise sans dépasser dose totale de 20 mg/kg sous surveillance de la PA et de la respiration

3e temps

- **Thiopental (Pentothal®)** 5 mg/kg en IVL
- Nécessité d'une intubation avec une induction rapide (**suxaméthonium = Célocurine®** 1 mg/kg) et d'une ventilation assistée
- Surveillance de la PA

NB. Particularités chez l'enfant :

- **Diazépam (Valium®) :** 0,5-1 mg/kg en intra-rectal; 0,2-0,5 mg/kg IV
- **Clonazépam (Rivotril®) :** 0,1 mg/kg IV
- **Phénobarbital (Gardénal®) :** 20 mg/kg IV en 10 min
- **Fosphénytoïne (Prodilantin®)** et **thiopental (Pentothal®) :** mêmes doses que chez l'adulte

Corps étranger laryngo-trachéo-bronchique

Corps étranger (CE)

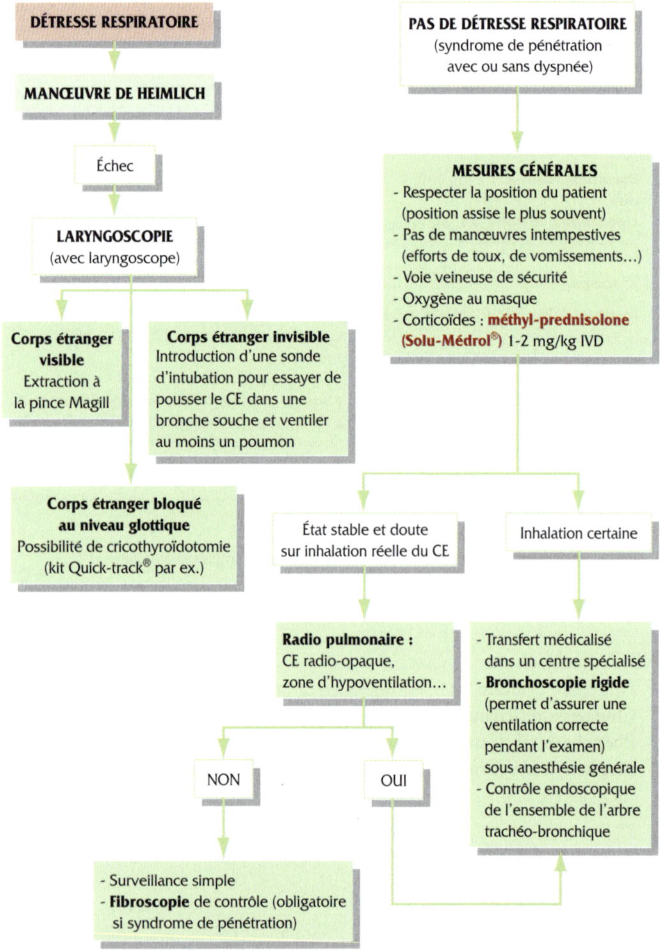

Coup de chaleur

ÉLÉMENTS FAVORISANTS
- Effort prolongé et intense
- Vague de chaleur
- Nourrisson, vieillard, obèse, syndrome infectieux, éthylique chronique…

+

SIGNES CLINIQUES ÉVOCATEURS
- Obnubilation, coma, parfois convulsions
- Hyperventilation
- Peau chaude, congestive et sèche
- Muqueuses sèches
- Température > 40 °C
- tachycardie, éventuellement collapsus

MESURES GÉNÉRALES
- **Déshabillez complètement, aspergez d'eau et ventiler** (arrêter dès que la température passe en dessous de 39 °C → si possible surveillance en continu par sonde rectale)
- Oxygénothérapie par masque
- Surveillance ECG et PA
- Voie veineuse de gros calibre avec soluté de **Ringer lactate** ou **sérum physiologique** : 1000-1500 mL pendant la première heure puis adapter en fonction du ionogramme
- **Antipyrétiques : paracétamol (Perfalgan®)** flacon de 1 g dans 100 mL à perfuser en 15 min.
- Bilan biologique : ionogramme sanguin et urinaire, NFS et plaquettes, hémostase, urée et créatinine, CPK et LDH, calcémie et magnésémie, éventuellement hémocultures (doute sur infection sous-jacente)
- GDS
- Selon l'état de conscience : sonde urinaire ou étui pénien (Pénilex®)

SI COLLAPSUS
Remplissage avec soluté colloïde (**Plasmion®**, éviter les HEA car risques de troubles de l'hémostase)

SI CONVULSIONS
Clonazépam (Rivotril®)
1 mg IVD à renouveler 1 fois si besoin puis 1 mg/8 h en perfusion continue

SI TROUBLES RESPIRATOIRES ET/OU COMA PROFOND
Intubation et ventilation mécanique avec induction par **étomidate (Hypnomidate®)** 0,3 mg/kg

ATTENTION !
NE PAS MÉCONNAÎTRE UNE AUTRE PATHOLOGIE
- Hémorragie méningé, méningite, méningo-encéphalite
- Paludisme ou autres infections
- Diurétiques et déshydratation
- Hyperthermie des neuroleptiques…

ATTENTION !
COMPLICATIONS POSSIBLES
- Insuffisance rénale anurique (en particulier si rhabdomyolyse importante)
- CIVD → à suspecter si hémorragies muqueuses, épistaxis, purpura

Crise hypertensive

TRAITER LES FACTEURS AGGRAVANT

- Mettre le patient au repos et le rassurer
- Douleur : **paracétamol (Perfalgan®)** flacon de 1 g dans 100 mL à perfuser en 15 min ou si insuffisant **morphine** IV 0,1 mg/kg, puis si insuffisant 2 mg/10 min jusqu'à obtention de l'effet souhaité en surveillant la respiration
- Angoisse : 1/2 cp sub-lingual de **bromazépam (Lexomil®)**
- Corriger un trouble respiratoire, une hypoglycémie, une hyperthermie…

↓

BILAN

- Prises répétées de la PA
- ECG
- Bandelette urinaire : protéinurie ?
- Biologie : ionogramme sanguin et urinaire, urée et créatinine, NFS et plaquettes
- Éventuelle recherche de toxique : alcool, amphétamines, cocaïne, vasoconstricteurs nasaux, abus de réglisse…
- Si chiffres élevés persistants (PAS > 210 et PAD > 130 mmHg) : fond d'œil

↓

URGENCE
(mais très rare)

↓

ENCÉPHALOPATHIE HYPERTENSIVE
Céphalées, vomissements, troubles visuels, confusion, troubles de la vigilance, altération du FO (œdème papillaire, hémorragies et exsudats cotonneux)

↓

- Objectif lors de la 1re heure → ramener la PAD en dessous de 100 mmHg
- **Nicardipine (Loxen®)** :
  - dose de charge 1 mg/min (maximum 10 mg) jusqu'à obtention de l'effet souhaité
  - relais en perfusion continue à la moitié de la dose de charge par heure
- En cas d'aggravation des signes neurologiques : arrêter la nicardipine, laisser remonter la PA puis réduction ultérieure plus progressive

PRISE EN CHARGE EN FONCTION DE L'ÉTIOLOGIE

AVC →

- À la phase aiguë d'un AVC, l'HTA doit être respectée
- Traitement uniquement si : mauvaise tolérance cardiaque, chiffres durablement très élevés (> 230/130 mmHg) :
  - **nicardipine (Loxen®)** 1 mg/h ou **uradipil (Eupressyl®)** 10 mg/h à adapter très progressivement en fonction des résultats
  - objectif → 160-180/100-110 mmHg

HÉMORRAGIE MÉNINGÉE →

- Même attitude initiale que dans les autres l'AVC
- Lorsque le diagnostic est confirmé : **nimodipine (Nimotop®)** 1 mg/h puis si maintien de la PA au bout de 2 h, augmentation à 2 mg/h

OAP → Le traitement de l'OAP prime (cf. p. 221)

INSUFFISANCE CORONARIENNE AIGÜE →

- **Dérivé nitré : isosorbide dinitrate (Risordan®)** 2-6 mg/h (sauf si IDM du ventricule droit)
- **Bêtabloquant : aténolol (Ténormine®)** 5-10 mg IV lent (1 mg/min) en fonction de l'effet sur la PA et le pouls puis relais per os par 50 mg 15 min plus tard
- **Si contre-indication aux bêtabloquants : uradipil (Eupressyl®)** 25 mg IV en 20 s, si insuffisant répéter 5 min plus tard puis relais en perfusion continue à 15 mg/h

DISSECTION AORTIQUE → Objectif PAS 100-120 mmHg (cf. p. 138)

FEMME ENCEINTE → Cf. Eclampsie p. 145

Crush syndrome

AVANT DÉCOMPRESSION

↓

MESURES GÉNÉRALES

- Oxygène avec masque à haute concentration (10-12 L/min) avec surveillance de la SpO_2
- Voie veineuse périphérique de gros calibre (si possible 2) avec soluté de type **Ringer lactate**
- Protection thermique
- Lutte contre la douleur : **morphine** 0,1 mg/kg puis si insuffisant 2 mg/10 min jusqu'à obtention de l'effet souhaité et en surveillant la respiration
- Si plaie ou délabrement cutané :
→ antibiothérapie avec **amoxicilline-acide clavulanique (Augmentin®)** 2 g en IV lent
- Surveillance de la PA et de l'ECG → recherche de signes en faveur d'une hyperkaliémie
- Prélèvements : groupe, Rhésus, agglutinines irrégulières, NFS, hémostase, ionogramme sanguin
- Pas de garrot sauf en cas d'état de choc incontrôlable ou de d'impossibilité de réanimation adaptée

↓

PRÉVENTION DU CHOC ET DE L'INSUFFISANCE RÉNALE

Sérum physiologique 500-1000 mL avant la décompression

SI TROUBLES DE LA CONSCIENCE ET/OU DÉTRESSE RESPIRATOIRE

- Intubation avec induction par **étomidate (Hypnomidate®)** 0,3 mg/kg

puis

- sédation par **midazolam (Hypnovel®)** 0,1 mg/kg/h et **fentanyl** 0,5 µg/kg/h

↓

LUTTE CONTRE L'HYPERKALIEMIE ET L'ACIDOSE

- **Bicarbonate de sodium 1,4 %** 250 mL
- **Furosémide (Lasilix®)** 1 mg/kg après remplissage et PA stabilisée (mais discuté)

↓

APRÈS DÉCOMPRESSION

↓

- Poursuivre le remplissage avec du **sérum physiologique** ou un soluté colloïde (**Plasmion®**)
→ objectif PAS = 80 mmHg
- Si hyperkaliémie menaçante : **gluconate de calcium 10 %** 10-30 mL IV lent sous surveillance ECG et envisager une épuration extrarénale

Delirium tremens

Forme simple → cf. Syndrome de sevrage alcoolique, p. 241

RECHERCHER ET TRAITER UN FACTEUR DÉCLENCHANT
(infection, diabète, traumatisme, hémorragie digestive...)

↓

MESURES GÉNÉRALES

- Hospitalisation en réanimation
- **Bilan biologique :** ionogramme sanguin et urinaire, glycémie, urée et créatinine, NFS et plaquettes, hémostase, bilan hépatique, CPK
- Au moindre doute à l'examen neurologique → **scanner cérébral** et **ponction lombaire**
- Surveillance ECG, PA et oxymétrie de pouls

↓

SÉDATION IV
(uniquement lorsque la voie orale est impossible)
Midazolam (Hypnovel®) 5 mg IVD
puis 2 mg/h à augmenter en fonction de l'effet par paliers de 2 mg/2 mg

+

RÉHYDRATATION
(uniquement si déshydratation avérée)
- **G 5 %** 3-4 L/24 h
plus 6 g/L NaCl
plus 2 g/L/KCl
plus 2 amp/L de sulfate de magnésium 15 %
plus 2 amp/L de phosphate disodique
(à adapter en fonction du ionogramme)

+

VITAMINOTHÉRAPIE

- **Vitamine B1** 100 mg IVD puis 1 g/j
- **Vitamine B6** 500 mg/j
- **Vitamine B12** 1 g/j
- **Vitamine PP (Nicobion®)** 1 amp/j

SI TROUBLES DE LA CONSCIENCE ET/OU TROUBLES RESPIRATOIRES

↓

INTUBATION et VENTILATION ASSISTÉE

- **Induction** en séquence rapide :
étomidate (Hypnomidate®) 0,3 mg/kg et **suxaméthonium (Célocurine®)** 1 mg/kg
- **Sédation :**
midazolam (Hypnovel®) 0,1-0,2 mg/kg/h et **fentanyl** 0,5-1 µg/kg/h

Déshydratation aiguë du nourrisson

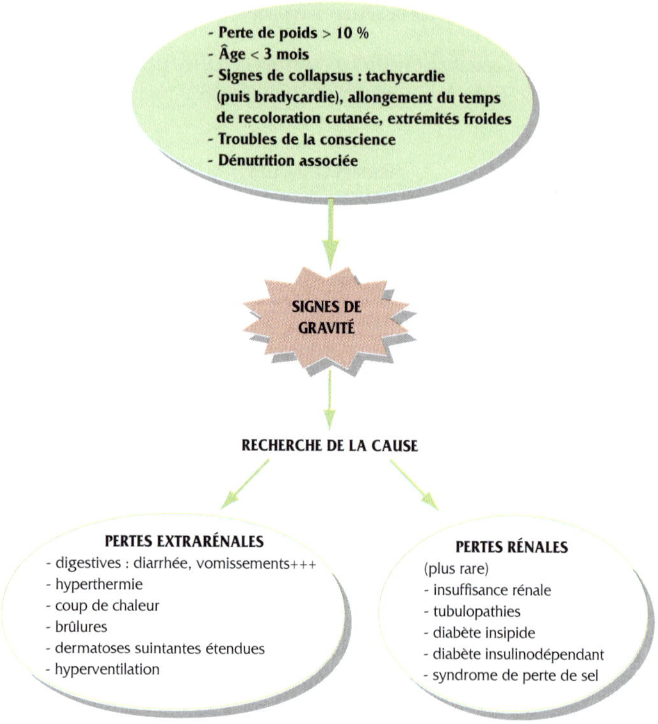

MESURES GÉNÉRALES

- Pesée
- Poche pour le recueil des urines → objectif : diurèse de 1-2 mL/kg/h
- Prélèvements (si perte de poids > 10 %) : ionogramme sanguin et urinaire, glycémie, calcémie, GDS
- Selon le contexte : hémocultures, uroculture, ponction lombaire, analyse des selles

PEU SÉVÈRE
Perte de poids < 10 %

SÉVÈRE
Perte de poids > 10 % ou échec de la réhydratation orale

RISQUE VITAL
Perte de poids > 15 % et/ou collapsus

RÉHYDRATATION ORALE

- **Soluté de type OMS** ou **Adiaril®**, **Alhydrate®** ou **GES 45®**
- Volume par 24 h : 200-250 mL/kg
  - 100 mL/kg les 6 premières heures
  - 100-150 mL/kg les 18 h suivantes à adapter selon l'évolution
  - petits volumes répétés 30-50 mL à chaque fois
  - si refus du biberon : gavage continu 10 mL/kg/h

REMPLISSAGE

- Gélatine (**Plasmion®**) : 15-20 mL/kg en 20 min
- Puis, si pH < 7,20, **bicarbonate à 1,4 %** : 15-20 mL/kg en 20 min
- Puis poursuivre comme dans le cas de la forme sévère en adaptant les apports électrolytiques en fonction des résultats du ionogramme sanguin

RÉHYDRATATION PAR VOIE VEINEUSE

- Soluté standard : **G 5 %** avec 3 g/L NaCl et 1 g/L de gluconate de calcium (KCl à adapter en fonction du ionogramme)
- Volume :
  - 50 % de la perte de poids en 4-6 h
  - 50 % de la perte de poids + besoins de 24 h (100-130 mL/kg) en 18-20 h
  - augmenter les volumes et la vitesse d'administration si persistance et/ou absence de prise de poids après 6-8 h
- Adapter les apports hydro-électrolytiques en fonction du ionogramme sanguin (toutes les 3 h initialement)

Déshydratation chez l'adulte

Déshydratation extracellulaire (DEC)

BIOLOGIE

- Élévation de l'hématocrite, de l'hémoglobine et des protides totaux (dans la DEC pure, la natrémie est normale)
- Calcul du **trou anionique : Na + K – Cl – Bicar, N = 12 ± 4 mmol/L**
- Recherche de glucose et de corps cétoniques à la bandelette urinaire
- Chez la personne âgée, appréciation de la fonction rénale en recherchant la clairance de la créatinine (en mL/min) :

$$\text{Clairance créatinine (mL/min)} = \frac{F \times (140 - \text{âge}_{\text{années}}) \times \text{poids}_{\text{kg}}}{\text{créatininémie}_{\mu\text{mol/L}}}$$

F = 1,05 chez l'homme
F = 1,25 chez la femme

$$\text{Clairance créatinine (mL/min)} = \frac{F \times (140 - \text{âge}_{\text{années}}) \times \text{poids}_{\text{kg}}}{7{,}2 \times \text{créatininémie}_{\text{mg/L}}}$$

F = 1 chez l'homme
F = 0,85 chez la femme

Na urinaire < 20 mmol/L

PERTES EXTRARÉNALES

- **Pertes digestives :**
  - vomissements, aspiration gastrique (alcalose métabolique hypochlorémique et hypokaliémique, Cl urinaire effondré)
  - diarrhée, laxatifs, tumeur villeuse (acidose métabolique, bicarbonates diminués, trou anionique normale, hypokaliémie)
  - 3e secteur (occlusion, pancréatite, péritonite, rhabdomyolyse)
- **Pertes cutanées :**
  - rarement responsable d'une DEC isolée sauf en cas de mucoviscidose et de brûlures étendues

Na urinaire > 20 mmol/L

PERTES RÉNALES

- Diurétiques (alcalose métabolique et hypokaliémie)
- Insuffisance surrénale aiguë
- Néphropathies interstitielles chroniques (facteur déclenchant = troubles digestifs ou régime désodée)
- Acidoses tubulaires distales
- Reprise de diurèse dans les insuffisances rénales par nécrose tubulaire et syndrome de levée d'obstacle

TRAITEMENT

- **Corriger le déficit hydrosodé** en apportant de l'eau et du sel :
  - boire 3 L/jour d'eau, régime normosodé, arrêt des diurétiques
  - **sérum physiologique** si voie IV
  - correction de 30 à 50 % des pertes dans les premières 24 h
  - quantité :
    Besoins journaliers 1500 mL + compensations des pertes avec du G 5 % avec 4 g/L NaCl et 2 g/L de KCl + 300-400 mL par degré de fièvre au dessus de 38 °C
    Pertes estimées = perte de poids
- Si **acidose métabolique** par fuite de bicarbonates : **bicarbonate à 1,4 %** 500 mL
- En cas de **choc hypovolémique** : remplissage avec un colloïde (par ex. **Plasmion®**)
- Efficacité du traitement jugé sur la diurèse, le pouls, la pression artérielle, le poids, la reprise de la natriurie et la diminution de l'hémoconcentration

Déshydratation intracellulaire

BIOLOGIE

- Soit hypernatrémie
- Soit hyperosmolarité sans hypernatrémie

Calcul de l'osmolalité :

Osmolalité (mosmol/L) = Na × 2 + urée + glycémie

PERTES RÉNALES

- Diabète insipide central
- Diabète insipide néphrogénique :
  - hypercalcémie
  - lithium, amphotéricine B
  - congénital, drépanocytose, néphropathies obstructives et interstitielles, amylose...
- Potomanie et restriction hydrique brutale

PERTES EXTRARÉNALES

Voies respiratoires chez les sujets en coma chronique, trachéotomisés

CALCUL DU DÉFICIT EN EAU

ΔH_2O (L) = poids habituel (kg) × 0,6 [(natrémie/140) −1]

ΔH_2O (L) = poids habituel (kg) × 0,6 [(osmolalité/280) −1]

TRAITEMENT

- **Administration d'eau :** apports journaliers + déficit
- **Quantité par jour :**
  - ***1500 ml + compensation des pertes (diarrhée, vomissements) avec du G 5 % avec 4 g/l de NaCl et 2 g/L de KCl + 300-400 mL par degré au dessus de 38 °C plus***
  - ***corriger le déficit en eau avec du G 5 %***
- 30-50 % dans les 24 premières heures avec une sonde nasogastrique en continu ou une perfusion
- En cas de diabète : **G 2,5 %** et **insuline**
- En cas de diabète insipide :
  - néphrogénique médicamenteux : arrêt du médicament
  - central (hypothalamo-hypophysaire) : **Minirin®** 1-4 µg/j en 2 injections IV

Déshydratation globale

Pertes sodées et hydriques anormales avec perte d'eau plus importante que de sodium

Na urinaire > 20 mmol/L

PERTES RÉNALES
- Hyperosomalarité diabétique, mannitol
- Hypercalcémie
- Polyurie osmotique due à l'urée et reprise de diurèse après une nécrose tubulaire aiguë ou une levée d'obstacle

Na urinaire < 20 mmol/L

PERTES EXTRARÉNALES
- Pertes digestives (diarrhée…)
- Sueurs abondantes (delirium tremens, coup de chaleur)

TRAITEMENT
- **Correction des troubles de la volémie :** remplissage avec du sérum physiologique ou des macromolécules (par ex. **Plasmion®**)
- Puis **correction simultanée du déficit hydrique et sodé** avec du **G 5 %** avec 4 g/L de NaCl et 2 g/L de KCl
- **Quantité par jour :**
  Besoins journaliers 1500 mL + compensations des pertes avec du G 5 % avec 4 g/L NaCl et 2 g/L de KCl + 300-400 mL par degré de fièvre au dessus de 38 °C

Diarrhée aiguë chez l'enfant

PREMIÈRE MESURE
=
ESTIMATION DE LA GRAVITÉ

- Absence de signes cliniques de déshydratation
- Perte de poids nulle ou inférieure à 5 %
- Pas de vomissements, ni de météorisme abdominal

→ **DIARRHÉE AIGÜE BÉNIGNE**

- Signes de déshydratation nets (soif, persistance du pli cutané, perte de poids entre 5 et 8 %)
- Fièvre
- Anorexie, vomissements
- Diarrhée importante

→ **DIARRHÉE AIGÜE D'INTENSITÉ MOYENNE**

- Diarrhée profuse
- Intolérance gastrique absolue
- Signes de déshydratation marqués (soif, état de choc, polypnée, persistance du pli cutané, sécheresse des muqueuses, oligo-anurie, troubles de la conscience)
- Météorisme abdominal
- Perte de poids > 10 %

→ **DIARRHÉE AIGÜE GRAVE**

LE TRAITEMENT EST CELUI DE LA DÉSHYDRATATION
(cf. p. 133)

Une **coproculture** n'est indiquée qu'en cas de suspicion d'infection bactérienne (selles glairo-sanglantes) et/ou si la diarrhée se prolonge anormalement, particulièrement chez l'enfant vivant en collectivité

Dissection aortique

Suspicion de dissection aortique

↓

- ECG
- Oxygène nasal en fonction de la SpO_2
- Voie veineuse périphérique de gros calibre (si possible 2) avec soluté de type **Ringer lactate**
- Prélèvements : groupe, Rhésus, agglutinines irrégulières, NFS, hémostase, ionogramme sanguin, urée et créatinine
- Radiographie thoracique
- Analgésie : morphine IV 0,1 mg/kg

↓

Collapsus

- Traitement de l'état de choc cardiogénique ou hémorragique
- **Remplissage** avec un colloïde (**Voluven®, Plasmion®**) pour obtenir une PAs à 80 mmHg

Pas de collapsus

OBJECTIF PAs entre 100 et 120 mmHg

- **Nicardipine (Loxen®)** 1-4 mg/h (après éventuellement 1-2 mg IVD)

ou

- **Esmolol (Brévibloc®)** 50-200 µg/kg/min (après éventuellement 500 µg/kg IVD)

↓

DIAGNOSTIC

- Échographie transthoracique et transœsophagienne
- Angioscanner ou angiographie
- IRM

↓

Dissection de l'aorte ascendante et de la crosse aortique → Avis chirurgical

Dissection de l'aorte descendante → Traitement médical

Diverticulite aiguë

CONTEXTE
- Diverticulose connue ou non
- Douleur de la fosse iliaque gauche ou sous-ombilicale avec parfois une défense et éventuellement une masse palpable
- Fièvre modérée
- En général, pas de troubles du transit

+

BIOLOGIE
NFS = hyperleucocytose

IMAGERIE
- ASP
- Lavement aux hydrosolubles
- Si examens non contributifs → scanner

MESURES GÉNÉRALES
- Voie veineuse périphérique avec G 5 % avec 4 g/L de NaCl et 2 g/L de KCl (2 L/j à adapter à l'état d'hydratation et à la fonction rénale)
- Laisser le malade à jeûn
- Glace sur la fosse iliaque gauche
- Antalgiques et antispasmodiques : **phloroglucinol (Spasfon®)** 40 mg IV lent × 4/j et **tiémonium (Viscéralgine®)** 5 mg IV lent × 4/j
- Hémocultures × 3 avant la mise sous antibiotiques

FORME SIMPLE → **ANTIBIOTHÉRAPIE IV**
- **Amoxicilline + acide clavulanique (Augmentin®)** 1 g/8 h **plus gentamicine** 1 mg/kg/8 h
ou
- **Ciprofloxacine (Ciflox®)** 400 mg/12 h **plus métronidazole (Flagyl®)** 500 mg/8 h

FORME COMPLIQUÉE

PÉRITONITE → **CHIRURGIE EN URGENCE** (exérèse colique avec colostomie = opération de Hartmann)

ABCÈS →
- Antibiothérapie et drainage radiologique de l'abcès
- Puis dans un second temps (3 semaines en général), résection sigmoïdienne avec rétablissement de continuité

FISTULE →
- Initialement, traitement médical (antibiothérapie)
- Puis, chirurgie à froid (résection sigmoïdienne avec fermeture de la fistule)

Douleur

(prise en charge en urgence)

ÉVALUATION DE LA DOULEUR

Échelle verbale simplifiée

Pas de douleur	0
Douleur faible	1
Douleur modérée	2
Douleur intense	3
Douleur extrêmement intense	4

Échelle visuelle analogique

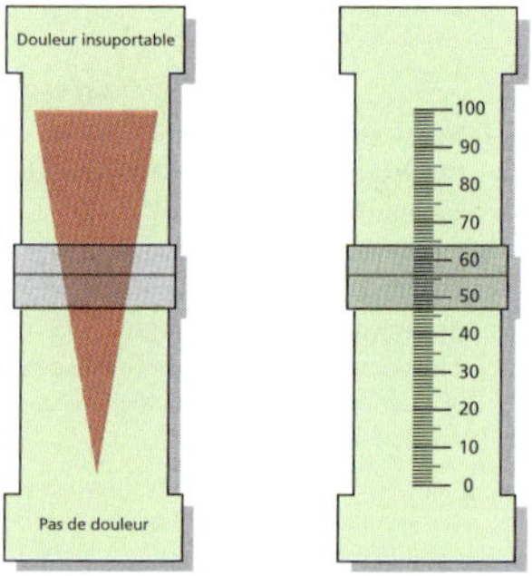

Chez l'enfant

- Méthode des 4 jetons : « Chaque jeton représente un morceau ou une partie de ma douleur; prends-en autant que tu as mal ».
- Échelle des 6 visages : représentation de 6 visages → depuis un calme et souriant jusqu'à un grimaçant et pleurant.

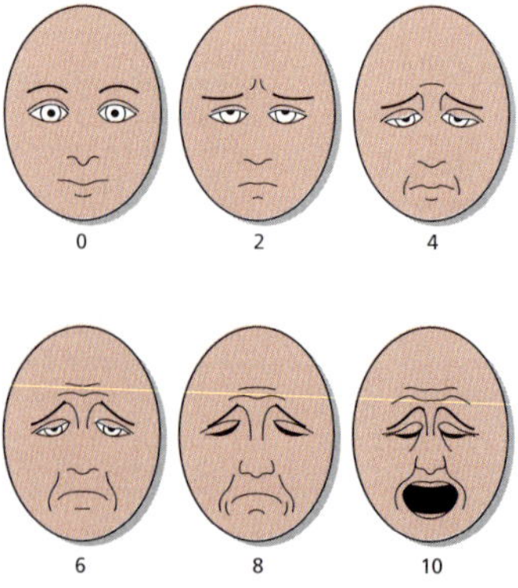

Douleur aiguë sévère (EVA > 60) →

Morphine
- **Titration :** 3 mg (2 mg si poids < 60 kg) en IV, à renouveler toutes les 5 min jusqu'à obtention d'une EVA < 30.

ou
- **Bolus initial** de 0,1 mg/kg puis, si besoin, 3 mg toutes les 5 min jusqu'à obtention d'une EVA < 30.

↓

CORRECTION DES EFFETS SECONDAIRES
- **Si FR < 12 :** surveillance de la SpO_2, administration d'oxygène et éventuelle injection de **naloxone (Narcan®)** de manière titrée (10 mg diluée dans 10 mL, injection mL par mL jusqu'à obtention d'une FR > 12).
- **Nausées et vomissements : métoclopramide (Primpéran®)** 10 mg en IV ou **dropéridol (Droleptan®)** 1,25 mg en IV ou **ondansétron (Zophren®)** 4 mg en IV)
- **Rétention urinaire :** sondage vésical

Douleur modérée (30 < EVA < 60) →

Paracétamol (Perfalgan®)
- **Adulte :** 1 g en IV lente en 15 min.
- **Enfant :** 15 mg/kg (chez l'enfant < 33 kg, utiliser la forme à 500 mg par flacon pour nourrissons et enfants sans effectuer de dilution).

↓

En association ou à la place au paracétamol (notamment dans les coliques néphrétiques) →

Kétoprofène (Profénid®)
100 mg dans 100 à 150 mL de glucosé 5 % ou de sérum physiologique à passer en 15 min

ALTERNATIVE POSSIBLE

- **Douleur sévère (EVA ≥ 60) ou geste thérapeutique douloureux**
- **Très utile chez le patient non perfusé, notamment l'enfant**

→

MEOPA (Kalinox® ou Médimix®)
débit 6 L/min puis augmenter jusqu'à 12 L/min en fonction de la consommation

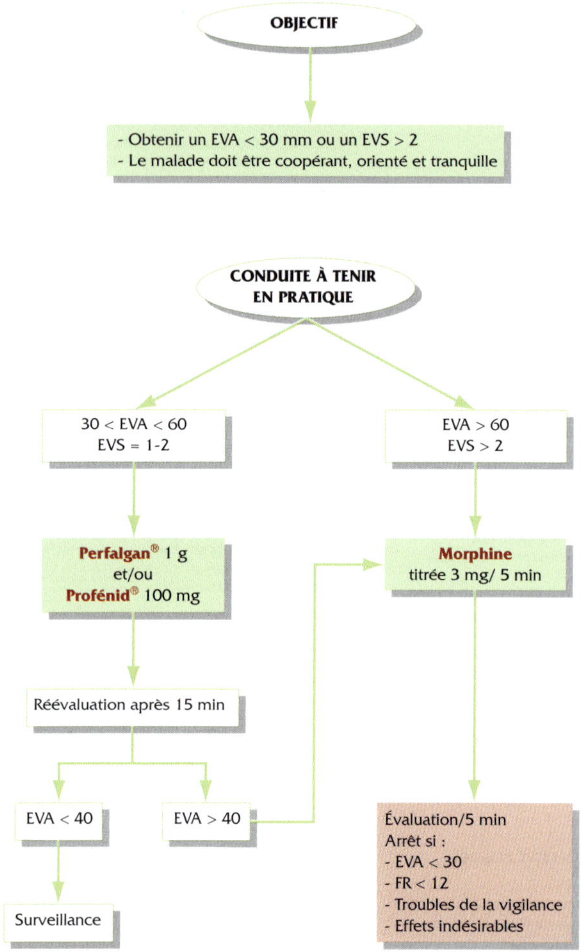
OBJECTIF
- Obtenir un EVA < 30 mm ou un EVS > 2
- Le malade doit être coopérant, orienté et tranquille
CONDUITE À TENIR EN PRATIQUE
30 < EVA < 60
EVS = 1-2
EVA > 60
EVS > 2
Perfalgan® 1 g
et/ou
Profénid® 100 mg
Morphine
titrée 3 mg/ 5 min
Réévaluation après 15 min
EVA < 40
EVA > 40
Surveillance
Évaluation/5 min
Arrêt si :
- EVA < 30
- FR < 12
- Troubles de la vigilance
- Effets indésirables

Drépanocytose

CRITÈRES DE GRAVITÉ

- Fièvre > 38,5 °C
- Douleur > 24 h ou douleur intense
- Augmentation de taille de la rate
- Somnolence, asthénie inhabituelle, pâleur majeure
- Priapisme
- Complication neurologique ou ophtalmologique aiguë
- Polypnée, douleur thoracique de type pleural, hypoxie
- Vomissements répétés

↓

HOSPITALISATION EN URGENCE

↓

BILAN

- Bilan biologique de base : NFS et plaquettes, CRP, transaminases, bilirubine, ionogramme sanguin, urée et créatinine
- Hémocultures et ECBU si fièvre > 38 °C
- Tube à envoyer en hématologie pour dosage du pourcentage d'HbS
- Radiographie de thorax
- ECG (surtout en cas de douleur thoracique)
- ASP et échographie abdominale au moindre doute sur un problème chirurgical

+

MESURES GÉNÉRALES

- Hydratation avec du G 5 % avec 4 g/L NaCl et 2 g/L de KCl : 2-3 L chez l'adulte, 100 mL/kg chez l'enfant en surveillant l'éventuelle apparition de signes de surcharge
- Oxygène nasal 3-6 L/min à adapter en fonction de l'oxymètre de pouls

DOULEURS →

TRAITEMENT ANTALGIQUE

- **Paracétamol (Perfalgan®)** : 1 g en IV lente en 15 min chez l'adulte, 15 mg/kg chez l'enfant (si < 33 kg, utiliser la forme à 500 mg par flacon pour nourrissons et enfants sans effectuer de dilution).
  À renouveler au maximum 4 fois/j
- Si insuffisant, **morphine** : 0,1 mg/kg IV à répéter toutes les 2-3 h en fonction des besoins

FIÈVRE > 38 °C →

ANTIBIOTHÉRAPIE EMPIRIQUE

(après prélèvements infectieux : hémocultures, ECBU, éventuelle PL...)

- **Céfotaxime (Claforan®)** 150 mg/kg/j IV en 3 fois
- **Plus érythromycine** en cas de pneumopathie : 3 g/j chez l'adulte, 30 mg/kg/j chez l'enfant IV en 3 fois
- **Plus fosfomycine (Fosfocine®)** en cas d'infection ostéo-articulaire : 200 mg/kg/j en 3-4 perfusions d'une durée de 4 h

ANÉMIE

- Hb < 6 g/dL ou perte brutale de plus de 2 g/dL
- Mauvaise tolérance clinique

→

TRANSFUSION

Culots globulaires phénotypés déleucoplaquettés : 15 mL/kg

ACCIDENTS VASO-OCCLUSIFS (AVC, thrombose rétinienne, priapisme) →

ÉCHANGES TRANSFUSIONNELS

(dans le cas du priapisme en association avec la ponction du corps caverneux, cf. p. 235)

- Objectif HbS < 40 %
- Transfuser au préalable si HB < 6 g/dL
- Soustraction de 10-15 mL/kg avec compensation du même volume par un HEA (**Voluven®**)
- Puis soustraction de 30-40 mL/kg à compenser en transfusant la même masse globulaire

MISE EN ŒUVRE UNIQUEMENT APRÈS AVIS D'UN SPÉCIALISTE

SYNDROME THORACIQUE AIGU GRAVE (hypoxémie, images radiologiques bilatérales et extensives) → ÉCHANGES TRANSFUSIONNELS ; →

HOSPITALISATION EN RÉANIMATION

- Mesures générales comme ci-dessus :
  - Oxygénothérapie et hydratation
  - Antalgie
- Antibiothérapie systématique si fièvre : **céfotaxime (Claforan®)** 150 mg/kg/j en 3 fois plus **érythromycine** 3 g/j chez l'adulte, 30 mg/kg/j chez l'enfant IV en 3 fois ou **ofloxacine (Oflocet®)** 400 mg/j en 2 fois IV chez l'adulte
- Kinésithérapie respiratoire et éventuelle VNI
- Transfusions et échanges transfusionnels comme ci-dessus

Éclampsie

PRÉ-ÉCLAMPSIE
(PA > 140/90, œdèmes, protéinurie, céphalées, barre épigastrique)

↓

MESURES GÉNÉRALES
- Repos en décubitus latéral gauche
- Voie veineuse avec du Ringer lactate
- Prélèvements : groupe, Rhésus, agglutinines irrégulières, NFS, hémostase, ionogramme sanguin

↓

ANTIHYPERTENSEUR
(objectif PAM entre 110 et 120 mmHg)
- **Nicardipine (Loxen®)** titration par 0,5 mg/2 min IV

ou (si traitement par sulfate de magnésium)
- **Dihydralazine (Népressol®)** 5 mg/h
Jusqu'à obtention de l'effet souhaité

↓

PAM < 100 → Arrêt des anti-hypertenseurs

100 < PAM < 120 →
- **Nicardipine (Loxen®)** 1-6 mg/h

ou
- **Dihydralazine (Népressol®)** 1-3 mg/h

PAM > 120 →
Bithérapie, adjoindre :
- **Labétolol (Trandate®)** 10-20 mg/h

ou (si CI aux bêtabloquants)
- **Clonidine (Catapressan®)** 0,015-0,06 mg/h

ÉCLAMPSIE
(convulsions)

↓

- **Sulfate de magnésium** (action anticonvulsivante et antihypertensive) :
4 à 6 g IV en 15-20 min
puis 1 à 2 g/h en continu

plus (si convulsions persistantes)
- **Clonazépam (Rivotril®)** 1 mg IV puis 1 mg/4 h en continu

↓

- Si association avec le sulfate de magnésium : **Dihydralazine (Népressol®)**
- Arrêt du sulfate de magnésium : **Nicardipine (Loxen®)** (cf. ci-contre)

↓

- **Remplissage** 500 mL de **Ringer lactate** (base journalière 3-4 L)
- Si troubles de la conscience et/ou détresse respiratoire → **intubation** avec induction par **thiopental (Pentothal®)** 3 à 5 mg/kg et **suxaméthonium (Célocurine®)** 1 mg/kg

↓

Transfert dans une maternité de niveau adapté pour extraction du fœtus ce qui entraînera en général la régression rapide des signes

Électrisation

ACR → Cf. réanimation de l'ACR p. 99

Troubles de la conscience et/ou respiratoires →

- **Intubation** avec induction par **étomidate (Hypnomidate®)** 2-3 mg/kg IV et **suxaméthonium (Célocurine®)** 1 mg/kg

puis

- **Sédation** avec **midazolam (Hypnovel®)** 0,1 mg/kg/h et **fentanyl** 0,5 µg/kg/h

Patient apparemment indemne

↓

- Recherche du trajet du courant (points d'entrée et de sortie)
- Hospitalisation avec voie veineuse de sécurité
- Surveillance ECG pendant 24 h → risque de troubles du rythme

Brûlures
ATTENTION :
brûlures cutanées + brûlures et nécrose profondes

↓

- **Refroidissement** par aspersion d'eau des brûlures cutanées puis emballage dans des pansements à base de gel à l'eau
- **Remplissage** avec un soluté cristalloïde (**Ringer lactate** ou **chlorure de sodium**), 20 mL/kg la première heure
- **Antalgique : morphine** IV 0,1 mg/kg, puis si insuffisant 2 mg/10 min jusqu'à obtention de l'effet souhaité et en surveillant la respiration
- Assurer un **diurèse efficace** (1-1,5 mL/kg/h) : **furosémide (Lasilix®)** 1 mg/kg après remplissage et stabilité hémodynamique
- Si rhabdomyolyse importante, **alcalinisation : bicarbonate de sodium 1,4 %** 250 mL puis adaptation en fonction du pH

↓

- Recherche de lésions traumatiques associées (rachis+++)
- Hospitalisation dans un centre spécialisé avec dialyse possible (réanimation polyvalente, réanimation brûlés)
- Surveillance de l'équilibre hydro-électrolytique et de la fonction rénale
- Surveillance ECG continue car risque de troubles du rythme cardiaque
- Chirurgie en urgence dans certains cas : incision de décharge (syndrome des loges), greffe vasculaire (brûlures des extrémités)...
- Brûlures par arc électrique : consultation ophtalmologique

Embolie pulmonaire

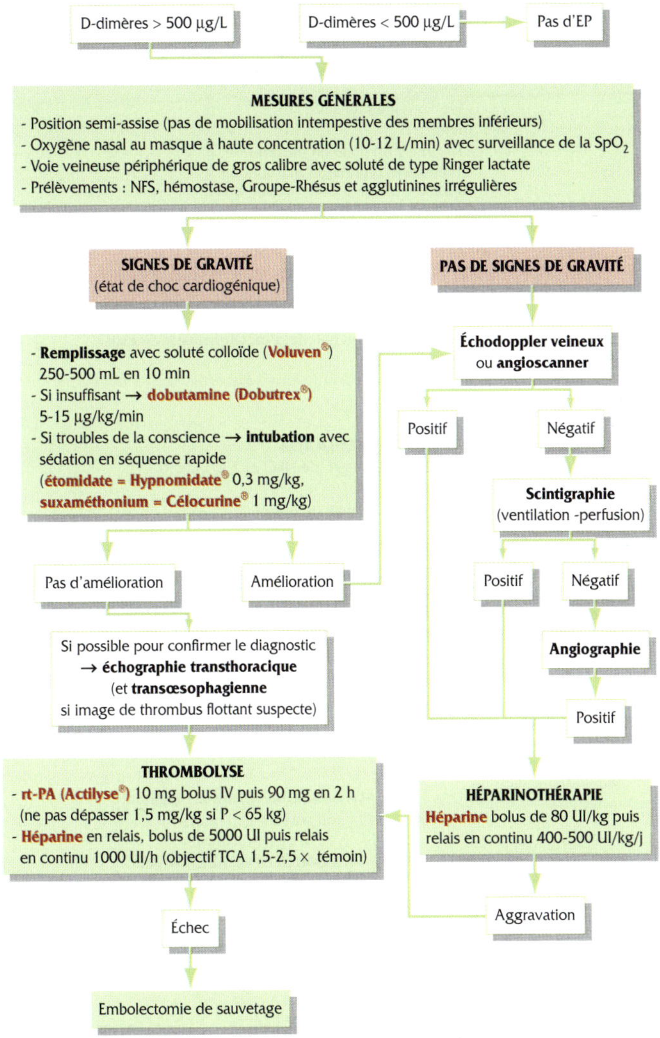

Encéphalopathie hépatique

Cas de la cirrhose hépatique, l'hépatite fulminante est traitée p. 167

FACTEURS DÉCLENCHANTS
- Sédatifs
- Hémorragie digestive
- Infection
- Régime trop riche en protides
- Traitement diurétique mal conduit

↓

BILAN
- Biologie : NFS et plaquettes, hémostase complète, bilan hépatique, ionogramme, glycémie, urée et créatinine
- En cas de sepsis : hémocultures, ECBU, ponction d'ascite et mise en culture
- Toucher rectal et sonde gastrique à la recherche d'un saignement digestif
- Radio de thorax

↓

MESURES GÉNÉRALES
- Voie veineuse avec du **G 5 %** avec 4 g/L de NaCl et 2 g/L de KCl (1-1,5 l/j, plus en cas de fièvre)
- **Vitamine B1** 100 mg IVD puis 500 mg/j en perfusion
- Oxygène nasal avec surveillance de la saturation
- Monitorage cardiaque et de la pression artérielle
- Arrêt de tous les médicaments sauf les bêtabloquants
- Anti-ammoniémiant : **lactulose (Duphalac®)** 6-10 sachets dissous dans l'eau à passer dans la sonde gastrique ou 20 sachets à diluer dans 1 L d'eau tiède en lavement à garder 1 h

↓

Au moindre doute sur la nature des troubles de la conscience : traumatisme crânien, signe de localisation …
→ **SCANNER CÉRÉBRAL**

Si agitation
→ Pas de sédation pharmacologique (en particulier si nécessité d'une intubation)
→ **CONTENTION MÉCANIQUE**

Si infection
→ **TRAITEMENT ANTIBIOTIQUE EMPIRIQUE** en fonction de l'origine supposée et en attendant l'identification du germe

Si hémorragie digestive sur VO
→ **SCLÉROSE PAR VOIE ENDOSCOPIQUE**

Endocardite

DIAGNOSTIC
Hémocultures et sérologie des germes intracellulaires
(Coxiella burnetti, Brucella, Chlamydiae, Legionella, Bartonella)
+
Echographie transthoracique et/ou transoesophagienne

SIGNES DE GRAVITÉ
(tableau infectieux sévère, signes d'insuffisance cardiaque et/ou prothèse valvulaire)

ANTIBIOTHÉRAPIE EMPIRIQUE

PAS DE SIGNES DE GRAVITÉ

Attente de l'identification du germe pour antibiothérapie adaptée

Valve native

- **Amoxicilline-acide clavulanique (Augmentin®)** 4-6 g/j en 4-6 fois

ou

- **Amoxicilline (Clamoxyl®)** 4-6 g/j en 4-6 fois

plus gentamicine 3 mg/kg/j en 2 fois

ou (si allergie aux β-lactamines)

- **Vancomycine** 30 mg/kg/j en 2-3 fois

plus gentamicine 3 mg/kg/j en 2 fois

Prothèse valvulaire

- **Vancomycine** 30 mg/kg/j en 2-3 fois

plus

- **Gentalline** 3 mg/kg/j en 2 fois

- Endocardite sur prothèse
- Insuffisance cardiaque, obstruction valvulaire
- Abcès périvalvulaire, infection non contrôlée, endocardite fongique

CHIRURGIE CARDIAQUE EN URGENCE
+
Recherche et traitement de la porte d'entrée
(dentaire, cutanée, cathéter, digestive, urinaire...)

Épididymite et orchi-épididymite

ÉLIMINER UNE TORSION DE TESTICULE
Testicule douloureux unilatéral, remonté à l'anneau inguinal

AU MOINDRE DOUTE

EXPLORATION CHIRURGICALE

EXAMENS COMPLÉMENTAIRES
- ECBU (éventuellement hémocultures)
- Si sujet jeune : prélèvement urétral, sérologie *Chlamydiae*, de la syphilis et éventuellement VIH
- Échographie : épaississement localisé ou diffus de l'épididyme avec augmentation de la taille du testicule

MESURES GÉNÉRALES
- Repos strict au lit
- Antalgiques-antipyrétiques : **paracétamol** 1 g × 3/j
- AINS : **acide niflumique (Nifluril®)** 250 mg × 3/j
- Abstinence ou rapports protégés pendant la durée du traitement en cas de suspicion de MST

FORME SIMPLE
(souvent sujet jeune)

ANTIBIOTHÉRAPIE PER OS
Ofloxacine (Oflocet®)
200 mg × 2 /j
pendant 3 à 4 semaines

FORME GRAVE
(souvent sujet âgé avec fièvre élevée, altération de l'état général ...)

ANTIBIOTHÉRAPIE PARENTÉRALE
- **Ofloxacine (Oflocet®)** 200 mg IV × 2/j

plus
- **Nétilmicine (Nétromycine®)** 3 mg/kg/j IV (adaptation des doses à la fonction rénale)

puis
- Relais per os par **ofloxacine (Oflocet®)** 200 mg × 2/j

SURVEILLANCE
- Traitement systématique du ou des partenaires si MST probable
- ECBU = stérilisation des urines

COMPLICATION → abcès épididymo-testiculaire

Drainage chirurgical

Épiglottite aiguë

Devenue très rare depuis le développement de la vaccination anti-*Haemophilus*.

CONTEXTE D'URGENCE ABSOLUE
- Signes d'infection sévère et de dyspnée rapidement progressive
- Attitude évocatrice : assis, bouche ouverte, impossibilité d'avaler la salive, très algique, concentré sur ses difficultés respiratoires
- Pas de modification de la voix, ni de toux rauque

INTERDICTION D'ALLONGER et D'EXAMINER LA GORGE DE L'ENFANT

MESURES GENERALES
- Position semi-assise
- O_2 humidifié, 6 L/min
- Nébulisation avec **adrénaline** 1-2 mg +/- 1 mg de **budésonide (Pulmicort®)** (compléter si besoin avec sérum physiologique pour obtenir 5 mL au total)

Uniquement en cas d'asphyxie aiguë

ASSURER LA LIBERTÉ DES VAS
- Intubation en position assise avec une sonde de diamètre inférieure à la théorique pour l'âge (si une voie veineuse existe, prémédication possible avec **atropine** 10 µg/kg et **midazolam = Hypnovel®** 50-100 µ/kg IV lente, sinon intuber sans voie veineuse)
- En cas d'échec → possibilité d'utiliser des systèmes de cricothyroïdotomie (ex. Quick-trach®) ou dans les cas extrêmes en insérant plusieurs cathéters de 14 G dans la membrane crico-thyroïdienne

Transfert le plus rapide possible dans un bloc ORL ou une réanimation pédiatrique

CHIMIOPROPHYLAXIE
- S'adresse à l'entourage de l'enfant atteint, surtout si il existe des enfants de moins de 4 ans
- **Rifampicine (Rifadine®)** 20 mg/kg en 1 seule prise

Épistaxis

MESURES GÉNÉRALES

- Position semi-assise pour éviter les fausses-routes
- Mouchage et crachats pour évacuer les caillots
- Rechercher une cause générale : HTA, alcoolisme, prise d'aspirine, anticoagulants…
- Compression digitale de la narine qui saigne

SIGNES DE GRAVITÉ

- Retentissement hémodynamique
- Hémorragie abondante résistante aux mesures d'hémostase initiales
- Traumatisme ou chirurgie maxillo-faciale récente
- Tumeur ou fibrome
- Maladie de Rendu-Osler

→

- Mise en place d'une voie veineuse (si possible 2) avec un soluté de remplissage colloïde (**Voluven®**, **Plasmion®**)
- Bilan biologique : groupe, Rhésus, agglutinines irrégulières, hémostase, NFS, plaquettes
- Eventuel correction de troubles de la coagulation
- Éventuel contrôle de la pression artérielle

→ Tamponnement postérieur (sonde à ballonnet ou une sonde urinaire)

→ **PRISE EN CHARGE ORL** pour éventuel geste vasculaire (embolisation, ligature)

ÉPISTAXIS SIMPLE

→ Anesthésie locale : mettre dans chaque fosse nasale un tampon imbibé de **lidocaïne naphtazolinée** et comprimer le nez 5 min

- Saignement persistant → Tamponnement antérieur → ÉCHEC → Tamponnement postérieur
- Saignement minime → Hémostatique local : **Coalgan®**

Tamponnement antérieur

- Pour être compressif, le plus souvent le tamponnement est réalisé de manière bilatérale
- En l'absence de troubles de la coagulation, utilisation de matériel non résorbable : Biogaze®, Mérocel®, Algostéril®
- En cas de troubles de la coagulation, utilisation de matériel résorbable : Surgicel®, Spongel®
- Laisser en place 48-72 h et ablation par un médecin spécialisé en ORL
- Couverture antibiotique : amoxicilline – acide clavulanique (Augmentin®) 500 mg × 3/j

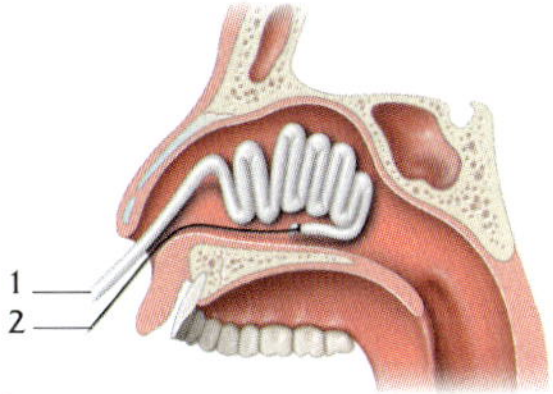

Tamponnement postérieur

- Utilisation d'une sonde urinaire de type Foley (ou d'une sonde spécifique mais rarement disponible)
- Introduction de la sonde dans la narine qui est glissé jusqu'au cavum. Le ballonnet est alors gonflé à l'eau pour qu'il se bloque dans le rhinopharynx
- Un tamponnement antérieur est alors réalisé
- La sonde de Foley est maintenue en place sans comprimer la columelle, ni les cartilages alaires car il existe un risque de nécrose
- La sonde peut être laissée en place pendant plusieurs jours à condition d'être dégonflée toutes les 24 h
- Couverture antibiotique : amoxicilline – acide clavulanique (Augmentin®) 500 mg × 3/j

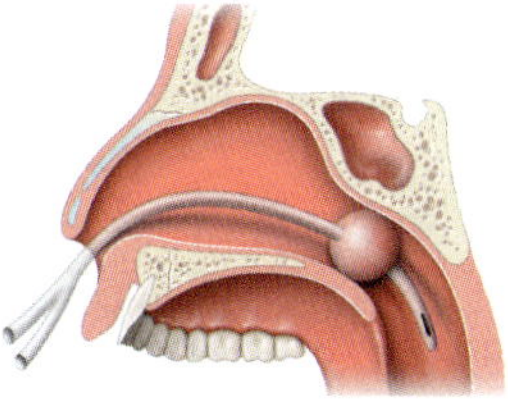

Érysipèle

PRÉLÈVEMENTS BACTÉRIOLOGIQUES

- 2 hémocultures
- Éventuelle porte d'entrée. Membres inférieurs : ulcération, eczéma, fissure interdigitale, lésion péri-inguéale. Au visage : lésion excoriée d'un orifice narinaire, d'une oreille

MESURES GÉNÉRALES

- Si membre inférieur : repos au lit, surélévation de la jambe et protection par arceau
- Traitement de la porte d'entrée. Si intertrigo → toilette au savon et à l'eau, séchage méticuleux et antifongique local (**miconazole = Daktarin®** poudre, 2 applications quotidiennes)
- Si doute avec phlébite → écho-doppler
- Vérification de la vaccination antitétanique
- Prévention thrombo-embolique avec une HBPM (certains préconisent une anti-coagulation efficace)

ÉRYSIPÈLE TYPIQUE
(placard rouge et chaud, d'évolution centrifuge avec bourrelet périphérique)

ANTIBIOTHÉRAPIE IV

- **Pénicilline G** 12-20 M UI/24 h en continue ou en 4-6 fois
ou (si allergie aux ß-lactamines)
- **Erythromycine** 3 g/24 h en 3 fois

ÉRYSIPÈLE GRAVE et/ou TERRAIN DÉBILITÉ
(diabétique, artéritique)

ANTIBIOTHÉRAPIE IV

- **Amoxicilline-acide clavulanique (Augmentin®)** 4-6 g en 4 fois
ou (si allergie aux β-lactamines)
- **Clindamycine (Dalacine®)** 600-1200 mg/j en 3-4 fois **plus gentalline** 3 mg/kg/j en 2 fois

CELLULITE ou FASCIITE NÉCROSANTE
(placards violacés nécrotiques, décollement bulleux crépitation, signes de choc)

- **CHIRURGIE EN URGENCE**
- Traitement du choc septique (cf. p. 119)
- **Antibiothérapie à large spectre :**
  - **Pipéracilline-tazobactam (Tazocilline®)** 12 g/j **plus métronidazole (Flagyl®)** 1,5 g/j **plus gentalline** 3 mg/kg/j
  ou (si allergie aux ß-lactamines)
  - **Clindamycine (Dalacine®)** 600-1200 mg/j **plus ofloxacine (Oflocet®)** 600 mg/j **plus gentalline** 3 mg/kg/j

Fibrillation ou flutter atrial (ou auriculaire)

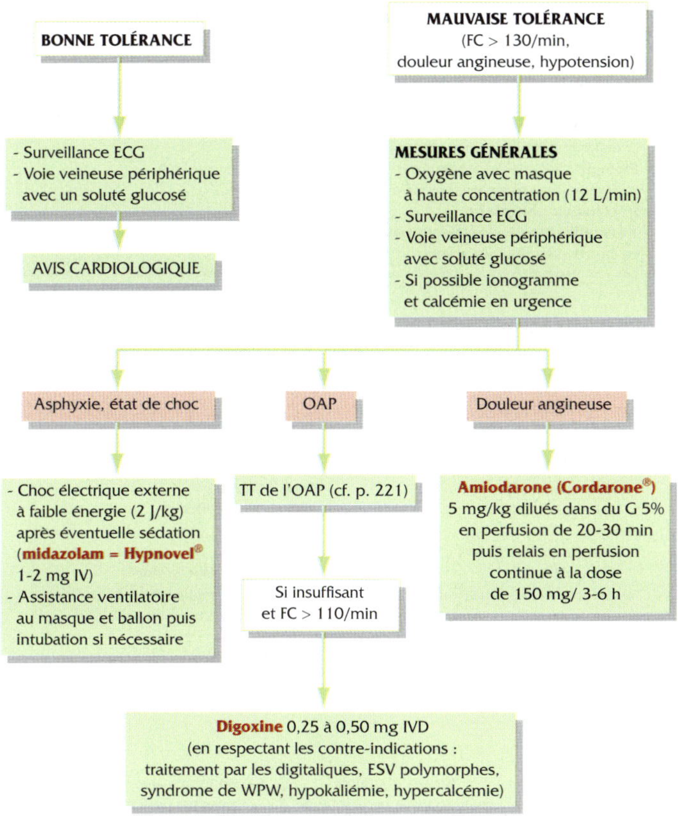

ATTENTION : si suspicion ou Wolff-Parkinson-White connu
- **Contre-indication de :** adénosine, inhibiteurs calciques et digoxine
- Mauvaise tolérance : choc électrique externe ou amiodarone

Fièvre typhoïde

MESURES GÉNÉRALES

- Hospitalisation en chambre seule.
- **Mesures d'hygiène :** thermomètre, bassin, vaisselle individuels; désinfection des selles et des urines, respect des règles d'asepsie par le personnel soignant (lavage des mains+++)
- **Recherche du germe :** hémocultures, coproculture (± examen parasitologique des selles)
- **Biologie :** NFS, CRP, ionogramme sanguin
- ECG (possibles complications cardiaques)
- **Déclaration obligatoire**
- **Rééquilibration hydro-électrolytique**, régime hypercalorique et riche en potassium en cas de diarrhée importante

Forme simple

TRAITEMENT PER OS
(pendant 7 jours)
- **Ofloxacine (Oflocet®)** 400 mg/j en 2 fois

ou
- **Ciprofloxacine (Ciflox®)** 1 g/j en 2 fois

Vomissements et/ou sepsis sévère

TRAITEMENT IV
- Rééquilibration hydro-électrolytique
- **Antibiotiques :**
  - **Ofloxacine (Oflocet®)** 400 mg/j en 2 fois

  ou
  - **Ceftriaxone (Rocéphine®)** 75 mg/kg /j (maximum 4 g) en 2 fois

RECHERCHE DE COMPLICATIONS

Saignements digestifs → **TRANSFUSION**

Signes d'atteinte neurologique ou cardiaque → **CORTICOÏDES**
Méthylpredinosolone (Solu-Médrol®)
120 mg initialement
puis 40 mg/8 h pendant 48 h

Abdomen aigu chirurgical → possible perforation → ASP → **CHIRURGIE**

Glaucome aigu

TRAITEMENT EN URGENCE SANS ATTENDRE L'OPHTALMOLOGISTE

↓

TRAITEMENT GÉNÉRAL

- **Acétazolamine (Diamox®)** IV 500 mg en IV lent dans 10 mL de sérum physiologique (à défaut, per os, 2 cp à 250 mg) avec supplémentation en potassium (Kaléorid® 1 cp) puis Diamox® et Kaléorid 1 cp de chaque/8 h (en surveillant la kaliémie, la glycémie et l'hydratation, en particulier chez les sujet âgé)
- **Paracétamol (Perfalgan®)** flacon de 1 g dans 100 mL à perfuser en 15 min
- **Bromazépam (Lexomil®)** 6 mg en sub-lingual
- Si vomissements : métoclopramide (Primpéran®) 10 mg IV lent

↓

TRAITEMENT LOCAL

(pour les 2 yeux)

- **Pilocarpine 2 %** dans l'œil atteint : 2 gouttes/10 min jusqu'à obtention d'un myosis, puis 2 gouttes/4 h
- **Pilocarpine 2 %** dans l'œil sain : 2 gouttes/6 h
- **Timolol (Timoptol® 0,50 %)** : 1 goutte/ 12 h
- **Dexaméthasone collyre** 1 goutte/6 h

↓

SI INSUFFISANT

↓

SOLUTÉS HYPEROSMOTIQUES

Mannitol 20 % 100-250 mL en 30 min (mais CI en cas d'insuffisance cardiaque ou rénale sévères) avec arrêt dès que la pression oculaire a atteint le niveau souhaité

↓

Lorsque la pression oculaire s'est normalisée ou est redescendue à un niveau suffisant pour que la cornée redevienne transparente

↓

IRIDECTOMIE

- Au laser YAG et/ou argon
- Chirurgicale (en cas d'impossibilité de laser)

Goutte (crise de)

MESURES GÉNÉRALES

ANTALGIE

- Repos au lit avec arceau au dessus des articulations atteintes et application de vessies de glace
- **Paracétamol ± codéine (Efferalgan®, Efferalgan codéiné®)** 4-6 cp/j

RÉGIME

- Régime hypocalorique
- Régime hypopurinique : exclusion des abats, gibiers, crustacés, poissons gras (harengs, les anchois, les sardines), légumes (oseille, épinards, rhubarbe, choux)
- Exclusion des boissons alcoolisées

SUPPRESSION DES MÉDICAMENTS FAVORISANTS

(dans la mesure du possible) aspirine à faible dose, corticoïdes, médicaments hyperuricémiants (diurétiques thiazidiques, éthambutol, pyrazinamide, lévodopa, ciclosporine)

URINES

- Apports hydriques permettant une diurèse de 2 L/j
- Alcalinisation des urines (en l'absence d'hypertension artérielle) : 1/2 L de Vichy-Célestins par jour

↓

TRAITEMENT SPÉCIFIQUE

- **Colchicine (Cochicine Houdé®)** J1 = 3 mg, J2 et J3 = 2 mg, les jours suivants (minimum 10 jours) = 1 mg
- En cas de diarrhée : **lopéramide (Imodium®)** 1 gélule après chaque selle (max. 6/j)
- En cas d'intolérance digestive majeure à la colchicine → **indométacine (Indocid®)** 150 mg/j en 3 fois

↓

- La régression des signes sous colchicine est un test diagnostic
- En cas de doute diagnostic et d'épanchement articulaire → ponction et radiographies standards

Grossesse extra-utérine

- État de choc hémorragique : pâleur avec décoloration des conjonctives, polypnée superficielle, sensation de soif intense, pouls rapide et filant, PA effondrée
- Douleur abdominale en coup de poignard
- Défense abdominale
- Douleur très vive au TV

- Douleurs pelviennes
- Métrorragies
- Retard de règles, tension mammaire

- Décubitus dorsal, jambes surélevées
- 2 voies veineuses de gros calibre avec soluté de **remplissage** (**Plasmion®, Voluven®**)
- **Bilan en urgence** : groupe, Rhésus, agglutinines irrégulières, NFS, hémostase, β-HCG
- Oxygène nasal 3-6 l/min
- **Antalgiques** : **paracétamol (Perfalgan®)** flacon de 1 g dans 100 mL à perfuser en 15 min ou **morphine** 0,05-0,1 mg/kg IVD

Suspicion de GEU rompue

- **Remplissage** avec solutés colloïdes puis le plus rapidement possible avec du sang (O négatif puis iso-groupe) → objectif PAs = 80 mmHg
- Éventuellement **pantalon anti-choc** → gonflage à 80 mmHg pour les jambes et 60 mmHg pour l'abdomen avec :
  - **intubation** avec induction en séquence rapide (**étomidate = Hypnomidate®** 0,3 mg/kg, **suxaméthonim = Célocurine®** 1 mg/kg) pour protéger les voies aériennes
  - **sonde gastrique** pour vidanger l'estomac

BLOC OPÉRATOIRE DIRECT

GEU non rompue

Échographie pelvienne

Confirmation de la GEU

Traitement chirurgical (traitement médical possible dans un nombre limité de cas par méthotrexate)

En cas de choc hémorragique,
seul le traitement chirurgical est salvateur.
Tout retard peut entraîner le décès de la patiente !

Hémoptysie

PATHOLOGIES POSSIBLES
(connues ou non)
- Dilatation des bronches
- Cancer bronchique
- Tuberculose
- Aspergillome - Aspergillose

DÉTRESSE VENTILATOIRE = INTUBATION
- Éventuellement sous fibroscopie pour visualiser la zone de saignement → possibilité d'intubation sélective avec **sonde de Carlens**
- **Induction en séquence rapide :** **étomidate (Hypnomidate®)** 0,3 mg/kg et **suxaméthonium (Célocurine®)** 1 mg/kg
- **Sédation :** **midazolam (Hypnovel®)** 0,1 mg/kg/h et **fentanyl** 0,5-1 µg/kg/h

MESURES GÉNÉRALES
- Position assise ou semi-assise
- Oxygène avec masque à haute concentration (10-12 L/min)
- Biologie : NFS, hémostase
- Radiographie de thorax
- Corriger un éventuel trouble de l'hémostase : antagonistes d'un anticoagulant (vitamine K, sulfate de protamine…), transfusion de plaquettes de plasma

TRAITEMENT SYMPTOMATOLOGIQUE
(vasoconstricteur)
- **Desmopressine (Minirin®)** 0,3-0,4 µg/kg en 30 min dans 100 mL de sérum physiologique (0,2 µg/kg si sujet âgé ou ATCD cardiovasculaires)

ou
- **Terlipressine (Glypressine®)** 2 mg IV lent puis 1-2 mg/4 h

DIAGNOSTIC ET TRAITEMENT
- **Endoscopie bronchique** → laser, cryothérapie
- **Artériographie** → embolisation
- **Chirurgie** → lobectomie, pneumonectomie

Hémorragie cérébro-méningée

La prise en charge de l'hémorragie intra-cérébrale est identique à celle des accidents ischémiques (cf. p. 84), excepté l'anticoagulation.

SUSPICION D'HÉMORRAGIE MÉNINGÉE
(céphalée brutale et violente, agitation, signes neurologiques de focalisation...)

↓

MESURES GÉNÉRALES

- Tête surélevée à 30°, respecter la position spontanée du patient, diminuer la lumière
- Voie veineuse périphérique avec soluté de type **Ringer lactate** ou sérum physiologique
- **Antalgique : paracétamol (Perfalgan®)** flacon de 1 g dans 100 mL à perfuser en 15 min puis en cas d'échec **morphine** IV 0,05-0,1 mg/kg
- **Biologie :** groupe, Rhésus, agglutinines irrégulières, hémostase, NFS, plaquettes
- **Si convulsions : clonazépam (Rivotril®)** 1 mg en IVD puis relais 1 mg/8 h
- **Si hypertension sévère** (PAs > 230 et/ou PAd > 130 mmHg → objectif 170-180/100-110 mmHg) : **nicardipine (Loxen®)** 1 mg/h ou **uradipil (Eupressyl®)** 10 mg/h (doses à augmenter progressivement en fonction du résultat)
- En cas de nécessité d'**intubation**, induction en séquence rapide : **étomidate (Hypnomidate®)** 0,3 mg/kg et **suxaméthonium (Célocurine®)** 1 mg/kg puis sédation par **midazolam (Hypnovel®)** 0,1 mg/kg/h et **fentanyl** 0,5-1 µg/kg/h

↓

SCANNER

- Si besoin sédation avec **midazolam (Hypnovel®)** : injection mg/mg (en général 3-5 mg suffisent) en surveillant la ventilation
- Si insuffisant → intubation (cf. supra)

↓

Positif →

PRÉVENTION DU VASOSPASME CÉRÉBRAL
Nimodipine (Nimotop®) 1 mg/h puis si maintien de la PA au bout de 2 h, augmentation à 2 mg/h

↓

Transfert en neurochirurgie pour une **ARTÉRIOGRAPHIE CÉRÉBRALE** et pris en charge thérapeutique (pose de clip, chirurgie...)

Négatif →

PONCTION LOMBAIRE

- Hémorragique
- Claire → Rechercher autre diagnostic

Hémorragie digestive haute

ATTENTION : risque d'**HÉMORRAGIE CATACLYSMIQUE** et **ACR** à tout moment

MESURES GÉNÉRALES

- 2 voies veineuses périphériques avec soluté de remplissage (**Plamion®, Voluven®**), puis éventuelle transfusion
- Prélèvements pour groupe, Rhésus, agglutinines irrégulières, NFS, hémostase, ionogramme sanguin
- Oxygène nasal 4-6 L/min
- Sonde gastrique pour vidange et lavage avec de l'eau salée froide

\+

SI ÉTAT DE CHOC

- **Remplissage** modéré, objectif → PAs = 80 mmHg
- Si troubles de la conscience et/ou détresse respiratoire → **intubation** avec induction en séquence rapide (**etomidate = Hypnomidate®**) 0,3 mg/kg, **suxaméthonium = Célocurine®** 1 mg/kg)

SAIGNEMENT SUR ULCÈRE

- Ulcère connu
- Prise de médicament gastro-toxique (aspirine, AINS…)

↓

- Poursuivre les lavages à l'eau salée froide toutes les heures
- **Oméprazole (Mopral®)** 40 mg dilution dans du sérum physiologique en 30 min

↓

ÉCHEC

↓

Traitement endoscopique

↓

ÉCHEC

↓

Chirurgie

SAIGNEMENT SUR VARICES ŒSOPHAGIENNES

- Éthylisme chronique
- Signes de cirrhose : hépatomégalie, ictère, circulation veineuse collatérale, angiomes stellaires
- Signes d'encéphalopathie hépatique : flapping tremor, troubles de la conscience, foetor hepaticus

↓

- **Terlipressine (Glypressine®)** : 1 à 2 mg en IV lente (selon le poids) **ou somatostatine** 0,25 mg en IV lent puis 0,25 mg/h en continu
- Si cirrhose → **lactulose** 10-20 g/4 h

↓

ÉCHEC

↓

Fibroscopie pour sclérose (ou sonde de Blakemore ou de Linton)

Hémorragie digestive basse

(hors lésion anorectale)

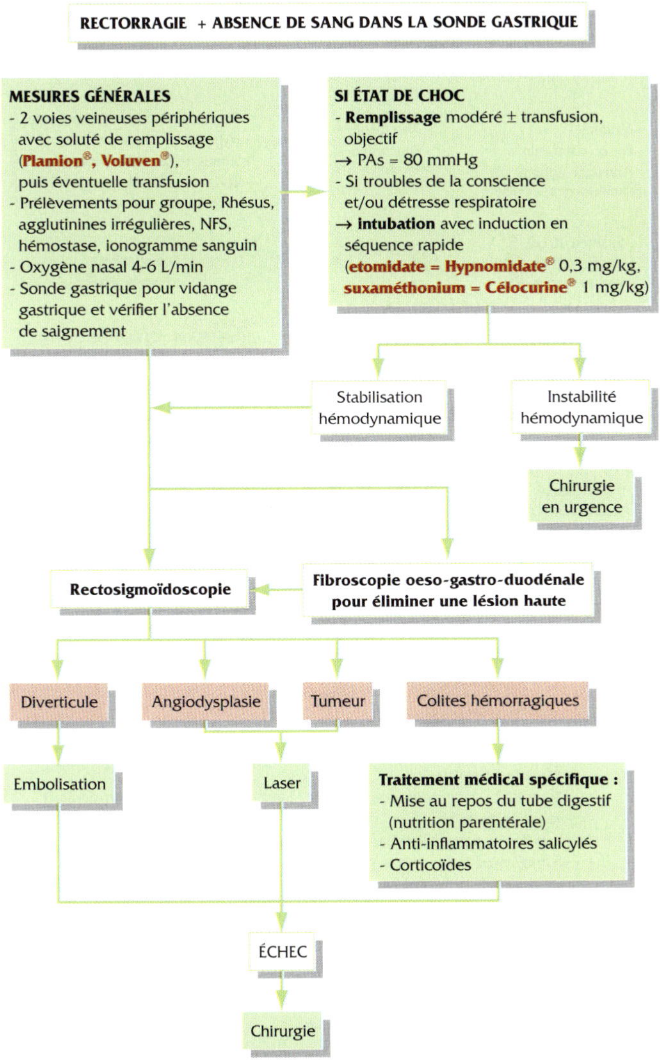

Hémorragies de la grossesse

Hémorragies du 3e trimestre

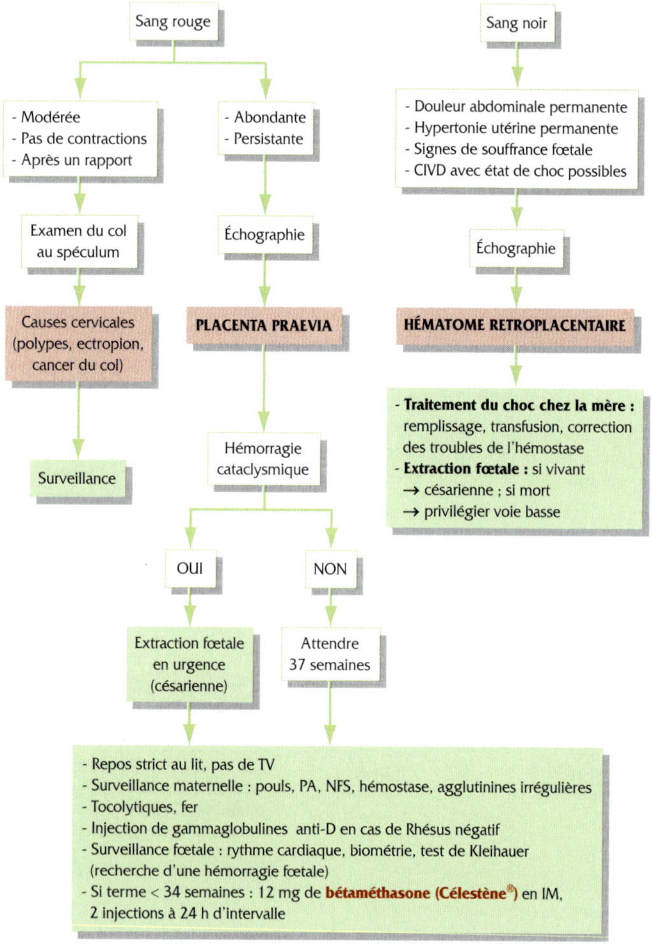

Hémorragies du post-partum

4 causes principales :
- Atonie utérine
- Anomalies placentaires
- Lésions de la filière génitale
- Césarienne
±
coagulopathie

Recherche d'une cause locale → délivrance artificielle ou révision utérine

Sauf en cas de placenta accreta, de rupture utérine et d'inversion utérine : **Oxytocine (Syntocinon®)** 5 UI IV puis 5-20 UI en 2 h + massage utérin

Traitement du choc hémorragique :
- 2 voies veineuses 14 ou 16 G
- HEA
- CG phénotypés et déleucocytés

Si échec

Sulprostone (Nalador®) 200-300 µg/h puis 100 µg/h lorsque la situation est stabilisée

Persistance de l'hémorragie, malgré le geste obstétrical, ou apparence diffuse → CIVD ?

- NFS, plaquettes
- TP, TCA
- Fibrinogène et facteur V
- Complexes solubles et PDF

- **Plasma frais solvant détergé** 20 ml/kg
- **Fibrinogène** 2-4 g si fibrinémie < 1 g/L
- **Héparine** 5-10 UI/kg/h

Antibiothérapie à large spectre

Intervention vasculaire d'hémostase :
- Embolisation des artères utérines
- Ligature des artères hypogastriques

Solution ultime
=
hystérectomie d'hémostase

Hémorroïdes

THROMBOSE EXTERNE
- Douleur de début brutal, intense et continue
- Tuméfaction bleuâtre très douloureuse à la palpation, entourée d'un œdème important

THROMBOSE INTERNE
- Douleur vive
- Perceptible au toucher rectal

THROMBOSE DU PROLAPSUS
- Thrombose d'hémorroïdes internes prolabées à travers l'anus

TRAITEMENT MÉDICAL
- Antalgiques : **paracétamol +/-codéine**
- Pommade aux corticoïdes : par ex. **Déliproct®**
- AINS per os : **ibuprofène** 400 mg × 3 fois/j
- Veinotoniques (efficacité ?) : **diosmine** (par ex. **Daflon®**) 8-12 cp/j
- Lutte contre la constipation +/- laxatifs doux

PRISE EN CHARGE
- Pommade aux corticoïdes
- AINS per os
- Antalgiques : paracétamol +/- codéine

PRISE EN CHARGE
- Réintégration
- AINS per os
- Antalgiques paracétamol +/- codéine

AU BOUT DE 3-4 JOURS D'ÉVOLUTION
- Persistance d'une douleur intense
- Thrombose ferme sans œdème

ADRESSER À UN PROCTOLOGUE

INCISION
- **Anesthésie locale** par injection de lidocaïne (**Xylocaïne®** 1 %) autour du caillot
- **Incision** le long des plis radiés avec excision des berges et extraction du caillot, puis nettoyage de la cavité à la curette

PRINCIPALES CAUSES DES DOULEURS ANALES
(hormis les thromboses hémorroïdaires)
- Fissure anale
- Abcès perianal
- Fistule anale
- Proctalgie fugace
- Algies anopérinéales

Hépatite fulminante

CONTEXTE

- Ictère avec insuffisance hépatique sévère dans les 2 à 3 semaines précédentes (TP < 50 %)
- Principales causes : hépatites virales A, B ou E;
  hépatites médicamenteuses (AINS, halothane, sulfamides, antidépresseurs);
  hépatites toxiques (paracétamol, amanite phalloïde...)
- Encéphalopathie aggravée ou déclenchée par l'administration de sédatifs

↓

MESURES GÉNÉRALES

- Voie veineuse périphérique avec du **G 10 %** (1,5 L/24 h) avec 500 mg de **vitamine B1**
- Biologie : ionogramme, glycémie, urée et créatinine, hémostase complète, bilan hépatique^{+}
- Bilan étiologique : sérologie hépatite A (IgM anti-HAV) et B (IgM anti-HBc)
- Surveillance de la diurèse avec éventuel remplissage avec une gélatine (**Plasmion®**) ou de l'**albumine**
- Oxygène au masque (3-6 L/min). Intubation et ventilation assistée en cas d'encombrement, d'hypoxie et/ou d'hypercapnie
- **INTERDICTION DE TOUT SÉDATIF → CONTENTION MÉCANIQUE SI NÉCESSAIRE**
- En cas de signes d'œdème cérébral : surélévation de la tête de 30 ° et **mannitol 20 %** 0,5 g/kg en 30 min

↓

TRANSFERT EN SERVICE SPÉCIALISÉ

Discussion d'une éventuelle transplantation si troubles de la conscience et facteur V < 30 %

Hoquet rebelle

RECHERCHE DE LA CAUSE

(pour un traitement éventuel, si possible)

- **Affection neurologique :** AVC, tumeur ou abcès cérébral, méningite, encéphalite, hémorragie méningée, sclérose en plaque…
- **Affections cardio-vasculaires :** IDM, péricardite, anévrisme de l'aorte
- **Affections pulmonaires ou médiastinales :** pneumopathie, pleurésie, pneumomédiastin, tumeur
- Affections digestives : distension gastrique, oesophagite, ascite
- Plus rarement, **origine médicamenteuse** (corticoïdes, benzodiazépines….)

SIGNES DE GRAVITÉ

- Durée > 24 h, rythme élevé
- Epuisement
- Alimentation impossible
- Fausses-routes
- Altération de l'état général due à la pathologie sous-jacente

↓

TRAITEMENT SYMPTOMATIQUE

↓

« PETITS MOYENS »

- Respiration dans un sac pour augmenter la $PaCO_2$
- Stimulation pharyngée : absorption d'eau glacée ou de jus de citron, utilisation d'une sonde par voie nasale
- Manœuvre de Valsalva

↓

TRAITEMENT PHARMACOLOGIQUE

- **Métoclopramide (Primpéran®)** 10 mg IV
- **Halopéridol (Haldol®)** 2 mg en IV lent ou **chlorpromazine (Largactil®)** 25 mg dilués dans 125 mL de G 5 % à perfuser en 20 min
- **Clonazépam (Rivotril®)** 1 mg en IV lente

MAIS ATTENTION EN CAS D'ASSOCIATION À LA CUMULATION DES EFFETS SÉDATIFS ET HYPOTENSEURS

- Autres produits utilisables per os : **baclofène (Liorésal®), acide valproïque (Dépakine®), phénytoïne (Di-Hydan®)** ou **fluoxétine (Prozac®)** aux doses habituelles

Hypercalcémie

DOSAGE DE LA CALCÉMIE

- Ca total > 2,6 mmol/L
- Correction en fonction de l'albuminémie : ôter 0,2 mmol/L par tranche de 10 g/L (au-dessus de 40 g/L)*

↓

BILAN INITIAL

- **Biologie :** ionogramme sanguin et urinaire, calcémie et phosphorémie, urée et créatinine plasmatique et urinaire, albuminémie, glycémie, NFS et plaquettes, hémostase

→ si traitement digitalique : digoxinémie ou digitoxinémie

- **ECG et surveillance scopique :** raccourcissement de l'espace QT, troubles du rythme ventriculaire

CHRONICITÉ ET/OU CALCÉMIE < 3,5 mmol/L →

HYDRATATION

- Perfuser 1 L de **sérum physiologique** en 1 h
- Puis 2-3 L/ 24 h de **G 5 %** avec 4 g/L NaCl et 2 g/L KCl (à adapter en fonction du ionogramme)
- Puis après correction de la déshydratation : **furosémide (Lasilix®)** 80 mg IV

CALCÉMIE > 3,5 mmol/L →

HYDRATATION + DIPHOSPHONATES

- **Clodronate (Clastoban®)** 5 mg/kg dans 500 mL de sérum physiologique ou de G 5 % à perfuser en 2 h minimum
- **Pamidronate (Arédia®)** : à commencer après la réhydratation initiale avec une dose variant en fonction de la calcémie entre 30 et 90 mg dilués dans 500 mL de sérum physiologique ou de G 5 % à perfuser en 4 h (pour détails cf. Arédia® p. 355)

→ Surdosage digitalique → **URGENCE** Cf. Intoxication aux digitaliques

+

TRAITEMENT ÉTIOLOGIQUE IMMÉDIAT

(si la cause y est sensible)

- Si myélome, lymphome, tuberculose, sarcoïdose, intoxication à la vitamine D

→ corticoïdes : **méthyl-prednisolone (Solu-Médrol®)** 120 mg IV

- Si ostéolyse, insuffisance rénale → **calcitonine : Cibacalcine®** 4-8 U/kg/12 h SC ou IM
- Arrêt des apports de calcium, des diurétiques thiazidiques, de la vitamine D

* $Ca_{corrigée}$ (mmol/L) = $Ca_{mesurée}$ (mmol/L) + [40 – Alb (g/L)] × 0,025

Hyperkaliémie

MESURES GÉNÉRALES

- ECG et surveillance scopique
- Voie veineuse avec du sérum glucosé
- Prélèvements : ionogramme sanguin et urinaire (attention : pas de garrot posé trop longtemps, ne pas agiter trop fortement le tube), urée et créatinine
- GDS

IL N'EXISTE PAS DE PARALLÉLISME STRICT ENTRE L'ÉLÉVATION DE LA KALIÉMIE ET L'INTENSITÉ DES DÉSORDRES ECG

SITUATION MENAÇANTE ($K^+ > 7$ mmol/L, élargissement des QRS, signes neuro-musculaires)

Utilisation d'**hypokaliémiants d'action rapide** (mais attention effet rebond car pas d'élimination du potassium mais simple transfert intra-cellulaire)

Transfert dans un service de réanimation pour une éventuelle épuration extra-rénale (en fonction de la cause)

PAS D'URGENCE CLINIQUE IMMÉDIATE

Possibilité d'**utilisation d'un traitement d'action retardée** (évite l'effet rebond car élimination du potassium)

TRAITEMENT DE LA CAUSE ÉVENTUELLE

- Insuffisance rénale aiguë ou chronique
- Excès d'apport chez insuffisant rénal
- Traitement par des diurétiques épargneurs de potassium (spironolactone, amiloride, triamtérène)
- Acidose métabolique ou respiratoire
- Chimiothérapie
- Rhabdomyolyse
- Toxique (digitaliques)
- Insuffisance surrénale

TRAITEMENT HYPOKALIEMANT

Produit	Posologie	Délai d'action
Gluconate de calcium	20-50 mL d'une solution à 10 % à injecter en IV sur 5 min	5 min
Salbutamol (Salbumol®)	5 mg dans 250 mL de sérum glucosé 5 %, régler le débit à 30-40 gouttes/min et adapter en fonction des signes ECG	15-30 min
Bicarbonate de sodium 4,2 %	100-500 mL en IV lent	15 min
Glucose 10 % + insuline	500 mL de sérum glucosé 10 % en perfusion d'1 h + 5 U d'insuline ordinaire toutes les 15 min	30 min
Furosémide (Lasilix®)	80-120 mg IV	2 h
Résine échangeuse d'ions (Kayexalate®)	• Per os : 15 g à renouveler 4 fois/j, associé à du sorbitol • Lavement : 30 g (à diluer dans 100 ml de sérum glucosé 10 %) à renouveler 3 fois	• Per os : 2-3 h • Lavement : 1 h

Hypernatrémie

Recherher la cause pour un traitement adapté.

1. PERTES D'EAU PURES ± PERTES SODÉES

- Apports insuffisants avec diurèse conservée (personnes âgées, nourrissons)
- Pertes extra-rénales (digestives, cutanées...)

Diabète insipide

- Hypothalamo-hypophysaire → **Desmopressine (Minirin®)** spray 10-20 µg/ prise ou IV 1-2 µg, 2 fois/j
- Néphrogénique → Traitement de la cause (arrêt du médicament responsable...)

CALCUL DU DÉFICIT HYDRIQUE (DH)

$$DH\ (L) = \text{Poids habituel (kg)} \times 0{,}6\ \frac{[\text{natrémie (mmol/L)} - 1]}{140}$$

CALCUL DES BESOINS JOURNALIERS EN EAU (BJ)

BJ (L) = 1500 mL + pertes digestives + 300-400 mL par degré au dessus de 38 °C

- Privilégier l'administration orale (sonde gastrique en continu); sinon G 5 % en perfusion
- Apports de potassium (et du sodium) en fonction du ionogramme sanguin
- Correction lente (BJ +1/3 à la 1/2 du DH) en 24 h

2. SURCHARGE SODÉE ACCIDENTELLE ou INSUFFISANCE RÉNALE

Épuration extra-rénale

3. DÉCOMPENSATION DIABÉTIQUE

Sérum glucosé 5 % + 3-5 U d'**insuline** par 500 mL

Hypocalcémie

DOSAGE DE LA CALCÉMIE

- Ca total < 2,25 mmol/L
- **ATTENTION** aux fausses hypocalcémies

→ correction en fonction de l'albuminémie : ajouter 0,2 mmol/L par tranche de 10 g/L (en dessous de 40 g/L)*

HYPOCALCÉMIE AIGÜE

- Crise de tétanie
- Crises convulsives
- Diminution de la contractilité myocardique (hypotension, insuffisance cardiaque gauche)

MESURES GÉNÉRALES

- Surveillance ECG (allongement de QT) **→ risque de troubles du rythme ou de la conduction**
- Recherche d'un autre trouble électrolytique qui pourrait potentialiser les effets toxiques : hypomagnésémie, hyperkaliémie, alcalose respiratoire ou métabolique

CALCIUM IV

- **Gluconate de calcium 10 % :** 10 mL en IV en 10 min
- Puis éventuel relais avec 20-30 mL de gluconate de calcium dans 1 L de G 5 % à passer en 12-24 h

RECHERCHER et TRAITER LA CAUSE

HYPOCALCÉMIE CHRONIQUE

Troubles divers : anomalies cutanées, calcification du cristallin, calcifications intracrâniennes, troubles psychiques

PAS D'URGENCE

- **Hypoalbuminémie :**
  - Syndrome néphrotique
  - Cirrhose
- **Hypoparathyroïdie :**
  - Chirurgie, cancer
  - Défaut de réponse des organes cibles
  - Excrétion d'une hormone inactive
- **Déficit en vitamine D :**
  - Défaut d'apport
  - Défaut d'absorption (pancréatite chronique, gastrectomie...)
  - Trouble du métabolisme de la vitamine D (anticonvulsivant, insuffisance rénale chronique.. .)
- **Hyperphosphorémie :**
  - Insuffisance rénale
  - Excès d'apport
  - Chimiothérapie, rhabdomyolyse
- **Cancers :**
  - Métastases osseuses
  - Cancer médullaire de la thyroïde
- **Divers :**
  - Hypomagnésémie
  - Pancréatite aiguë
  - Toxiques (éthylène-glycol...)

* $Ca_{corrigée}$ (mmol/L) = $Ca_{mesurée}$ (mmol/L) + [40 – Alb (g/L)] × 0,025

Hypoglycémie

ATTENTION

- La symptomatologie clinique de l'hypoglycémie est tellement variable que la détermination de la glycémie capillaire est indispensable face à tout trouble neuropsychique
- Une hypoglycémie prolongée peut entraîner des séquelles neurologiques
- Une hyperglycémie transitoire est préférable à une hypoglycémie → même en l'absence de dosage, l'apport de glucose est préférable à l'abstention thérapeutique devant une simple suspicion

Contact verbal possible

GLUCOSE PER OS
- Sucre rapides : jus de fruits, soda puis
- Sucres lents : pain, pâtes, riz

Absence de contact verbal

PAS DE SUCRES PER OS
→ RISQUE DE FAUSSE-ROUTE

- **G 30 %** IV lent 20-60 mL
- En l'absence de voie veineuse → **glucagon (Glucagen®)** IM 1 mg (mais effet plus lent 10-15 min)

Reprise d'une conscience normale

Reprise de conscience difficile

G 10 % 500 mL en perfusion sur 1 h en contrôlant la glycémie

RECHERCHE D'UN FACTEUR DÉCLENCHANT POUR CORRECTION
- Surdosage en insuline, erreur diététique
- Intoxication (médicament, champignons…)
- Insuffisance hépatique
- Causes plus rares : insuffisance surrénalienne, insuffisance thyroïdienne, insulinome…

Hypokaliémie

BIOLOGIE

- $K^+ < 3{,}5$ mmol/L avec prélèvement fiable (sans garrot, ni efforts pour dilater les veines, ni hémolyse)
- Ionogramme sanguin et urinaire, créatinine, bicarbonates, éventuellement GDS

Kaliurie < 10 mmol/L

PERTES EXTRA-RÉNALES

- **Pertes digestives :**
  - Diarrhée et syndromes apparentés (abus de laxatifs, fistules digestives…)
- **Transfert intracellulaire :**
  - Alcalose métabolique ou respiratoire
  - Bêtastimulants, excès d'insuline
  - Libération de catécholamines endogènes : IDM, TC, phéochomocytome…
  - Paralysie familiale hypokaliémique
- **Carence d'apports :**
  - Anorexie
  - Jeûne chez l'éthylique
- **Pertes sudorales** (exercice musculaire en atmosphère chaude)
- **Intoxication médicamenteuse :** chloroquine, insuline

Kaliurie > 20 mmol/L

PERTES RÉNALES

- **Médicaments :**
  - Diurétiques de l'anse, thiazidiques, anhydrase carbonique
  - Amphotéricine B, fosfomycine, cisplatine
- **Polyuries** osmotiques (diabète) ou par levée d'obstacle
- **Hyperaldostéronismes :**
  - Excès de consommation de réglisse
  - Insuffisance cardiaque congestive, cirrhose, syndrome néphrotique
  - HTA rénovasculaire
  - Syndromes de Conn, de Bartter
- **Hypercortisolismes :** corticothérapie, syndrome de Cushing
- **Déficit en magnésium**

TRAITEMENT DE LA CAUSE

(notamment arrêt des médicaments hypokaliémiants et des digitaliques éventuels car risque majoré de troubles du rythme)

PAS DE SIGNES DE GRAVITÉ
- ECG normal
- $K^+ > 2$ mmol/L

TRAITEMENT
- Alimentation équilibrée et adaptée (notamment fruits et légumes)
- Apports de KCl per os : **Diffu-K®** ou **Kaléorid®** 3-6 gélules ou cp/j en 3 prises

SIGNES DE GRAVITÉ
- Troubles ECG
- Signes musculaires
- $K^+ < 2$ mmol/L
- Intolérance digestive

MESURES GÉNÉRALES
- Voie veineuse périphérique avec soluté glucosé
- Surveillance scopique

APPORTS DE POTASSIUM PAR VOIE IV
- **KCl** au pousse-seringue électrique
- Débit maximum 1 g/h (dose à administrer variable 6-12 g/24 h)
- Contrôle régulier du ionogramme (3-4 h) pour éviter une hyperkaliémie

En cas de fuite rénale sans insuffisance rénale

Canréonate de potassium (Soludactone®) : 200 mg en IV lente (3-5 min), à renouveler 2-3 fois/j

Si troubles du rythme menaçant

Sulfate de magnésium à 15 % (1,5 g/10 mL) : 3 g en IV en 15 min puis relais en continu à la dose de 1 g/h

À noter :
1 g de KCl = 13 mmol de K^+
100 mmol de K^+ = 8 g de KCl

Hyponatrémie

CONFIRMATION

- $Na^+ < 135$ mmol/L
- **ATTENTION** aux fausses hyponatrémies :
  - **Na corrigée = Na mesurée + [0,16 × Δ (protides + lipides) g/L]**
    Δ (protides + lipides) = g de protides et de lipides au- dessus des normales
  - **Na corrigée = Na mesurée + 0,3 × (glycémie [mmol/L] – 5)**

ou

Na corrigée = Na mesurée + 1,6 × (glycémie [g/L] – 1)

+

BIOLOGIE

- Ionogramme sanguin et urinaire
- Glycémie
- Protidémie, lipidémie
- Urée et créatinine

Pas de signes de déshydratation extracellulaire et NaU > 20 mmol/L

→ **DILUTION (inflation hydrique)**

- SIADH
- Médicaments (psychotropes+++)
- Excès d'apports hydriques (potomanie, syndrome des buveurs de bière)
- Insuffisance rénale
- Myxoedème

→

- Restriction hydrique (moins de 500 mL de liquides/j)
- Apport sodé normal

Signes de déshydratation extracellulaire

NaU > 20 mmol/L → **PERTES RÉNALES**

- Diurétiques
- Insuffisance surrénale
- Insuffisance rénale à diurèse conservée
- Néphropathie avec perte de sel

NaU < 20 mmol/L → **PERTES EXTRARÉNALES**

- Digestives
- Traumatismes
- Brûlures
- Sueurs abondantes

→

- Pertes hydriques et odées à compenser :
  - **Déficit de Na (mmol/L) = 0,6 × P (kg) [140 – natrémie]**
  - **Déficit en sérum physio (mL) = 3,9 × P (kg) [140 – natrémie]**
  - Pour le NaCl : 1 g = 17 mmol ou 100 mmol = 6 g
- Ne corriger qu'1/3 à 1/2 du déficit en 24 h
- Traiter la cause de la déplétion hydrosodée

Oedèmes et NaU < 20 mmol/L

→ **INFLATION HYDROSODÉE**

- Insuffisance cardiaque
- Insuffisance hépatique
- Syndrome néphrotique

→

- Restriction hydrique (moins de 500 mL de liquides/j)
- Diurétiques de l'anse (furosémide) avec apport sodé modéré et apport de potassium

Hypothermie

- L'hypothermie protège de l'anoxie cérébrale.
  Durée de l'ACR tolérable neurologiquement : 15 min à 25 °C, 30 min à 20 °C, 60 min à 15 °C
- Mesure de la température par sonde rectale
  (sonde œsophagienne possible uniquement en cas d'ACR)
- **ATTENTION** au faux diagnostic d'ACR en cas d'hypothermie profonde

ACR

- MCE
- Intubation et ventilation assistée avec de l'air réchauffé si possible

T < 30 °C

- Pas de CEE, ni d'adrénaline → inefficace
- Ne pas s'acharner à trouver une voie veineuse
- Réchauffement passif externe

T > 30 °C

- Réanimation standard de l'ACR
- Réchauffement passif externe

Persistance de l'ACR, T < 32 °C et circonstances permettant d'espérer une survie

- Poursuite de la réanimation
- Transport vers un centre permettant un réchauffement actif interne (circulation extra-corporelle)

Persistance de l'ACR et T > 32 °C

Arrêt de la réanimation

Reprise d'une activité cardiaque

Poursuite du réchauffement passif externe prudent

Activité cardiaque conservée (pouls présent)

- Mobilisation prudente
- Déshabiller, sécher et couverture de survie
- Surveillance ECG
- Voie veineuse périphérique avec soluté réchauffé
- **Respecter la bradycardie** et éviter un remplissage intempestif
- Intubation uniquement en cas de nécessité
- Réchauffement passif externe prudent

Infarctus du myocarde

Localisation de l'IDM

Dérivations ECG (sus-décalage ST)	Signes en miroir (sous-déclage ST)	Territoire	Artère responsable
D1, aVL, V1-V6	D2, D3, aVF	Antérieur étendu	IVA
V1-V3	D2, D3, aVF	Antéro-septal	IVA ou diagonale
V3-V4 +/- D2, D3, aVF	Microvoltage dans les dérivations standards	Apical	IVA moyenne
V1-V4		Antéro-septo-apical	IVA ou diagonale
D1, aVL	D3, aVF	Latéral haut	Marginale ou diagonale
V6-V7	V1-V2	Latéro-basal	Cx ou marginale
D1, aVL, V6-V7	D3, aVF, V1-V3	Latéral étendu	
D2, D3, aVF	V1-V3	Postéro-diaphragmatique	Droite ou Cx
V7-V9 +/- D2, D3, aVF	V1-V4, R > S en V2	Postéro-basal	Droite ou Cx
Sus-dec ST V3R, V4R	Associé avec un IDM inférieur le plus souvent	Ventricule droit	Droite ou Cx

IVA : artère interventriculaire antérieure
Cx : artère circonflexe

Critères en faveur d'un IDM en phase aiguë en cas de BBG

- Apparition d'un BBG avec une clinique évocatrice.
- Positivité de l'onde T dans les dérivations latérales.
- Majoration du sus-décalage dans les précordiales droites.
- Les autres signes classiquement décrit sont en faveur d'une nécrose déjà constituée :
  - Crochetage de l'onde S en V3-V4 de durée > 0,05 s (signe de Cabrera).
  - Onde Q en D1, aVL, V5-V6 et/ou crochetage de la branche ascendante de R.
  - Diminution de R de V1 à V4.
  - Onde Q en D2-D3.
  - Onde S en D1, aVL, V5-V6.

Thrombolyse

Contre-indications absolues	Contre-indications relatives
Hémorragie cérébrale ou accident vasculaire cérébral d'origine inconnue, quel que soit le moment de sa survenue	Accident transitoire au cours des 6 mois précédents
Accident ischémique cérébral datant de moins de 6 mois	Traitement anticoagulant oral
Atteinte du système nerveux central ou néoplasie	Grossesse ou accouchement récent (< 1 semaine)
Traumatisme, intervention chirurgicale ou traumatisme crânien datant de moins de 3 semaines	Plaie incompressible
Saignement d'origine gastro-intestinale au cours du mois précédent	Réanimation traumatique
Trouble hémorragique connu	Hypertension artérielle réfractaire (PAs > 180 mmHg)
Dissection aortique	Pathologie hépatique évoluée
	Endocardite infectieuse
	Ulcère gastroduodénal en évolution

À noter que le diabète et plus particulièrement la présence d'une rétinopathie ne contre-indiquent pas la thrombolyse.

Pour la streptokinase (Streptase®) se rajoutent :

- Infection streptoccique ou thrombolyse par ces produits datant de moins de 6 mois.
- Allergie connue au produit.

ACTILYSE® (altéplase ou tPA)

- Voie veineuse avec du sérum physiologique.
- Aspirine : 250 mg en IV.
- Actilyse® :
  - Bolus de 15 mg.
  - 0,75 mg/kg (sans dépasser 50 mg) en 30 min au PSE.
  - 0,50 mg/kg (sans dépasser 35 mg) en 60 min au PSE.

  (soit une dose totale inférieure à 100 mg en 90 min).

  Ne jamais diluer dans du sérum glucosé, seul le sérum physiologique est indiqué.
- Héparine
  - *Si une seule voie veineuse :*

  = Bolus de 5000 UI avant l'injection d'Actilyse®.

  = À la fin du passage de l'Actilyse®, 2e bolus de 2 000 UI.
  - Puis relais au PSE à 1000 UI/h.
  - *Si 2 voies veineuses :*

  = Bolus de 5 000 UI sur la 2e voie.

  = Relais immédiat au PSE à 1 000 UI/h.

MÉTALYSE® (ténectéplase)

- Voie veineuse avec du sérum physiologique.
- Aspirine : 250 mg en IV.
- Métalyse® :
  - administration sous la forme d'une bolus unique de 5 à 10 s,
  - dose à adapter en fonction du poids du patient mais ne peut dépasser 10 000 U ou 50 mg.

Poids du patient (kg)	Ténectéplase (U)	Ténectéplase (mg)	Volume de la solution reconstituée (ml)
P < 60 kg	6 000	30	6
60 ≤ P < 70 kg	7 000	35	7
70 ≤ P < 80	8 000	40	8
80 ≤ P < 90	9 000	45	9
P ≥ 90	10 000	50	10

- Héparine :
  - P ≤ 67 kg : 4 000 UI en bolus puis 800 UI/h,
  - P > 67 kg : 5 000 UI en bolus puis 1 000 UI/h.

RAPILYSIN® (rétéplase)

- Voie veineuse avec du sérum physiologique.
- **Aspirine** : 250 mg en IV.
- **Héparine** :
  - Bolus de 5 000 UI avant l'injection de Rapilysin®.
  - Relais au PSE à 1 000 UI/h après le second bolus de Rapilysin®.
- **Rapilysin®** :
  - Bolus de 10 U (1 flacon dilué dans 10 ml de solvant) en 2 min.
  - 2e bolus 30 min après le premier.

STREPTASE® (streptokinase)

- Voie veineuse avec du sérum physiologique.
- **Aspirine** : 250 mg en IV.
- **Hémisuccinate d'hydrocortisone** : 100 mg en IV.
- **Streptase®** : 1,5 millions d'unités diluées dans du sérum physiologique à passer en 45 min au PSE.

Le produit de référence reste le tPA (Actilyse®) mais il est de plus en plus supplanté par le ténectéplase (Métalyse®) du fait de sa maniabilité. En tout état de cause, la streptokinase (Streptase®) ne devrait plus être employée sauf en l'absence d'autre produit disponible.

Stratégie de prise en charge d'un IDM

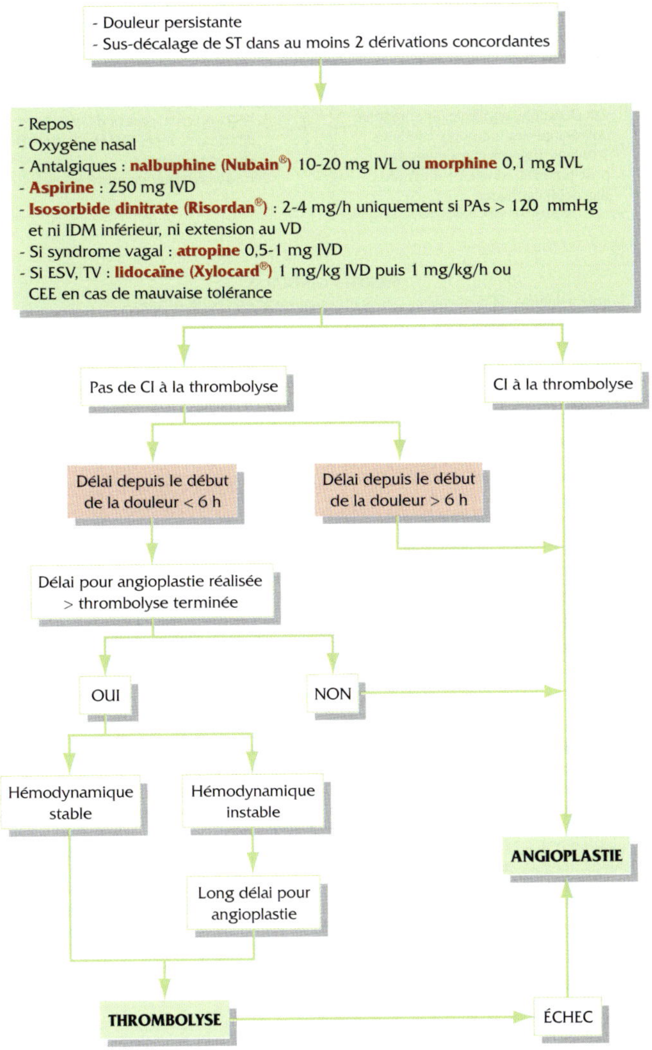

Infarctus mésentérique

CONTEXTE
- Sujet âgé
- Tagagisme
- Antécédents cardio-vasculaires : IDM, valvulopathie, arythmie, artériopathie oblitérante des membres inférieurs…
- Troubles digestifs chroniques en post-prandial : douleurs, diarrhée…
- Bas débit cardiaque

+

SIGNES PRÉCOCES
- Douleur aiguë intense (angor mésentérique + pauvreté de l'examen clinique
- ASP : normal, parfois dilatation diffuse des anses grêles
- Hyperleucocytose

→

MESURES GÉNÉRALES
- Voie veineuse de gros calibre (16 G) et remplissage en cas de collapsus avec un HEA (**Voluven**®)
- Bilan biologique pré-opératoire complet
- Sonde gastrique avec aspiration
- Oxygénothérapie à adapter en fonction de l'oxymétrie de pouls
- Antalgiques si nécessaire : **paracétamol (Perfalgan**®**)** flacon de 1 g dans 100 mL à perfuser en 15 min. Éviter les morphiniques sauf si la décision chirurgicale est déjà prise : dans ce cas **morphine** IV 0,1 mg/kg

→

SIGNES DE GRAVITÉ
- Irritation péritonéale : défense, douleur abdominale diffuse, douleur du cul-de-sac de Douglas au toucher rectal
- État de choc hypovolémique (séquestration liquidienne splanchnique) puis septique
- Acidose métabolique

→

RÉANIMATION
- Choc : poursuite du remplissage. Éviter si possible les vasoconstricteurs → si nécessaire, **dobutamine (Dobutrex**®**)** 5-20 µg/kg/min
- Anticoagulation : **héparine** : bolus de 5000 UI puis 300-400 UI/kg/j (objectif TCA à 2 fois le témoin)
- Antibiothérapie IV (après hémocultures) : **céfotaxime (Claforan**®**)** 6 g/j plus **gentamicine** 3 mg/kg/j plus **métronidazole (Flagyl**®**)** 1,5 g/j en 3 prises
- Acidose (pH < 7,20) : bicarbonate de sodium 1,4 % 500 mL (mais mesure discutée)

→ **CHIRURGIE EN URGENCE**

PATIENT STABLE

→

IMAGERIE
Scanner avec injection, artériographie

→ **CONFIRMATION DU DIAGNOSTIC ou AGGRAVATION DE L'ÉTAT CLINIQUE** → RÉANIMATION

→ **BILAN NÉGATIF** → **SURVEILLANCE**

Inhalation de fumées

ACR →

- Réanimation de l'ACR (cf. p. 99)
plus
- **Hydroxocobalamine (Cyanokit®)** 5 g en perfusion de 10 min

TROUBLES DE LA CONSCIENCE ET/OU DÉTRESSE RESPIRATOIRE

↓

- **Intubation** avec anesthésie locale de la glotte sinon **étomidate (Hypnomidate®)** 0,3 mg/kg
- Ventilation avec $FiO_2 = 1$
- **ATTENTION**, risque de collapsus → remplissage préalable avec 250 mL de colloïde (**Plasmion®**, **Voluven®**)
- **Sédation** avec **midazolam (Hypnovel®)** 0,1 mg/kg/h et fentanyl 0,5 µg/kg/h
- Si **bronchospasme**, **salbutamol** IV 0,1-0,2 µg/kg/min, à adapter en fonction de l'effet

↓

Hydroxocobalamine 5 g, perfusion de 10 min

↓

SI COLLAPSUS →
- Remplissage avec colloïde (**Plasmion®**, **Hestéril®**)
- Nouvelle dose de 5 g d'**hydroxocobalamine (Cyanokit®)**

SI INSUFFISANT → adrénaline 0,5 mg/h à adapter en fonction de l'effet par paliers de 0,5 mg

CONSCIENCE NORMALE SANS SIGNE DE DÉTRESSE

↓

- O_2 avec masque à haute concentration (10-12 L/min)
- Recherche de suie dans la sphère ORL, d'une irritation ou d'une dyspnée laryngée, d'une dysphonie avec raucité de la voie, d'une douleur thoracique
- Examen des crachats
- Auscultation pulmonaire : râles bronchiques et/ou crépitants, bronchospasme
- Lavage des yeux, lavage et pansements d'éventuelles brûlures
- Prélèvements : GDS avec taux d'HbCO

↓

Fibroscopie bronchique diagnostique et thérapeutique (aspiration-lavage)

ATTENTION

La SpO_2 n'est pas fiable en présence d'hémoglobines anormales (carboxyhémoglobine, methémoglobine) et peut être faussement rassurante.

Insuffisance rénale aiguë (IRA)

ANURIE ou OLIGO-ANURIE CAUSES ?

PRÉ-RÉNALES = INSUFFISANCE RÉNALE FONCTIONNELLE →

RÉDUCTION DU FLUX SANGUIN RÉNAL
- **Diminution du débit cardiaque :** insuffisance cardiaque, OAP, IDM
- **Hypovolémie vraie :** hémorragie, pertes digestives, pertes cutanées
- **Hypovolémie efficace** (3e secteur) : ascite, péritonite, pancréatite , choc septique

RÉNALES = INSUFFISANCE RÉNALE ORGANIQUE →

ATTEINTE PARENCHYMATEUSE
- **Tubulo-interstitielle :** nécrose tubulaire aiguë (état de choc, substances néphrotoxiques = AINS, antibiotiques…)
- **Vasculaire :** thrombose de l'artère rénale, maladies systémiques
- **Glomérulaire :** glomérulonéphrites aiguës, syndrome néphrotique

POST-RÉNALES = OBSTRUCTION →

- **Bas appareil :** tumeurs vésicales, hypertrophie prostatique, sténoses urétrales, phimosis
- **Haut appareil :** nécrose papillaire, calculs, tumeurs, fibrose rétropéritonéale

INSUFFISANCE RÉNALE FONCTIONNELLE OU ORGANIQUE ?

Tests	Fonctionnelle	Organique
Na U (mmol/l)	< 20	> 40
Na U/K U	< 1	> 1
Urée U/P	> 8	< 3
Créatinine U/P	> 40	< 20
Osmolalité U (mosm/kg eau)	> 500	< 350

U = urinaire, P = plasmatique

BILAN BIOLOGIQUE
- Ionogramme sanguin et urinaire
- Urée et créatinine sanguine et urinaire
- Bandelette urinaire : pH, protéinurie, leucocytes
- Gaz du sang

SIGNES DE GRAVITÉ
- Cliniques : OAP, état de choc, HTA sévère, anomalies ECG
- Biologiques : troubles ioniques (hyperkaliémie+++), acidose métabolique, élévation de la créatinine et de l'urée

TRAITEMENT SYMPTOMATIQUE
- Remplissage en cas de choc hypovolémique ou de déshydratation
- OAP (oxygène, diurétiques et trinitrine, cf. p. 221)
- Si hyperkaliémie menaçante → cf. p. 170

ÉPURATION EXTRA-RÉNALE

RECHERCHE DE LA CAUSE

IMAGERIE
- ASP
- Échographie
- Scanner ou uroscanner

OBSTACLE
- Dérivation en urgence (néphrostomie percutanée)
- Syndrome de levée d'obstacle : compensation de la polyurie osmotique par moitié par du sérum physiologique

IRA FONCTIONNELLE
- Correction de l'hypovolémie
- Utilisation de diurétique qu'après correction de l'hypovolémie
- Dopamine à dose rénale : 3-5 µg/kg/min

IRA ORGANIQUE
- Épuration extra-rénale
- Équilibrer au mieux l'état hémodynamique
- Traiter rapidement la cause
- Diurétiques à fortes doses et dopamine controversés

Insuffisance surrénale aiguë

CONTEXTE

- **Maladie d'Addison :** arrêt du traitement substitutif, augmentation des besoins par carence relative (traumatisme, hémorragie, infection, intervention chirurgicale...), régime sans sel, déshydratation (chaleur, traitement diurétique, diarrhée...)
- **Hémorragie bilatérale des surrénales :** maladie thrombo-embolique, troubles de la coagulation (spontanés ou thérapeutiques), période post-opératoire, post-partum, infections graves, méningite fulminante chez le nouveau-né (syndrome de Waterhouse-Friederichsen)
- **Insuffisance corticotrope :** sevrage d'une corticothérapie prolongée, tumeurs hypothalomo-hypophysaires

↓

BIOLOGIE

- Ionogramme sanguin et urinaire, glycémie, urée et créatinine, gaz du sang
- Dosage du cortisol plasmatique (pour une confirmation rétrospective)

→ ne pas attendre le résultat pour initier le traitement

↓

Toute **hyponatrémie** avec **hyperkaliémie** et **insuffisance rénale fonctionnelle** dans un contexte d'**hypotension ou de choc** doit faire évoquer une insuffisance surrénale aiguë

↓

URGENCE THÉRAPEUTIQUE

Scanner abdominal (pour le diagnostic de l'hémorragie bilatérale des surrénales)

↓

RÉHYDRATATION

- 1000 mL de G 5 % avec 9 g/L de NaCl en 30 min

→ si insuffisant, soluté colloïde (**Voluven®**)

- 4000 mL de sérum physiologique dans les 24 premières heures
- Surveillance de la glycémie (hypoglycémie+++)

↓

CORTICOTHÉRAPIE

- 100 mg d'**hémisuccinate d'hydrocortisone** toutes les 6-8 h en IV

→ 2e jour : réduction des doses de moitié

→ puis réduction pour aboutir en 5 jours à la dose de substitution orale de base de 30 mg/j

- Association éventuelle d'un minéralo-corticoïdes : **desoxycortone (Syncortyl®)** 5-10 mg/12 h en IM

Intoxication aux antidépresseurs tricycliques

(Prise en charge générale, en particulier épuration et intubation → cf. Intoxications médicamenteuses p. 198)

ABSENCE DE SIGNES DE GRAVITÉ
(contact verbal possible, QRS fins, QT normal)

- Voie veineuse périphérique avec soluté de type **Ringer lactate**
- Surveillance ECG

SIGNES DE GRAVITÉ

Convulsions

- **Clonazépam (Rivotril®)** 1 mg IVD, à renouveler une fois si besoin

puis si échec

- **Thiopental (Pentothal®)** 5 mg/kg IV avec intubation

Collapsus

- Remplissage avec un colloïde (**Plasmion®**, **Voluven®**) 1000 mL maximum

puis si insuffisant

- Dopamine 5-15 µg/kg/min ou adrénaline 0,5 mg/h à adapter en fonction de l'effet hémodynamique

QRS élargis

Lactate de sodium molaire ou **bicarbonate de sodium 4,2 %**
250 mL + 2 g KCl → perfusion rapide avec surveillance scopique et arrêt dès que les QRS repassent en dessous de 0,12 s (à renouveler en l'absence d'effet mais ne pas dépasser 500 mL)

Persistance d'une tachycardie à complexes larges avec collapsus (= TV)
→ Choc électrique externe

Persistance d'une bradycardie à complexes larges
→ **Isoprénaline (Isuprel®)** 1 mg (5 A) dans 250 mL de G 5 %, vitesse à adapter en fonction de la fréquence cardiaque

Intoxication aux benzodiazépines

(Prise en charge générale, en particulier épuration et intubation → cf. Intoxications médicamenteuses p. 198)

CRITÈRES D'UTILISATION DU FLUMAZÉNIL
- Intoxication pure au benzodiazépines
- Présence d'un trouble de la conscience
- Absence d'inhalation
- Absence d'antécédents de comitialité

NON

Traitement symptomatique

OUI

UTILISATION DE FLUMAZÉNIL (ANEXATE®)
- **Dose initiale** 0,2 mg, puis injection de 0,1 mg/60 secondes jusqu'à reprise d'une ventilation efficace et d'un contact verbal
  Dose maximale 2 mg
- **Relais :** 1/2 dose ayant permis le réveil/heure en perfusion continue à adapter en fonction de l'état de conscience

ÉCHEC

- Traitement symptomatique avec intubation pour protéger les voies aériennes
- Recherche d'un autre toxique associé

Intoxication aux β-bloquants

(Prise en charge générale, en particulier épuration et intubation → cf. Intoxications médicamenteuses p. 198)

ÉTAT HÉMODYNAMIQUE STABLE
→ Traitement symptomatique

COMPLICATIONS CARDIOVASCULAIRES
→ **Collapsus isolé** / **Bradycardie isolée** / **Bradycardie + collapsus**

ACR
→ Réanimation prolongée avec des fortes doses d'adrénaline (5 mg/injection)

Bradycardie isolée →

Dans l'ordre (en fonction de l'effet) :

1. **Atropine** 0,5 mg IVD, à renouveler si besoin (max 3 mg) → en général inefficace
2. **Isoprénaline (Isuprel®)** 0,4 mg/h à adapter pour obtenir une FC > 60/min (dose moyenne 1-2 mg/h mais augmentation possible jusqu'à 10 mg/h, voire plus)
3. Entraînement électrosystolique

Collapsus isolé →

- **Glucagon (Glucagen®)** 50 µg/kg (soit 3-5 mg) IVD puis relais en continu avec la dose de charge/h
- Limiter le remplissage avec des colloïdes à 1000 mL maximum

Bradycardie + collapsus →

Dans l'ordre (en fonction de l'effet et du toxique) :

1. **Glucagon (Glucagen®)** 50 µg/kg (soit 3-5 mg) IVD puis relais en continu avec la dose de charge/h
2. **Isoprénaline (Isuprel®)** 0,4 mg/h à adapter pour obtenir une FC > 60/min (dose moyenne 1-2 mg/h mais augmentation possible jusqu'à plus de 10 mg/h)
3. **Adrénaline** 0,5 mg/h à adapter en fonction de l'effet en s'aidant si possible d'une étude hémodynamique
4. Remplissage avec un maximum de 1000 mL de soluté colloïde.
5. En cas de produit avec effet stabilisant de membrane (ex. propanolol) → **bicarbonate de sodium** molaire 250 mL en perfusion rapide jusqu'à observation du rétrécissement des QRS.
6. En cas de torsades de pointes (par ex. sotalol) → **sulfate de magnésium** 2-3 g en IVL puis relais en continu à la dose de 2-3 g /4-6 h

Intoxication aux carbamates

(Prise en charge générale, en particulier épuration et intubation → cf. Intoxications médicamenteuses p. 198)

ÉTAT HÉMODYNAMIQUE STABLE

↓

Traitement symptomatique

COLLAPSUS

↓

REMPLISSSAGE
Avec un soluté colloïde (**Plasmion®**, **Voluven®**)
1000 mL maximum

↓

ÉCHEC

↓

CATÉCHOLAMINES
- **Dobutamine (Dobutrex®)** 5-20 µg/kg/min si insuffisant
- Remplacer par **adrénaline** 0,5 mg/h à augmenter en fonction de l'effet

Intoxication à la chloroquine

et par les antiarythmiques de classe I

(Prise en charge générale, en particulier épuration et intubation → cf. Intoxications médicamenteuses p. 198)

ACR → Réanimation prolongée avec de fortes doses d'adrénaline (5 mg à chaque injection)

ABSENCE DE SIGNES DE GRAVITÉ
- Dose de chloroquine ingérée < 4 g
- PAs > 100 mmHg
- Complexes QRS < 0,12 s

→ Surveillance rapprochée
- PA et ECG
- Kaliémie et GDS

PRÉSENCE DE SIGNES DE GRAVITÉ
- Dose de chloroquine ingérée > 4 g
- PAs < 100 mmHg
- Complexes QRS > 0.12 s

→
- **Adrénaline** 0,5 mg/h à augmenter pour obtenir une PAs > 100 mmHg (parfois doses très importantes, jusqu'à 10 mg/h)
- Remplissage avec un colloïde (**Plasmion®, Voluven®**), 1000 mL maximum

→
- Troubles de la conscience
- Convulsions
- Dépression respiratoire
- Hypotension ou de choc

→ **INTUBATION**
Induction en séquence rapide :
- **Étomidate (Hypnomidate®)** 0,3 mg/kg
- **Suxaméthonim (Célocurine®)** 1 mg/kg

→ QRS > 0,12 s

→ **Lactate de sodium molaire** ou **bicarbonate de sodium 4,2 %** 250 mL + 2 g de KCl en perfusion rapide

→ BAV

→ Préférer l'**isoprotérénol (Isuprel®)** 0,4 mg/h à augmenter en fonction de l'effet (possibilité de monter jusqu'à 5 mg/h)

→ **ASSOCIATION DE DIAZÉPAM (VALIUM®)**
(semble avoir un effet protecteur)
- 2 mg/kg en 30 min
- Relais 2-4 mg/kg/24 h

Dans ce cas une intubation est nécessaire si elle n'a pas encore été réalisée

Intoxication à la cocaïne

MESURES GÉNÉRALES
- Installation dans un endroit calme
- Voie veineuse périphérique avec du **Ringer lactate**
- Oxygène au masque à haute concentration (10-12 L/min)
- Glycémie capillaire, température
- ECG et surveillance scopique

Troubles de la conscience et/ou respiratoires prédominants →

INTUBATION
- Induction par **midazolam (Hypnovel®)** 0,1 mg/kg et **thiopental (Pentothal®)** 5 mg/kg

puis
- Sédation par **midazolam (Hynovel®)** 0,1 mg/kg/h et **fentanyl** 0,5 µg/kg/h

- Convulsions
- Agitation
- Tachycardie

→

- **Diazépam (Valium®)** 10 mg IV lent, à renouveler si besoin

puis si échec sur les convulsions
- **Thiopental (Pentothal®)** 5 mg/kg (diphénylhydantoïne contre-indiqué car risque arythmogène) avec intubation

HTA ± trouble du rythme →

- **Diazépam (Valium®)** 10 mg IV lent

plus (si insuffisant)
- **Nicardipine (Loxen®)** 1 mg/min (max. 10 mg) jusqu'à effet souhaité puis relais en continu avec la dose de charge en mg/h

ou
- **Trinitrine (Lénitral®)** 0,5 mg/5 min jusqu'à effet souhaité puis relais en continu 0,5-3 mg/h

Trouble du rythme (mais rarement isolé) →

- **Diazépam (Valium®)** 10 mg IV lent

plus
- Traitement discuté, médicament possible avec prudence : **esmolol (Brévibloc®)** 500 µg en 1 min puis 50 µg/kg/min en 4 min (séquence à renouveler si besoin en augmentant de 50 µg/kg/min à chaque fois jusqu'à un max de 200 µg/kg/min) puis relais en continu 50-200 µg/kg/min

IDM →

Traitement classique, y compris la thrombolyse en respectant les contre-indications

Intoxication aux digitaliques

(Prise en charge générale, en particulier épuration et intubation → cf. Intoxications médicamenteuses p. 198)

INTOXICATION NON GRAVE
- Absence de facteurs de mauvais pronostic
- Absence de signes cliniques graves

→

- Surveillance ECG et kaliémie
- Si bradycardie < 60/min → **atropine** 0,5 mg IVD à renouveler si besoin

INTOXICATION AIGÜE MARQUÉE
- Présence de facteurs de risque de mauvais pronostic : sexe masculin, âge > 60 ans, antécédents de cardiopathie, BAV 1, kaliémie > 4,5 mmol/l
- Bradycardie isolée résistant à l'atropine

↓

ANTIDOTE PROPHYLACTIQUE
- **Fragments Fab (Digidot®)** à dose semi-équimolaire, c'est-à-dire 50 % de la quantité de glycoside à neutraliser (cf. calcul ci-dessous)
- Perfusion lente en 1 h

↓

Si la fréquence cardiaque reste < 60/min

↓

Nouvelle dose semi-équimolaire

INTOXICATION AVEC RISQUE VITAL IMMÉDIAT
- Troubles du rythme ventriculaire (TV, FV)
- Bradyarythmie ou bradycardie sinusale < 40/min résistante à l'atropine
- BAV 2 ou 3
- Asystolie ventriculaire
- Kaliémie > 6 mmol/l
- Infarctus mésentérique

↓

ANTIDOTE CURATIF
- **Fragments Fab (Digidot®)** à dose équimolaire, c'est-à-dire 100 % de la quantité de glycoside à neutraliser (cf. calcul ci-dessous)
- Perfusion rapide en 15 min

↓

Si antidote non disponible → entraînement électrosystolique

CALCUL DE LA QUANTITÉ DE GLYCOSIDE (Q) À NEUTRALISER

- **À partir de la dose ingérée**
  Q (mg) = dose ingérée en mg × facteur de biodisponibilité
  (digoxine = 60 %; digitoxine = 100 %)

- **À partir de la concentration sérique**
  Q (mg) = concentration sérique (ng/ml) × volume de distribution (VD) × poids du corps (kg) × 10^{-3}
  VD de la digoxine = 5,6 L/kg; VD de la digitoxine = 0,56 L/kg

Q correspond au nombre de flacons de Digidot® à administrer
(1 flacon de Digidot, soit 80 mg de fragments Fab neutralise 1 mg de glycoside)
En cas d'intoxication sévère et d'absence de notion sur la quantité ingérer, la dose de Digidot® préconisée est 10 flacons, à renouveler pour la digitoxine en cas d'arythmie rebelle ; en cas de surdosage chronique 2-4 flacons sont suffisants

Intoxication éthylique aiguë

EXAMEN NEUROLOGIQUE

Au moindre doute, notamment en cas de TC
→ **SCANNER CÉRÉBRAL**

Glycémie capillaire

Hypoglycémie

20-50 mL de **G 30 %**

Excitation psychomotrice

SÉDATION IM
- **Clorazépate (Tranxène®)** 20-50 mg

ou dans les formes plus graves
- **Loxapine (Loxapac®)** 150-250 mg

Altération de la conscience

- Contact verbal
- Ventilation efficace
- $SpO_2 > 90$ % avec ou sans O_2

- Absence de contact verbal
- Inhalation avec $SpO_2 < 90$ %

SURVEILLANCE
- État de conscience
- Respiration. Oxygène en fonction de la SpO_2
- Pression artérielle

INTUBATION
- Induction en séquence rapide : **étomidate (Hypnomidate®)** 0,3 mg/kg et **suxaméthonium (Célocurine®)** 1 mg/kg
- Sédation : **midazolam (Hypnovel®)** 0,1 mg/kg/h, à augmenter progressivement en fonction des besoins

MESURES GÉNÉRALES
- Dosage de l'alcoolémie. Éventuelle recherche d'autres toxiques
- Surtout chez l'alcoolique chronique : ionogramme sanguin, NFS, hémostase, CPK, urée et créatinine, bilan hépatique
- Veiller à une hydratation suffisante per os ou IV
- **Vitamine B1** 100 mg IV

Intoxication aux inhibiteurs calciques

(Prise en charge générale, en particulier épuration et intubation → cf. Intoxications médicamenteuses p. 198)

ÉTAT HÉMODYNAMIQUE STABLE

→ Traitement symptomatique

COMPLICATIONS CARDIOVASCULAIRES

ACR

→ Réanimation prolongée avec des fortes doses d'**adrénaline** (5 mg/injection) et l'apport de sels de calcium (**chlorure de calcium 10 %** 10-20 mL, voire plus)

Bradycardie

Dans l'ordre (en fonction de l'effet) :

1. **Atropine** 0,5 mg IVD, à renouveler si besoin (max 3 mg)
2. **Chlorure de calcium 10 %** 10-20 mL en IVL à renouveler si besoin
3. **Glucagon (Glucagen®)** 50 µg/kg (soit 3-5 mg) IVD puis relais en continu avec la dose de charge/h
4. **Isoprénaline (Isuprel®)** 0,4 mg/h à adapter pour obtenir une FC > 60/min (dose moyenne 1-2 mg/h mais augmentation possible jusqu'à 10 mg/h, voire plus)
5. Entraînement électrosystolique

Collapsus

Dans l'ordre (en fonction de l'effet) :

1. Remplissage avec un colloïde (**Plasmion®**, **Voluven®**), limiter à 1000 mL maximum
2. **Dobutamine (Dobutrex®)** 5-20 µg/kg/h
3. **Chlorure de calcium 10 %** 10-20 mL en IVL à renouveler si besoin (mais vérifier l'absence de prise de digitaliques)
3. **Glucagon (Glucagen®)** 50 µg/kg (soit 3-5 mg) IVD puis relais en continu avec la dose de charge/h
4. **Dopamine** 5-20 µg/kg/h, **adrénaline** 0,5-10 mg/h ou **noradrénaline (Lévophed®)** 0,5-10 mg/h (choix en s'aidant d'une étude hémodynamique et doses à adapter en fonction de l'effet)

Intoxication médicamenteuse

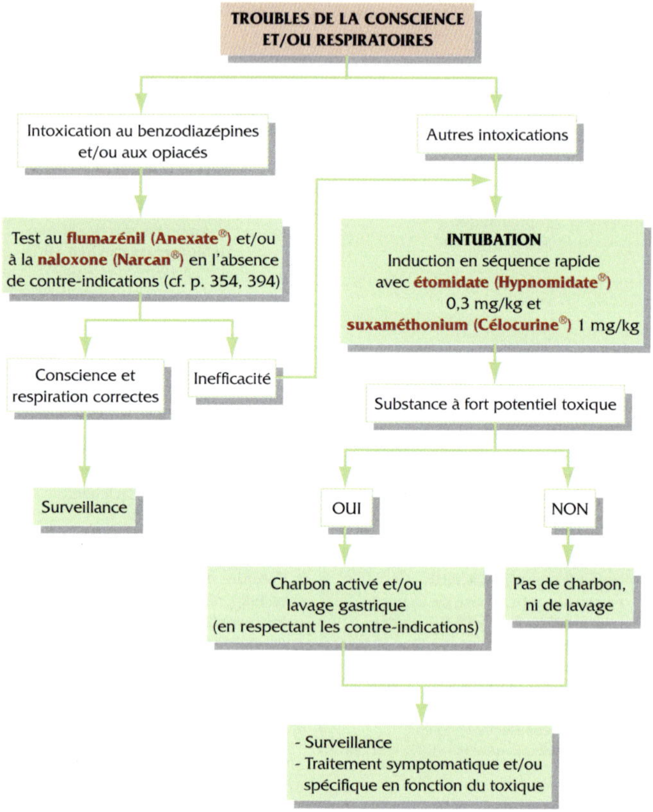

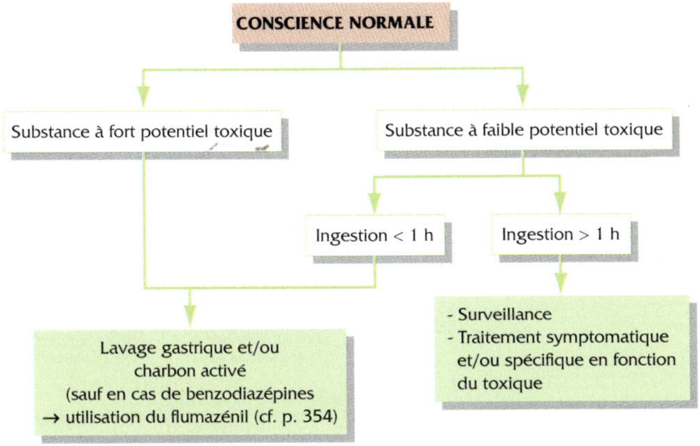

Contre-indications à toute épuration digestive

- Intoxication par caustiques, hydrocarbures, produits moussants
- Altération de l'état de conscience, sauf si le malade est intubé avec ballonnet gonflé
- Chez le malade non intubé, toute situation comportant un risque d'inhalation :
  - convulsions
  - pertes des réflexes de protection des voies aériennes supérieures
  - personnes âgées dépendantes
- Âge inférieur à 6 mois
- Condition hémodynamique précaire (sauf pour le charbon activé)
- Iléus (sauf pour le lavage gastrique)

Doses de charbon activé (Carbomix®)

- **Enfants :** < 20 kg : 1 à 2 g/kg
  > 20 kg : 30 à 50 g
- **Adultes :** 50 à 100 g

(Ne pas utiliser en cas d'intoxication au paraquat ou à la colchicine)

Indications préférentielles du lavage gastrique

- Intoxication avec une substance à fort potentiel toxique chez un patient intubé
- Intoxication au paraquat et à la colchicine

Substances à fort potentiel toxique

- **Toxiques fonctionnels :** antiarythmiques, antidépresseurs tricycliques, barbituriques, carbamates, chloroquine, digitaline, théophylline
- **Toxiques lésionnels :** paraquat, colchicine

Intoxication au monoxyde de carbone

INTOXICATION CERTAINE
- Mesures atmosphériques positives
- Signes fonctionnels

INTOXICATION INCERTAINE

→ Mesure du CO dans l'air expiré

→ HbCO > 5 % (> 10 % chez le fumeur)

→ HbCO < 5 % (jusqu'à 10 % chez le fumeur) → Pas d'intoxication

MESURES IMMÉDIATES
- Retrait de l'atmosphère toxique puis O_2 avec masque à haute concentration (10-12 L/min) après prélèvement sur tube sec hépariné pour dosage de l'HbCO
- En cas de signes cliniques d'intoxication → voie veineuse périphérique avec **Ringer lactate**

TROUBLES DE LA CONSCIENCE ET/OU DÉTRESSE REPIRATOIRE
- Intubation avec induction en séquence rapide (**étomidate = Hypnomidate®** 0,3 mg/kg, **suxaméthonium = Célocurine®** 1 mg/kg)
- Ventilation avec $FiO_2 = 1$
- **ATTENTION**, collapsus fréquent → remplissage 250 mL de **Ringer lactate**
- Sédation avec **midazolam (Hypnovel®)** 0,1 mg/kg/h et **fentanyl** 0,5 µg/kg/h

OXYGÈNE HYPERBARE DANS LES 6 PREMIÈRES HEURES
- Si signes neurologiques : PC initiale, convulsions, coma…
- Si enfant ou femme enceinte
- Symptômes ne cédant pas après quelques heures d'oxygène normobare

Intoxication aux opiacés (overdose)

Contexte évocateur :
- Myosis
- Bradypnée
- Environnement, aspect du patient

↓

OXYGÉNATION
Assistance ventilatoire au masque et au ballon avec 100 % d'O_2 (poche-réservoir) et stimulation nociceptique

↓

Réveil avec contact verbal → **SURVEILLANCE SIMPLE** (pendant 6 heures)

Absence de réveil →

COMPLICATIONS
- Pneumopathie d'inhalation ou OAP lésionnel
- Intoxication associée (alcool, médicaments...)
- Rhabdomyolyse
- Hypothermie sévère

NON ↓

TRAITEMENT INITIAL
- **Naloxone (Narcan®)** : 0,4 mg dilué dans 10 ml de sérum physiologique → IV 1 mL/min en surveillant la reprise d'une ventilation efficace (objectif : FR > 14, SpO_2 > 95 % ; ne pas réveiller complètement le patient !). Dose max. 2 mg.
- Vérifier la glycémie capillaire → si hypoglycémie → 20 ml **G 30 %** IV

↓

HOSPITALISATION
- **Naloxone (Narcan®)** :
  - relais en continu, 2/3 dose ayant permis le réveil par heure pendant 8-10 h
  - si besoin, réinjection d'un bolus
- Surveillance de la respiration (oxymétrie de pouls → SpO_2 > 95 %)

OUI ↓

Intubation et ventilation assistée (avec éventuelle PEEP)

↓

HOSPITALISATION EN RÉANIMATION

NB : ◆ La naloxone peut se faire également en SC ou en IM (délai action = 3 min ; durée d'action = 3 h)

◆ En cas d'intoxication à la méthadone ou au dextropropoxyphène, les doses de naloxone peuvent atteindre 10 mg par palier de 2 mg

Intoxication au paracétamol

MESURES GÉNÉRALES

- Voie veineuse périphérique avec sérum glucosé
- Si ingestion récente, lavage gastrique et charbon activé 1 g/kg
- Si vomissements, **métoclopramide (Primpéran®)** 10 mg IV
- Dosage de la paracétamolémie (au minimum 4 h après ingestion)
- Bilan hépatique.

↓

CRITÈRES D'UTILISATION DE L'ANTIDOTE

- Dose supposée ingérée supérieure à 125 mg/kg
- Patient vu tardivement (au delà de 8 h après ingestion) ou délai inconnu
- Paracétamolémie (au minimum 4 h après ingestion) au dessus de la courbe 200 µg/mL à 4 h et 30 µg/mL à 15 h

NE PAS ATTENDRE LE RÉSULTAT DE LA PARACÉTAMOLÉMIE POUR DÉBUTER LE TRAITEMENT

↓

ANTIDOTE
N-acétyl-cystéine

↓

INTRAVEINEUX

Fluimucil® flacon 5 g/25 mL
- 150 mg/kg dans 200 mL de G 5 % en 30 min
- 50 mg/kg dans 500 mL de G 5 % en 4 h
- 100 mg/kg dans 1000 mL de G 5 % en 16 h

ATTENTION : réactions anaphylactoïdes possibles, résolutives sous anti-histaminique et corticoïdes

PER OS

Mucomyst® flacon de poudre 4,8 g/120 mL
→ dilution 1 pour 3 dans du jus de fruit
- 140 mg/kg en dose de charge
- Puis 70 mg/kg/4 h

ATTENTION : pas d'utilisation en cas de vomissements ou de l'ingestion de charbon

↓

- Poursuite du traitement (IV : 150 mg/kg/16 h; per os : 70 mg/kg/4 h) jusqu'à paracétamolémie nulle
- Surveillance : bilan hépatique (transaminases, TP, bilirubine) et rénal (urée, créatinine), glycémie

↓

En cas de poursuite de dégradation de la fonction hépatique malgré le traitement

↓

Envisager une **transplantation hépatique**

Intoxication aux psychostimulants (amphétamines, ecstasy)

MESURES GÉNÉRALES

- Installation dans un endroit calme
- Voie veineuse périphérique avec du **Ringer lactate**
- Oxygène au masque à haute concentration (10-12 L/min)
- Glycémie capillaire, température
- ECG et surveillance scopique

Troubles de la conscience et/ou respiratoires prédominants →

- **Intubation** avec induction par **midazolam (Hypnovel®)** 0,1 mg/kg et **thiopental (Pentothal®)** 5 mg/kg

puis

- **Sédation** par **midazolam (Hynovel®)** 0,1 mg/kg/h et **fentanyl** 0,5 µg/kg/h

- Hyperthermie
- Déshydratation

→

- **Bilan biologique :** ionogramme sanguin, CPK et bilan hépatique, urée et créatinine, hémostase, NFS
- **Réhydratation** par voie veineuse adaptée à la biologie
- **Refroidissement externe** classique (application de glace, aspersion d'eau fraîche et ventilateur, linges humides sur les axes vasculaires, **paracétamol** IV)

En cas d'hyperthermie majeure :

- Si intubation (cf. ci dessus), **sédation** par **midazolam (Hypnovel®)** 0,1-0,2 mg/kg/h et **atracrium (Tracium®)** 0,2-0,6 mg/kg/h, après dose d'induction de 0,2-0,6 mg/kg
- **Dantrolène (Dantrium®)** IV lente 2,5 mg/kg, à renouveler éventuellement au bout de 6 h à la dose de 1-2 mg/kg (utilisation possible mais efficacité incertaine)

- Convulsions
- Agitation
- Tachycardie

→

- **Diazépam (Valium®)** 10 mg IV lent, à renouveler si besoin

puis si échec sur les convulsions

- **Thiopental (Pentothal®)** 5 mg/kg avec intubation

HTA →

- **Diazépam (Valium®)** 10 mg IV lent

plus (si insuffisant)

- **Nicardipine (Loxen®)** 1 mg/min (max. 10 mg) jusqu'à effet souhaité puis relais en continu avec la dose de charge en mg/h

ou

- **Trinitrine (Lénitral®)** 0,5 mg/5 min jusqu'à effet souhaité puis relais en continu 0,5-3 mg/h

- Collapsus
- Trouble du rythme ventriculaire

→ Traitement symptomatique

Ischémie aiguë de membre

SIGNES DE GRAVITÉ
- Survenue brutale ou rapidement progressive
- Troubles sensitifs et/ou moteurs
- Douleurs à la palpation des masses musculaires
- En général contexte embolique : valvulopathie, arythmie, IDM récent
- Si signes en faveur d'une dissection aortique → cf. p. 138

↓

URGENCE CHIRURGICALE

↓

BILAN EN URGENCE
- Prélèvements : groupe, Rhésus et agglutinine irrégulières, hémostase, NFS, ionogramme et fonction rénale, CPK
- ECG
- Le diagnostic est clinique, les examens d'imagerie ne peuvent que retarder le traitement
- Recherche d'autres embolies possibles (mésentérique, rénale) qui nécessiteront une prise en charge spécifique

↓

TRAITEMENT MÉDICAL PRÉ-OPÉRATOIRE
- Correction d'un éventuel collapsus ou une poussée d'insuffisance cardiaque
- **Antalgique : morphine** IV 0,1 mg/kg, puis si insuffisant 2 mg/10 min jusqu'à obtention de l'effet souhaité et en surveillant la respiration
- **Anticoagulant :** héparine après avis de l'anesthésiste :
  - Si péridurale ou rachi-anesthésie : mise en place avant héparine
  - Si anesthésie générale : **héparine** immédiate
  - Dose : bolus 100 UI/kg puis 400 UI/kg/24 h à adapter pour obtenir un TCA entre 2 et 2,5 fois le témoin

↓

CHIRURGIE
(embolectomie à la sonde de Fogarty)

TABLEAU SUB-AIGU
- Terrain athéromateux, antécédents de claudication intermittente
- Installation progressive
- Absence de troubles sensitifs et/ou moteurs

↓

TRAITEMENT MÉDICAL
- **Anticoagulant : héparine**, bolus 100 UI/kg puis 400 UI/kg/24 h à adapter pour obtenir un TCA entre 2 et 2,5 fois le témoin
- **Vasodilatateur : buflomédil (Fonzylane®)** 400 mg/120 ml en perfusion sur 3 h minimum (minimum 6 h en cas d'insuffisance rénale)
- Si besoin, **antalgique :**
  - **paracétamol (Perfalgan®)** flacon de 1 g dans 100 mL à perfuser en 15 min

  ou si insuffisant
  - **morphine** IV 0,1 mg/kg, puis si insuffisant 2 mg/10 min jusqu'à obtention de l'effet souhaité et en surveillant la respiration

↓

BILAN POSSIBLE
- Écho-doppler
- Artériographie

↓

Si échec du traitement médical

→ CHIRURGIE

Laryngite aiguë de l'enfant

- Dyspnée laryngée
- Contexte de rhinopharyngite

LARYNGITE STRIDULEUSE

- Humidification de l'air ambiant
- Corticoïdes : **bêtaméthasone (Celestène®)** 10 gouttes/kg/j

- Dysphonie, toux rauque
- Dyspnée progressive avec bradypnée inspiratoire et cornage

LARYNGITE SOUS-GLOTTIQUE

CORTICOÏDES
- **Bêtaméthasone (Celestène®)** 0,3-0,6 mg/kg (soit 1 A de 4 mg en général) en IM ou en IV
- Possibilité d'adjoindre une nébulisation avec **adrénaline** 1-2 mg +/- 1 mg de **budésonide (Pulmicort®)** (compléter si besoin avec sérum physiologique pour obtenir 5 mL au total) et O_2 6 L/min

Évaluation après 30 min

PAS D'AMÉLIORATION ET/OU SIGNES DE GRAVITÉ
(durée > 1 h, tachypnée superficielle, irrégularité du rythme respiratoire, HTA, cyanose, troubles de la conscience)

ENVISAGER UNE INTUBATION
- Sonde de diamètre inférieur à la normale
- **Induction en séquence rapide :**
  - Enfant < 18 mois : **kétamine (Kétalar®)** 3-4 mg/kg et **suxaméthonium (Célocurine®)** 2 mg/kg
  - Enfant > 18 mois : **kétamine (Kétalar®)** 2 mg/kg ou **étomidate (Hypnomidate®)** 0,3 mg/kg (si > 2 ans) plus **suxaméthonium (Célocurine®)** 1 mg/kg
- **Sédation : midazolam (Hypnovel®)** 1-2 µg/kg/min (après dose de charge de 100 µg/kg chez l'enfant de plus de 6 mois) plus **fentanyl** 1-2 µg/kg/h (après éventuelle dose de charge de 1 µg/kg)

AMÉLIORATION

Relais corticothérapie per os pendant 2-3 jours : **bêtaméthasone (Celestène®)** 10 gouttes/kg/j puis arrêt progressif sur 5 jours

Lombosciatique aiguë

SIGNES DE GRAVITÉ
- Syndrome de la queue de cheval
- Sciatique paralysante
- Sciatique hyperalgique (résistante aux morphiniques)

OUI → Scanner et/ou IRM → **URGENCE CHIRURGICALE**

OUI / NON → **TRAITEMENT MÉDICAL (si besoin de la voie IV)**

- **Antalgiques** (selon l'intensité de la douleur) :
  - **Paracétamol (Perfalgan®)** flacon de 1 g dans 100 mL à perfuser en 15 min
  - **Tramadol (Topalgic®)** 100 mg IV lent (2-3 min)
  - **Morphine** IV 0,1 mg/kg, puis si insuffisant 2 mg/10 min jusqu'à obtention de l'effet souhaité et en surveillant la respiration

plus

- **Anti-inflammatoires** (en cas de contre-indications → corticoïdes possibles) : **kétoprofène (Profénid®)** 100 mg dilués dans 100 ml de sérum physiologique en perfusion de 15 min

plus

- **Myorelaxant : diazépam (Valium®)** 5 mg IV

- Homme jeune
- Tableau typique

→ **BILAN et MESURES GÉNÉRALES**
- Pas de radiographies
- Le repos strict au lit ne s'impose pas, la seule limitation à la mobilisation est la douleur

→ Amélioration

OUI → Prise en charge ambulatoire avec poursuite du traitement per os

NON → BILAN

- Âge < 18 ou > 65 ans
- Doute sur l'origine discale
- Évolution > 15 jours

→ **BILAN**
- **Radiographies :** cliché de de Sèze (dorso-lombo-pelvi-fémoral de face) et dorso-lombaire de profil
- **Bilan biologique :** ionogramme, calcémie, protides, CRP, NFS

→ Autres diagnostic possibles : métastases, spondylodiscite, sacro-iliite, tassements vertébraux…

Luxation d'épaule

(luxation antérieure)

BILAN INITIAL

- Cliché de face et de profil de Lamy → confirmer le diagnostic et **éliminer fracture** (grosse tubérosité, extrémité supérieure de l'humérus, rebord glénoïdien inférieur)
- Rechercher complication vasculo-nerveuse :
  + **Compression de l'artère axillaire :** perte du pouls radial
  + **Paralysie circonflexe :** anesthésie du moignon de l'épaule, paralysie du deltoïde

1. Plus la réduction est rapide, plus elle est facile

2. Il ne s'agit pas d'un « bras de fer » entre le patient et le médecin

- Rassurer le patient et lui demander de se décontracter
- Le convaincre que la réduction n'est pas douloureuse

Cas 1 (90 % des cas) : patient détendu → pas de nécessité d'analgésie-sédation (éventuellement 1/2 cp de **bromazépam (Lexomil®)** en sub-lingual

TECHNIQUE DE LA CHAISE

- Patient assis sur une chaise, opérateur également assis sur le côté
- Protéger le dossier avec un coussin et poser le bras dessus
- Fléchir le bras au niveau du coude
- Saisir le bras avec une main et l'avant-bras avec l'autre
- Tirer de manière continue vers l'avant jusqu'à ce que la tête réintègre la glène (voir dessin p. 209)

TECHNIQUE DE MILCH

- Patient en décubitus dorsal, opérateur à côté ou à la tête du patient
- Amener progressivement et lentement le membre supérieur en élévation
- Lorsque l'angle est d'environ 150° avec le plan de la table, traction douce vers le haut et le dehors
- Avec l'autre main, l'opérateur peut appuyer sur la tête au niveau de l'aisselle
- Puis le membre est ramené en rotation interne, coude au corps, avant-bras fléchi sur l'abdomen (voir dessin p. 209)

Cas 2 : Patient peu coopérant et hyper-anxieux (ou échec des techniques ci-dessus)

ANALGÉSIE-SÉDATION

- **MEOPA (Médimix® ou Kalinox®)** : inhalation 6 à 12 L/min

ou

- **Midazolam (Hypnovel®)** 1-3 mg IV + **morphine** 0,05 mg/kg

TECHNIQUE D'HIPPOCRATE

- Saisir le bras luxé avec les deux mains
- Placer le pied dans le creux axillaire du patient pour pouvoir exercer une contre-pression efficace
- Tirer sur le bras jusqu'à ce que la tête, qui est palpable, réintègre la cavité glénoïde (voir dessin p. 209)

BILAN POST-RÉDUCTION

- Vérifier l'absence de complications vasculo-nerveuses
- Bilan radio avec 3 incidences de face de l'épaule : rotation nulle, rotation externe, vue apicale de Garth

IMMOBILISATION

- 1 à 3 semaines
- Gilet orthopédique ou bandage en position de rotation interne – coude au corps

ÉCHEC

Réduction au bloc opératoire sous anesthésie générale

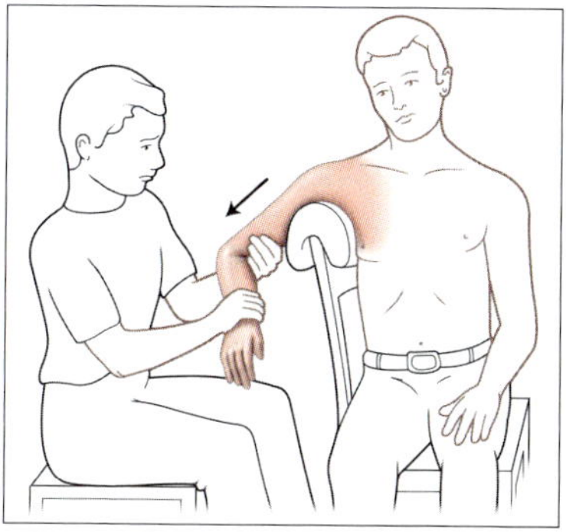

Technique de la chaise

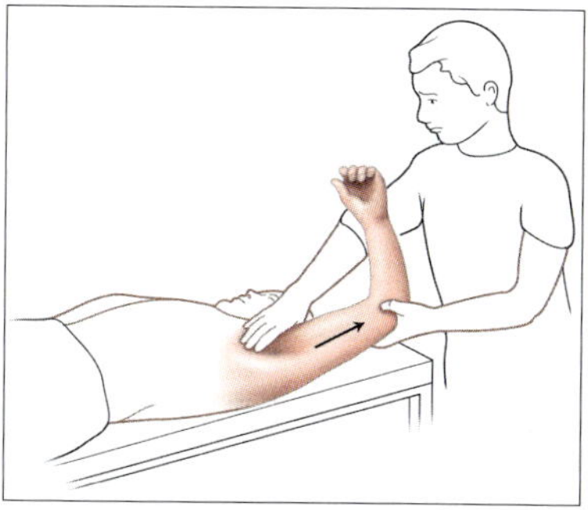

Technique de Milch

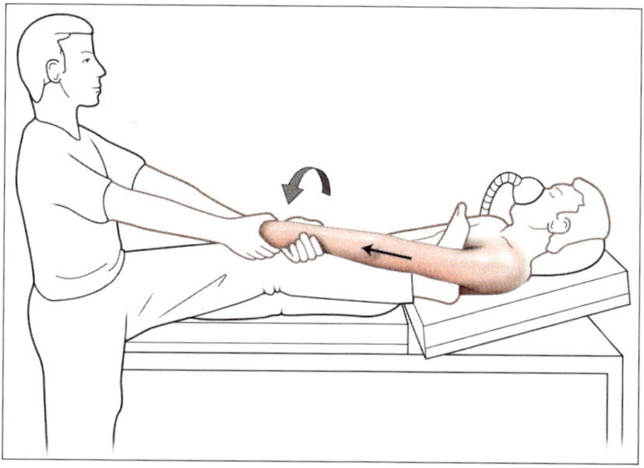

Technique d'Hippocrate

Lyell (syndrome de)

CONTEXTE GÉNÉRAL
- Rare : 50 cas/an environ en France
- Erythème diffus fébrile avec lésions bulleuses
- Signe de Nicolsky positif : une simple pression détache des lambeaux d'épiderme laissant un derme suintant, rouge vif
- Atteinte généralisée des muqueuses
- Possible médicament en cause : AINS, sulfamides, antiépileptiques…

↓

LE DÉCOLLEMENT CUTANÉ ÉQUIVAUT À UNE BRÛLURE
→ mesure de la surface cutanée atteinte (et donc de la gravité) comme pour les brûlures (voir p. 343 et 344)

↓

MESURES GÉNÉRALES
- Emballage dans des champs stériles humidifiés par du sérum physiologique
- Enveloppement dans une couverture isothermique (type **Métalline**®) pour éviter les pertes de chaleur
- Mise en place d'une voie veineuse de bon calibre, si possible en zone saine

REMPLISSAGE
- Comme dans les brûlures, en adaptant en fonction de l'état hémodynamique, de la diurèse et du ionogramme (voir p. 113)
- Par ex. **formule de Parkland :**
  - 4 mL/kg/ % de surface atteinte avec du **Ringer lactate** (volume pour 24 h)
  - perfuser la moitié du volume calculé dans les 8 premières heures

↓

PRISE EN CHARGE EN RÉANIMATION ou DANS UN SERVICE SPÉCIALISÉ

Menace d'accouchement prématuré (MAP)

RECHERCHE D'UNE CAUSE OU DE FACTEURS DE RISQUES

CAUSES OVULAIRES
- Placenta praevia, hydramnios, chorio-amniotite
- Grossesses multiples
- Malformation ou autre pathologie foetale

CAUSES MATERNELLES
- Facteurs de risque : milieu social défavorisé, conditions de travail pénibles, âge < 18 ou > 35 ans... (Cf. Coefficient de risque d'accouchement prématuré p. 295)
- Malformation utérine congénitale (hypoplasie, utérus cloisonné...) ou acquise (synéchie, utérus cicatriciel, fibrome...)
- Béance cervico-isthmique

CAUSES GÉNÉRALES
- Infection+++
- Traumatisme
- Altération de l'état général quelle que soit l'origine

BILAN
- Température
- Mesure de la hauteur utérine, présence des bruits du cœur, examen au spéculum (signes d'infection ?)
- Toucher vaginal → score de Bishop (cf. p. 290) : plus il est élevé plus la MAP est sévère
- Bilan biologique : NFS, CRP, ECBU, prélèvements vaginaux
- Tocométrie et échographie le plus rapidement possible

MAP SÉVÈRE

OUI

TOCOLYSE PAR VOIE IV
(en l'absence de contre-indications : infection amniotique, hémorragie, rupture des membranes, dilatation > 4 cm)
- **Salbutamol (Salbumol®)**
→ ECG préalable et ionogramme sanguin car risque d'hypokaliémie et d'hyperglycémie
→ 10 mg dans 500 mL de G 5 %, 15-20 gouttes/min, à adapter par paliers de 5-10 gouttes/min en fonction de l'effet ou (si CI ou intolérance au salbutamol)
- **Nicardipine (Loxen®)** 1-6 mg/h
- **Atosiban (Tractocile®)** cf. p. 420

- Transfert rapide dans une maternité si possible adaptée (niveau 2 ou 3) à l'âge gestationnel de l'enfant
- Éventuelle injection de corticoïdes avant 34 SA (sur décision de l'obstétricien) : **bétaméthasone (Célestène®)** 12 mg IM

NON

- Mise au repos en position allongée
- Antispasmodique : **phloroglucinol (Spasfon-lyoc®)** 1 cp sub-lingual

Consultation en gynéco-obstétrique

Méningites purulentes

LCR : purulent ou clair avec plus de 500 éléments/mm^3 (prédominance de polynucléaires) et une glycorachie basse

GERMES DANS LE LCR

Type de germe à l'examen direct	Germe probable
Bacille Gram+ de petite taille	*Listeria*
Diplocoques Gram+	Pneumocoques
Diplocoques Gram–	Méningocoques
Cocci Gram+ (en amas)	Staphylocoques
Bacilles Gram–	Bacilles Gram–

Cas particulier : prédominance de lymphocytes avec glycorachie basse et protéinorachie élevée → possibilité de listériose ou de tuberculose

GERME ET CIRCONSTANCES ÉPIDÉMIOLOGIQUES

Germe	Circonstances épidémiologiques
Pneumocoque	alcoolisme, antécédents de traumatisme crânien ou de chirurgie de la base du crâne, méningite antérieure, infection des cavités de la face, baisse des moyens de défense
Méningocoque	hiver, déficit en complément, âge jeune
Listéria	âge > 50 ans, grossesse, immunodépression, épidémie éventuelle
Haemophilus	âge > 5 ans, non vacciné
Tuberculose	immigré, corticothérapie, infection à VIH, antécédents de primo-infection non traitée

Données récentes :
- Dans plus d'1/4 des cas chez l'adulte et plus d'1/3 chez l'enfant, le pneumocoque est résistant.
- Depuis la diffusion de la vaccination, l'*Haemophilus influenzae* n'est en cause que dans moins de 3 % des cas (il représentait auparavant la troisième cause chez les enfants, principalement avant 3 ans)

Germe suspecté	Antibiothérapie	Antibiothérapie en cas d'allergie à la pénicilline
Méningocoque	amoxicilline ou céfotaxime (Claforan®) ou ceftriaxone (Rocéphine®)	chloramphénicol
Pneumocoque	ceftriaxone (Rocéphine®) ou céfotaxime (Claforan®) + vancomycine	vancomycine + rifampicine (Rifadine®)
Staphylocoque présumé méthi-sensible	oxacilline (Bristopen®) + aminoside	vancomycine + rifampicine (Rifadine®) + pefloxacine (Péflacine®)
Staphylocoque présumé méthi-résistant	céfotaxime (Claforan®) + fosfocine	
Listeria	amoxicilline + gentalline	triméthoprime-sulfaméthoxazole (Bactrim®)
Bacilles Gram négatif non nosocomiaux	céfotaxime (Claforan®) ou ceftriaxone (Rocéphine®)	péfloxacine (Péflacine®) + fosfomycine
Bacilles Gram négatif nosocomiaux	ceftazidime (Fortum®) + amikacine (Amiklin®)	

Médicaments	Dose adulte	Dose enfant
Amikacine (Amiklin®)	15 mg/kg/j en 1 ou 2 fois	idem
Amoxicilline	12 g/j en 4 à 6 fois	200 mg/kg/j en 4 à 6 fois
Céfotaxime (Claforan®)	12 g/j en 4 à 6 fois	200 mg/kg/j en 4 à 6 fois
Ceftazidime (Fortum®)	6-12 g/j en 3 à 4 fois	100-200 mg/kg/j en 3 à 4 fois
Ceftriaxone (Rocéphine®)	4 g/j en 2 fois	100 mg/kg en 2 fois
Chloramphénicol	3-5 g/j en 3 fois	100 mg/kg/j en 3 fois
Fosfomycine	200 mg/kg/j en 3 fois en perfusion de 4 h ou en continu	idem
Gentalline	3 mg/kg/j en 2 fois	idem
Péfloxacine (Péflacine®)	800 mg/j en 2 prises	CI jusqu'à la fin de la période de croissance
Rifampicine (Rifadine®)	20-30 mg/kg/j en 2 fois	idem
Vancomycine	40 mg/kg/j en 4 fois après dose de charge de 15 mg/kg	idem

Méningite à liquide clair

LCR : moins de 500 éléments/mm^3, le plus souvent à prédominance lymphocytaire (mais possibilité de panachage 50/50 avec les polynucléaires)

Hypoglycorachie

- Listeriose
- Tuberculose
- Champignons

Normoglycorachie

- Champignons
- Syphilis
- Brucellose
- Rickettsioses
- Virus
- Mycoplasme
- Leptospirose
- Parasites

EXAMENS SANGUINS SPÉCIFIQUES

Bactériologie

- Hémocultures
- Antigènes solubles (méningocoque, pneumocoque)
- Agglutines froides (mycoplasme)
- TPHA-VDRL
- Sérologies : mycoplasme, maladie de Lyme, brucellose, leptospirose
- Hémocultures sur isolator pour recherche de mycobactérie chez le sujet VIH

Mycologie - Parasitologie

- Frottis sanguin, goutte épaisse
- Antigénémie cryptocoque
- Hémocultures sur isolator (recherche de *Candida* ou autre agent fongique)

Virologie

- Sérologie VIH
- Antigénémie p24 (et lymphocytes CD4)
- Interféron sanguin
- Sérologie HSV (à comparer au LCR)
- Sérologie rubéole
- Virémie CMV

RECHERCHES SPÉCIFIQUES SUR LE LCR

Bactériologie

- Antigènes solubles (pneumocoque, streptocoque)
- Recherche direct de BAAR par coloration de Ziehl-Nielsen puis culture sur milieu de Loewenstein
- TPHA

Mycologie - Parasitologie

- Encre de Chine (cryptocoques)
- Antigène cryptocoque sur milieu de Sabouraud
- Recherches spécifiques de parasites

Virologie

- Dosage d'interféron (augmenté en cas d'atteinte virale, notamment HSV)
- Anticorps anti-HSV1
- Antigène p24
- PCR : HSV, VZV, CMV, EBV

Absence de signes d'orientation

TRAITEMENT EMPIRIQUE
amoxicilline IV 200 mg/kg/j en 4 à 6 prises
+
gentalline IV 3 mg/kg/j en 2 prises
+
aciclovir (Zovirax®) IV 30 mg/kg/j en 3 prises (perfusion de 1 h dans 250 mL de G 5 %)

Si suspicion de tuberculose

AJOUTER TRAITEMENT SPÉCIFIQUE
isoniazide (Rimifon®) 5 mg/kg/j
en 1 perfusion de 60 min
dans 250 mL de G 5 %
+
rifampicine (Rifadine®) 10 mg/kg/j
en une perfusion de 90 min
dans 250 mL de G 5 %
(ATTENTION : perfusion séparée)
+
pyrazinamide (Pirilène®) 30 mg/kg/j
per os en une prise
+
éthambutol (Myambutol®) 20 mg/kg/j
en 1perfusion de 60 min
dans 250 mL de G 5 %

Si argument en faveur d'une cryptococcose

AJOUTER TRAITEMENT SPÉCIFIQUE
amphotéricine B (Fungizone®)
0,1 à 0,2 mg/kg
en perfusion lente
puis augmentation par palier
jusqu'à 0,7 à 1 mg/kg
(à ne diluer que dans du G5%)
ou
flucytosine (Ancotil®)
100 à 200 mg/kg/j
en perfusion continue sur 24 h

Migraine (crise de)

Absence d'aura ou aura atypique → **ÉLIMINER UNE AUTRE CAUSE** →

- Hypoglycémie
- Intoxication au monoxyde de carbone
- Hémorragie méningée, AVC, thrombose veineuse cérébrale
- Méningite
- Hypertension intracrânienne
- Sinusite
- Maladie de Horton
- Dissection artérielle cervicale
- Glaucome aigu
- Céphalées de tension, d'effort, per- et post-coïtales
- Algie vasculaire de la face
- Névralgie faciale
- Phéochomocytome

Crise typique

↓

4 RÈGLES

1. Ne pas prescrire un médicament que le patient sait inefficace
2. Commencer par les médicaments réputés efficaces les moins toxiques
3. Administrer le médicament le plus tôt possible (dès l'aura)
4. Si nausées et/ou vomissements → utilisation de sprays ou de la voie IV

CRISE SÉVÈRE AVEC NAUSÉES ET/OU VOMISSEMENTS

↓

- Mise au repos dans l'obscurité
- Rassurer le patient
- Réhydratation intraveineuse avec 500 mL de sérum physiologique (si vomissements importants, vérifier la kaliémie et adapter les apports de potassium)

↓

Au préalable : **métoclopramide (Primpéran®)** 10 mg IV

↓

Paracétamol (Perflagan®) 1 g ou **kétoprofène (Profénid®)** 100 mg en perfusion sur 15 min

↓

ÉCHEC

↓

Absence de CI aux dérivés de l'ergot de seigle

↓

Dihydroergotamine 1 mg IV lent (5 min), à répéter 30-60 min après si besoin

↓

ÉCHEC

CI aux dérivés de l'ergot de seigle
- Prise antérieure récente
- Phase d'aura en cours
- Artérite
- Insuffisance coronaire
- Syndrome de Raynaud
- Traitement par les macrolides, les IMAO
- Grossesse

↓

- **Chlorpromazine (Largactil®)** 0,1 mg/kg en perfusion sur 15 min
- Remplissage préalable avec 250 mL de sérum physiologique en 15 min, complété à 1000 mL en 1 à 2 h pour limiter le risque d'hypotension
- Si dystonie ou dykinésies bucco-faciales → **tropatépine (Lepticur®)** 10 mg en IV lente

↓

ÉCHEC

↓

Prednisolone (Solu-Médrol®) 60 mg IV puis 60 mg de **prednisone (Cortancyl®)** per os/j en diminuant de 5 mg/j

↓

ÉCHEC

↓

Morphine IV 0,1 mg/kg, puis si insuffisant 2 mg/10 min jusqu'à obtention de l'effet souhaité et en surveillant la respiration

Morsures

DÉSINFECTION DE LA PLAIE
- Savonnage prolongé et rinçage à grande eau
- Application d'un antiseptique : dérivé iodé (Bétadine®), chlorhexidine (Septéal®)...

PARAGE DE LA PLAIE
- Parage méticuleux de tous les tissus délabrés
- Si parage est incomplet → suture interdite

VACCINATION ANTITÉTANIQUE

Type de blessure	Rappel < 10 ans	Rappel > 10 ans	Non vacciné ou vaccin en cours
Blessure propre superficielle	Aucun traitement antitétanique	Rappel vaccinal simple	Vaccin antitétanique complet
Blessure propre mais profonde ou avec risque de tétanos	Rappel vaccinal simple	Rappel vaccinal + 250 UI d'IgG antitétaniques	Vaccin antiténatique complet + 250 UI d'IgG antitétaniques
Débridement incomplet avec risque de tétanos	Rappel vaccinal simple	Rappel vaccinal + 500 UI d'IgG antitétaniques	Vaccin antiténatique complet + 500 UI d'IgG antitétaniques

ANTIBIOTHÉRAPIE SYSTÉMATIQUE
- **Doxycycline** 200 mg/j en 1 prise per os
- En cas d'intolérance ou chez les enfants : **amoxicilline** 1,5 g/j chez l'adulte et 25-50 mg/kg/j en 3 prises per os
- Durée : 1 semaine

PRÉVENTION ANTIRABIQUE
- Sous le responsabilité des centres antirabiques
- Tout animal mordeur doit être surveillé si possible pendant 10 jours (mais tous les animaux domestiques ou sauvages suspects de rage doivent être abattus et leurs cerveaux examinés)
- Toute personne ayant été léchée, présentant des égratignures ou des érosions ou ayant été mordue par un animal domestique ou sauvage suspect ou ne pouvant être mis en observation doit être adressée dans les 24 h à un centre rabique qui décidera de la conduite à tenir

Noyade

À LA SORTIE DE L'EAU

- Libération des voies aériennes supérieures
- Déshabillage
- Installation à l'abri du vent
- Séchage prudent et couverture isotherme

↓

CATÉGORISATION EN 4 GROUPES

GROUPE I = AQUATRESS → Pas d'inhalation d'eau

GROUPE II = PETIT HYPOXIQUE →

- Eau dans l'arbre trachéo-bronchique mais la victime a été repêchée rapidement
- Toux, gêne respiratoire, tachypnée, râles bronchiques aux deux bases
- Conscience normale
- Tachycardie

GROUPE III = GRAND HYPOXIQUE →

- Inondation de l'arbre trachéo-bronchique
- État de conscience : de l'obnubilation au coma
- Détresse respiratoire : tachypnée, dyspnée, cyanose, gros râles diffus dans les deux champs à l'auscultation

GROUPE IV = ANOXIQUE → ACR d'origine anoxique

AQUASTRESS →

- Rassurer, réchauffement externe
- Contrôle de la glycémie
- **Surveillance 24 h** en milieu hospitalier : bilan biologique et radio pulmonaire

PETIT HYPOXIQUE →

- **Oxygène** au masque à haute concentration (8-10 L/min) avec surveillance à l'oxymètre de pouls (objectif SpO_2 > 95 %)
- Vidange gastrique
- **Surveillance 48 h en réanimation :**
  - ECG, GDS, bilan biologique
  - restriction hydrique modérée (30 mL/kg/j chez l'adulte, 50 mL/kg/j chez l'enfant)
  - si hypoxémie → ventilation au masque avec pression positive (VS-PEP) ou éventuelle intubation
  - prévention thrombo-embolique
  - si fièvre → hémocultures et antibiothérapie empirique anti-bacille Gram négatif et anaérobies (par ex. **amoxicilline + acide clavulanique = Augmentin®** 3 g/j)

GRAND HYPOXIQUE →

- **Intubation** avec induction en séquence rapide : **étomidate (Hypnomidate®)** 0,3 mg/kg et **suxaméthonium (Célocurine®)** 1 mg/kg
- Ventilation avec PEEP à 5 cm H_2O
- **Sédation** par **midazolam (Hypnovel®)** 0,1 mg/kg/h et **fentanyl** 0,5-1 µg/kg/h
- Surveillance PA, ECG et saturation
- **Si hypothermie :** réchauffement passif externe (couverture isotherme)
- **Si défaillance cardiaque : dobutamine (Dobutrex®)** 5-10 µg/kg/min
- Surveillance du ionogramme sanguin → objectif : correction des dysnatrémies et des dyskaliémies avec **relance de la diurèse :**
  - **furosémide (Lasilix®)** 0,5-1 mg/kg IV
  - **dopamine** 2,5 µg/kg/min

ACR ANOXIQUE →

- RCP standard (cf. p. 99)
- **Réanimation prolongée en cas d'hypothermie profonde** (en particulier en cas de noyade dans l'eau froide)
  → poursuivre la réanimation tout en réchauffant le patient
  → arrêter uniquement en cas d'inefficacité après réchauffement au delà de 33-34 °C

Œdème aigu du poumon cardiogénique

(OAPc)

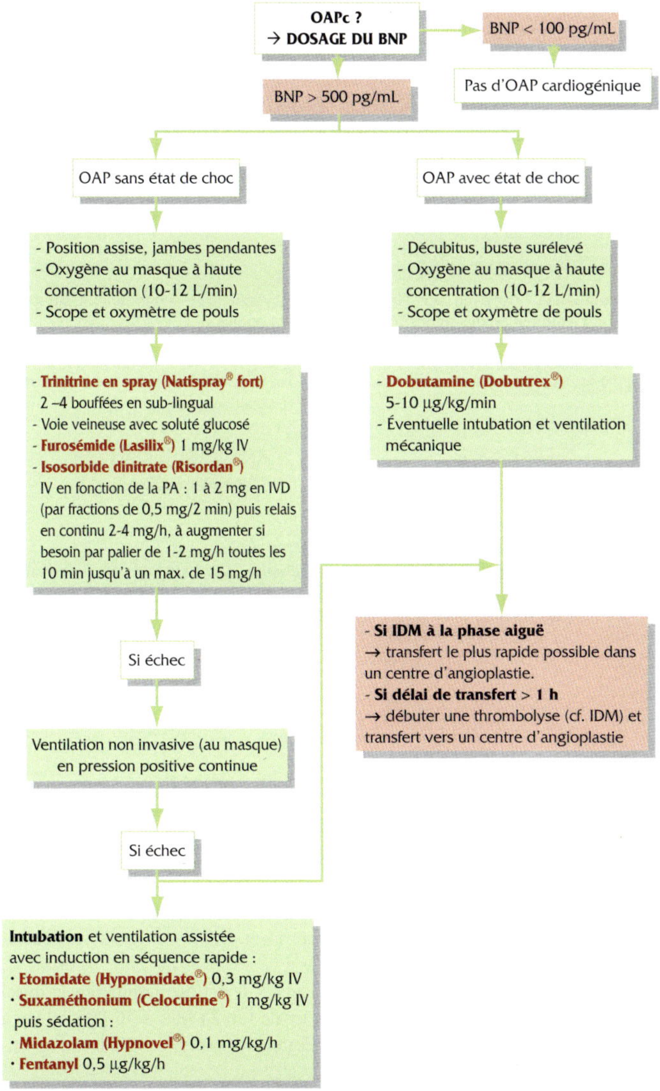

Œdème de Quincke

Œdème du visage avec retentissement respiratoire (dyspnée inspiratoire)

↓

MESURES GÉNÉRALES

- Position assise (interdiction d'allonger la patient → risque d'arrêt respiratoire)
- Oxygène au masque à haute concentration (10-12 L/min)
- Voie veineuse périphérique avec du sérum physiologique

ATTENTION : souvent collapsus associé (cf. Choc anaphylactique p. 116)

↓

MÉDICAMENTS

- **Adrénaline** 1 mg dilué dans 10 mL de sérum physiologique → injection mL par mL jusqu'à régression des signes sous surveillance scopique
- **Corticoïdes : méthylprednisolone (Solu-Médrol®)** 120 mg IVD ou **hémissucinate d'hydrocortisone** 300-500 mg IVD

↓

Amélioration

↓

Surveillance en USI car risque d'effet rebond dans les heures qui suivent

Pas d'amélioration et/ou détresse respiratoire

↓

Intubation avec sonde de petit calibre et induction en séquence rapide (**étomidate = Hypnomidate®** 0,3 mg/kg, **suxaméthonium = Célocurine®** 1 mg/kg)

↓

ÉCHEC

↓

Cricothyroïdectomie de sauvetage avec kit de type Quick-trach®

ATTENTION en cas d'œdème angioneurotique héréditaire (crises récidivantes, antécédents familiaux) ou acquis (gammapathies monoclonales, lymphomes, lupus érythémateux disséminé avec déficit en complément, IEC) → insensibilité à l'adrénaline et aux corticoïdes.

Seul TRAITEMENT possible : intubation en cas de détresse respiratoire et injection de concentré d'inhibiteurs plasmatiques de C1 24 000 à 36 000 UI ou à défaut de plasma frais congelé, d'acide tranexamique (Exacyl®) 1 g/2 h et d'aprotinine (Antagosan®) 100 000 UIK/4 h.

Occlusion intestinale

Occlusion intestinale du grêle

4 SIGNES
- Douleur abdominale
- Nausées et vomissements
- Arrêt des matières et des gaz
- Météorisme abdominal

Facteur de risque : antécédents de chirurgie abdominale

BILAN
- **Radiologie :**
  - ASP de face debout, centré sur les coupoles → présence de niveaux hydro-aériques, plus large que hauts
  - Scanner
- **Biologie :** NFS, ionogramme sanguin, urée et créatinine, amylasémie, hémostase

- Début très brutal (douleurs violentes et permanentes)
- Météorisme asymétrique
- Altération de l'état général avec déshydratation, voire état de choc

→ **OCCLUSION PAR STRANGULATION** → **URGENCE CHIRURGICALE**

- Installation progressive avec antécédents d'épisodes similaires régressifs
- Douleurs moins violentes
- Vomissements et arrêt du transit plus tardifs
- Météorisme diffus

→ **OCCLUSION PAR OBSTRUCTION**

- Douleurs modérées ou absentes
- Météorisme important
- Distension globale sur l'ASP

→ **OCCLUSION FONCTIONNELLE**

TRAITEMENT MÉDICAL
- Aspiration digestive
- **Correction hydro-électrolytique et volémique :** colloïde (**Voluven®**) et/ou cristalloïde (**Ringer lactate**) à adapter en fonction du ionogramme
- Pose d'une sonde urinaire pour surveiller la diurèse
- Eventuelle voie veineuse centrale pour contrôler la PVC
- **Antispasmodiques : phloroglucinol (Spasfon®)** 40 mg IV lent

Absence d'amélioration → **CHIRURGIE**

Régression des signes d'occlusion → **SURVEILLANCE et POURSUITE DU BILAN**

Occlusion intestinale colique

SIGNES

- Douleur d'installation progressive
- Arrêt des matières et des gaz mais parfois fausse diarrhée
- Météorisme précoce en cadre prédominant dans la fosse iliaque droite
- Antécédents de chirurgie abdominale

BILAN

- **Radiologie :**
  - ASP de face debout, centré sur les coupoles → niveaux hydro-aériques, peu nombreux, plus hauts que larges
  - Lavement aux hydrosolubles → permet de préciser le siège d'une sténose colique basse
  - Colonoscopie ou rectosigmoïdoscopie → uniquement en cas de doute diagnostique ou d'intérêt thérapeutique (volvulus), en l'absence certaine de perforation
- **Biologie :** NFS et plaquettes, ionogramme, urée et créatinine, hémostase, groupe-Rhésus et agglutinines irrégulières

Signes de gravité
(sepsis, signes péritonéaux, volvulus, diamètre caecal > 12 cm)

→ **URGENCE CHIRURGICALE**

Absence de signes de gravité

→ **TRAITEMENT MEDICAL**

- Aspiration digestive
- **Correction hydro-électrolytique et volémique :** colloïde (**Voluven®**) et/ou cristalloïde (**Ringer lactate**) à adapter en fonction du ionogramme
- Pose d'une sonde urinaire pour surveiller la diurèse
- **Antispasmodiques : phloroglucinol (Spasfon®)** 40 mg IV lent
- **Antibiothérapie** (après hémocultures) : **imipénème + cilastine (Tiénam®)** 2 g/j en 4 perfusions

→ Échec ou complications → URGENCE CHIRURGICALE

→ Syndrome d'Ogilvie → Colo-exsufflation → (échec ou complications)

→ Volvulus → Tentative de détorsion avec un lavement ou une endoscopie → (échec ou complications)

Paludisme

SIGNES DE GRAVITÉ

Cliniques :
- Coma, convulsions
- État de choc
- Œdème pulmonaire
- Hémorragies

Biologiques :
- Anémie profonde
- Parasitémie > 5 %
- Hypoglycémie
- CIVD
- Acidose
- Hémoglobinurie

↓

HOSPITALISATION ET TRAITEMENT INITIAL PAR VOIE IV

PAS DE GRAVITÉ IMMEDIATE

↓

- Diagnostic parasitologique connu le jour même
- Absence de signe de gravité
- Absence de troubles digestifs
- Parasitémie < 5 %
- Milieu socioculturel autorisant une bonne observance du traitement
- Absence de facteur de risque : grand âge, splénectomie, grossesse, pathologie sous jacente (cardiologique+++)
- Proximité d'un hôpital
- Médicaments disponibles et accessibles pour une prise immédiate
- Consultation entre 3 et 7 jours après le début du traitement

↓

TRAITEMENT AMBULATOIRE PER OS

↓

ADULTE : 1. Quinine et méfloquine ; 2. Halofantrine
ENFANT : 1. Halofantrine ; 2. Quinine et méfloquine
ZONE DE RÉSISTANCE : quinine + doxycycline (ou clindamycine)
FEMME ENCEINTE : uniquement quinine possible

↓

SCHÉMAS THÉRAPEUTIQUES

- **Quinine (Quinine Lafran®, Quinimax®)**
  - **Per os :** 8 mg/kg, 3 fois par jour pendant 5 jours
  - **IV :** 8 mg/kg (ou 16 mg/kg en cas de survenue d'un accès grave malgré une chimioprophylaxie par chloroquine) dilués dans du G 5 ou 10 % à perfuser en 4 h, 3 fois par jour. Traitement de 7 jours (un relais per os par la quinine ou la méfloquine est possible dès l'amélioration clinique) → surveiller régulièrement la glycémie
- **Méfloquine (Lariam®)** 25 mg/kg en 3 prises espacées de 6 à 12 h → **ATTENTION :** complications neuropsychiatriques
- **Halofantrine (Halfan®)** 24 mg/kg en 3 prises espacées de 6 h, à prendre à distance des repas (2e cure au 7e jour) → **ATTENTION** à la toxicité cardiaque
- **Doxycycline** 100 mg toutes les 12 h pendant 7 jours
- **Clindamycine (Dalacine®)** 10 mg/kg en 3 prises pendant 7 jours

Panaris

BILAN GÉNÉRAL

- Recherche d'une porte d'entrée
- Recherche de facteurs favorisants : diabète, alcool, prise d'immuno-suppresseurs, corticothérapie, toxicomanie...
- Palpation des culs-de-sac synoviaux, recherche de signes de lymphangite et d'adénopathies régionales
- Prise de la température
- Radiographie de face et de profil → recherche de signes d'ostéo-arthrite ou de corps étranger

STADE PHLEGMASIQUE

- Doigt légèrement inflammatoire
- Sensation de brûlure sans réelle douleur
- Pas de caractère pulsatile
- N'entrave pas le sommeil

STADE DE COLLECTION

- Douleur lancinante, pulsatile et insomniante
- Doigt rouge, chaud, tendu
- Poche périunguéale blanchâtre, tendue

STADE DE COMPLICATIONS

- Fistulisation à la peau
- Arthrite, ostéo-arthrite
- Phlegmons des gaines, lymphangite

TRAITEMENT MÉDICAL

- Pansements avec un antiseptique cutané (**Hexomédine®, Dakin**...)
- Immobilisation simple par pansement
- **Antibiothérapie :**
  - **Oxacilline (Bristopen®)** 3 g/j en 3 prises per os

ou

  - **Doxycycline** 200 mg/j en 1 prise per os en cas de morsure

TRAITEMENT CHIRURGICAL

RÉÉVALUATION /24 H → **AGGRAVATION** → TRAITEMENT CHIRURGICAL

GUÉRISON EN 48 H → **NON** → TRAITEMENT CHIRURGICAL

Pancréatite aiguë

BILAN BIOLOGIQUE
- NFS, plaquettes et hémostase
- Ionogramme sanguin et glycémie
- Urée et créatinine
- Transaminases (ASAT), LDH
- Calcémie
- Albumine
- Amylase, lipase
- CRP
- GDS
- Hémocultures au moindre doute d'infection

+

IMAGERIE
- ASP et radio de thorax
- Échographie abdominale
- Scanner = examen diagnostique de référence (mais sa réalisation en urgence n'est pas indispensable au diagnostic)

APPRÉCIATION DE LA GRAVITÉ À L'ADMISSION
Gravité immédiate = score de Glasgow de la pancréatite ≥ 3
(le score de Ranson n'est obtenu qu'à la 48e h, cf. p. 305)

MESURES GÉNÉRALES
- Voie veineuse de gros calibre avec **G 5 %** + 4 g/L NaCl + 2 g/L KCl + 100 mg de **vitamine B1**
- Sonde naso-gastrique avec aspiration douce (–10 à –20 cmH_2O)
- Oxygène au masque 3-6 L/min (voire plus en fonction des GDS)
- Sonde urinaire

TRAITEMENT DU CHOC
- Remplissage avec un soluté colloïde (**Voluven®**) : 1000-1500 mL
- Apports de base (1500 mL) + compensation des pertes digestives : **G 5 % + 4 g/L NaCl et 2 g/L KCl** (à adapter en fonction de la diurèse et du ionogramme)

ANTALGIQUES
- Vessie de glace sur le ventre
- **Paracétamol (Perfalgan®)** 1 g/6-8 h en IV (flacon de 1g dans 100 mL à perfuser en 15 min)
- **Tiémonium (Viscéralgine®)** 5 mg/ 6 h IV lente
- **Lidocaïne (Xylocard®)** 1 mg/kg/h en perfusion continue
- Éviter si possible les morphiniques qui entraînent une contracture du sphincter d'Oddi

SI DOUTE SUR INFECTION = ANTIBIOTHÉRAPIE
(après prélèvements)
- **Amoxicilline-acide clavulanique (Augmentin®)** 1 g/8 h IV ou
- **Ofloxacine (Oflocet®)** 200 mg/12 h IV

TRAITEMENT CHIRURGICAL ou ENDOSCOPIQUE
- Si **origine lithiasique :**
  - en urgence (dans les 24-48 h) : cholécystectomie et drainage des voies biliaires
  - à distance : sphinctérotomie endoscopique (CPRE)
- Si **surinfection** : résection chirurgicale de la masse nécrosée avec drainage large

Pendaison

ATTENTION : manipulation avec précaution car risque de LÉSION CERVICALE

PATIENT EN ACR → Réanimation standard de l'ACR (cf. p. 99)

PATIENT CONSCIENT

↓

Hospitalisation systématique car risque d'œdème cervical compressif et de lésion trachéale

↓

PRISE EN CHARGE

- Oxygène au masque 3-6 l/min
- Si agitation, **sédation** par benzodiazépines : **clorazépate dipotassique (Tranxène®)** 20-50 mg IM ou IV lent

PATIENT DANS LE COMA

↓

INTUBATION ET VENTILATION ASSISTÉE

- Si nécessaire, induction en séquence rapide : **étomidate (Hypnomidate®)** 0,3 mg/kg et **suxaméthonium (Célocurine®)** 1 mg/kg
- Prévention de l'œdème cérébral :
  - ventilation avec objectif d'une normoxie et d'une hypocapnie aux alentours de 35 mmHg (surveillance avec l'oxymètre et la capnographie)
  - position tête surélevée à 30°
- Si nécessaire **sédation : midazolam (Hypnovel®)** 0,1 mg/kg/h et **fentanyl** 0,5-1 µg/kg/h
- Si œdème du poumon : PEEP à 5-7 cm H_2O

↓

AUTRES MESURES

- **Stabilisation de la PA :** remplissage modéré et catécholamines (**dopamine** 3-10 µg/kg/min)
- Déplétion hydrosodée pour diminuer l'œdème cérébral
- **Si convulsions : diazépam (Valium®)** 5-20 mg IV

↓

BILAN

- Radios : scanner (ou radios face, profil, 3/4) du rachis cervical, éventuellement complété par une IRM (recherche de lésions laryngées et trachéales)
- Échographie du cou et écho-doppler des vaisseaux du cou
- GDS et radio pulmonaire
- Bilan biologique avec éventuelle recherche de toxiques
- Avis ORL
- Prendre si possible une photo du cou avec le sillon de pendaison (valeur médico-légale)

Péricardite aiguë

MESURES GÉNÉRALES

- Position semi-assise et repos
- Oxygène nasal 3-4 L/min
- Voie veineuse périphérique avec soluté de type Ringer lactate
- ECG
- Prélèvements : NFS, VS ou CRP, enzymes cardiaques

Échocardiographie
(peut être normale en cas de péricardite sèche)

Bonne tolérance clinique

ANTI-INFLAMMATOIRES NON STÉROÏDIENS

- **Aspirine** 3 g/jour en 3 prises per os

ou

- **Indométacine (Indocid®)** 150 mg/j en 3 prises per os

Traitement pendant 2-4 semaines à doses décroissantes

Mauvaise tolérance clinique et/ou échographique

Cf Tamponnade p. 251

Péritonite aiguë

VENTRE DE BOIS = PÉRITONITE AIGÜE

↓

EXAMENS COMPLÉMENTAIRES

(ne doivent en aucun cas retarder le traitement chirurgical)

- ASP → aérogrêlie signe d'un iléus réflexe, parfois pneumopéritoine
- Échographie et scanner → épanchement liquidien, pneumopéritoine
- Biologie : NFS et plaquettes, ionogramme, urée et créatinine, groupe-Rhésus et agglutinines irrégulières
- Hémocultures
- ECG pour éliminer un problème coronarien

↓

PRISE EN CHARGE SYMPTOMATIQUE

- Voie veineuse de gros calibre (si possible 2) avec soluté de Ringer lactate
- Oxygène au masque à fort débit à adapter en fonction de l'oxymétrie
- Décubitus dorsal, jambes fléchies
- Sonde gastrique en aspiration
- Antalgiques : **paracétamol (Perfalgan®)** flacon de 1 g dans 100 mL à perfuser en 15 min ; si insuffisant **morphine** IV 0,1 mg/kg, puis si insuffisant 2 mg/10 min jusqu'à obtention de l'effet souhaité et en surveillant la respiration

↓ → **RÉANIMATION** et **CHIRURGIE EN URGENCE**

RÉANIMATION

↓

- Si **collapsus :**
  - Remplissage avec un HEA (**Voluven®**) 1000-1500 mL
  - Si insuffisant : adrénaline 0,5 mg/h ou dopamine 5 µg/kg/min à augmenter progressivement en fonction de l'effet
- Si **détresse respiratoire :**
  - Intubation avec induction en séquence rapide : **étomidate (Hypnomidate®)** 0,3 mg/kg et **suxaméthonium (Célocurine®)** 1 mg/kg
  - Ventilation avec FiO_2 à 100 %

↓

ANTIBIOTHÉRAPIE IV

- **Amoxicilline + acide clavulanique (Augmentin®)** 2 g × 3/j

plus

- **Gentamicine** 1 mg/kg × 3/j

plus

- **Métronidazole (Flagyl®)** 500 mg × 3/j

→ Après stabilisation des fonctions vitales → **CHIRURGIE EN URGENCE**

Piqûre de serpent en France

Le sujet traité concerne les différentes sortes de vipères.

MESURES SUR LES LIEUX DE L'ACCIDENT

- Rassurer la victime
- Mettre en position allongée, au repos complet
- Nettoyer et désinfecter la plaie (**Dakin, Bétadine**®...)
- Mettre en place un bandage lâche autour du membre mordu de la racine vers la périphérie (objectif → blocage de la circulation lymphatique)
- Attelle d'immobilisation à visée antalgique
- Appliquer de la glace enveloppée dans un linge au niveau de la zone piquée

ÉVALUATION DE LA GRAVITÉ

GRAVITÉ CLINIQUE

Grade	Symptômes
0	Traces des crochets au niveau de la morsure
1	Œdème local, absence de signes généraux
2	Œdème régional du membre et/ou symptômes généraux modérés (hypotension modérée, vomissements, douleurs abdominales, diarrhée)
3	Œdème extensif atteignant le tronc et/ou symptômes généraux sévères (hypotension prolongée, choc, réaction anaphylactoïde, saignements)

GRAVITÉ BIOLOGIQUE

(NFS, hémostase complète avec plaquettes, fibrinogène, PDF)

- Hyperleucocytose > 15 000/mm^3
- Thrombopénie < 150 000/mm^3
- Fibrinémie < 2 g/L
- Taux de prothrombine < 60 %

Grade 0 ou 1 et absence de signes biologiques

→ Surveillance simple

Grade 2 ou 3 et/ou présence de signes biologiques

→ **TRAITEMENT**

- **Antivenin (Viperfav®)** :
  - Dose initiale (quels que soient l'âge et le poids) :
    - 4 mL dilués dans 100 mL de sérum physiologique
    - Débuter la perfusion à une vitesse réduite 50 mL/h
    - En perfusion lente en 1 h minimum
  - 2e dose de 4 mL selon l'évolution 5 h après le début de la première perfusion
- En cas de CIVD : **héparine** à faible dose 2-3 mg/kg/j

Pneumopathie aiguë

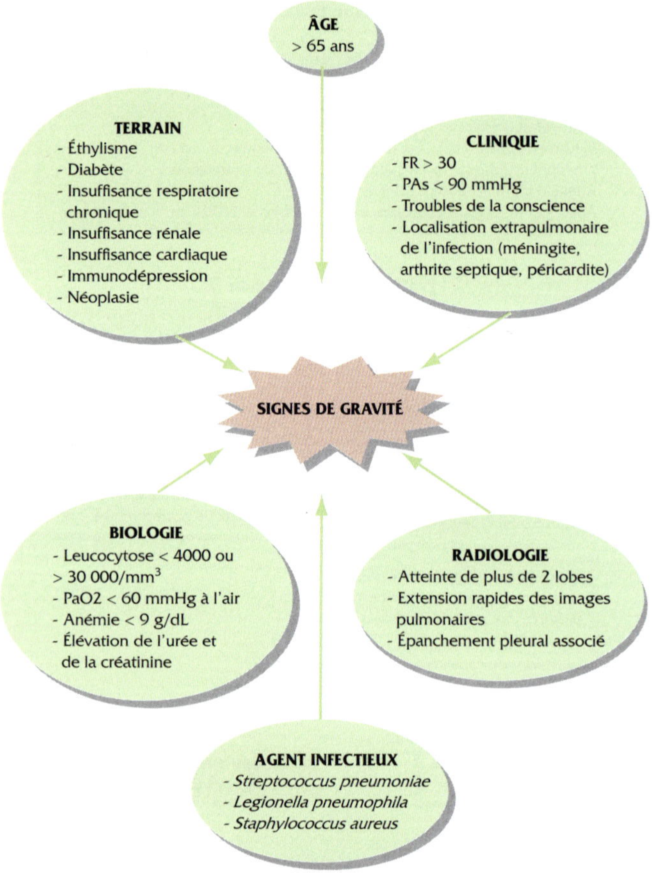

EXAMENS COMPLÉMENTAIRES

- Radiographie de poumon
- NFS, CRP
- GDS en fonction de l'oxymétrie de pouls
- **Recherche du germe :** hémocultures, immunofluorescence dans les expectorations pour *Legionella pneumophila*, agglutinines froides (argument pour une infection à mycoplasmes). La sérologie pour les germes intracellulaires (mycoplasme, légionnelle, *Chlamydiae*) est utile pour un diagnostic rétrospectif

ANTIBIOTHÉRAPIE PROBABILISTE

ADULTE SAIN SANS SIGNE DE GRAVITÉ

- Traitement ambulatoire possible
- **Amoxicilline** 6 g/j ou **érythromycine** 3 g/j en 3 prises per os
- **Si absence d'amélioration au bout de 48-72 h :** inversion de la prescription initiale ou association des 2 produits
- **Si aggravation :** hospitalisation

ADULTE FRAGILE À RISQUE
(Voie IV)

- **Amoxicilline + acide clavulanique (Augmentin®)** 1 g/8 h ou **ceftriaxone (Rocéphine)** 1 g/j
- **Plus métronidazole (Flagyl®)** 500 mg/8 h per os chez l'alcoolique
- **Plus érythromycine** 1 g/8 h ou **ofloxacine (Oflocet®)** 200 mg/12 h

EN CAS DE SIGNE DE GRAVITÉ

- **Ceftriaxone (Rocéphine®)** 1 g/12 h

plus

- **Erythomycine** 1 g/8 h **ou ofloxacine (Oflocet®)** 200 mg/12 h
- **plus ornidazole (Tibéral®)** 1 g/j chez l'alcoolique

SI ALLERGIE À LA PENICILLINE

- **Pristinamycine (Pyostacine®)** 2-3 g/j per os en 2-3 prises

ou

- **Clindamycine (Dalacine®)** 600 mg/8 h IV

SI DÉTRESSE RESPIRATOIRE

- **Intubation** avec induction en séquence rapide : **étomidate (Hypnomidate®)** 0,3 mg/kg et **suxaméthonium (Célocurine®)** 1 mg/kg
- **Broncho-aspiration** avec éventuel prélèvement distal protégé pour rechercher le germe

Pneumothorax

MESURES GÉNÉRALES
- Position semi-assise
- Oxygène au masque à haute concentration (8-10 L/min)
- Voie veineuse périphérique avec soluté de type Ringer lactate
- Antalgique : **paracétamol (Perfalgan®)** flacon de 1 g dans 100 mL à perfuser en 15 min
- Radiographie de thorax pour confirmer le diagnostic

DÉTRESSE RESPIRATOIRE
- Dyspnée intense, polypnée, cyanose
- Tachycardie, pouls paradoxal, signes d'insuffisance ventriculaire droite
- En cas de signes de déglobulisation (pâleur, soif, colllapsus) → suspecter un hémopneumothorax

↓

- Remplissage avec un soluté colloïde (**Plasmion®, Voluven®**)
- Exsufflation à l'aiguille et/ou drainage thoracique

↓

Jamais de ventilation mécanique sans exsufflation ou drainage → risque de pneumothorax suffocant
- Induction en séquence rapide : **étomidate = Hypnomidate®** 0,3 mg/kg, **suxaméthonium = Célocurine®** 1 mg/kg

puis
- Sédation avec **midazolam (Hypnovel®)** 0,1 mg/kg/h et **fentanyl** 0,5 µg/kg/h

Bonne tolérance respiratoire et hémodynamique

↓

Suivant l'importance du décollement :
- Simple surveillance
- Aspiration à l'aiguille

↓

ÉCHEC

↓

Drainage thoracique

Priapisme

Temps écoulé depuis le début du priapisme < 3 h

↓

Injection intracaverneuse d'**étiléfrine (Etiléfrine Serb®)** 6 mg (ampoule 10 mg/1 mL)

↓

Absence de détumescence au bout de 20 min

↓

Injection intracaverneuse d'**étiléfrine** 6 mg (ampoule 10 mg/1 mL)

↓

ÉCHEC → Anesthésie locale

ATTENTION
Contrôler pouls et PA avant et après chaque injection d'étiléfrine

Temps écoulé depuis le début du priapisme > 3 h

↓

Anesthésie locale sur le bord latéral de la verge, immédiatement sous le gland avec de la **lidocaïne 1 % (Xylocaïne®)** ou de la pommade **Emla®**

↓

- Utilisation d'une aiguille à ailettes (« butterfly ») de 19 G pour l'adulte et l'enfant > 12 ans, de 21 G pour les enfants < 12 ans
- Insertion de l'aiguille en piquant au milieu de la zone anesthésiée en faisant un angle de 45° avec le bord latéral de la verge
- Enfoncer d'un coup sec jusqu'à la garde

↓

- Ouvrir la tubulure pour laisser le sang s'écouler dans un haricot
- Laisser s'écouler le sang en se contentant de masser doucement la verge pour accélérer le débit

NE PAS ASPIRER – NE PAS LAVER

↓

Lorsque du sang rouge apparaît → faire un garrot à la base de la verge pour maintenir une certaine flaccidité, puis après avoir obturé la tubulure, injecter 10 mg d'étiléfrine

↓

Absence de détumescence au bout de 10 min

↓

Rouvrir la tubulure, vider à nouveau le corps caverneux et renouveler l'injection d'**étiléfrine**

Prostatite aiguë

MESURES GÉNÉRALES

- Prélèvements bactériologiques avant antibiothérapie : ECBU, prélèvement urétral
- Repos au lit
- **Traitement de la fièvre et des douleurs : paracétamol** 1 g × 3/j
- AINS à la phase aiguë (1 semaine) : **acide niflumique (Nifluril®)** 250 mg × 3/j
- **Alpha-bloquants** pour éventuellement améliorer les mictions : **alfuzosine (Xatral® LP)** 5 mg le premier jour puis 10 mg/j
- **Laxatifs** en cas de constipation : **sorbitol** 3 sachets/j
- Abstention de rapports sexuels

Pas de signe de gravité

→ **ANTIBIOTHÉRAPIE PER OS**
(4 semaines)
Ofloxacine (Oflocet®) 200 mg × 2/j

Signes de gravité
(fièvre élevée,
altération de l'état général,
infection nosocomiale...)

→ **ANTIBIOTHÉRAPIE INTRAVEINEUSE**
- **Ofloxacine (Oflocet®)** 200 mg × 2/j en perfusion de 30 min

plus
- **Nétilmicine (Nétromicine®)** 3 mg/kg × 2/j en perfusion de 30 min

→ Rétention aiguë d'urine → Cathéter sus-pubien (sonde urétrale contre-indiquée)

→ Absence d'amélioration → Échographie trans-rectale → Si abcès → drainage chirurgical

→ **Après 48 h d'apyrexie, relais per os en monothérapie adaptée à l'antibiogramme**
(4 semaines)
Ofloxacine (Oflocet®)
200 mg × 2/j

Purpura fulminans

PURPURA FÉBRILE EXTENSIF
+
ÉTAT DE CHOC

TRAITEMENT DU CHOC

- **Remplissage :**
  - soluté colloïde (**Plasmion®**, **Voluven®**) 20 à 30 mL/kg en 30 min **puis**
  - albumine 20 % diluée à moitié avec du G 5 % à la dose de 1 g/kg
- **Catécholamines :**
  + **dopamine** 10 à 20 g/kg/min
  + si insuffisant :
  Choc froid : **dobutamine (Dobutrex®)** 10 à 20 µg/kg/min ou **adrénaline** 0,01 à 1 µg/kg/min à augmenter en fonction de l'effet
  Choc chaud : **noradrénaline** 0,05 à 0,5 µg/kg/min à augmenter en fonction de l'effet
  → en cas de résistance aux catécholamines : penser à l'insuffisance surrénale (hypoglycémie, hyponatrémie, hyperkaliémie).
- **Intubation et ventilation d'indication large :**
  - induction en séquence rapide :
    étomidate = Hypnomidate® 0,3 mg/kg,
    suxaméthonium = Célocurine® 1 mg/kg, **puis**
  - sédation par **midazolam (Hypnovel®)** 0,1 mg/kg/h et **fentanyl** 0,5-1 µg/kg/h

ANTIBIOTHÉRAPIE

Ceftriaxone (Rocéphine®)
IV en 30 min
- **Adulte :** 2 g
- **Enfant :** 50 à 100 mg/kg (sans dépasser 1 g)
- **Nouveau-né :** 50 mg/kg

En cas de **difficulté d'obtention de voie veineuse** → mêmes doses en **IM**

MESURES GÉNÉRALES

- **Paracétamol (Perfalgan®)** 15 mg/kg en IV lent (15 min), à renouveler à intervalle de 4 à 6 h sans dépasser 60 mg/kg/24 h
- **Si convulsions :**
  - **Diazépam (Valium®)** 0,5 mg/kg à renouveler 1 fois.
  - **Clonazépam (Rivotril®)** 0,05-0,1 mg/kg puis 0,1 mg/kg/6 h

→ si inefficace, cf Etat de mal convulsif p. 125
- Contention lâche chez l'enfant car peau très fragile
- Ponction lombaire
- Biologie : hémocultures, NFS, CRP, hémostase, groupe-Rhésus, ionogramme sanguin, antigènes solubles sang et urines
- Gluconate de calcium 10 % (hypocalcémie liée à la CIVD) : 0,5 mL/kg IV lent puis 100 mL/m^2/j

NE PAS OUBLIER LA PROPHYLAXIE DES SUJETS CONTACTS

- Rifampicine (Rifadine®) :
  - Adulte 600 mg, deux fois par jour pendant 48 h
  - Enfants de 1 mois à 12 ans : 10 mg/kg, deux fois par jour
  - Enfant de moins d'1 mois : 5 mg/kg, deux fois par jour
- Plus vaccination si méningocoque du groupe A ou C

Pyélonéphrite aiguë

- ECBU et hémocultures préalables à l'antibiothérapie
- Échographie (recherche d'un obstacle, d'un abcès, d'une malformation …)

FORME NON COMPLIQUÉE

TRAITEMENT AMBULATOIRE POSSIBLE

ANTIBIOTHÉRAPIE
(durée 10 j minimum)
- **Ofloxacine (Oflocet®)**
  400 mg/j per os en 2 prises

ou
- **Céftriaxone (Rocéphine®)**
  1 g/j en une injection unique IV ou IM

FORME COMPLIQUÉE
- Septicémie
- Diabète, immunodépression
- Vieillard
- Obstacle sur les voies urinaires
- Abcès rénal ou phlegmon périrénal à l'échographie
- Malformation de l'appareil urinaire

HOSPITALISATION

ANTIBIOTHERAPIE
(durée 3 semaines minimum)

Initialement, 2 antibiotiques par voie IV puis, après 48 h d'apyrexie, monothérapie per os adaptée à l'antibiogramme
- **Céftriaxone (Rocéphine®)** 2 g/j en une injection IV ou **ofloxacine (Oflocet®)** 400 mg/j en 2 fois

plus
- **Gentamicine (Gentalline®)**
  3 mg/kg/j en une injection unique IV puis adaptation en fonction du germe et de l'antibiogramme

- En cas d'obstacle sur les voies urinaires → drainage en amont par sonde urétérale ou néphrostomie percutanée
- En cas d'abcès du rein → éventuel drainage

Rétention aiguë d'urine

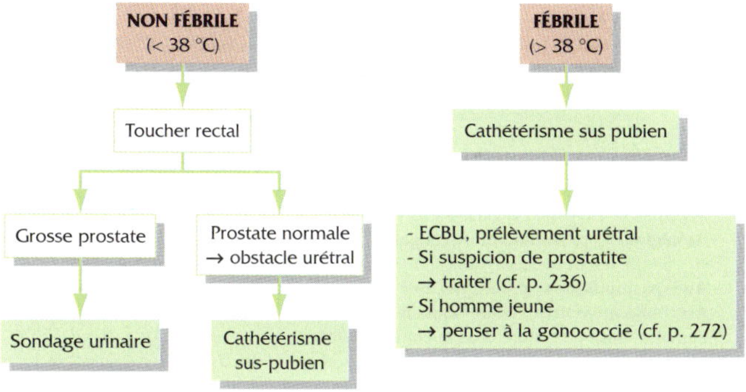

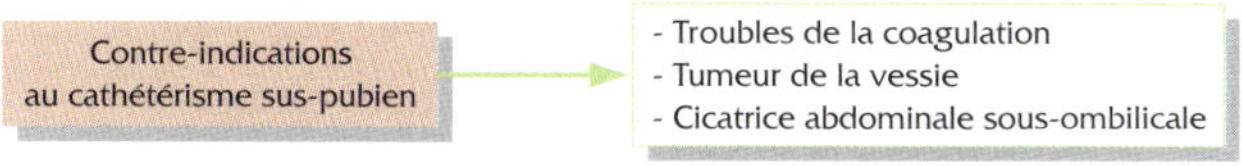

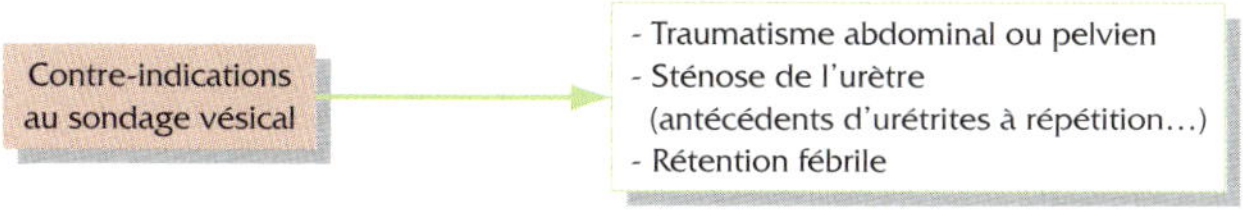

Salpingite aiguë

BILAN INITIAL

- Recherche du germe : prélèvements locaux (leucorrhées), ECBU, sérologie *Chlamydiae* et syphilis
- Échographie à la recherche d'un abcès

↓

MESURES GÉNÉRALES

- Repos au lit et vessie de glace sur le ventre
- **Antalgiques : paracétamol (Perfalgan®)** flacon de 1 g dans 100 mL à perfuser en 15 min, à renouveler 3 fois/j
- **Antispasmodiques : phloroglucinol (Spasfon®)** 40 mg IV, à renouveler 3 fois/j
- **Anti-inflammatoires : acide tiaprofénique (Surgam®)** 200 mg × 3/j
- Retrait et mise en culture d'un éventuel stérilet
- Mise au repos des ovaires et prévention des abcès et des dystophies ovariennes : pilule œstroprogestative normodosée (par ex. **Stédiril®** 1 cp/j)

↓

ANTIBIOTHÉRAPIE

- **Amoxicilline + acide clavulanique (Augmentin®)** 1 g IV × 3/j **plus ofloxacine (Oflocet®)** 200 mg IV × 2/j
- Adapter le traitement en fonction des résultats des prélèvements
- Relais per os après 48 h d'apyrexie pendant 10-15 jours

↓

- Femme jeune nullipare
- Doute diagnostique
- Signes de péritonite

↓

COELIOSCOPIE DIAGNOSTIQUE ET THÉRAPEUTIQUE

Sevrage alcoolique

(hors delirium tremens)

Utilisation de l'**index de sevrage alcoolique** ou **score de Cusham** (cf. p. 340)

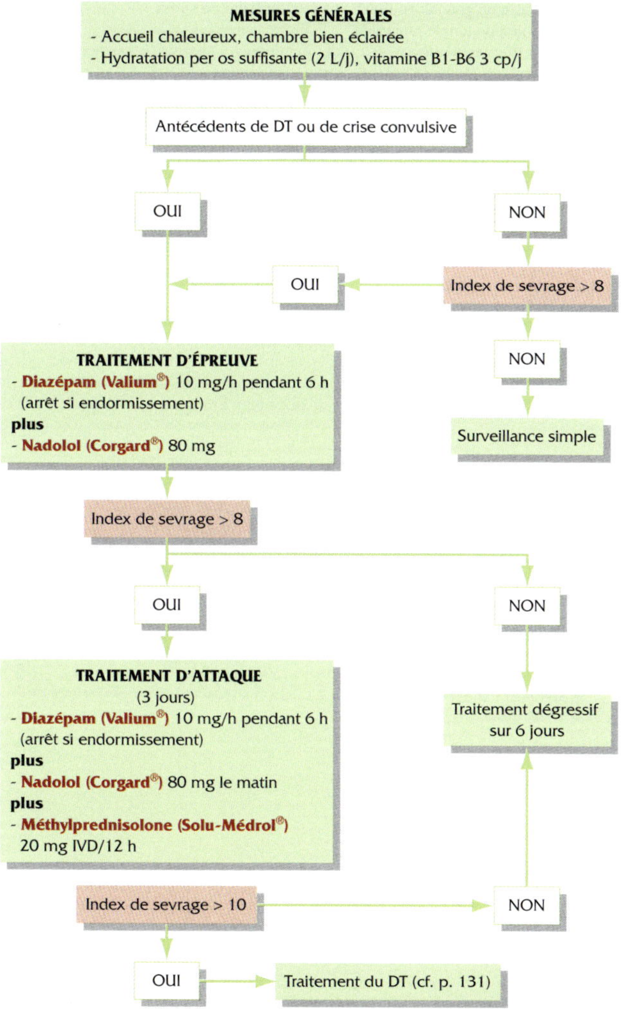

Spasmophilie

Autre appellation **tétanie** ou **syndrome d'hyperventilation anxieuse.**

CONTEXTE

- Malaise en général en public, parfois contexte de stress
- Respiration ample ou rapide
- Paresthésies des lèvres et/ou des extrémités, « mains d'accoucheur »
- Paupières frémissantes, résistantes à l'ouverture
- Prédominance féminine

MESURES GÉNÉRALES

- Isoler la personne dans un lieu calme avec une seule personne
- Si la crise est typique, aucun examen complémentaire n'est nécessaire
- En cas de doute : pouls, PA, glycémie capillaire, température, ECG

TRAITEMENT

- Faire respirer le patient dans un sac en plastique pour corriger l'alcalose ventilatoire (faire rentrer un peu d'air frais de temps en temps)
- Injection intraveineuse d'un « placebo » de type **gluconate de calcium 10 %**, 10 mL IV
- Associer une benzodiazépines en sub-lingual de type **bromazépam (Lexomil®)** 1/2 cp

Résolution de la crise

- Personne confiée à l'entourage au domicile
- Conseil de prise en charge par le médecin traitant

- Anxiété persistante
- Isolement
- Difficultés avec l'entourage

- Consultation psychiatrique
- Exceptionnellement hospitalisation avec traitement anxiolytique

Surdité brutale

RECHERCHE D'UNE ÉTIOLOGIE POSSIBLE

- **Neurinome de l'acoustique :** syndrome vestibulaire périphérique, céphalées, hypoesthésie cornéenne (atteinte du trijumeau) → anomalie des potentiels évoqués auditifs et/ou syndrome vestibulaire déficitaire aux épreuves caloriques → IRM avec injection au gadolinium
- Sclérose en plaques : autres signes neurologiques régressifs → anomalies des potentiels évoqués auditifs → IRM
- Traumatismes : fracture du rocher → scanner ; barotraumatisme ou traumatisme sonore aigu → audiométrie
- Infections virales (oreillons, rougeole, rubéole, zona auriculaire) ou bactériennes (syphilis, labyrinthite post otite moyenne aiguë ou chronique)
- Maladies auto-immunes (maladie de Wegener, périartérite noueuse, lupus érythémateux…)
- Troubles de l'hémostase ou maladies cardiovasculaires emboligènes

↓

Absence d'étiologie

↓

SURDITÉ BRUSQUE = URGENCE NEURO-SENSORIELLE

↓

ABSENCE DE CONSENSUS THÉRAPEUTIQUE

↓

TRAITEMENT USUEL

- Hospitalisation et repos au lit
- **Corticothérapie : méthyl-prednisolone (Solu-Médrol®)** IV ou **prednisone (Cortancyl®)** per os 1 g/kg/j pendant 5-7 jours puis réduction progressive

↓

AUTRES THÉRAPEUTIQUES POSSIBLES

- **Vasodilatateurs : nicergoline (Sermion®)** IV 3-6 flacons de 5 mg/j en perfusion de 8 h, en augmentant progressivement les doses
- **Substances anti-ischémiques : piracétam (Nootropyl®)** IV 1 g, 3 fois/j
- **Carbogène :** inhalation durant 15 min toutes les heures
- **Oxygénothérapie hyperbare :** 1 séance/j pendant 7-10 jours
- **Substances osmotiques : mannitol 10 %** 500 mL/ j en perfusion lente
- **Hémodilution normovolémique** (remplacement d'un certain volume sanguin par un substitut du plasma de type **dextran**) → nécessité d'une surveillance clinique et biologique précise et contre-indiquée en cas d'insuffisance cardiaque

Syndromes coronaires aigus (SCA)

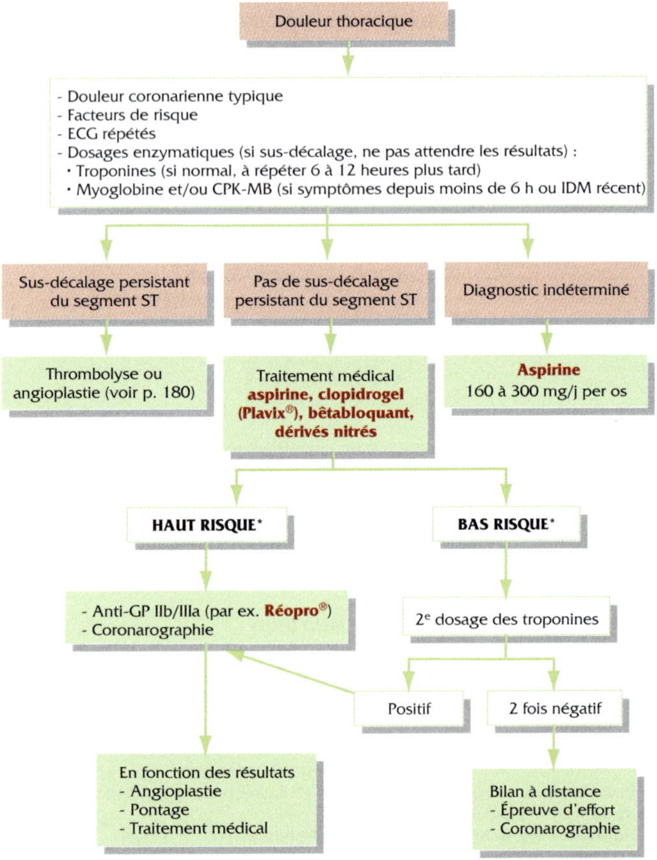

* Stratification du risque selon l'ESC *(European Society of Cardiology)*

PATIENTS À HAUT RISQUE D'IDM ET/OU DE DÉCÈS

- Ischémie récidivante : douleurs thoraciques récidivantes ou modifications dynamiques de ST (sous-décalage de ST ou sus-décalage transitoire de ST)
- Angor instable d'apparition précoce en post-infarctus
- Troponines élevées
- Instabilité hémodynamique
- Troubles du rythme majeurs (épisodes répétés de tachycardie ventriculaire, fibrillation ventriculaire)
- Diabète
- Profil ECG excluant une interprétation de modification de ST

PATIENTS À BAS RISQUE

- Absence de récidive de douleur thoracique durant la période d'observation
- Absence de sus- ou sous-décalage de ST, mais plutôt ondes T négatives, ou ondes T plates ou ECG normal
- Absence d'élévation des troponines ou d'autres marqueurs biochimiques de nécrose myocardique lors des évaluations initiales et ultérieures (entre 6 et 12 heures)

CLASSIFICATION DES SCA

- **Patients sans sus-décalage du segment ST :**
  - Absence d'élévation enzymatique = angor instable
  - Présence d'élévation enzymatique = IDM sans sus-décalage de ST
- **Patients avec un IDM sans sus-décalage de ST :**
  - Dans la majorité des cas : IDM sans onde Q
  - Dans la minorité des cas : IDM avec onde Q
- **Patients avec sus-décalage de ST :**
  - Dans la majorité des cas : IDM avec onde Q
  - Dans la minorité des cas : IDM sans onde Q

Syndrome de manque aux opiacés

PATIENT NON HOSPITALISÉ (en particulier en cas d'incarcération)

→

- **Cyamémazine (Tercian®)** : 25-50 mg matin, midi et 50-100 mg le soir
- **Tiémonium (Viscéralgine®)** 100 mg × 3/j
- **Alprazolam (Xanax®)** 0,50 mg matin, midi et 1 mg le soir

La première dose sera donnée aux urgences. Traitement donné pour 24 h et nouvelle consultation médicale

PATIENT HOSPITALISÉ (affection intercurrente)

→ Si affection potentiellement chirurgicale → ne pas utiliser les opiacés (risque en particulier de retarder le diagnostic en cas d'affection abdominale)

→ Si substitution par **buprénorphine (Subutex®)** ou **méthadone** → poursuivre aux doses habituelles

→ Possibilité d'utiliser la **morphine** en sous-cutanée à la dose de 5-10 mg/4 h

ATTENTION aux prises cachées, en particulier apport de toxiques lors des visites

Syndrome malin des neuroleptiques

CONTEXTE

- En général lors du 1er mois de traitement par un neuroleptique
- Fièvre élevée (jusqu'à 42 °C)
- Troubles de la conscience
- Tachycardie, déshydratation
- Polypnée et encombrement bronchique
- Raideur extrapyramidale, spasmes et contractures paroxystiques
- Biologie : hypernatrémie, hyperkaliémie, rhabdomyolyse, insuffisance rénale, acidose à trou anionique élevé, hyperleucocytose

↓

MESURES GÉNÉRALES

- Assurer une **ventilation efficace**
  → éventuelle intubation avec sédation par **midazolam (Hypnovel®)** 0,1 mg/kg
- **Réhydratation :** sérum physiologique 1 L puis adapter en fonction du ionogramme
- **Sédation : clorazépate dipotassique (Tranxène®)** 20-50 mg en IV lent 3-4 fois/j
- **Antipyrétique** et si besoin **antalgie : paracétamol (Perfalgan®)** flacon de 1 g dans 100 mL à perfuser en 15 min, 3-4 fois/j ou
  si insuffisant **morphine** IV 0,1 mg/kg, puis si insuffisant 2 mg/10 min
  jusqu'à obtention de l'effet souhaité et en surveillant la respiration
- Prélever systématiquement des hémocultures et rechercher une infection pulmonaire (radio de thorax)

↓

TRAITEMENT SPÉCIFIQUE

- **Dantrolène (Dantrium®)** :
  - 1-2 mg/kg IV lent en intraveineux strict (risque de nécrose cutanée) avec une dilution dans de l'eau ppi à raison de 60 mL/flacon de 20 mg
  - dose à renouveler toutes les 6 h pendant 24 h
- Associer de la **bromocriptine (Parlodel®)** :
  - commencer par 5 mg/8 h per os
  - puis augmenter la dose par palier de 5 mg jusqu'à 20 mg/8 h tant que l'hypertonie persiste
- **Arrêt du neuroleptique**

Syphilis

BILAN

- Prélèvement du chancre avant traitement avec examen direct
- Sérologie de la syphilis
- Recherche d'une autre MST associée : *Chlamydiae*, mycoplasmes, VIH, hépatite B
- Si confirmation du diagnostic → déclaration anonyme obligatoire

↓

ANTIBIOTHÉRAPIE

- **Benzathine-benzylpénicilline (Extencilline®)** 1,2 M en IM dans chaque fesse

ou en cas d'allergie à la pénicilline

- **Doxycycline** 200 mg/j per os en une prise pendant 15 j

ou en cas de contre-indication aux cyclines

- **Erythromicine (Erythrocine®)** 2 g/j per os en 2 prises pendant 15 j

↓

MESURES GÉNÉRALES

- Abstinence ou rapports protégés jusqu'à la guérison
- Traitement du ou des partenaire(s)
- Surveillance post-thérapeutique (sérologie, culture...)

Tachycardie jonctionnelle (ou maladie de Bouveret)

SITUATION ÉVOCATRICE
- Tachycardie régulière à complexes fins à 180-200/min
- Sujet jeune
- Absence de cardiopathies sous-jacente

→ **MESURES GÉNÉRALES**
- Surveillance ECG
- Voie veineuse avec **G 5 %**

↓

MANŒUVRES VAGALES
- Valsalva (expiration forcée effectuée nez et bouche fermés après inspiration profonde)
- Déglutition d'eau glacée en apnée
- Massage du sinus carotidien (DANGER si lésions athéromateuses carotidiennes !)

ÉVITER LA COMPRESSION DES GLOBES OCULAIRES
(Risque de lésion oculaire en particulier chez les personnes âgées)

↓

ÉCHEC

↓

- **Adénosine triphosphate (Striadyne®)** 10 mg en bolus IV, si échec 20 mg à 2 à 3 min plus tard

ou

- **Adénosine (Krénosin®)** 6 mg en bolus IV, si échec 12 mg, 2 à 3 min plus tard (CI : asthme, BAV 2 ou 3, maladie de l'oreillette)

→ Pause sinusale →
- Faire tousser
- **Atropine** 1 mg IVD, à renouveler si besoin

↓

ÉCHEC → **RÉÉVALUER DIAGNOSTIC**
→ fibrillation ou flutter atrial (cf. p. 155)

↓

- **Vérapamil (Isoptine®)** 5-10 mg à répéter au bout de 10 min si besoin, puis relais 3 A dans 250 mL de G 5 % sur 8 h

ou

- **Diltiazem (Tildiem®)** 0,25-0,30 mg/kg en 2 min

ATTENTION : CI en cas de Wolff-Parkinson-White

↓

ÉCHEC

↓

HOSPITALISATION EN USIC

Réduction et retour à un rythme sinusal (après adénosine ou vérapamil/diltiazem)

↓

- ECG complet
- Avis cardiologique

Tachycardie ventriculaire

ORIENTATION DIAGNOSTIQUE

Jusqu'à preuve du contraire toute tachycardie à complexes larges est une TV

Eléments évocateurs :

- Dissociation auriculo-ventriculaire.
- Présence de complexes fins ou peu élargis (complexes de capture ou fusion)
- Existence d'ESV de même morphologie sur ECG antérieur.
- QRS très larges avec axe hyperdroit.
- Coronaropathie.

MESURES GÉNÉRALES

- Surveillance ECG
- Voie veineuse avec **G 5 %**

→

- Pouls imprenable
- Troubles de la conscience

→

Oxygénation et CEE après éventuelle sédation prudente par **midazolam (Hypnovel®)** 2 à 3 mg et/ou **étomidate (Hypnomidate®)** 0,3 mg/kg

Hémodynamique stable

→

- Expectative!
- Confier au cardiologue

Hémodynamique instable et/ou insuffisance cardiaque

QRS monomorphes

→

- **Amiodarone (Cordarone®)** 150 mg IV en 3 à 10 min (ou 5 mg/kg en 20 min), puis 10-20 mg/kg sur 24 h

ou

- **Lidocaïne (Xylocard®)** 1-1,5 mg/kg en bolus IV, répéter si besoin à 0,5-0,75 mg/kg, puis 1 mg/kg/h

QRS polymorphes
QT long sur ECG de base

→

TORSADE DE POINTES?

Surtout si troubles électrolytiques (hypokaliémie) ou médicamennts provoquant un allongement du QT

Cf. p. 255

Tamponnade cardiaque

SIGNES DE GRAVITÉ

- Signes d'insuffisance cardiaque droite aiguë : turgescence jugulaire, reflux hépato-jugulaire, hépatomégalie douloureuse
- Cyanose en pèlerine (territoire de la veine cave supérieure)
- Assourdissement des bruits du cœur
- Polypnée > 20/min
- Tachycardie > 100/min
- Pouls paradoxal > 20 mmHg et PA avec différentielle pincée

↓

MESURES GÉNÉRALES

- Position semi-assise
- Oxygénothérapie pour obtenir SpO_2 > 90 %
- Voie veineuse périphérique de gros calibre (si possible 2) avec soluté colloïde (**Plasmion®**, **Voluven®**) ou voie centrale pour contrôle de la PVC
- Antalgique : **paracétamol (Perfalgan®)** flacon de 1 g dans 100 mL à perfuser en 15 min ; si insuffisant, **morphine** IV 0,1 mg/kg, puis si insuffisant 2 mg/10 min jusqu'à obtention de l'effet souhaité et en surveillant la respiration
- Prélèvements : NFS, VS ou CRP, ionogramme sanguin

↓

Collapsus

↓

- **Remplissage :** soluté colloïde, max. 500 mL
- Si échec → **vasoconstricteurs :** **dopamine** 5 µg/kg/min ou **adrénaline** 0,25 mg/h (augmenter progressivement en fonction de l'effet)
- Si échec → **ponction péricardique** sous xiphoïdienne si diagnostic évident

↓

Détresse respiratoire

↓

Éviter si possible l'intubation et l'anesthésie générale, sinon toujours après remplissage préalable

- **Intubation vigile** en position semi-assise avec une anesthésie locale
- Si besoin, **étomidate (Hypnomidate®)** 0,3 mg/kg ou **kétamine (Kétalar®)** 2-3 mg/kg IV
- Ventilation assistée au ballon avec une fréquence élevée et de faibles volumes

→ Échocardiographie

PA basse sans collapsus

↓

MAINTIEN DE LA PA

Remplissage avec un soluté colloïde (**Plasmion®**, **Voluven®**) : 250 mL en 10 min

↓

Échocardiographie

↓

Drainage chirurgical

Thrombose veineuse profonde (TVP)

(Si doute sur EP, voir p. 147)

SCORE DE WELLS
(estimation de la probabilité de TVP)

Caractéristiques cliniques	Score
Cancer actif (en cours de traitement ou découvert depuis moins de 6 mois ou en traitement palliatif)	1
Paralysie, parésie, immobilisation plâtrée du membre suspect	1
Alitement récent de plus de 3 jours ou chirurgie majeure datant de moins de 4 semaines	1
Douleur localisée sur le trajet veineux profond	1
Tuméfaction de tout le membre	1
Tuméfaction unilatérale du mollet > 3 cm par rapport au mollet controlatéral	1
Œdème prenant le godet	1
Veines superficielles (non variqueuses) collatérales	1
Présence d'un autre diagnostic au moins aussi probable que celui de la TVP	– 2

Probabilité élevée : score > 3
Probabilité intermédiaire : score 1-2
Probabilité faible : score < 1

AUTRES DIAGNOSTICS
- Rupture d'un kyste poplité
- Déchirure musculaire
- Arthrite du genou ou de la cheville
- Tendinite
- Hématome
- Cellulite, dermo-hypodermite
- Lymphangite
- Lymphœdème
- Insuffisane veineuse chronique
- Syndrome post-trhombotique

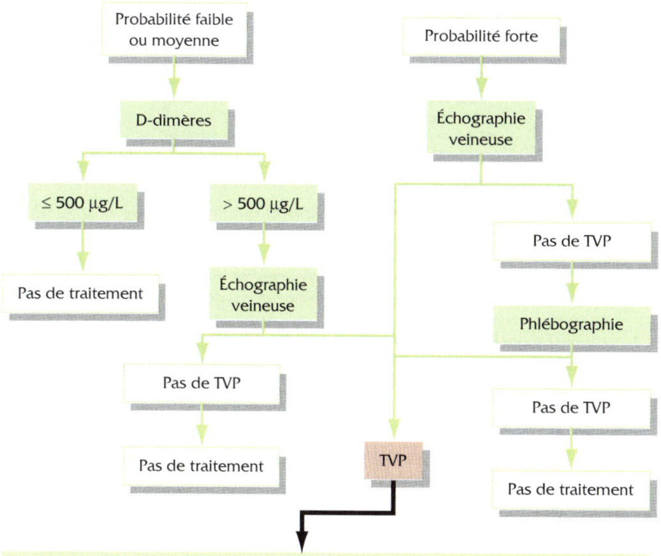

TRAITEMENT INITIAL

- **Héparine non fractionnée** :
  IV continu : 500 UI/kg/j (après bolus initial de 50-100 UI/kg)
  SC (si fonction rénale altérée) : **Calciparine®** 250 UI/kg puis 500 UI/kg/j en 3 injections
  Objectif : TCA 2-3 fois le témoin ou héparinémie entre 0,3-0,7 UI/mL
  (si SC → prélèvement à mi-distance entre 2 injections)

ou

- **HBPM** en SC :
  Fraxodi®, Innohep® : 175 UI anti-Xa/kg/j en 1 injection
  Clivarine®, Fragmine®, Fraxiparine®, Lovenox® : 100 UI/kg/j en 2 injections
  Contrôle biologique si : insuffisance rénale, âge > 75 ans, risque hémorragique → **objectif** :
  - 1 injection (prélèvement 4-6 h après injection) : activité anti-Xa entre 1 et 1,8 UI/mL
  - 2 injections (prélèvement 3-4 h après injection) : activité anti-Xa entre 0,5 et 1 UI/mL

MESURES GÉNÉRALES

- Alitement avec jambes surélevées (3-4 j)
- Lever avec contention dès qu'anticoagulation efficace

RELAIS PAR LES AVK

Dès le 2e ou 3e jour d'héparinisation efficace
→ **objectif** : INR entre 2 et 3

Thyréotoxicose

Prélèvements pour les dosages thyroïdiens
→ **NE PAS ATTENDRE LES RÉSULTATS POUR COMMENCER LE TRAITEMENT**

↓

MESURES GÉNÉRALES

- Lutte contre l'hyperthermie : vessie de glace et couvertures réfrigérantes
- Sédatifs : **benzodiazépines** (par ex. **diazépam = Valium®**)
- Réhydratation : glucose et électrolytes supplémentés en vitamine du groupe B
- **Anticoagulants** : préventifs ou à dose efficace en cas de cardiopathie
- En cas d'ophtalmopathie basedowienne : collyre de suppléance lacrymale (par ex. **Lacrigel®** 1 goutte dans chaque œil 4-6 fois/j), occlusion palpébrale, pansement oculaire

↓

TRAITEMENT DE L'HYPERTHYROÏDIE

- **Antithyroïdiens de synthèse :**
  - **carbimazole (Néomercazole®)** 80-120 mg, puis entretien 20 mg/6 h per os
  - **Propylthiouracile (PTU)** 800-1200 mg, puis entretien 200 mg/6 h per os
- **Blocage de la conversion périphérique de T4 en T3 :** glucocorticoïdes

→ **hémisuccinate d'hydrocortisone** IV 200-400 mg/j

↓

Crise aiguë thyréotoxique

↓

- **Blocage de la libération des hormones thyroïdiennes**
  (1 h après la première dose d'antithyroïdiens)
  - **Iodure de potassium** 0,75-1 g IV ou 300 mg/8 h per os
  - **Lugol fort à 10 %** 100 gouttes/8 h per os
- **Inhibition des effets des hormones thyroïdiennes sur le système adrénergique**

→ **propanolol (Avlocardyl®)** 1-5 mg IV lent /4-6 h ou 1 mg en 1 min puis 0,5 mg/h en continu; relais per os 20-80 mg/6-8 h, en respectant les contre-indications

Hyperthyroïdie induite par l'iode

↓

- Pas de iodure
- ß-bloquants à discuter en l'absence de cardiopathie

↓

Absence d'amélioration en 24-48 h → échanges plasmatiques ± thyroïdectomie

Torsade de pointes

ORIENTATION DIAGNOSTIQUE

- Vraie torsade de pointes rare → plus souvent TV polymorphe ayant un aspect de torsade de pointe (cf. p. 250)
- Traitement par des antiarythmiques de classe I et III ou médicaments allongement le QT
- Syndrome du QT long congénital
- Troubles ioniques : hypokaliémie, hypocalcémie, hypomagnésémie

↓

PREMIÈRE INTENTION

- **Sulfate de magnésium** 2 g IV lent puis 10 g/24 h
- Correction de l'éventuelle hypokaliémie

↓

ÉCHEC

↓

DEUXIÈME INTENTION

Isoprotérénol (Isuprel®) 5 A dans 250 mL de G 5 %, 5 à 25 gouttes/min en fonction de l'effet ou ou au PSE 0,05-1 µg/kg/min.
Protéger flacon et tubulure de la lumière

↓

ÉCHEC

↓

TROISIÈME INTENTION

Entraînement électrosystolique par voie externe à 100-140/min

Torsion de testicule

CONTEXTE ÉVOCATEUR

- Douleur scrotale violente
- Nausées
- Bourse douloureuse, avec peau scrotale rouge et oedématiée
- Palpation : testicule ascensionné au niveau de l'anneau inguinal
- **ATTENTION :** forme du nouveau-né = gros testicule indolore
- Bandelette urinaire : absence de nitrites ou de pyurie

URGENCE CHIRURGICALE

- Jusqu'à preuve du contraire, il s'agit du torsion du cordon spermatique
- Nécessité de détorsion dans un délai < 6 h

ÉCHOGRAPHIE

- Ne doit en aucun cas retarder le traitement
- Nécessité d'un opérateur entraîné

DÉTORSION MANUELLE

- Administration d'un antalgique : **paracétamol (Perfalgan®)** flacon de 1 g dans 100 mL à perfuser en 15 min
- Mouvement vers l'extérieur par rapport au raphé médian (sens horaire à droite, sens anti-horaire à gauche) → difficile du fait de la douleur et de l'ignorance du nombre de tours de spires

Même en cas de réussite et de toute façon au moindre doute diagnostic

EXPLORATION CHIRURGICALE

- Détorsion et fixer le testicule concerné
- Fixation préventive du testicule controlatéral

Traumatisme abdominal

TRAUMATISME OUVERT

↓

PRISE EN CHARGE INITIALE

- Maintien de l'hémodynamique : remplissage avec un **HEA (Voluven®)**
  → objectif PAs = 80 mmHg
- Oxygène nasal 3-6 L/min
- Bilan biologique : groupe-Rhésus et agglutinines irrégulières, NFS, plaquettes, hémostase, ionogramme, amylasémie
- Si éviscération : enveloppement dans des champs stériles humidifiés avec du sérum physiologique (ne jamais tenter de réintégrer dans la cavité abdominale)

↓

SIGNES DE GRAVITÉ

- Instabilité hémodynamique
- Choc hémorragique
- Péritonite
- Éviscération

↓

LAPAROTOMIE EN URGENCE

STABILITÉ HÉMODYNAMIQUE

↓

PLAIE PÉNÉTRANTE ?

ASP et radio de thorax, échographie, scanner, transit et lavement aux hydrosolubles, UIV, artériographie

- OUI → LAPAROTOMIE EN URGENCE
- DOUTE → COELIOSCOPIE (- - - → LAPAROTOMIE EN URGENCE)
- NON → SURVEILLANCE

ATTENTION !
SEUL LE GESTE CHIRURGICAL PEUT SAUVER LE PATIENT EN CAS D'HÉMORRAGIE INTERNE. LES EXAMENS COMPLÉMENTAIRES DANS CE CAS NE PERMETTRONT QUE DE SAVOIR DE QUOI LE PATIENT SERA MORT !

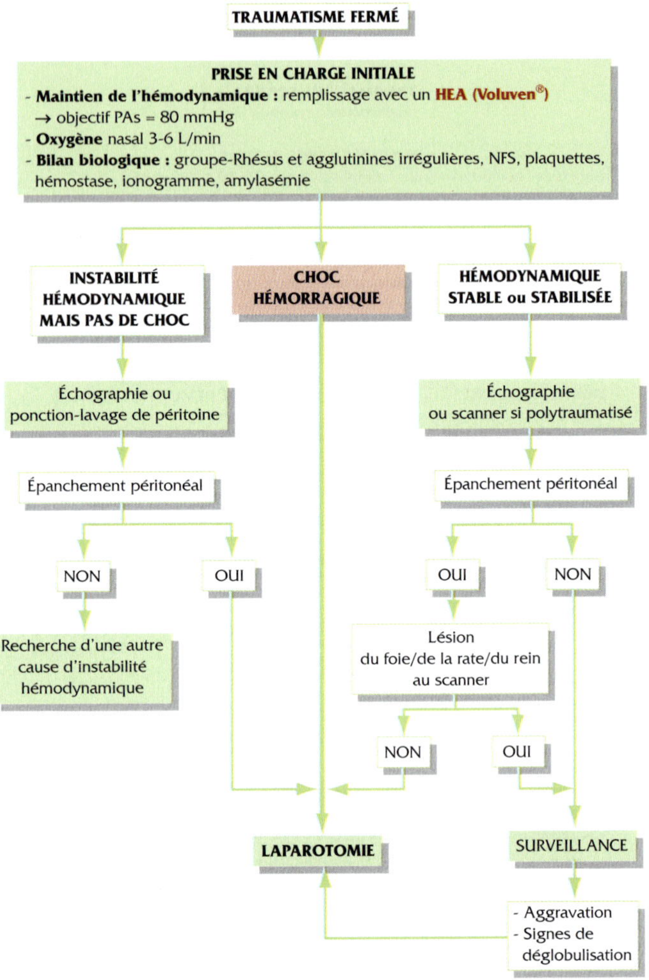
TRAUMATISME FERMÉ
PRISE EN CHARGE INITIALE
- Maintien de l'hémodynamique : remplissage avec un HEA (Voluven®)
→ objectif PAs = 80 mmHg
- Oxygène nasal 3-6 L/min
- Bilan biologique : groupe-Rhésus et agglutinines irrégulières, NFS, plaquettes, hémostase, ionogramme, amylasémie
INSTABILITÉ HÉMODYNAMIQUE MAIS PAS DE CHOC
CHOC HÉMORRAGIQUE
HÉMODYNAMIQUE STABLE ou STABILISÉE
Échographie ou ponction-lavage de péritoine
Échographie ou scanner si polytraumatisé
Épanchement péritonéal
Épanchement péritonéal
NON
OUI
OUI
NON
Recherche d'une autre cause d'instabilité hémodynamique
Lésion du foie/de la rate/du rein au scanner
NON
OUI
LAPAROTOMIE
SURVEILLANCE
- Aggravation
- Signes de déglobulisation

Traumatisme de la cheville

FRACTURE BIMALLÉOLAIRE

↓

MESURES GÉNÉRALES

- Voie veineuse périphérique
- Antalgiques :
  - **paracétamol (Perfalgan®)** flacon de 1 g dans 100 mL à perfuser en 15 min
  - si insuffisant : **morphine** IV 0,1 mg/kg, puis si insuffisant 2 mg/10 min jusqu'à obtention de l'effet souhaité et en surveillant la respiration
- Immobilisation antalgique (par attelle plâtrée postérieure en cas de geste chirurgical différé)
- Bilan pré-opératoire si besoin

↓

URGENCE SI :

- Lésion vasculo-nerveuse
- Fracture ouverte ou fragment osseux menaçant la peau
- Fracture-luxation

↓

TRAITEMENT CHIRURGICAL

(systématique pour certains)

- Réduction et ostéosynthèse
- Immobilisation par botte plâtrée sans appui pendant 30-45 j

TRAITEMENT ORTHOPÉDIQUE

(fractures non déplacées ou interligamentaires peu déplacées, fractures vues tardivement avec un état cutané ne permettant pas une ostéosynthèse)

- Réduction sous anesthésie générale et amplificateur de brillance
- Plâtre cruro-pédieux (genou à 15° de flexion, cheville à angle droit, orteils libres)

CONSEILS PRATIQUES

- Ne pas oublier la protection thrombo-embolique en cas d'immobilisation : HBPM avec surveillance plaquettaire (ex. **enoxaparine = Lovenox** 20 mg/j)
- Antalgiques et AINS en l'absence de contre-indications
- Surélévation du membre les premiers jours pour diminuer l'œdème
- Surveillance régulière du plâtre (J0, J2, J7, J14 puis toutes les 3 semaines)

ENTORSE DE LA CHEVILLE

RADIOGRAPHIE
(règles d'Ottawa)

En présence d'au moins un des items suivants :
- Âge < 18 ans ou > 55 ans
- Incapacité de se mettre en appui immédiatement après l'accident ou impossibilité de faire 4 pas
- Palpation douloureuse de la pointe ou du bord postérieur d'une malléole sur une hauteur de 6 cm à partir de la pointe malléolaire
- Palpation douloureuse du scaphoïde ou de la base du 5e métatarsien

Effectuer 2 clichés de l'articulation tibio-tarsienne :
1. Profil de face en rotation interne de 20°
2. Pied de face

BÉNIGNE
- Pas de craquement, pas d'œdème malléolaire externe en œuf de poule immédiat, pas de douleur lipothymique
- Pas de laxité anormale à l'examen
- Le varus équin reproduit lors de l'examen ne provoque pas de douleur vive

GRAVITÉ MOYENNE
- Choc astragalien sans tiroir antéro-postérieur
- Varus équin passif = douleur vive

GRAVE
- Sensation de déchirure
- Gonflement malléolaire immédiat
- Douleur syncopale
- Ecchymose d'apparition rapide et diffusion en quelques heures au pied et au segment jambier

TRAITEMENT FONCTIONNEL
- Pas de radio (cf. supra)
- **Pendant 48 h :**
  - pas d'appui (cannes)
  - surélévation du membre
  - réfrigération pluriquotidienne (vessie de glace)
  - contention compressive (**Cohéban**®)
- **3-4 jours plus tard :**
  - contention stabilisatrice (**Elastoplaste**®) pendant 10-15 jours **ou**
  - orthèse amovible (**Aircast**®, **Malléoloc**®...) pendant 2-4 semaines
  - dans les 2 cas reprise de l'appui
- **AINS** (en l'absence de contre-indications)

TRAITEMENT ORTHOPÉDIQUE
- Si **œdème :** gouttière postérieure ou attelle type **Scotch Cast**® pendant 6-8 j sans appui (cannes). Membre surélevé et réfrigéré
- En l'**absence d'œdème** d'emblée ou après régression de l'œdème : résine rigide (cheville à angle droit avec très légère éversion)
- Si **entorse de gravité moyenne sans arrachement ostéopériosté :** résine semi-rigide (**Soft Cast**®)
- **Durée d'immobilisation :**
  - 4 semaines : entorse moyenne
  - 6 semaines : entorse avec arrachement
  - 8 semaines : entorse grave

TRAITEMENT CHIRUGICAL
- Entorse grave
- Sujet jeune et sportif
- Sur clichés dynamiques : bascule astragalienne > 20° et tiroir antérieur > 10 mm

Traumatisme crânien

Classification selon les groupes de Masters

GROUPE 1
- Patient asymptomatique
- Céphalées
- Sensations ébrieuses
- Hématome, blessure ou abrasion du scalp
- Absence de signes des groupes 2 et 3

→ **RISQUES FAIBLES**

GROUPE 2
- Modification de la conscience au moment de l'accident ou dans les suites immédiates (perte de connaissance)
- Céphalées progressives
- Intoxication (drogue, alcool)
- Histoire peu fiable des circonstances de l'accident (par ex. perte de connaissance indéterminée)
- Crise comitiale après l'accident
- Vomissements
- Amnésie post-traumatique
- Polytraumatisme
- Lésions faciales sévères associées
- Signes de fracture basilaire
- Possibilité de fracture avec dépression ou lésion pénétrante
- Enfant de moins de 2 ans ou suspicion de maltraitance

→ **RISQUES MODÉRÉS**

GROUPE 3
- Altération du niveau de conscience (à l'exception d'une cause toxique, d'une comitialité), c'est-à-dire score de Glasgow inférieur à 13
- Signes neurologiques focaux
- Diminution progressive de l'état de conscience
- Plaie pénétrante
- Embarrure probable

→ **RISQUES ÉLEVÉS**

GROUPE 1 DE MASTERS

→

- Retour à domicile avec conseils de surveillance
- Hospitalisation brève pour surveillance uniquement si la surveillance à domicile est impossible (sujet seul, troubles des fonctions supérieures, contexte socioculturel défavorable)

GROUPE 2 DE MASTERS

↓

SCANNER CÉRÉBRAL
(immédiat ou différé en fonction de l'évolution)

↓

Normal et pas d'autres lésions associées

↓

- Retour à domicile possible si les conditions de surveillance sont correctes
- Sinon hospitalisation 24-48 h

Lésions cérébrales (hématome extradural, sous-dural, intracrânien ...)

↓

Avis neurochirurgical

GROUPE 3 DE MASTERS

↓

INTUBATION
(indication large en cas de GCS < 12)
- **Induction** en séquence rapide : **étomidate (Hypnomidate®)** 0,3 mg/kg et **suxaméthonium (Célocurine®)** 1 mg/kg
- Réglage des paramètres pour obtenir une PaO_2 > 60 mmHg et une $PaCO_2$ entre 35 et 40 mmHg
- **Sédation** avec **midazolam (Hypnovel®)** 0,1 mg/kg/h et **fentanyl** 0,5-1 µg/kg/h

↓

HÉMODYNAMIQUE
→ objectif PAm = 90 mmHg
- **Soluté :** sérum physiologique ou colloïde (**Plasmion®**)
- Si **hémodynamique instable** malgré le remplissage : **dopamine** 5-20 µg/kg/h
- Si signe d'**engagement cérébral :** **mannitol à 20 %** 0,5-1 g/kg en 20 min

↓

ATTENTION ! LE TRAITEMENT D'UNE LÉSION HÉMORRAGIQUE ABDOMINO-THORACIQUE EST PRIORITAIRE SUR UNE ÉVENTUELLE LÉSION NEUROCHIRURGICALE

SCANNER CÉRÉBRAL EN URGENCE
(plus rachis en cas de patient inconscient)

Traumatisme du genou

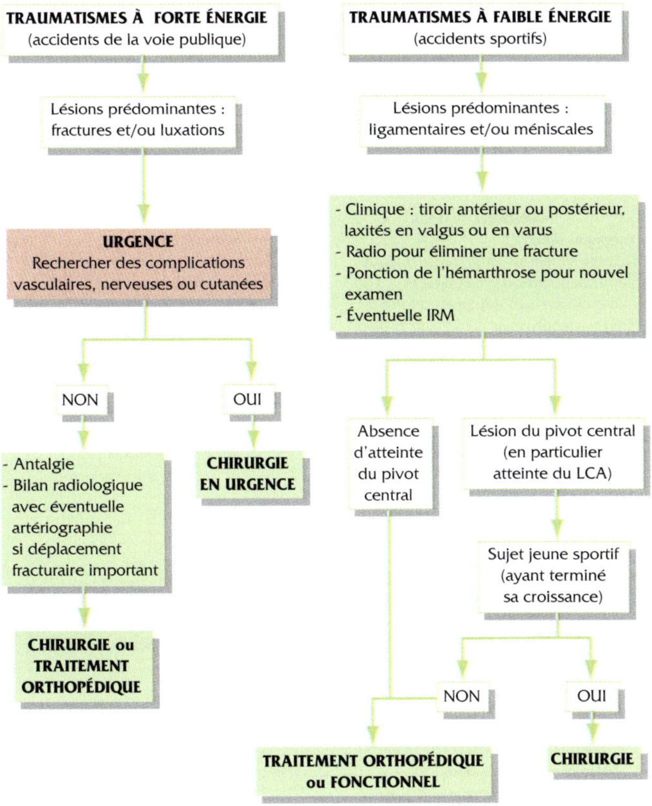

Traumatisme de la main

URGENCE GRAVE
=
TRANSFERT DANS UN CENTRE SPÉCIALISÉ

AMPUTATION

CONDUITE À TENIR
- **Fragment distal :**
  - Lavage simple au sérum physiologique et séchage avec des compresses (interdiction d'antiseptiques colorés !)
- Envelopper dans une compresse et placer dans un sac plastique
- Poser le tout sur de la glace elle-même dans un sac plastique
- **Fragment proximal :** hémostase par simple pansement compressif

→ **RAMENER TOUS LES FRAGMENTS**
→ **SI RÉIMPLANTATION : AVANT LA 6e HEURE**

AUTRES LÉSIONS
- **Dévascularisation :**
  - Coloration anormale
  - Ralentissement du temps de coloration
  - Diminution de la température locale
- **Injection sous pression** (pistolet à peinture, injecteur de graisse) : la plaie paraît minime mais le pronostic est grave
- **Brûlures thermiques et électriques**
- **Ring finger**

MESURES GÉNÉRALES POUR LE TRANSFERT
- Emballage stérile simple et surélévation de la main
- Voie veineuse périphérique avec prélèvement d'un bilan préopératoire
- Si possible (mais cela ne doit pas retarder le transfert) : radiographies standards de la main et du poignet
- **Antalgie :**
  - **Paracétamol (Perfalgan®)** flacon de 1 g dans 100 mL à perfuser en 15 min
  - Si insuffisant : **morphine** IV 0,1 mg/kg, puis si insuffisant 2 mg/10 min jusqu'à obtention de l'effet souhaité et en surveillant la respiration
- **Antibiothérapie : amoxicilline + acide clavulanique (Augmentin®)** 1 g IV
- Vérifier la vaccination antitétanique

LE BILAN DES LÉSIONS EST LE PRÉALABLE À TOUT CHOIX THÉRAPEUTIQUE

- **Topographie :** palmaire ou dorsale, sur le trajet des nerfs ou des tendons
- **Sensibilité :** le seul moyen est d'effleurer chaque hémi-pulpe avec une compresse dépliée sans que la patient regarde et sans provoquer le moindre mouvement du doigt
- **Motricité :** examiner individuellement chaque segment articulaire
- Degré de souillure et de contusion

GRAVITÉ = PROFONDEUR ET NON LONGUEUR

L'examen peut être normal malgré l'existence d'un lésion grave (par ex. plaie partielle du nerf collatéral ou de la gaine des fléchisseurs, section de la bandelette médiane de l'extenseur, plaie punctiforme de l'articulation IPP)

→ **NÉCESSITÉ D'EXPLORATION CHIRURGICALE DE LA PLAIE**

Examen du tendon fléchisseur commun superficiel

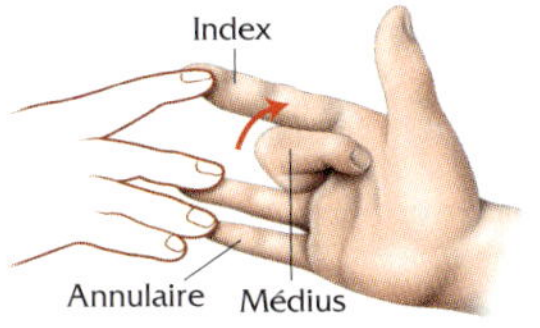

Territoires sensitifs de la main

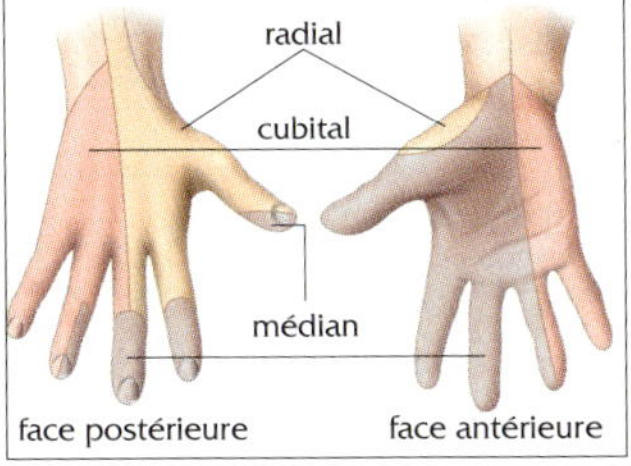

Examen du tendon fléchisseur commun profond

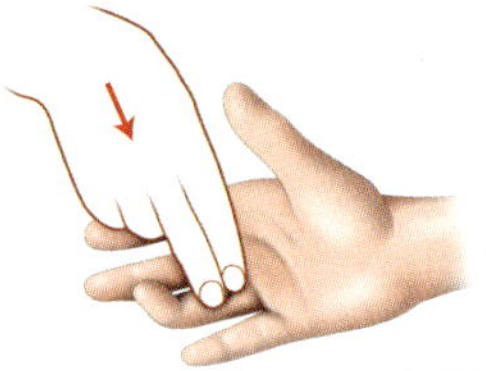

Examen du tendon extenseur long du pouce

Examen des tendons extenseurs extrinsèques

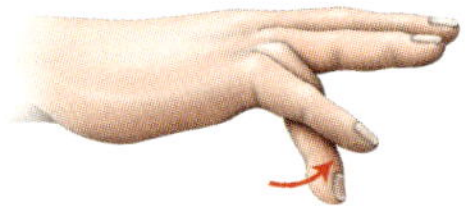

Mesure de la discrimination pulpaire

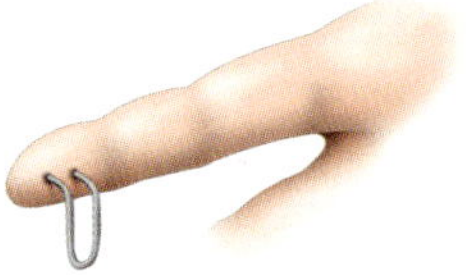

Traumatisme oculaire

CORPS ÉTRANGER SUPERFICIEL
- Accident de bricolage
- Mise en évidence dans le cul-de-sac conjonctival inférieur, derrière la paupière supérieure ou sur la cornée

→

- **Anesthésie locale** pour le repérage : **oxybuprocaïne (Novésine®)**
- **Ablation :** lavage au sérum physiologique ou avec une spatule mousse → si échec ne pas insister et adresser en opthalmologie
- **Collyre cicatrisant :** par ex. **Vitacic®** 1-2 gouttes × 3-6 fois/jour
- Pansement occlusif
- En l'absence de régression de la symptomatologie dans les heures qui suivent → consultation ophtalmologique

ÉROSION DE LA CORNÉE
- Coup d'ongle, branche d'arbre…
- Symptomatologie bruyante (douleur, photophobie, larmoiement)
- Mise en évidence par instillation de fluoréscéine

↓

- **Antiseptique : picloxydine (Vitabact®)** 1 goutte × 5/j
- **Cicatrisant : pommade à la vitamine A** dans le cul-de-sac conjonctival
- Pansement occlusif
- Antalgique per os : **paracétamol** 1 g × 3/j

PLAIE PÉNÉTRANTE, CONTUSION ou CORPS ÉTRANGER INTRA-OCULAIRE
- Hémorragie sous-conjonctivale, hyphéma (sang dans la chambre antérieure), mydriase, hypertonie, déformation de la pupille…
- Radiographie de l'orbite (ou scanner)

↓

- Repos en position allongée et laisser à jeun
- **Antalgique : paracétamol (Perfalgan®)** flacon de 1 g dans 100 mL à perfuser en 15 min
- **Collyre antibiotique : rifampicine (Rifamycine®) plus tobramycine (Tobrex®)** 1 goutte de chaque/h jusqu'à la prise en charge ophtalmo
- Pansement oculaire occlusif, stérile, non compressif

↓

CONSULTATION OPHTALMO EN URGENCE

Traumatisme du rachis

Tout polytraumatisé présente une fracture du rachis jusqu'à preuve du contraire.

PRISE EN CHARGE INITIALE

- Recherche d'une déficit moteur et étude de la sensibilité (cf. p. 338), en particulier sensibilité périnéale
- Immobilisation :
  - ramassage en respectant l'axe tête-cou-tronc
  - déshabillage en coupant les vêtements
  - collier cervical, matelas « coquille »

↓

PRIORITÉ = STABILISATION DES FONCTIONS VITALES (cf. Polytraumatisé)
LE TRAITEMENT DES LÉSIONS HÉMORRAGIQUES PRIME

↓

BILAN RADIOLOGIQUE

- Dans le cadre du bilan d'un polytraumatisé, le **scanner** corps entier permet un premier bilan du rachis
- Des radiographies standards peuvent être faites d'emblée ou en complément du scanner :
  - rachis cervical supérieur : face bouche ouverte, profil centré sur C1-C2
  - rachis cervical inférieur : face, profil et 3/4
  - rachis dorso-lombaire : face et profil
- **IRM :** examen-clef pour le diagnostic de contusion médullaire et des atteintes disco-ligamentaires

Lésion médullaire avec mise en évidence d'une compression mécanique → **CHIRURGIE EN URGENCE** et **TRAITEMENT MÉDICAL**

CHIRURGIE EN URGENCE

TRAITEMENT MÉDICAL

- Possibilité de corticoïdes à haute dose (dans les 8 h qui suivent le traumatisme) : **méthylprednisolone (Solu-Médrol®)** 30 mg/kg en 15 min puis 5,4 mg/kg/h pendant 23 h
- En cas de lésion médullaire isolée, respecter une bradycardie et une hypotension modérée. En cas de besoin, pas de remplissage, utiliser la **dopamine** 5-10 µg/kg/min
- Sonde urinaire uniquement en cas de globe
- En cas de tétraplégie isolée, même en l'absence d'intubation : oxygène et sonde avec vidange gastrique

Absence de signes neurologiques → **POSSIBILITÉ DE TRAITEMENT DIFFÉRÉ (24-48 H)**

- Lésions stables : repos avec ou sans immobilisation complémentaire
- Autres cas : traitement orthopédique ou chirurgical

Traumatisme thoracique

DÉTRESSE CIRCULATOIRE PRÉDOMINANTE

MESURES IMMÉDIATES
- 2 voies veineuses de gros calibre (si voie centrale = fémorale) avec soluté de remplissage
- Prélèvements pour groupe, Rhésus, agglutinines irrégulières, NFS et hémostase
- Oxygène avec masque à haute concentration (8-10 L)

REMPLISSAGE
- Soluté colloïde (**Voluven®**, **Plasmion®**) avec accélérateur de perfusion puis sang O⁻ en attente de sang isogroupe → objectif PAs = 80 mmHg
- Si insuffisant : **adrénaline** 0,5 mg/h à adapter en fonction de l'effet

Si troubles de la conscience et/ou respiratoires associés → **intubation d'indication large** (après élimination d'un pneumothorax → drainage)

DÉTRESSE RESPIRATOIRE PRÉDOMINANTE

MESURES IMMÉDIATES
- Libération des voies aériennes supérieures
- Position semi-assise
- Assistance respiratoire au masque et ballon avec FiO_2 100 %
- Voie veineuse avec soluté de type Ringer lactate
- Exsufflation d'un pneumothorax compressif

INTUBATION
- Induction en séquence rapide : **étomidate = Hypnomidate®** 0,3 mg/h, **suxaméthonium = Célocurine®** 1 mg/h
- Ventilation initiale au ballon puis contrôlée si état respiratoire stable

DRAINAGE PLEURAL
- En l'absence de stabilité et en présence de signes d'épanchement pleural → drainage

ATTENTION : en cas d'hémothorax, limiter le volume drainé car risque de désamorçage cardiaque (si possible auto-transfusion)
- Si plaie soufflante → ne pas obturer

STABILISATION

BILAN IMAGERIE
- Radio de thorax
- Scanner thoracique

INSTABILITÉ

BLOC OPÉRATOIRE DIRECT (Concept de la golden hour → prise en charge chirurgicale dans l'heure qui suit l'accident)

Traumatisme des voies urinaires

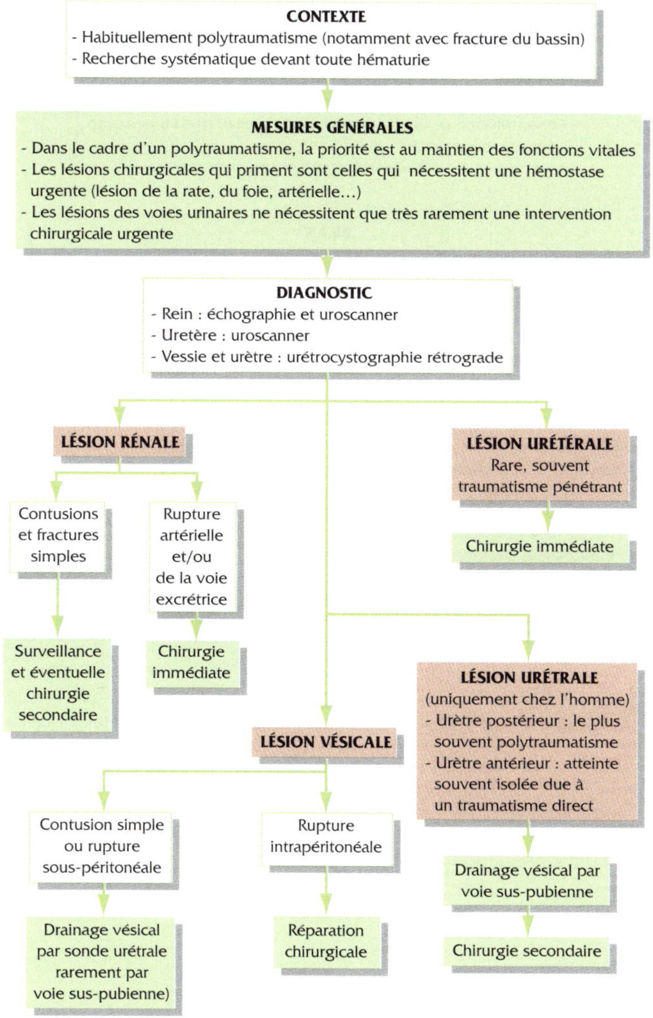

Trichinose

ÉLÉMENTS DE SUSPICION

- Myalgies aiguës avec asthénie
- Œdème peri-orbitaire, éruption cutanée
- Céphalées
- Signes digestifs (diarrhée, vomissements)
- Consommation de viande de porc ou de cheval, crue ou peu cuite
- Contexte épidémique

↓

BILAN

- Biologie : recherche d'une hyperéosinophilie, d'une augmentation des CPK et des transaminases; sérologie, ionogramme sanguin en cas de troubles digestifs
- ECG (possible myocardite)
- En cas de troubles neurologiques centraux : scanner avec et sans injection
- En cas d'atteinte respiratoire : radiographie pulmonaire

↓

MESURES GÉNÉRALES

- Mise au repos
- Réhydratation et traitement symptomatique des signes digestifs
- En cas de signes allergiques, **antihistaminiques** voire **corticoïdes** : **dexchlorphéniramine (Polaramine®)** 5 mg IV ou **prednisone (Cortancyl®)** 1 mg/kg/j
- Pour les myalgies, **antalgiques :**
  - **Paracétamol (Perfalgan®)** flacon de 1 g dans 100 mL à perfuser en 15 min ou
  - **Tramadol (Topalgic®)** 100 mg IV lente (2-3 min) ou
  - **Morphine** IV 0,1 mg/kg, puis si insuffisant 2 mg/10 min jusqu'à obtention de l'effet souhaité et en surveillant la respiration

↓

TRAITEMENT ANTIPARASITAIRE

- **Albendazole (Zentel®)** 400 mg per os pendant 3 jours puis 800 mg pendant 15 jours

ou

- **Thiabendazole (Mintézol®)** 1,5 g × 2/j après ou au cours des repas

plus

- **Flubendazole (Fluvermal®)** 100 mg × 2/j

Ulcère gastro-duodénal (UGD)

Hémorragie digestive inaugurale → cf. p. 162

Signes d'abdomen aigu chirurgical →

BILAN
- Radiologie : ASP de face debout ou en décubitus latéral gauche à la recherche d'un pneumopéritoine
- Biologie : groupe, Rhésus, agglutinines irrégulières, NFS, plaquettes, hémostase, ionogramme sanguin, amylasémie, bilirubinémie, transaminases, GDS
- Mise en place d'une (ou si possible deux) voies veineuses périphériques de gros calibre avec un soluté de type Ringer lactate
- Sonde gastrique à double courant en aspiration

↓

CHIRURGIE

Signes en faveur d'un UGD →

BILAN
- ECG pour éliminer un IDM
- Fibroscopie avec biopsie pour recherche de Hélicobacter pylori (test minute)

H. pylori –

ANTISÉCRÉTOIRE
(pendant 4-6 semaines)
- Inhibiteur de la pompe à protons : **oméprazole (Mopral®)** 20 mg le matin

ou
- Anti-histaminique H2 : **ranitidine (Azantac®)** 300 mg le soir

H. pylori+

ÉRADICATION D'H. PYLORI
(pendant 7 jours)
- **Oméprazole (Mopral®)** 20 mg matin et soir

plus
- **Clarithromycine (Zéclar®)** 500 mg matin et soir

plus
- **Amoxicilline** 1 g matin et soir ou **métronidazole (Flagyl®)** 500 mg matin et soir

↓

MESURES GÉNÉRALES
- Supprimer la consommation de tabac et de d'alcool
- Contre-indication des anti-inflammatoires non stéroïdiens et de l'aspirine
- Traitement anti-acide en période douloureuse : **Maalox®** ou **Phosphalugel®** (maximum 6 prises par jour)

Urétrite infectieuse aiguë masculine

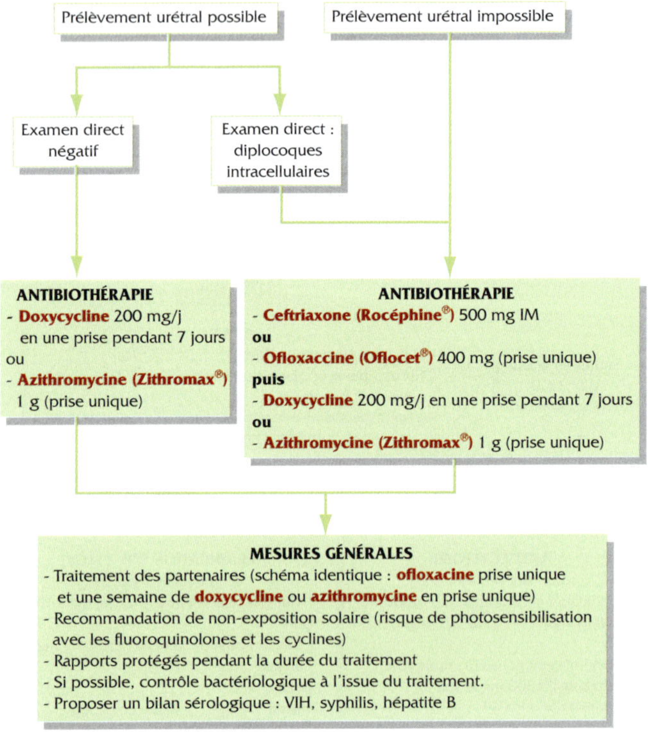

Vertige (crise de)

TRAITEMENT SYMPTOMATIQUE

- Repos au lit dans l'obscurité
- **Antivertigineux : acétylleucine (Tanganil®)** 500 mg IV lente × 2-4/j
- Si besoin anti-émétique :
  - **Métoclopramide (Primpéran®)** 10 mg IV × 3/j
  - En cas de vomissements importants, veiller à une hydratation correcte et surveiller la kaliémie
- **Anxiolytique :**
  - **Diazépam (Valium®)** 5 mg IM × 3/j
  - **Chlorpromazine (Largatil®)** 25 mg IM × 2-3/j (possède par ailleurs une action anti-émétique)

→ **SIGNES DE GRAVITÉ**

- Syndrome infectieux sévère
- Syndrome méningé
- Signes neurologiques (syndrome cérébelleux, atteinte des paires crâniennes…)
- Surdité unilatérale brutale
- Traumatisme crânien

→ Scanner ± ponction lombaire

→ **VERTIGE SIMPLE**

→ Consultation ORL

Zona

ANTALGIQUES

- **Douleur légère : paracétamol (Doliprane®, Efferalgan®)** 1 g × 3/j ou **paracétamol (Perfalgan®)** flacon de 1 g dans 100 mL à perfuser en 15 min
- **Douleur moyenne : paracétamol + codéine (Co-Doliprane®, Efferalgan codéine®)** 2 cp × 3/j ou **tramadol (Topalgic®)** 100 mg IV lente (2-3 min)
- **Douleur intense : buprénorphine (Temgesic®)** 1-2 cp sub-lingal × 3/j (diminuer la posologie de moitié au-delà de 65 ans) ou **morphine** IV 0,1 mg/kg, puis si insuffisant 2 mg/10 min jusqu'à obtention de l'effet souhaité et en surveillant la respiration

↓

DÉSINFECTION CUTANÉE

Hexamidine (Hexomédine®) ou **chlorhexidine (Septéal®)**

↓

ZONA SIMPLE

Si âge > 50 ans

↓

ANTIVIRAL

(prévention des douleurs post-zostériennes si administration avant la 72e h après le début de l'éruption)

- **Valaciclovir (Zélitrex®)** 1 g × 3/j

ou

- **Famciclovir (Oravir®)** 500 mg × 3/j

Traitement pendant 7 jours

ZONA GRAVE

- Imunodépression
- Atteinte étendue
- Complications neurologiques
- Personne âgée avec douleur intense

↓

TRAITEMENT IV

Aciclovir (Zovirax®) 10 mg/kg/8 h en perfusion de 1 h minimum

Localisation ophtalmique

↓

TRAITEMENT PER OS

- **Aciclovir (Zovirax®)** 800 mg × 5/j

ou

- **Valaciclovir (Zélitrex®)** 1 g × 3/j

ou

- **Famciclovir (Oravir®)** 500 mg × 3/j

plus

- **Aciclovir (Zovirax®)** pommade ophtalmique × 5/j

↓

Examen ophtalmologique dans les 24 h

Scores et mémos

3

Acide-base (troubles de l'équilibre)

Interprétation des troubles du métabolisme acido-basique
[d'après Matthys H., Pneumologie, Springer, Berlin Heidelberg New York, 1982]

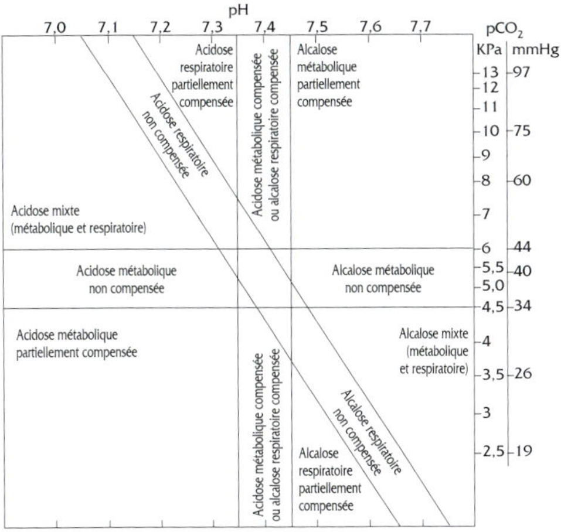

		Bicarbonates		
		< 21 mmol/l	21 à 29 mmol/l	> 29 mmol/l
PaCO$_2$	> 44 mmHg	Acidose mixte (métabolique et respiratoire)	Acidose respiratoire	Alcalose métabolique et acidose respiratoire
	34 à 44 mmHg	Acidose métabolique	Normal	Alcalose métabolique
	< 34 mmHg	Acidose métabolique et alcalose respiratoire	Alcalose respiratoire	Alcalose mixte (métabolique et respiratoire)

Conversion entre les mmHg et les kPa

$$mmHg \times 0{,}133 = kPa$$
$$kPa = 7{,}50 \times mmHg$$

Antibiotiques (indications habituelles)

Antibiotiques		Noms commerciaux	Indications habituelles
BÊTA-LACTAMINES			
Pénicilline G et V	pénicilline G	Pénicilline G Oracilline®	Infections à streptocoques, à entérocoques et à pneumocoques péni-S
Pénicilline M	cloxacilline oxacilline	Orbénine® Bristopen®	Infections à staphylocoques méti-S (en général extra-hospitalièr es)
Aminopénicillines	amoxicilline	Clamoxyl®…	Même indications que la pénicille G. Listériose, méningite à méningocoque, infections ORL et respiratoires hautes et basses, malgré une activité inconstante contre *H. influenzae.* Maladie de Lyme
Aminopénicillines + inhibiteur des β-lactamases	amoxicilline + acide clavulanique	Augmentin®…	Infections ORL, respiratoires basses chez le sujet à risque, infections polymicrobiennes, infections à anaérobies, infections urinaires
	ampicilline + sulbactam	Unacim®	
Carboxypénicillines	ticarcilline	Ticarpen®	Infections prouvées ou suspectées à *P. aeruginosa*
Carboxypénicillines + inhibiteur des β-lactamases	ticarcilline + acide clavulanique	Claventin®	Infections nosocomiales ou à flore mixte aéro-anaérobie
Uréïdopénicillines	mezlocilline	Baypen®	Infections à bacilles Gram négatif, particulièrement à *P. aeruginosa* et/ou à streptocoques et à entérocoques
Uréïdopénicillines + inhibiteur des β-lactamases	pipéracilline + tazobactam	Tazocilline®	Infections nosocomiales à germes multirésistants ou à flore mixte
Carbapénèmes	imipénème	Tiénam®	Infections nosocomiales à germes multirésistants ou à flore mixte
	ertapénem	Invanz®	Proche de l'imipénème mais peu active sur *Pseudomonas aeruginosa* et *Acinetobacter*

Antibiotiques		Noms commerciaux	Indications habituelles
Monobactame	aztréonam	Azactam®	Infections à bactéries Gram négatif exclusivement
Céphalosporines injectables	céfazoline	Céfacidal®	Traitement alternatif des infections à staphylocoques méti-S Antibioprophylaxie en chirurgie
	céfapirine	Céfaloject®	Infections variées documentées, sauf les méningites Antibioprophylaxie en chirurgie
	céfoxitine	Méfoxin®	
	céfuroxime	Zinnat®	
	céfotaxime	Claforan®	Infections sévères, en particulier les méningites (à l'exception des méningites à *Listeria monocytogenes*)
	ceftriaxone	Rocéphine®	
	cefsulodine	Pyocéfal®	Infections documentées ou suspectées à *P. aeruginosa*
	ceftazidime	Fortum®	
	céfépime	Axépim®	Infections sévères non encore documentées Infections documentées à *Enterobacter, Serratia*… car activité maintenue sur les souches hyperproductrices de céphalosporinases
	cefpirome	Cefrom®	
Céphalosporines orales	céfaclor	Alfatil®	Infections respiratoires et ORL de l'enfant et de l'adulte Infections urinaires Risque d'échec dans les infections à pneumocoques de sensibilité anormale à la pénicilline
	céfadroxil	Oracéfal®	
	céfalexine	Kéforal®/Céfacet®/ Céporexine®	
	céfatrizine	Céfapéros®	
	céfradine	Dexef®/Zeefra®	

Antibiotiques		Noms commerciaux	Indications habituelles
Céphalosporines orales (suite)	céfixime	Oroken®	
	céfotiam-hexétil	Texodil®/Takétiam®	Infections respiratoires et ORL, en particulier si infections récidivantes ou chez sujets à risque
	cefpodoxime-proxétil	Orelox®	
	céfuroxime-axétil	Zinnat®/Cépazine®	
FLUOROQUINOLONES	ciprofloxacine	Ciflox®	Infections urinaires et prostatiques, ostéo-articulaires et digestives…
	ofloxacine	Oflocet®	Indications respiratoires limitées
	péfloxacine	Péflacine®	Infections sévères à bacilles Gram négatif ou à staphylocoques méthi-S en association
	lévofloxacine	Tavanic®	Infections respiratoires
	moxifloxacine	Izilox®	
	loméfloxacine	Décalogiflox®, Logiflox®	Infections urinaires hautes et basses non compliquées, prostatites
	norfloxacine	Noroxine®	Infections urinaires, prostatites, orchi-épididymites, urétrite et cervicite gonococcique sans signes de diffusion pelvienne
	enoxacine	Enoxor®	
MACROLIDES et apparentés	azithromicine	Zithromax®	Sauf cas particuliers, infections respiratoires de gravité modérée (en particulier pneumopathie d'allure non pneumococcique de l'adulte jeune)
	clarithromicine	Zéclar®/Naxy®	
	dirithromicine	Dynabac®	Traitement de choix de la légionellose et autres pneumopathies atypiques
	érythromicine	Erythrocine®	Angines aiguës streptocociques, en alternative au traitement de référence par la pénicilline
	josamycine	Josacine®	Intérêt réduit dans les autres infections ORL du fait d'une activité inconstante sur le pneumocoque et modérée sur *H. influenzae*
	lincomicine	Lincocine®	
	midécamycine	Mosil®	Infections cutanées bénignes.
	roxithromicine	Rulid®/Claramid®	Urétrites non gonococciques

Antibiotiques		Noms commerciaux	Indications habituelles
MACROLIDES et apparentés (suite)	spiramycine	Rovamycine®	
	télithromycine	Ketek®	
	clindamycine	Dalacine®	Infections ostéo-articulaires documentées à anaérobies ou à staphylocoques
	pristanamycine	Pyostacine®	Infections streptococciques ou staphylococciques de gravité moyenne
	quinupristine/dalfopristine	Synercid®	Utilisation si aucun autre antibiotique actif sur le germe responsable dans les pneumopathies nosocomiales et les infections de la peau et des tissus mous.
CYCLINES	doxycycline	Vibramycine N®…	MST (urétrites non gonococciques, salpingites, cervicites) Pneumopathies atypiques Brucelloses, rickettsioses, fièvre Q, maladie de Lyme Syphilis (si allergie aux bêtalactamines)
	limécycline	Tétralysal®	
	méthylènecycline	Lysocline®/Physiomycine®	
	minocycline	Mynocine®/Mestacine®/ Minolis®/Zacnan®	
AMINOSIDES	amikacine	Amiklin®	En association dans les infections à entérocoques, à staphylocoques méthi-S ou à bacilles Gram négatif
	gentamicine	Gentalline®	
	isépamicine	Isépalline®	
	netilmicine	Nétromicine®	
	tobramycine	Nebcine®	
GLYCOPEPTIDES	téicoplanine	Targocid®	En cas de résistance ou d'allergie aux bêtalactamines, traitement des infections à streptocoques, entérocoques ou staphylocoques (staphylocoque méthi-R) Activité sur le pneumocoque de sensibilité anormale à la pénicilline
	vancomycine	Vancocine®	

Antibiotiques		Noms commerciaux	Indications habituelles
RIFAMPICINE	rifampicine	Rifadine®	À n'utiliser qu'en association dans le traitement de la tuberculose, des infections à staphylocoques, de la brucellose. Eradication du portage pharyngé du méningocoque
FOSFOMYCINE	fosfomycine-trométamol	Monuril®	En ville per os : traitement monodose de la cystite aiguë chez le femme
	fosfomycine	Fosfocine®	A l'hôpital en IV : en association contre les staphylocoques surtout
ACIDE FUSIDIQUE	acide fusidique	Fucidine®	En association dans les infections staphylococciques, surtout ostéo-articulaires
LINCOSANIDES	clindamycine	Dalacine®	Infections sévères, notamment à anaérobies et à staphylocoques
	lincomycine	Lincocine®	Prophylaxie des endocardites en cas d'allergie aux bêtalactamines
IMIDAZOLÉS	métronidazole	Flagyl®	Actif contre les anaérobies stricts: infections digestives, péritonéales, génitales, cutanées et des parties molles Prophylaxie de l'infection post-opératoire en chirurgie Anti-amibien
	ornidazole	Tibéral®	
	tinidazole	Fasigyne®	
SULFAMIDES	sulfadiazine	Adiazine®	Toxoplasmose, nocardiose
	triméthoprime + sulfaméthoxazole	Bactrim®	Traitement préventif et curatif des infections à *Pneumocystis carinii* Infections uro-génitales de l'homme

Antidotes

Nom	Indications	Présentation	Posologie
N-acétylcystéine (Fluimucil®)	Paracétamol, sels d'argent et de mercure, halothane	Flacon 5g/25 mL	Cf. p. 202
Alcool éthylique	Méthanol, éthylène glycol	Préparation par la pharmacie de l'hôpital	• Dose de charge de 0,6-0,8 g/kg per os ou par sonde gastrique • Relais en continu dans la sonde gastrique ou en IV à la dose de 0,07-0,2 g/kg/h • Objectif : alcoolémie 1-1,5 g/L
Anticorps antidigitaliques (Digidot®)	Digitaliques	Flacon 80 mg	Cf. p. 195
Atropine	Insecticides organophosphorés	Ampoule 1 mg/1 mL	• 2 mg IVD puis 2 mg/10 min jusqu'à l'apparition de signes d'atropinisation (peau sèche et rouge, délire, mydriase) • Traitement à poursuivre pendant plusieurs jours
Bleu de méthylène	Méthémoglobinisants	Ampoule 10 mL à 1 % (100 mg)	• 1-2 mg/kg dilués dans 500 mL de G 5 % à perfuser en 15 minutes • Possible renouvellement si besoin sans dépasser 7 mg/kg
Bleu de Prusse	Thallium, césium		• 250 mg/kg en 2-4 prises per os • En cas de constipation, associer du sorbitol
Calcium gluconate	Antirouille, fluorure, détartrant, oxalate, aconitine	Ampoule 10 mL à 10 %	• Initialement 50 mL de gluconate de calcium dans 250 mL de G 5 % en 30 min • Ensuite apports ajustés en fonction de la calcémie

Nom	Indications	Présentation	Posologie
Charbon (Carbomix®)	Adsorption des toxiques	Flacon de 50 g	Cf. p. 199
Desferoxamine (Desféral®)	Intoxication et surcharge en fer ou en aluminium	Poudre et solvant 500 mg/5 mL	IV continu à la dose de 15 mg/kg/h puis diminution dès l'amélioration des symptômes (ne pas dépasser 80 mg/kg/24 h)
Diazépam (Valium®)	Chloroquine, toxiques convulsivants	Ampoule 10 mg/2 mL	Cf. p. 193
Dimercaprol (B.A.L®)	Dérivés arsenicaux et mercuriels, sels d'or, métaux lourds	Ampoule 200 mg/2 mL	3 mg/kg en IM (seringue en verre) J1-J2 : 1 inj/4 h J3 : 1 inj/6 h J4-J14 : 2 inj/j
DMSA = dimercaptosuccinique acide (Succicaptal®)	Arsenic, mercure, plomb	Gélule 200 mg	30 mg/kg/j en 3 prises per os en cure de 5 jours
Dantrolène (Dantrium®)	Syndrome malin des neuroleptiques, hyperthermie maligne	Flacon 20 mg/70 mL	Cf. p. 236
EDTA calcique (Calcium édétate de sodium Serb®)	Intoxication au plomb et autres métaux lourds	Ampoule 500 mg/10 mL	• 0,5-1 g/j en 1-2 fois (50 mg/kg/j chez l'enfant) • Perfusion lente sur 1 h avec dilution dans 250 mL de sérum physiologique ou de G 5 %
EDTA dicobaltique (Kélocyanor®)	Cyanures	Ampoule 300 mg/20 mL	2 ampoules IV suivies de 50 mL de G 30 %

Nom	Indications	Présentation	Posologie
Flumazénil (Anexate®)	Benzodiazépines et apparentés	Ampoules 0,5 mg/5 mL et 1 mg/10 mL	Cf. p. 190
Folinate de calcium	Antifoliques (méthotrexate)	Ampoules 5 mg/2 mL et 25 mg/10 mL Flacon de poudre 50 mg	50 mg/m^2 IV ou IM toutes les 6 h jusqu'à disparition du méthotrexate circulant
Fomépizole (Fomépizole AP-HP®)	Ethylène-glycol	Ampoule 100 mg/20 mL à diluer dans 250 mL de G 5 %	Dose de charge de 15 mg/kg puis doses d'entretien en fonction des dosages plasmatiques de l'éthylène-glycol et de la fonction rénale
Glucagon (Glucagen®)	Hypoglycémies, bêtabloquants	Flacon de poudre et solvant 1 mg/1 mL	Cf. p. 191
Glucose	Hypoglycémies (sulfamides, insuline), alcool	Flacons à 10, 20, 30 et 50 %	Dose en fonction de la glycémie
Hydroxocobalamine (Cyanokit®)	Cyanures	Flacon de poudre et solvant 2,5 g/100 mL	Cf. p. 185
Magnésium sulfate	Sels de baryum	Ampoule 10 mL à 15 % (soit 1,5 g)	5-10 g per os suivi d'un lavage avec une solution à 5 % de sulfate de magnésium
Naloxone (Narcan®)	Morphine et dérivés	Ampoule 0,4 mg/1 mL	Cf. p. 201
Pénicillamine (Trolovol®)	Cuivre, mercure (organique)	Comprimé 300 mg	0,6-4 g/j

Nom	Indications	Présentation	Posologie
PPSB (Kaskadil®)	Anticoagulants (antivitamines K)	Flacon de poudre et solvant 10 et 20 mL F II : 37 UI/mL F VII : 25 UI/mL F IX : 25 UI/mL F X : 40 UI/mL	• Surdosage en antivitamine K : 20-30 UI/kg exprimés en unités de F IX • Une seule dose est en général nécessaire en attendant les 4-6 h de délai d'action de la vitamine K
Pralidoxime (Contrathion®)	Insecticides organophosphorés	Flacon poudre et solvant 200 mg/10 mL	200-400 mg en IV lente (1 mL/min) ou en perfusion dans du sérum physiologique ou du G 5 %. Dose d'entretien jusqu'à 400 mg/h en fonction de l'effet
Protamine	Héparine	Flacon 10 000 UAH/10 mL	• 1000 UAH neutralisent 1000 UI héparine • 1 UAH inhibe 50-60 % de l'activité anti-Xa des HBPM • La dose doit être adaptée à l'héparinémie ou à l'activité anti-Xa constatée
Silymarine (Légalon®)	Amanite phalloïde	Flacon de poudre 350 mg (disponible auprès des laboratoires Madaus 01 56 77 19 00)	• 20 mg/kg/j en 4 perfusions de 2 h dans du G 5 % • Traitement pendant 4-5 jours
Sodium bicarbonate ou sodium lactate	Antidépresseurs tricycliques, chloroquine, quinine (effet stabilisant de membrane)	Bicarbonate 4,2 % ou 8,4 % Lactate 11,2 %	Cf. p. 189
Sodium thiosulfate	Permanganate potassium	Préparation par la pharmacie de l'hôpital	200 ml de solution à 20 % dans la sonde gastrique après repérage radiologique des comprimés. Après 10 min, lavage gastrique jusqu'à ce que le liquide redevienne clair

Nom	Indications	Présentation	Posologie
Vitamine B6	Isoniazide	Ampoule 250 mg	• 1 g de vitamine B6 par g d'isoniazide ingéré (ou 5 g si dose inconnue) • Dilution dans du G 5 %, perfusion en 5-10 min • Répétition au bout de 30 min si coma ou état de mal convulsif
Vitamine K1	Anticoagulants	Ampoule 10 mg/1 mL	• Surdosage simple : 0,5-1 mg en perfusion de 20-30 min • Surdosage avec hémorragie : 10-20 mg en perfusion de 1 h • Dilution dans du sérum physiologique ou du G 5 %

Apgar (score d')

Évaluation de l'état du nouveau-né à 1, 5 et 10 min de vie

Paramètres	Cotation		
	0	1	2
Fréquence cardiaque	< 80/min	80-100/min	> 100/min
Respiration	0	Cri faible	Cri vigoureux
Tonus	0	Extrémités	Normal
Réactivité	0	Grimaces	Vive
Coloration	Pâleur ou cyanose	Cyanose des extrémités	Rose

- Chez un enfant bien portant, le score initial doit être > ou égal à 7 à 1 min et, après désobstruction et éventuellement oxygénothérapie, à 10 à 5 min.
- Si l'Apgar est inférieur à 3, il faut considérer que l'on est face à un état de mort apparente et débuter les manœuvres de réanimation cardio-pulmonaire.

Axe électrique du cœur

Détermination de l'axe électrique du cœur dans le plan frontal

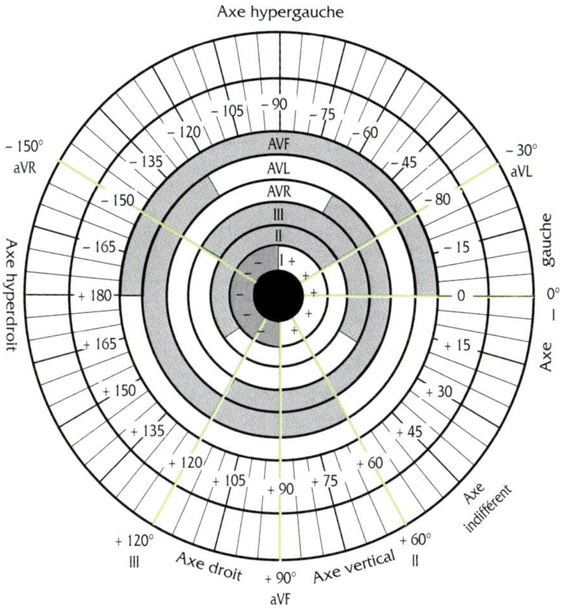

+++ = la plus grande déflexion est **positive**

--- = la plus grande déflexion est **négative**

Méthode rapide pour la détermination de l'axe de QRS

1. Partir de D I.
2. Déterminer si la déflexion maximale de QRS est positive ou négative et se positionner dans le demi-cercle correspondant.
3. Progresser vers l'extérieur (D I → AVF) en utilisant la même démarche.
4. Lorsqu'on arrive à AVF, la zone sélectionnée est suffisamment petite pour déterminer approximativement l'axe de QRS.

Bishop (score de)

Examen du col en cas de menace d'accouchement prématuré

Score	0	1	2	3
Dilatation en cm	1	1 à 2	3 à 4	5
Longueur (% d'effacement)	Long 0	1/2 long 40 à 50	Court 60 à 70	Effacé 80
Consistance	Ferme	Intermédiaire	Molle	
Position	Postérieure	Intermédiaire	Antérieure	
Hauteur de la tête	Haute et mobile	Amorcée	Fixée	Engagée

Plus le score est élevé, plus la menace d'accouchement prématurée est sévère

BPCO (stades de sévérité)

Stade	Caractéristiques
0	Symptômes chroniques: toux, expectorations VEMS/CV ≥ 70 %
I : **BPCO peu sévère**	VEMS/CV < 70 % VEMS ≥ 80 % de la valeur prédite avec ou sans symptômes chroniques (toux, expectoration)
II : **BPCO moyennement sévère**	VEMS/CV < 70 % 30 % ≤ VEMS < 80 % de la valeur prédite IIA: 50 % ≤ VEMS < 80 % de la valeur prédite IIB: 30 % ≤ VEMS < 50 % de la valeur prédite avec ou sans symptômes chroniques (toux, expectoration, dyspnée)
III : **BPCO sévère**	VEMS/CV < 70 % VEMS < 30 % de la valeur prédite ou VEMS < 50 % de la valeur prédite en présence d'insuffisance respiratoire chronique (PaO_2 < 60 mmHg [8 kPa] ou de signes satellites d'une hypertension artérielle pulmonaire)

RISQUE IMPORTANT DE DÉCOMPENSATION

- Maladie de fond sévère : BPCO de stade IIB-III, âge > 70 ans, comorbidité significative (en particulier cardiaque), plus de 3 exacerbations par an.
- Possibilité de pneumonie, pneumothorax, dysfonction cardiaque gauche, embolie pulmonaire.
- Existence d'un épisode récent d'évolution défavorable.
- Dégradation majeure par rapport à l'état de base.
- Absence d'amélioration avec un traitement mené en ambulatoire.

Cauchois (classification des fractures ouvertes)

Type	Présentation
I	• Ouverture punctiforme, de dedans en dehors • Pas de contusion cutanée associée
II	• Ouverture de plusieurs centimètres • Décollement sous-cutané • Possibilité de fermeture de la plaie après parage
III	• Délabrement cutané, musculaire et osseux • Impossibilité de fermeture de la plaie (perte de substance)
IV	Grand délabrement du membre

Centres antipoison

Ville	Hôpital	Téléphone
Angers	C.H.U. 49033 ANGERS CEDEX 01	02 41 48 21 21
Bordeaux	Hôpital Pellegrin-Tripode Place Amélie Raba-Léon 33076 BORDEAUX CEDEX	05 56 96 40 80
Grenoble*	Hôpital Albert Michalon BP 217 38043 GRENOBLE CEDEX	04 76 76 56 46
Lille	C.H.R. 5, av. Oscar Lambret 59037 LILLE CEDEX	0825 812 822
Lyon	Hôpital Édouard Herriot 5, place d'Arsonval 69437 LYON CEDEX 3	04 72 11 69 11
Marseille	Hôpital Salvator 249, Bd Sainte-Marguerite 13274 MARSEILLE CEDEX 9	04 91 75 25 25
Nancy	Hôpital Central 29, av. de Lattre de Tassigny 54000 NANCY	03 83 32 36 36
Paris	Hôpital Fernand Widal 200, rue du Faubourg Saint-Denis 75475 PARIS CEDEX 10	01 40 05 48 48
Reims*	Hôpital Maison Blanche 51092 REIMS CEDEX	03 26 06 07 08
Rennes	Hôpital Pontchaillou Rue Henri Le Guilloux Pavillon Clemenceau 35033 RENNES CEDEX	02 99 59 22 22
Rouen*	Hôpital Charles Nicolle 1, rue de Germont 76031 ROUEN CEDEX	02 35 88 44 00
Strasbourg	Hôpitaux Universitaires 1, place de l'Hôpital 67000 STRASBOURG	03 88 37 37 37
Toulouse	Hôpital Purpan Place du Dr Baylac 31059 TOULOUSE CEDEX	05 61 77 74 47

* Centres ouverts uniquement aux heures ouvrables (tous les autres centres sont accessibles 24 h/24)

Child (classification de)

Permet d'apprécier la gravité d'une cirrhose

Cotation	Ascite	Encéphalo-pathie	Prothrombine (%)	Albumine (g/l)	Bilirubine (µmol/l)
1	0	0	> 54	> 35	< 30
2	Peu abon-dante (lame)	Astérixis	44-54	28-35	30-50
3	Très abondante	Coma	< 54	< 28	> 50

Child A : score 5-6
Child B : score 7-9
Child C : score 10-15

Coefficient de risque d'accouchement prématuré (CRAP) (d'après Papiernick)

Nombre de points	Mensurations et conditions socio-économiques	Antécédents obstétricaux	Travail	Circonstances de grossesse
1	- Deux enfants ou plusieurs sans aide familiale - Bas niveau économique	- Un curetage - Court intervalle après une grossesse précédente (1 an entre accouchement et fécondation)	- Travail à l'extérieur	- Fatigue inhabituelle - Prise de poids excessive
2	- Grossesse illégitime, non hospitalisée en maison maternelle - Moins de 20 ans - Plus de 40 ans	- 2 curetages	- Plus de 3 étages sans ascenseur - Plus de 10 cigarettes par jour	- Prise de poids < 5 kg - Albuminurie - Hypertension > 13/8
3	- Très bas niveau socio-économique - Moins de 1,50 m - Moins de 45 kg	- 3 curetages ou plus - Utérus cylindrique	- Long trajet quotidien - Efforts inhabituels - Travail fatigant - Grand voyage	- Chute de poids le mois précédent - Tête basse - Segment inférieur formé - Siège à 7 mois
4	- Moins de 18 ans			- Pyélonéphrite - Métrorragies 2e trimestre - Col court - Col perméable - Utérus contractile
5		- Malformation utérine - 1 avortement tardif - 1 accouchement prématuré		- Grossesse gémellaire - Placenta praevia - Hydramnios

- CRAP < 5 : pas de risque d'accouchement prématuré
- 5 < CRAP < 10 : risque potentiel
- CRAP > 10 : risque certain

Créatinine (clairance de la)

La formule de **Cockcroft et Gault** permet le calcul de la clairance de la créatinine sans avoir besoin de mesurer ni la diurèse, ni la créatininurie.

Si créatininémie en µmol/L:

$$\text{Clairance créatinine (mL/min)} = \frac{F \times (140 - \text{âge}_{\text{années}}) \times \text{poids}_{\text{kg}}}{\text{créatininémie}_{\mu\text{mol/L}}}$$

F = 1,05 chez l'homme
F = 1,25 chez la femme

Si créatininémie en mg/L :

$$\text{Clairance créatinine (mL/min)} = \frac{F \times (140 - \text{âge}_{\text{années}}) \times \text{poids}_{\text{kg}}}{7{,}2 \times \text{créatininémie}_{\text{mg/L}}}$$

F = 1 chez l'homme
F = 0,85 chez la femme

Conditions d'utilisation de la formule :
- Âge : entre 18 et 110 ans
- Poids : entre 35 et 120 kg
- Créatininémie : entre 6 et 70 mg/L

Valeurs normales chez l'adulte : 80-120 mL/min

Débit expiratoire de pointe (DEP) théorique

1. Variation du DEP selon l'âge (pour un individu de 1,70 m)

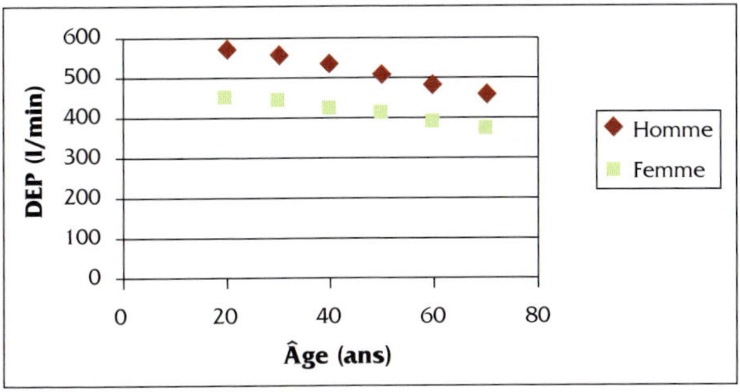

2. Variation du DEP selon la taille et le sexe (pour un individu de 40 ans)

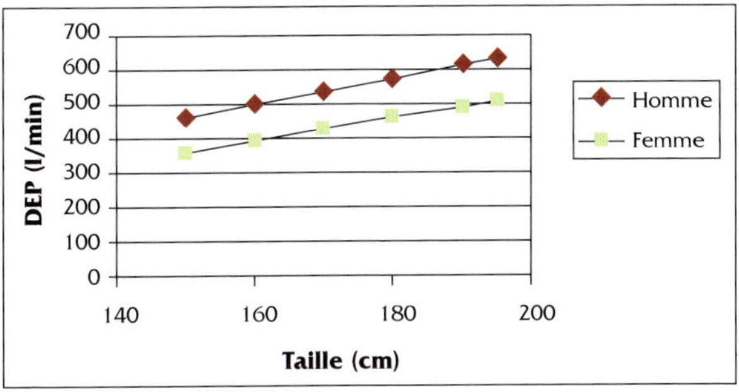

3. Variation du DEP chez l'enfant

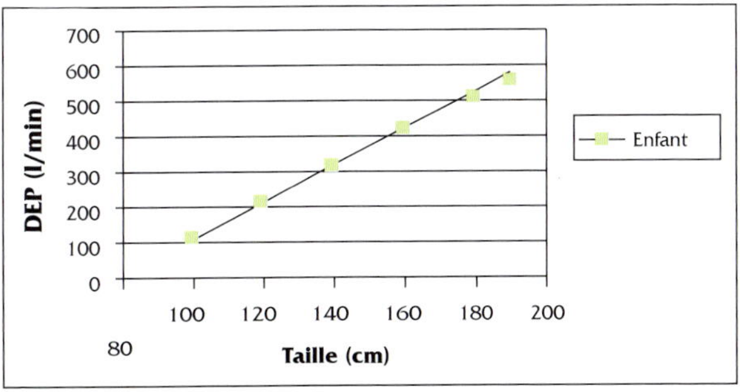

Dents (nomenclature internationale)

Nomenclature dentaire internationale

L'examinateur se trouve en face du malade

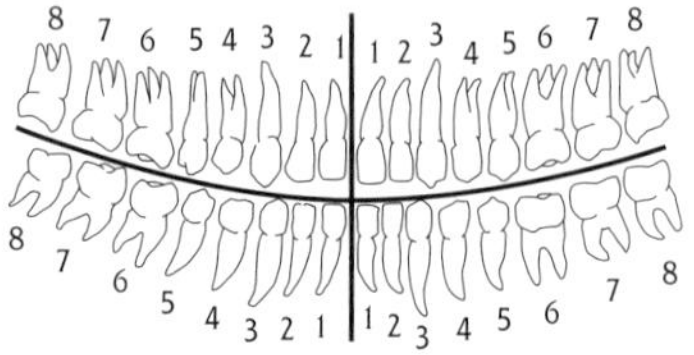

Schéma dentaire à deux chiffres d'après la Fédération Dentaire Internationale (Londres 1970).
Le petit chiffre indique le quadrant (1 à 4 pour la dentition permanente, 5 à 8 pour les dents de lait). La numérotation se fait dans le sens horaire, le premier quadrant étant le quadrant supérieur droit.

	Quadrant 1	Quadrant 2		
Droite	18 17 16 15 14 13 12 11	21 22 23 24 25 26 27 28	Gauche	Dents permanentes
	48 47 46 45 44 43 42 41	31 32 33 34 35 36 37 38		
	Quadrant 4	Quadrant 3		

	Quadrant 5	Quadrant 6		
Droite	55 54 53 52 51	61 62 63 64 65	Gauche	Dents de lait
	85 84 83 82 81	71 72 73 74 75		
	Quadrant 8	Quadrant 7		

Exemples : Huitième dent supérieure à droite : 18
Cinquième dent supérieure à gauche : 25
Troisième dent inférieure à gauche : 33
Sixième dent inférieure à droite : 46

Anciennes nomenclatures :
Nomenclature utilisant des angles

Droite	8⌋ 7⌋ 6⌋ 5⌋ 4⌋ 3⌋ 2⌋ 1⌋	⌊1 ⌊2 ⌊3 ⌊4 ⌊5 ⌊6 ⌊7 ⌊8	Gauche
	8⌉ 7⌉ 6⌉ 5⌉ 4⌉ 3⌉ 2⌉ 1⌉	⌈1 ⌈2 ⌈3 ⌈4 ⌈5 ⌈6 ⌈7 ⌈8	

Nomenclatures Haderup

Droite	8+ 7+ 6+ 5+ 4+ 3+ 2+ 1+	+1 +2 +3 +4 +5 +6 +7 +8	Gauche
	8– 7– 6– 5– 4– 3– 2– 1–	–1 –2 –3 –4 –5 –6 –7 –8	

Enzymes cardiaques

Nouvelle définition de l'IDM depuis septembre 2000

- Augmentation puis décroissance des marqueurs de nécrose myocardique (troponine ou dosage pondéral des CPK-MB) avec au moins un des marqueurs suivants :
  - symptomatologie ischémique,

  ou
  - modifications de l'ECG évocatrices d'ischémie ou développement d'une onde Q pathologique.

Élévation des troponines dans d'autres pathologies cardiaques

- Insuffisance cardiaque : taux corrélé à la gravité.
- Myopéricardite : spécificité forte mais sensibilité faible (un taux de troponine normal n'exclut pas le diagnostic de myocardite).
- Embolie pulmonaire : pas de corrélation entre taux et gravité.
- Insuffisance rénale : peut être en rapport avec des lésions myocardiques → nécessité d'explorations.

Marqueurs	Spécificité	Délai d'apparition (h)	Pic (h)	Normalisation (jours)
Myoglobine	0	2 à 3	6 à 9	1
LDH	0	0 à 12	72 à 144	8 à 14
ASAT	0	12	3 à 48	4 à 6
CPK total	0	6	24	4 à 6
CPK-MB	+	3 à 8	10 à 24	3 à 4
Troponine	+++	4 à 6	10 à 24	10 à 15

Force musculaire (échelle MRC)

MRC = *Medical Research Council*

0	**Aucun mouvement**
1	Ebauche de mouvement
2	Possibilité de mouvement, une fois éliminée la pesanteur
3	Capacité de lutter contre la pesanteur mais non contre la résistance
4	Capacité de lutter contre la pesanteur et contre la résistance
5	Force normale

Glasgow (score de)

Ouverture des yeux = Y

4	spontanée
3	au bruit
2	à la douleur
1	jamais

Réponse verbale = V

5	orientée *(obéit à un ordre)*
4	confuse *(conversation possible mais signes de désorientation et de confusion)*
3	inappropriée *(mots compréhensibles mais conversation impossible)*
2	incompréhensible *(gémissements, grognements)*
1	aucune

Réponse motrice = M

6	**à la commande verbale** *(obéit à un ordre)*
	à la stimulation douloureuse
5	→ orientée *(à au moins 2 endroits le mouvement de flexion tend à faire disparaître la cause de la douleur)*
4	→ évitement *(pas de réponse orientée mais retrait rapide du coude avec éloignement face à l'agression)*
3	→ flexion-décortication *(membre supérieur : réponse en flexion lente ; membre inférieur : extension)*
2	→ extension-décérébration *(membre supérieur : rotation interne et hyperextension = mouvement « d'enroulement » ; membre inférieur : extension et flexion plantaire)*
1	→ rien

L'addition du score des yeux (Y), de la voix (V) et de la réponse motrice (M) permet d'obtenir un **score entre 3 et 15.**
Un total inférieur à 8 est le signe d'un coma grave.

Glasgow dans la pancréatite (score de)

1 point pour la présence de chacun des items suivants

Âge	> 55 ans
Leucocytes	> 15 000/mm^3
Glycémie	> 10 mmol/L
LDH	> 1,5 × N
Urée	> 16 mmol/L
PaO_2	< 60 mmHg
Calcémie	< 2 mmol/L
Albumine	< 32 g/L

Pancréatite grave si ≥ 3

Hauteur utérine et terme

Semaines d'aménorrhée	Mois de grossesse	Hauteur utérine	Variations physiologiques
19	4	16	+/– 1 cm
22	4 1/2	18 (ombilic)	+/– 1 cm
24	5	20	+/– 1,5 cm
28	6	24	+/– 1,5 cm
33	7	28	+/– 2 cm
37	8	30	+/– 2 cm
41	9	32	+/– 2 cm

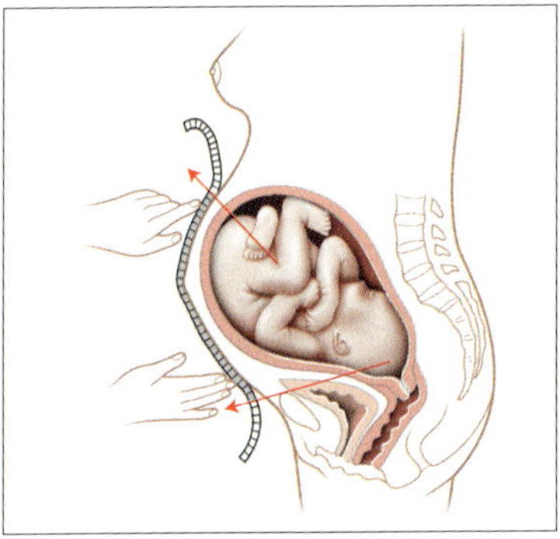

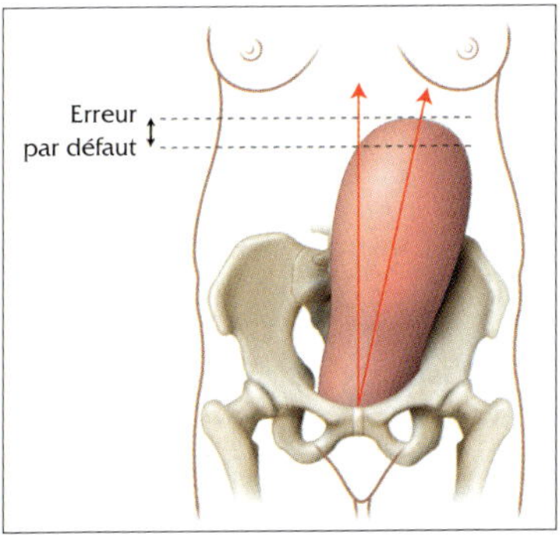

IGSA

(Indice de Gravité Simplifié Ambulatoire)

Échelle	4	3	2	1	0	1	2	3	4
Âge (ans)					< 45	46-55	56-65	66-75	> 75
Pouls	> 180	140-179	110-139		70-109		55-69	40-54	< 40
PAS (mmHg)	> 190		150-189		80-149		55-79		< 55
Température centrale (°C)	> 41	39-40,9		38,5-38,9	36-38,4	34-35,9	32-33,9	30-31,9	< 30
FR spontanée	> 50	35-49		25-34	12-24	10-11	6-9	Ventilation mécanique ou VSPEP*	< 6
GCS**					13-15	10-12	7-9	4-6	3

* VSPEP : ventilation spontanée en pression expiratoire positive

** GCS : Glasgow Coma Scale (score de Glasgow)

Intérêt de l'IGSA : plus l'IGSA augmente, plus la mortalité est élevée (au-delà de 8 le taux de survie diminue)

Insuffisance cardiaque (classification NYHA)

Stade	Activité physique	Signes
I	Pas de limitation	*L'activité physique habituelle n'entraîne pas de fatigue anormale, de palpitations, de dyspnée ou de douleur angineuse*
II	Limitation modérée	*Absence de symptôme de repos. L'activité physique habituelle entraîne fatigue, palpitations, dyspnée ou angor.*
III	Limitation nette	*Absence de symptôme au repos. La moindre activité physique, bien inférieure à l'activité habituelle, entraîne des symptômes.*
IV	Impossibilité de toute activité physique sans symptôme	*Symptômes d'insuffisance cardiaque congestive même au repos. Le moindre effort aggrave ces manifestations.*

Liège (échelle de)

Recherche des **réflexes du tronc cérébral**
en cas de coma profond

Cotation	Réflexes	Examen
5	Fronto-orbiculaire	*Contraction bilatérale des muscles orbiculaires lors de la percussion de la région frontale supra-orbitaire*
4	Oculo-céphalique vertical	*Déviation conjuguée des yeux du côté opposé aux mouvements lors de la flexion/extension brusque de la tête (s'assurer de l'absence de lésions du rachis cervical)*
3	Photomoteur	
2	Oculo-céphalique horizontal	*Déviation conjuguée des yeux du côté opposé lors de la brusque rotation de la tête d'un côté puis de l'autre (s'assurer de l'absence de lésions du rachis cervical)*
1	Oculo-cardiaque	*Ralentissement de la fréquence cardiaque lors de la pression oculaire*
0	Rien	

Aggravation du coma
=
disparition progressive des réflexes du tronc cérébral
(ce score peut s'additionner avec le score de Glasgow,
avec un total possible entre 3 et 20)

Maladies à déclaration obligatoire

(Décret n° 2005-162 du 17 février 2005 modifiant la liste des maladies faisant l'objet d'une transmission obligatoirre de données individuelles à l'autorité sanitaire, Journal officiel du 24 février 2005 : 3140)

- Botulisme
- Brucellose
- Charbon
- Choléra
- Diphtérie
- Fièvres hémorragiques africaines
- Fièvre jaune
- Fièvre typhoïde et fièvres paratyphoïdes
- Infection aiguë symptomatique par le virus de l'hépatite B*
- Infection invasive à méningocoques
- Infection par le virus de l'immunodéficience humaine, quel que soit le stade*
- Légionellose
- Listériose
- Orthopoxviroses dont la variole
- Paludisme autochtone
- Paludisme d'importation dans les départements d'outre-mer
- Peste
- Poliomyélite antérieure aiguë
- Rage
- Rougeole
- Saturnisme chez les enfants mineurs
- Suspicion de maladie de Creutzfeld-Jakob et autres encéphalopathies spongiformes transmissibles humaines
- Tétanos*
- Toxi-infections alimentaires collectives
- Tuberculose
- Tularémie
- Typhus exanthématique

* Ne relève pas du signalement immédiat.

Malinas (score de)

Les éléments recueillis permettent de chiffrer le **score de MALINAS** qui donne une indication fiable sur l'**imminence de l'accouchement.**

Cotation	**0**	**1**	**2**
Parité	1	2	> ou = 3
Durée du travail	< 3 h	3 à 5 h	> 6 h
Durée de la contraction	< 1 min	1 min	> 1 min
Intervalle entre 2 contractions	> 5 min	3 à 5 min	< 3 min
Perte des eaux	non	récente	> 1 h

Si le score est > 5,
l'accouchement est imminent.

Médicaments (classification internationale)

Dénomination Commune Internationale	Nom commercial en France	Nom commercial en Suisse	Nom commercial en Belgique	Nom commercial au Canada
acétylcystéine	Fluimucil®	Fluimucil®	Lysomucil®	Mucomyst®
acétylleucine	Tanganil®	0	0	0
acétylsalisylate de lysine	Aspégic®	Aspégic®	Aspégic®	Acetophen®
acide clodronique	Clastoban®	Bonefos®	Bonefos®	Bonefos®
adénosine	Krénosin®	Krénosine®	Adénocor®	Adénocard®
adénosine triphosphate	Striadyne®	Striadyne®	Striadyne®	0
alimémazine	Théralène®	Théralène®	Nedeltran®	Panectyl®
altéplase	Actilyse®	Actilyse®	Actilyse®	Activase®
amikacine	Amiklin®	Amikine®	Amukin®	Amikin®
amoxicilline	Amodex® Clamoxyl®	Clamoxyl®	Clamoxyl®	Amoxil®
amoxicilline-acide clavulanique	Augmentin®	Augmentin®	Augmentin®	Clavulin®
aténolol	Ténormine®	Tenormin®	Tenormin®	Tenormin®
atracrium	Tracium®			
bétaméthasone	Célestène®	Celestone®	Celestone®	Celestone®
bromazépam	Lexomil®	Lexotan®	Lexotanil®	Lectopam®
buflomédil	Fonzylane®	Loftyl®	Loftyl®	0
budésonide	Pulmicort®	0	Pulmicort®	Pulmicort®
canrénoate de potassim	Soludactone®	Soldactoner	Soldactone®	0
ceftazidime	Fortum®	Fortam®	Glazidim®	Fortaz®
ceftriaxone	Rocéphine®	Rocéphine®	Rocéphine®	Rocephin®
chlormézanone	Trancopal®	Trancopal®	Trancopal®	0
chlorpromazine	Largactil®	Chlorazin®	0	Largactil®
ciprofloxacine	Ciflox®	Ciproxine®	Ciproxine®	Ciloxan®
clarithromycine	Naxy® Zéclar®	Klacid®	Biclar®	Biclar®
clindamycine	Dalacine®	Dalacin®	Dalacin®	Dalacin®
clonidine	Catapressan®	Catpresan®	Catapresan®	Catapres®

Dénomination Commune Internationale	Nom commercial en France	Nom commercial en Suisse	Nom commercial en Belgique	Nom commercial au Canada
cyamémazine	Tercian®	0	0	0
daltéparine sodique	Fragmine®	Fragmin®	Fragmine®	Fragmin®
demopressine ou DDAVP	Minirin®	Minirin®	Minirin®	Octostim®
dexaméthasone	Dexaméthasone Qualimed®	Décadron®	Décadron®	Dexasone®
diclofénac	Voltarène®	Voltarène®	Voltaren®	Voltaren®
dihydralazine	Népressol®	Nepresol®	Nepresol®	Apresoline®
diltiazem	Tildiem®	Dilzem®	Tildiem®	Cardizem®
doxycycline	Vibraveineuse®	Vibraveineuse®	Vibramycine®	Vibramycin®
énoxaparine sodique	Lovenox®	Clexane®	Clexane®	Lovenox®
érythromycine	Erythrocine®	Erythrocine®	Erythrocine®	Erythrocin®
esmolol	Brévibloc®	0	0	Edecrin®
fentanyl	Fentanyl®	Fentanyl®	Fentanyl®	Sublimaze®
fluconazole	Triflucan®	Diflucan®	Diflucan®	Diflucan®
fosphénytoïne	Prodilantin®	0	0	0
furosémide	Lasilix®	Lasix®	Lasix®	Lasix®
gentamicine	Gentalline®	Garamycin®	Geomycine®	Gentacidin®
isoniazide	Rimifon®	Rimifon®	Rimifon®	Isotamine®
isosorbide dinitrate	Risordan®	0	Cedocard®	Cedocard®
kétoprofène	Profénid®	Profénid®	Rofénid®	Orudis®
loxapine	Loxapac®	0	Loxapac®	Loxapac®
métoclopramine	Primpéran®	Primpéran®	Primpéran®	Reglan®
métopimazine	Vogalène®	0	Vogalène®	0
nicardipine	Loxen®	0	Rydène®	Cardène®
ofloxacine	Oflocet®	Floxal®	Tarivid®	Floxin®
oméprazole	Mopral®	Antra®	Losec®	Losec®
paracétamol	Doliprane® Efferalgan® Dafalgan® Perfalgan®	Acétalgine® Panadol® Efferalgan® Perfalgan®	Tylenol® Ben-U-Ron® Perfalgan®	Atasol® Compain® Panadol®

Dénomination Commune Internationale	Nom commercial en France	Nom commercial en Suisse	Nom commercial en Belgique	Nom commercial au Canada
péfloxacine	Péflacine®	0	Péflacine®	0
péthidine	Dolosal®	Centralgine®	Dolantine®	Demerol®
phénobarbital	Gardénal®	Lumen®	Gardénal®	Gardénal®
phloroglucinol	Spasfon®	0	Spasfon®	0
pipéracilline	Pipéracilline®	Pipril®	Pipcil®	Pipracil®
piroxicam	Feldène®	Felden®	Feldène®	Feldène®
propofol	Diprivan®	Disoprivan®	Diprivan®	Diprivan®
propranolol	Avlocardyl®	Indéral®	Indéral®	Indéral®
quinine	Quinine Renaudin®	Quinine Sulfate	Quinine Sulfate	Quinine Sulfate
retéplase	Rapilysin®	Rapilysin®	Rapilysin®	Retavase®
rifampicine	Rifadine® Rimactan®	Rifoldine® Rimactan®	Rifadine® Rimactan®	Rifadin® Rimactane®
salbutamol	Salbumol® Ventoline®	Ventolin®	Ventolin®	Ventolin®
somatostatine	Modustatine® Somatostatine UCB®	Stilamin®	Modustatine®	Stilamin®
streptokinase	Streptase®	Kabikinase®	Streptase®	Streptase®
suxaméthonium iodure	Célocurine®	Célocurin-chlorid® Succinolin®	Myoplegin®	Anectine®
ténectéplase	Métalyse®	Métalyse®	Métalyse®	TNKase®
thiamphénicol	Thiophénical®	Urfamucine®	Urfamycine®	0
thiocolchicoside	Coltramyl®	Coltromyl®	Coltramyl®	Coltromyl®
trinitrine	Natispray®	Trinitrine® Nitrolingual®	Nitroprol® Nitrolingual®	Nitrol® Nitrolingual®
tropatépine	Lepticur®	0	0	0
urapidil	Eupressyl®	Ebrantil®	Ebrantil®	0
vérapamil	Isoptine®	0	Isoptine®	Vérapamil®

N.B. Les médicaments cités dans cet ouvrage et non présents dans ce tableau portent le même nom commercial dans les quatre pays.

Méningite à méningocoque (prophylaxie)

Chimioprophylaxie = « urgence préventive »

- Idéalement, elle doit être entreprise le jour même ou le lendemain du diagnostic.
- N'a d'intérêt que si elle est appliquée **dans les 8 jours** qui suivent le diagnostic du cas index. Elle est considérée comme inutile après ce délai.

↓

Groupes cibles

- Les sujets vivant au domicile du malade ou ayant dormi dans la même pièce dans les 10 jours qui ont précédé l'hospitalisation.
- Les sujets ne vivant pas au domicile du malade mais ayant eu des contacts proches et répétés avec le cas dans les 10 jours qui ont précédé l'hospitalisation.
- Les collectivités de jeunes enfants (crèches, maternelles): enfants et personnel.
- Le personnel de soins, notamment du SAMU et des urgences, ayant été en contact étroit avec le patient avant le diagnostic et la mise en route du traitement.

↓

Rifadine® (rifampicine)

- Adulte: 600 mg × 2/j
- Enfant de 1 mois à 12 ans: 10 mg/kg × 2/j
- Enfant de moins de 1 mois: 5 mg/kg × 2/j
- Durée : 48 h

Attention : diminution de l'efficacité des contraceptifs oraux → utiliser un autre mode de contraception pendant la durée du traitement.

Si contre-indication à la rifampicine
(en particulier au cours de la grossesse)

Rovamycine® (spiramycine)

- Adulte : 3 millions d'U.I. × 2/j
- Enfant : 75.000 UI/kg × 2/j
- Durée : 5 jours.

↓

Si méningocoque du groupe A ou C

- **Vaccination** conjointement à la chimioprophylaxie pour les sujets contacts (relais de l'effet protecteur).
- Le vaccin est efficace dès l'âge de 3 mois pour le groupe A et à partir de 1 an pour le groupe C.

Si méningite à *Haemophilus influenzae*

Chez les enfants contacts de moins de 6 ans : **rifampicine** (20 mg/kg/jour en 2 prises pendant 4 jours)

Miller (index de)

Index de Miller = calcul du degré d'obstruction vasculaire permettant de chiffrer le degré de gravité de l'embolie pulmonaire

Index de Miller = Index d'obstruction + Index de perfusion
(somme entre 0 et 34)

- Index d'obstruction : établi selon le siège de tous les thrombus visibles, obstructifs ou non.
- Index de perfusion : au temps capillaire, la perfusion est cotée de 0 (normale) à 3 (absente) dans chacune des 3 zones (supérieure, moyenne et inférieure) des 2 champs pulmonaires.

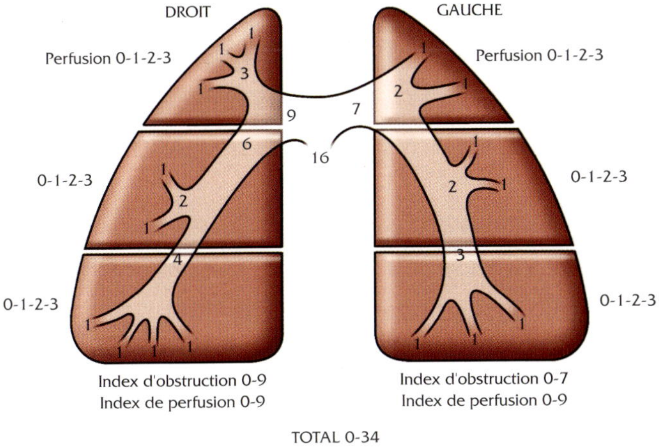

Motricité

Niveau d'atteinte	Réflexes modifiés	Déficit moteur
C5	Bicipital	Abduction du bras
C6	Stylo-radial	Flexion du coude
C7	Tricipital	Extension du coude
C8		Flexion et extension des doigts
D1		Opposition du pouce, abduction et adduction des doigts
L1-L2	Crémastérien	Flexion de la hanche
L3	Rotulien	Extension du genou
L4		Dorsiflexion du pied
L5		Extension du gros orteil
S1	Achilléen	Flexion plantaire du pied

NIHSS (échelle)

(National Institutes of Health Stroke Scale)

Objectif : cotation de la fonction neurologique en cas d'AVC
Utilisation :
- Appréciation de la sévérité d'un AVC
- Au-delà de 25 = AVC cliniquement sévère

N° item	Fonction	Score
1a	**Niveau de conscience**	
	• Vigilance normale, réponses aisées	0
	• Non vigilant, éveillable par des stimulations mineures pour répondre ou exécuter les consignes	1
	• Non vigilant, requiert des stimulations répétées pour maintenir son attention; ou bien est obnubilé et requiert des stimulations intenses ou douloureuses pour effectuer des mouvements autres que stéréotypés	2
	• Répond seulement de façon réflexe ou totalement aréactif	3
1b	**Niveau de conscience – Questions**	
	• Réponses correctes aux deux questions	0
	• Réponse correcte à une question	1
	• Aucune réponse correcte	2
1c	**Niveau de conscience – Commandes**	
	• Exécute les deux tâches correctement	0
	• Exécute une tache correctement	1
	• N'exécute aucune tâche correctement	2
2	**Oculomotricité**	
	• Normale	0
	• Paralysie partielle; le regard est anormal sur un œil ou les deux sans déviation forcée du regard ni paralysie complète	1
	• Déviation forcée ou paralysie complète non surmontée par les réflexes oculocéphaliques	2
3	**Champ visuel**	
	• Aucun trouble du champ visuel	0
	• Hémianopsie partielle	1
	• Hémianopsie complète	2
	• Double hémianopsie (incluant cécité corticale)	3

N° item	Fonction	Score
4	**Paralysie faciale**	
	• Mouvement normal et symétrique	0
	• Paralysie mineure (affaissement du sillon nasogénien, asymétrie du sourire)	1
	• Paralysie partielle (paralysie complète ou presque de l'hémiface inférieure)	2
	• Paralysie complète d'un ou des deux côtés	3
5	**Motricité des membres – MSD et MSG**	D G
	Bras tendu à 90° en position assise, à 45° en décubitus durant 10 s	
	• Pas de chute	0 0
	• Chute vers le bas avant 10 s, sans heurter le lit ou un autre support	1 1
	• Effort contre la pesanteur possible, mais le bras ne peut atteindre ou maintenir la position et tombe sur le lit	2 2
	• Aucun effort contre la pesanteur, le membre tombe	3 3
	• Aucun mouvement	4 4
	Amputation ou arthrodèse, explications :____________________	9 9
6	**Motricité des membres – MID et MIG**	D G
	Jambes tendues à 30° pendant 5 s	
	• Pas de chute	0 0
	• Chute avant 5 s mais la jambe ne heurte pas le lit	1 1
	• Effort contre la pesanteur mais la jambe chute sur le lit	2 2
	• Pas d'effort contre la pesanteur	3 3
	• Pas de mouvement	4 4
	Amputation ou arthrodèse, expliquer :____________________	9 9
7	**Ataxie des membres** (n'est testé que si elle est hors de proportion avec un déficit moteur)	
	• Absente	0
	• Présente sur un membre	1
	• Présente sur deux membres	2
	Si ataxie présente :	
	Bras D 1 = oui, 2 = non, 9 = amputation ou arthrodèse, expliquer :________	____
	Bras G 1 = oui, 2 = non, 9 = amputation ou arthrodèse, expliquer :________	____
	Jambe D 1 = oui, 2 = non, 9 = amputation ou arthrodèse, expliquer :______	____
	Jambe G 1 = oui, 2 = non, 9 = amputation ou arthrodèse, expliquer :______	____
8	**Sensibilité**	
	• Normale, pas de déficit sensitif	0
	• Hypoesthésie minime à modérée : le patient sent que la piqûre est atténuée ou abolie mais a conscience d'être touché	1
	• Hypoesthésie sévère à anesthésie : le patient n'est pas conscient d'être touché sur la face, le bras et la jambe	2

N° item	Fonction	Score
9	**Meilleur langage**	
	• Pas d'aphasie, langage normal	0
	• Aphasie modérée : perte de fluence verbale, difficulté de compréhension, sans limitation des idées exprimées ni de la forme de l'expression	1
	• Aphasie sévère : expression fragmentaire, dénomination des objets impossible; les échanges sont limités, l'examinateur supporte le poids de la conversation	2
	• Aphasie globale : mutisme; pas de langage utile ni de compréhension du langage oral	3
10	**Dysarthrie**	
	• Normal	0
	• Modérée : le patient bute sur certains mots, au pire il est compris avec difficultés	1
	• Sévère : le discours est incompréhensible, sans proportion avec une éventuelle aphasie; ou bien le patient est mutique ou anarthrique	2
	Intubation ou autre obstacle mécanique, expliquer : ____________________	9
11	**Extinction ou négligence**	
	• Pas d'anomalie	0
	• Négligence ou extinction visuelle, tactile, auditive, spatiale ou personnelle à la stimulation bilatérale simultanée dans une des modalités	1
	• Héminégligence sévère ou portant sur plus d'une modalité sensorielle. Ne reconnaît pas sa propre main ou s'oriente vers un seul côté de l'espace	2

Pacemakers (codification internationale)

Lettre (n°)	1	2	3	4	5
Fonctions	Site de stimulation	Site de détection	Mode de fonctionnement	Programmabilité, télémétrie, asservissement de fréquence	Autres fonctions
Codes	**V :** ventricule A (*atrium*) : oreillette **D :** A et V **O :** aucun des deux **S :** parfois utilisé pour «*single chamber*» (monochambre), désigne le ventricule ou l'oreillette		**I :** inhibé **T :** déclenché (*trigger*) **D :** I et T **O :** aucun des deux	**O :** non programmable **P :** jusqu'à deux fonctions programmables **C :** possibilité de télémétrie **M :** multiprogrammable (3 fonctions ou plus)* **R :** fréquence asservie**	**O :** aucune **P :** *pacing* antitachy-arythmique **S :** choc **D :** double (P et S)

* dans la plupart des stimulateurs de dernière génération.
** augmentation de la fréquence de stimulation à partir des informations fournies par le capteur mesurant un paramètre lié à l'effort.

Modes de programmation les plus fréquents
- **VOO** : stimulation asynchrone du ventricule sans écoute. - **AOO** : stimulation asynchrone de l'oreillette sans écoute. - **AAI** : stimulation du ventricule (monochambre) avec écoute (inhibition lorsque la sonde ventriculaire détecte une activité spontanée dans le ventricule, reprise d'un intervalle normal et stimulation si aucune activité n'est détectée à l'issue de ce cycle). - **DDD** : stimulation la plus physiologique respectant la synchronisation atrioventriculaire; inhibition atriale en cas d'activité atriale spontanée et même principe pour le ventricule; de plus, relation entre les deux canaux (atrial et ventriculaire) régie par le délai atrioventriculaire qui est programmable. - **DDI** : stimulations atriale et ventriculaire, détections atriale et ventriculaire, inhibition par les événements atriaux et ventriculaires.

Ranson (score de)

1 point pour la présence de chacun des items suivants

À l'admission

Âge	> 55 ans
Leucocytes	> 16 000/mm^3
Glycémie	> 11 mmol/L
LDH	> 1,5 × N
ASAT	> 6 × N

Entre l'admission et la 48e h

Hématocrite	Chute de plus de 10 points
Urée sanguine	Augmentation de plus de 1,8 mmol/L
Calcémie	< 2 mmol/L
PaO_2	< 60 mmHg
Bicarbonates	Chute de plus de 4 mEq/L
Séquestration liquidienne	> 6 L Estimée en soustrayant les pertes (aspiration gastrique, débit urinaire, drain…) des apports IV pendant les 48 premières heures.

Pancréatite grave si ≥ 3

Remplissage (solutés de)

Cristalloïdes		Colloïdes	
Isotoniques	Sérum physiologique Glucosé 5 % Ringer lactate Bicarbonate de sodium 1,4 %	**Gélatines**	Gélofusine® Plasmion®
Hypertoniques	Glucosé 10 et 30 % Bicarbonate de sodium 4,2 et 8,4 % Lactate de sodium à 11,2 % Mannitol 10, 20 et 25 %	**Hydroxyéthylamidon (HEA)**	Héafusine® 6 % Héafusine® 10 % Hestéril® Voluven®
Hypotoniques	Glucosé 2,5 %	**HEA + chlorure de sodium**	HyperHès®

- Parmi les cristalloïdes, le sérum physiologique (NaCl 0,9 %) et le Ringer lactate peuvent être utilisés comme produits de remplissage, mais leur pouvoir d'expansion volémique est faible (0,3 soit 300 mL de remplissage pour 1 000 mL perfusés) et ils passent très rapidement (1-2 h maximum) dans le secteur extravasculaire.
- L'**HyperHès®** est un mélange d'hydroxyéthylamidon et de chlorure de sodium à 7,2 % qui est utilisé pour traiter l'hypovolémie avec état de choc (concept du remplissage à « petits volumes » avec transfert de liquide du secteur interstitiel vers le secteur vasculaire) :
  - Utilisation en perfusion rapide unique de 4 mL/kg (250 mL pour un adulte de poids moyen) en 2 à 5 min.
  - Voie centrale préférable du fait de son hyperosmolarité, mais une administration par voie périphérique est possible.
  - Avantage : restauration d'une hémodynamique stable plus rapidement et avec des volumes 2 fois moins importants qu'avec les autres colloïdes.
  - Inconvénients :
    + Augmentation du risque hémorragique du fait du remplissage brutal.
    + Nécessité d'une surveillance étroite du ionogramme sanguin et de l'équilibre hydrique.

Gélatines	HEA
Produits anciens, très maniables et bon marché : - **Plasmion**® - Gélofusine®	Produits plus récents, chers : - Hestéril® - **Héafusine**® **6 %** et **10 %** -Voluven®
Pouvoir d'expansion = 0,8 à 1 (500 mL perfusé = 400-500 mL d'augmentation de volume plasmatique)	Pouvoir d'expansion selon les produits de 1 à 1,5 (500 mL perfusés = 500 à 750 mL d'augmentation du volume plasmatique) 1 pour **Voluven**® 1,3 pour **Hestéril**® et **Héafusine 6 %** 1,5 pour **Héafusine**® **10 %**
Rares réactions allergiques possibles	Rares réactions allergiques possibles. Contre-indications : troubles de l'hémostase constitutionnels ou acquis (hémophilie, maladie de Willebrand), insuffisant rénal dialysé, femme enceinte
Pas de limitation de quantité	Limitation à 33 mL/kg/j (soit 2 500 mL pour une personne de 75 kg) pour l'**Hestéril**®, l'**Héafusine**® **à 6 %** et le **Voluven**®, mais à 20 mL/kg/j pour l'**Héafusine**® **à 10 %** (soit 1 500 mL pour une personne de 75 kg)
Durée d'action : 4 à 6 h	Durée d'action : 3 à 6 h

Revised trauma score

Score qui permet de déterminer les chances de survie d'un traumatisé.

Paramètres	Valeurs	Points	Coefficient
Fréquence respiratoire (x/min)	10 – 29	4	0,298
	> 29	3	
	6 – 9	2	
	1 – 5	1	
	0	0	
Pression artérielle systolique (mmHg)	> 89	4	0,7325
	76 – 69	3	
	50 – 75	2	
	1 – 49	1	
	0	0	
Glasgow Coma Scale	13 – 15	4	0,9368
	9 – 12	3	
	6 – 8	2	
	4 – 5	1	
	3	0	

Score ≤ 11
=
Traumatisme potentiellement grave

SAMU

Département	Adresse	Téléphone
Ain (01)	C.H. de Fleyriat Route de Paris 01012 BOURG-EN-BRESSE CEDEX	04 74 45 27 28
Aisne (02)	C.H.G. Rue Marcellin Berthelot 02001 LAON CEDEX	03 23 26 20 20
Allier (03)	C.H. BP 609 03006 MOULINS CEDEX	04 70 46 46 46
	C.H. 18 av. du 8 Mai 1945 03109 MONTLUCON CEDEX	04 70 28 11 11
	C.H.G. Boulevard Denière 03209 VICHY CEDEX	04 70 31 33 33
Alpes de Haute-Provence (04)	C.H. 04007 DIGNE CEDEX	04 92 32 49 15
Hautes-Alpes (05)	C.H. Place A. Muret 05007 GAP CEDEX	04 92 51 02 15
Alpes-Maritimes (06)	C.H.U. 5 rue Pierre Devoluy 06006 NICE CEDEX 1	04 93 92 55 55
Ardèche (07)	C.H. BP 707 07007 PRIVAS CEDEX	04 75 64 19 54
Ardennes (08)	C.H. 45 av. de Manchester 08011 CHARLEVILLE-MEZIERES CEDEX	03 24 56 70 15
Ariège (09)	C.H. Rue d'Alsace-Lorraine 09000 FOIX	05 61 05 40 15
Aube (10)	C.H. 101 av. Anatole France 10003 TROYES	03 25 82 33 33
Aude (11)	C.H. BP 814 11012 CARCASSONNE CEDEX	04 68 24 67 63
Aveyron (12)	C.H. BP 815 12008 RODEZ CEDEX	05 65 68 60 60
Bouches-du-Rhône (13)	C.H. de la Timone Bd. Jean Moulin 13385 MARSEILLE CEDEX 05	04 91 49 91 91
Calvados (14)	C.H.U. 14033 CAEN CEDEX	02 31 06 88 88

Département	Adresse	Téléphone
Cantal (15)	C.H.G. Henri Mondor 15002 AURILLAC CEDEX	04 71 48 15 20
Charente (16)	C.H. de Girac 16470 SAINT-MICHEL	05 45 24 42 00
Charente-Maritime (17)	C.H. Saint-Louis Rue du Dr Schweitzer 17019 LA ROCHELLE CEDEX	05 46 27 32 15
Cher (18)	C.H. 34 rue Gambon 18013 BOURGES CEDEX	02 48 65 15 15
Corrèze (19)	C.H. BP 160 19012 TULLE CEDEX	05 55 26 00 00
Corse-du-Sud (2A)	C.H.G. Notre Dame de la Miséricorde 20184 AJACCIO CEDEX	04 95 51 60 00
Haute-Corse (2B)	C.H. 20200 BASTIA	04 95 33 15 15
Côte d'Or (21)	C.H.U. 3 rue du Faubourg Raines 21033 DIJON CEDEX	03 80 40 28 29
Côtes d'Armor (22)	C.H. de la Beauchée 10 rue Marcel Proust BP 67 22023 SAINT-BRIEUC	02 96 75 14 00
Creuse (23)	C.H. BP 159 23011 GUERET CEDEX	05 55 41 82 00
Dordogne (24)	C.H.G. 80 av. Georges Pompidou 24019 PÉRIGUEUX CEDEX	05 53 07 88 36
Doubs (25)	C.H.R. Jean Minjoz 25030 BESANCON CEDEX	03 81 53 15 15
Drôme (26)	C.H.G. BP 831 26008 VALENCE CEDEX	04 75 82 31 00
Eure (27)	C.H.G. 17 rue Saint-Louis 27023 ÉVREUX CEDEX	02 32 62 21 00
Eure-et-Loir (28)	C.H. Victor Jousselin 44 av. du Président Kennedy 28107 DREUX CEDEX	02 37 46 15 15
Finistère (29)	C.H.U. 5 av. Foch 29609 BREST CEDEX	02 98 34 79 00

Département	Adresse	Téléphone
Gard (30)	C.H. 5 rue Hoche 30006 NIMES CEDEX	04 66 27 80 95
Haute-Garonne (31)	C.H. de Purpan 31059 TOULOUSE CEDEX	05 61 49 33 33
Gers (32)	C.H.G. Route de Tarbes BP 382 32008 AUCH CEDEX	05 62 05 33 33
Gironde (33)	C.H.U. 33076 BORDEAUX CEDEX	05 56 96 70 70
Hérault (34)	C.H.U. Hôpital Lapeyronie 371 av. du Doyen Gaston Giraud 34059 MONTPELLIER CEDEX	04 67 33 49 95
Ille-et-Vilaine (35)	C.H.R. Pontchaillou 35033 RENNES CEDEX	02 99 59 16 16
Indre (36)	C.H. 216 av. de Verdun 36019 CHATEAUROUX	02 54 22 88 88
Indre-et-Loire (37)	C.H. Trousseau 37044 TOURS CEDEX	02 47 38 00 17
Isère (38)	C.H.U. 38700 LA TRONCHE	04 76 42 42 42
Jura (39)	C.H.G. Louis Pasteur av. L. Jouhaux BP 79 39108 DOLE CEDEX C.H.G. 39016 LONS LE SAULNIER CEDEX	03 84 79 80 89 03 84 47 11 11
Landes (40)	C.H. av. de Cronstadt BP 417 40012 MONT-DE-MARSAN CEDEX	05 58 75 44 44
Loir-et-Cher (41)	C.H. Mail Pierre Charlot 41016 BLOIS CEDEX	02 54 78 78 78
Loire (42)	C.H.U. Hôpital Bellevue 42023 SAINT-ETIENNE CEDEX C.H. 28 rue de Charlieu BP 511 42328 ROANNE CEDEX	04 77 57 42 42 04 77 44 38 54
Haute-Loire (43)	C.H.G. Emile Roux Bd Dr Chantemesse 43012 LE PUY CEDEX	04 71 02 02 02
Loire-Atlantique (44)	C.H.R.U. Hôtel-Dieu Place Alexis Ricordeau BP 1005 44035 NANTES CEDEX	02 40 08 22 22

Département	Adresse	Téléphone
Loiret (45)	C.H.R. Orléans-La Source BP 6709 45067 ORLEANS CEDEX	02 38 69 45 45
Lot (46)	C.H. BP 269 46005 CAHORS CEDEX	05 65 20 51 51
Lot-et-Garonne (47)	C.H. Route de Villeneuve 47025 AGEN CEDEX	05 53 96 96 96
Lozère (48)	C.H.G. Av. du 8 mai 1945 48000 MENDE	04 66 65 22 22
Maine-et-Loire (49)	C.H.U. Av. de l'Hôtel Dieu 49033 ANGERS CEDEX	02 41 48 45 33
Manche (50)	C.H. Mémorial France États-Unis BP 420 50020 SAINT-LO CEDEX	02 33 72 15 15
Marne (51)	C.H.U. Hôpital Maison Blanche 51092 REIMS CEDEX	03 26 06 07 08
Haute-Marne (52)	C.H.G. 2 rue Jeanne d'Arc 52014 CHAUMONT CEDEX	03 25 32 15 15
Mayenne (53)	C.H.G. 33 rue du Haut Rocher 53024 LAVAL CEDEX	02 43 64 10 30
Meurthe-et-Moselle (54)	C.H.R.U. 29 av. de Lattre-de-Tassigny 54037 NANCY CEDEX	03 83 32 85 79
Meuse (55)	C.H. Saint Nicolas 2 av. d'Anthouard CO 306 55107 VERDUN CEDEX	03 29 84 75 15
Morbihan (56)	C.H. Prosper Chubert Bd. du Gl. Guillaudot 56017 VANNES CEDEX	02 97 41 15 15
Moselle (57)	C.H.R. 1 place Philippe de Vigneulles 57038 METZ CEDEX	03 87 62 27 11
Nièvre (58)	C.H. 1 av. Colbert BP 809 58020 NEVERS CEDEX	03 86 68 31 55
Nord (59)	C.H.R.U. 59037 LILLE CEDEX	03 20 44 00 97
Oise (60)	C.H.G. Av. Léon Blum BP 319 60021 BEAUVAIS CEDEX	03 44 11 21 15

Département	Adresse	Téléphone
Orne (61)	C.H. Route de Fresnay 61014 ALENCON CEDEX	02 33 32 75 75
Pas-de-Calais (62)	C.H. 57 av. Winston Churchill 62022 ARRAS CEDEX	03 21 71 51 51
Puy-de-Dôme (63)	C.H.R.U. Hôpital Saint-Jacques 63003 CLERMONT-FERRAND CEDEX	04 73 35 33 33
Pyrénées-Atlantiques (64)	C.H. 64000 PAU C.H. de la Côte Basque BP 8 64109 BAYONNE CEDEX	05 59 27 15 15 05 59 58 22 82
Hautes-Pyrénées (65)	C.H. 65013 TARBES CEDEX	05 62 34 44 44
Pyrénées-Orientales (66)	C.H.G. 20 av. du Languedoc BP 4042 66042 PERPIGNAN CEDEX	04 68 61 66 66
Bas-Rhin (67)	Hôpitaux Universitaires BP 426 67091 STRASBOURG CEDEX	03 88 33 33 33
Haut-Rhin (68)	C.H. Emile Muller 20 rue du Dr Laënnec 68070 MULHOUSE CEDEX	03 89 64 62 72
Rhône (69)	C.H. E. Herriot Place d'Arsonval 69437 LYON CEDEX 03	04 72 68 93 00
Haute-Saône (70)	C.H.G. Paul Morel BP 409 70014 VESOUL CEDEX	03 84 76 33 33
Saône-et-Loire (71)	C.H. BP 120 71321 CHALON-SUR-SAONE CEDEX	03 85 42 45 90
Sarthe (72)	C.H. 194 av. Rubillard 72017 LE MANS CEDEX	02 43 51 10 72
Savoie (73)	C.H. BP 1125 73011 CHAMBÉRY CEDEX	04 79 96 51 51
Haute-Savoie (74)	C.H. BP 2333 74000 ANNECY	04 50 88 33 00
Seine-Maritime (76)	Hôpital Charles Nicolle 76031 ROUEN CEDEX C.H. BP 24 76083 LE HAVRE CEDEX	02 35 88 44 22 02 32 73 32 15

Département	Adresse	Téléphone
Deux-Sèvres (79)	C.H.G. Av. Charles de Gaulle 79021 NIORT CEDEX	05 49 73 95 15
Somme (80)	C.H.R.U. Hôpital Nord 80054 AMIENS CEDEX 1	03 22 44 33 33
Tarn (81)	C.H. Av. Boussac 81013 ALBI CEDEX	05 63 47 15 15
Tarn-et-Garonne (82)	C.H. 4 rue du Dr Allibert BP 765 82013 MONTAUBAN CEDEX	05 63 47 15 15
Var (83)	C.H.I. BP 412 83056 TOULON CEDEX	04 94 61 61 15
Vaucluse (84)	C.H. de la Durance BP 347 84092 AVIGNON CEDEX 09	04 90 88 11 11
Vendée (85)	C.H. 85025 LA ROCHE-SUR-YON CEDEX	02 51 44 62 15
Vienne (86)	C.H.R.U. BP 577 86021 POITIERS CEDEX	05 49 38 08 15
Haute-Vienne (87)	C.H.R.U. Dupuytren 87042 LIMOGES CEDEX	05 55 33 33 33
Vosges (88)	C.H. Jean Monnet 88021 ÉPINAL CEDEX	03 29 69 34 34
Yonne (89)	C.H. 2 bd. de Verdun 89011 AUXERRE CEDEX	03 86 94 54 04
Territoire de Belfort (90)	C.H. 14 rue de Mulhouse 90016 BELFORT CEDEX	03 84 58 15 15
Ile-de-France		
Paris (75)	Hôpital Necker-Enfants Malades 149 rue de Sèvres 75743 PARIS CEDEX 15	01 45 67 50 50
Seine-et-Marne (77)	C.H. Marc Jacquet Rue Fréteau de Pény 77011 MELUN CEDEX	01 64 71 66 88
Yvelines (78)	C.H.G. André Mignot 177 rue de Versailles 78150 LE CHESNAY	01 30 84 96 00

Département	Adresse	Téléphone
Essonne (91)	C.H. 59 bd. Henri Dunant 91108 CORBEIL CEDEX	01 60 90 15 15
Hauts-de-Seine (92)	Hôpital Raymond Poincaré 104 bd. R. Poincaré 92380 GARCHES	01 47 10 70 10
Seine Saint-Denis (93)	Hôpital Avicenne 125 rue de Stalingrad 93009 BOBIGNY CEDEX	01 48 96 44 44
Val-de-Marne (94)	Hôpital Henri Mondor 51 av. de Lattre de Tassigny 94010 CRETEIL CEDEX	01 45 17 95 00
Val d'Oise (95)	C.H. René Dubos av. de l'Ile de France 93501 PONTOISE CEDEX	01 30 75 42 15
Outre-Mer		
Guadeloupe (971)	C.H. de Pointe-à-Pitre BP 465 97159 POINTE-A-PITRE	05 90 91 39 39
Martinique (972)	C.H.U. BP 632 97261 FORT-DE-FRANCE	05 96 75 15 75
Guyane (973)	C.H. de la Madeleine BP 6006 97306 CAYENNE CEDEX	05 94 31 40 40
La Réunion (974)	Centre Hospitalier Départemental 97405 SAINT-DENIS CEDEX	02 62 20 10 10
Polynésie Française (987)	Centre Hospitalier Territorial BP 1640 PAPEETE, TAHITI	00 689 42 01 01
Nouméa (988)	Centre Hospitalier Territorial de Nouméa 98849 NOUMÉA CEDEX	00 687 25 67 15

Sang et dérivés

Concentré de globules rouges (CGR) ou culot globulaire (CG)

Présentation

- Suspension de globules rouges (GR) provenant d'un seul donneur obtenue à partir d'un prélèvement de sang total recueilli sur anticoagulant, après soustraction du plasma par centrifugation et élimination des leucocytes.
- Volume :
  ≥125 mL de GR = unité adulte.
  < 125 mL de GR = unité enfant.
  Volume total : environ 250 mL avec la solution de conservation.
- Transport : entre + 2 et + 8 °C.

Type de CGR	Principe	Indications
Phénotypé standard	Ne pas apporter d'antigène étranger au receveur	- Femmes jusqu'à la fin de la période de procréation - Receveur avec RAI positive - Polytransfusés itératifs ou futurs : thalassémiques, drépanocytaires
Phénotypé étendu	Respect d'au moins un autre antigène négatif que Rhésus et Kell	- Allo-immunisation préexistante
Compatibilisé	Compatibilité au laboratoire entre les GR de la poche et le sérum ou le plasma du patient	- Receveur avec RAI positive - Femmes enceintes - Polytransfusés itératifs - Nouveau-nés
CMV négatif	Sérologie négative chez le donneur lors du don	- Femmes enceintes CMV négatif ou inconnu - Immunodéprimés CMV négatif ou inconnu - Patient en attente de greffe - Nouveau-nés
Irradié	Irradiation pour éviter la réaction du greffon contre l'hôte	- Déficit immunitaire cellulaire sévère - Greffe de moelle - Don intrafamilial (groupes sanguins rares) - Nouveau-nés
Déplasmatisé	Élimination complète des résidus de plasma et remplacement par du sérum physiologique	- Intolérance aux protéines du plasma (antécédents d'accidents transfusionnels)
Réduction de volume	Élimination d'une partie du surnageant pour réduire le volume de la poche	- Uniquement en cas de risque majeur de surcharge volémique
Cryoconservé	Conservation : > 10 ans pour température < - 80 °C et > 20 ans pour température < - 196 °C	- Uniquement groupes sanguins rares

Contrôles préalables

- Aspect de la poche et de son contenu.
- Date de péremption.
- Concordance identité du patient/identité de la carte de groupe (2 déterminations).
- Concordance groupe ABO patient/groupe ABO du CG.
- Recherche d'agglutinines irrégulières du receveur (datant de moins de 3 jours).
- Contrôle prétransfusionnel ultime donneur-receveur.
- Noter : pouls, PA, température.
- Surveiller le passage des 50 premiers mL.

Indications

- Anémies par hémorragie.
- Anémies par défaut de production (leucémies, aplasies).
- Anémies par destruction prématurée (anémies hémolytiques).

À savoir :

- Vitesse d'administration : 5 min à 2 h (moyenne 45 min).
- Chez l'adulte : 1 CGR augmente l'hémoglobine de 0,7 à 1 g/dL et l'hématocrite de 2 à 3 %.
- Chez l'enfant : 3 mL/kg de CG augmente le taux d'hémoglobine de 1 g/dL.
- La durée de vie des hématies est d'environ 60 jours.

Règles de compatibilité ABO et Rhésus pour la transfusion de globules rouges

- Dans la mesure du possible la compatibilité ABO et Rhésus devra être respectée.
- Tout individu Rh^+ peut recevoir des globules rouges Rh^+ ou Rh^-.
- Tout individu Rh^- ne doit pas recevoir de globules Rh^+.
- Le groupe O Rh^- est dit « donneur universel » et AB Rh^+ « receveur universel ».

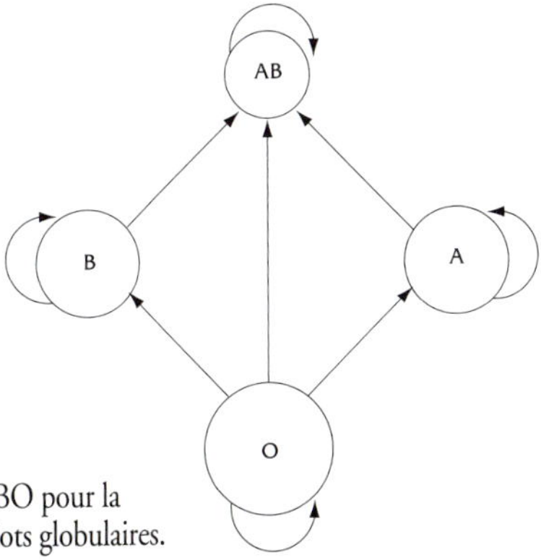

Compatibilités ABO pour la transfusion de culots globulaires.

Contrôle prétransfusionnel ultime

- Il s'effectue à l'aide de sérums-tests anti-A, anti-B (éventuellement anti-AB) présentés en flacons ou en tubulures monodoses et de cartons préimprimés.
- L'apprentissage réel et méticuleusement entretenu du personnel soignant est fondamental pour éviter toute erreur.

Groupe du sang à étudier	Sérum-tests		
	Anti-A	Anti-B	Anti-AB
A	Agglutination	0	Agglutination
B	0	Agglutination	Agglutination
AB	Agglutination	Agglutination	Agglutination
O	0	0	0

Complications

Pendant la transfusion

- Lombalgies, nausées, vomissements, céphalées, dyspnée, choc = probable hémolyse par incompatibilité entre donneur et receveur.
- Frissons, fièvre, urticaire, crise d'asthme, œdème de Quincke = réactions allergiques.
- Troubles du rythme = hypothermie (sang transfusé trop froid).
- Signes d'œdème aigu du poumon = surcharge volémique.

Après la transfusion

- Frissons, malaise, fièvre, douleurs abdominales et choc = choc septique.

Conduite à tenir

- Arrêter la transfusion.
- Appeler le médecin.
- Conserver la voie veineuse en changeant la tubulure et en installant une poche de sérum physiologique.
- Garder la poche de sang.
- Éventuellement prélever des hémocultures.
- Oxygénothérapie.

Plasma frais congelé (PFC)

Présentation

- Obtenu a partir du sang total après séparation des éléments figurés par un don de plasma par aphérèse qui doit être congelé 12 heures après le prélèvement.
- Conservation 1 an à une température < –25 °C.
- Temps de décongélation : bain marie dans un sachet plastique 20 minutes à 37 °C.

- Utilisation : dans les 6 heures après décongélation.
- Produits disponibles :
  - PFC sécurisé issu d'aphérèse : un seul donneur, sécurisation pendant 1 jours (contrôle du donneur pour validation du produit).
  - Plasma viro-atténué (PVA) : traitement par un solvant détergent, pool de 100 donneurs.

Indications

Elles sont réduites du fait de l'existence d'autres produits de substitution volémique (colloïdes, cristalloïdes, albumine) et en raison de l'absence de tout risque de transmission virale :

- Coagulopathies graves de consommation avec effondrement de tous les facteurs de la coagulation.
- Hémorragies aiguës avec déficit global des facteurs de coagulation.
- Déficit complexe rare en facteurs de coagulation, quand les fractions coagulantes spécifiques ne sont pas disponibles.
- Autre indication hors législation : échanges plasmatiques dans certaines maladies auto-immunes (Guillain Barré, lupus...).

Contrôles préalables

- Aspect de la poche et de son contenu.
- Date de péremption.
- Concordance identité patient/identité carte de groupe (2 déterminations).
- Concordance groupe ABO patient/groupe ABO du PFC (la concordance Rh n'est pas indispensable).
- Surveiller le passage des 50 premiers mL.

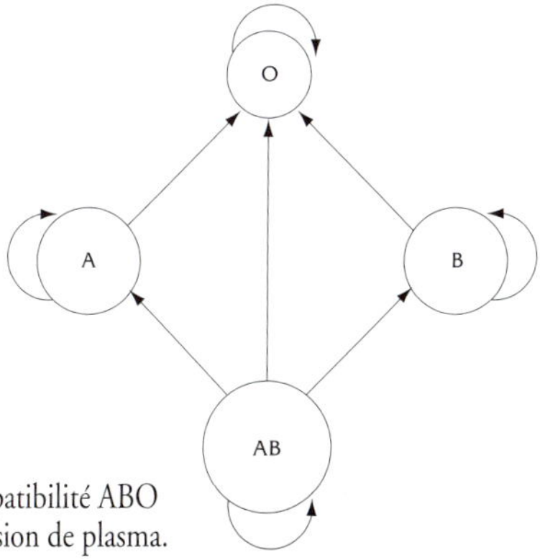

Règles de compatibilité ABO pour la transfusion de plasma.

Règle de compatibilité ABO et Rhésus pour la transfusion de plasma

- Dans la mesure du possible, la compatibilité ABO et Rhésus devra être respectée.
- En cas d'indisponibilité de PFC Rhésus négatif, injecter 100 microgrammes d'immunoglobulines anti-D tous les 3 à 5 PFC Rhésus positif.
- Pour le système ABO, la règle est inverse de celle appliquée pour les globules rouges.
- Le groupe AB est « donneur universel » et O est « receveur universel ».

Complications

Manifestations allergiques

- Prurit apparaissant 1 à 45 minutes après la transfusion.
- Rash cutané.
- Érythème local (rougeur de la face et des parties supérieur du thorax).
- Frissons (douleurs abdos, nausée, vomissement, angoisse, diarrhée).
- Hyperthermie (fièvre isolée).
- Réactions rares (crise d'asthme, œdème de Quincke, choc anaphylactique avec collapsus).

Conduite à tenir

- Arrêter la transfusion.
- Appeler le médecin.
- Conserver la voie veineuse en changeant la tubulure et en installant une poche de sérum physiologique.
- Oxygénothérapie.

Concentré de plaquettes (CP)

Présentation

- Produits disponibles :
  - **Concentré de plaquettes standard (CPS) :** issu de plusieurs dons, poche de 60 mL de plasma contenant $0,5 \times 10^{11}$ plaquettes.
  - **Concentré de plaquettes d'aphérèse (CPA) :** issu d'un seul donneur, contient de 2 à 8×10^{11} plaquettes dans 200 à 650 mL de plasma (donc 4 à 12 fois plus de plaquettes qu'un CPS).
    → intérêt : diminution du risque viral et des immunisations HLA.
- Cas particuliers :
  - CP phénotypé ou compatibilisé (uniquement CPA) : utilisation en cas d'inefficacité de la transfusion plaquettaire chez un patient poly-immunisé (antigène HLA).

- CP CMV-négatif, irradié, déplasmatisé, cryoconservé : mêmes indications que pour les CGR.

- Conservation 3 à 5 jours à une température de + 20 à + 24 °C en agitation lente et continue, utiliser des réceptions.
- Durée de vie des plaquettes transfusées : 3 à 4 jours.
- Respect si possible de la compatibilité ABO en fonction des stocks mais pas obligatoire pour la transfusion de CP car présence d'antigène ABO à la surface des plaquettes.
- La présence de GR résiduels dans un CP rend possible une allo-immunisation anti-D chez les patients Rh-négatif, il est souhaitable de prévenir une allo-immunisation par injection d'immunoglobulines spécifiques anti-D.

Contrôles préalables

- Intégrité de la poche.
- Date de péremption.
- Concordance identité patient/identité carte de groupe (2 déterminations).
- Concordance groupe ABO patient/groupe ABO du CPS ou CPA (les règles sont les mêmes que pour les CG ; sur instruction du centre de transfusion, il est possible d'utiliser des plaquettes Rh + chez un patient Rh- en injectant après la transfusion une ampoule d'immunoglobulines anti-D).

Indications

- Thrombopénie < 20 000 plaquettes (si geste invasif : < 80 000 plaquettes).
- Dans certaines thrombopathies (rares).

Complications

Réaction d'intolérance

- Frissons.
- Hyperthermie à 38-40 °C.
- Douleurs dorsolombaires.

Conduite à tenir

- Arrêter la transfusion.
- Appeler le médecin.
- Conserver la voie veineuse en changeant la tubulure et en installant une poche de sérum physiologique.

À savoir : causes d'inefficacité de la transfusion de plaquettes

- Conflit immunologique (immunisation HLA).
- Consommation des plaquettes par le receveur : splénomégalie, fièvre, infection, CIVD, médicaments, saignements…
- Inefficacité du produit : mauvaise conservation.

Albumine (Octabiline®, Vialebex®)

Présentation

- Obtenue par fractionnement de plasmas de plusieurs milliers de donneurs (le chauffage élimine tout risque de transmission virale).
- Soluté de remplissage le mieux toléré, durée d'action : 6 à 8 heures.
- Produits disponibles :
  - Albumine à 4 ou 5 % : pouvoir expansion identique au volume perfusé car légèrement hypo-oncotique par rapport au plasma.
  - Albumine à 20 % : pouvoir expansion de 300 % par mobilisation d'eau du secteur interstitiel.

Contrôles préalables

- À conserver à une température ne dépassant pas 25 °C et à l'abri de la lumière.
- Ne pas congeler.
- La solution doit être limpide : ne pas utiliser en présence de dépôts.

Indications : ses indications sont limitées aux hypoprotidémies vraies du fait de son coût et de l'utilisation des colloïdes.

Albumine 20 %

- Brûlures étendues.
- Chirurgie digestive, pancréatite, cirrhose.
- Néphropathies.

Albumine 4 ou 5 %

- Hypoprotidémie avec déshydratation.

Complications : comme avec le plasma.

PPSB (Kaskadil®)

Présentation

- Fractionnement de plasmas de plusieurs milliers de donneurs (le chauffage élimine le risque de transmission virale).
- Préparation lyophilisée accompagnée d'un flacon de 10 ou 20 mL d'eau.
- Concentré de facteurs de la coagulation : II, VII, IX et X. Il contient au moins 20 UI/mL de facteur IX (hémophilique B).
- Conservation à + 4 °C pendant 3 ans.
- Administration en IV directe.

Contrôles préalables

- Ramener à une température de 20-30 °C.
- Une aiguille à filtre est fournie avec les flacons pour effectuer le transfert dans la seringue.

Indications

- En urgence, c'est essentiellement le surdosage en antivitaminiques K (et éventuellement les déficits constitutionnels en facteur II et X).
- Dose : 20 à 30 UI/kg (injection simultanée de vitamine K1).

Traçabilité

Intérêt

Ce processus, établissant la liaison donneur-receveur, permet de confirmer qu'à chaque produit sanguin transfusé correspond un patient précis et clairement identifié.
Il est indispensable à la réalisation d'enquêtes transfusionnelles en cas de pathologie chez le receveur ou chez le donneur (découverte postérieure au don).

Pratique

Le produit sanguin est caractérisé par sa nature et son **numéro d'identification**.
1. Compléter la fiche de traçabilité qui doit être renvoyée dans les 24 h au centre de transfusion.
2. Noter le numéro et la nature du produit transfusé dans le dossier du patient.
3. Signaler au centre de transfusion tout incident transfusionnel ou tout problème de conservation.

Sensibilité

Niveaux de sensibilité

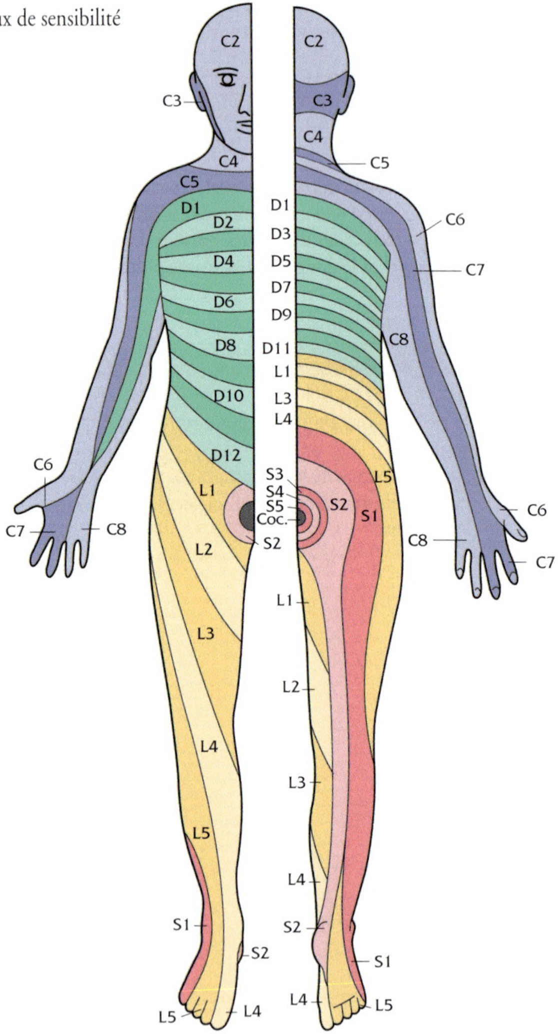

Sensibilité/Spécificité

	Malade	Sain
Test positif	Vrai positif	Faux positif
Test négatif	Faux négatif	Vrai négatif

$$\text{Sensibilité (\%)} = \frac{\text{Nombre de vrais positifs}}{\text{Nombre de vrais positifs + Nombre de faux négatifs}}$$

Sensibilité = pourcentage de malades vrais qui sont détectés par le test.

$$\text{Sensibilité (\%)} = \frac{\text{Nombre de vrais négatifs}}{\text{Nombre de faux positifs + Nombre de vrais négatifs}}$$

Spécificité = pourcentage d'individus sains pour lesquels le test est négatif (c'est-à-dire la pourcentage d'individus sains correctement classés).

Faux positifs = pourcentage de résultat positifs pour des individus sains
Faux négatifs = pourcentage de résultats négatifs pour des individus malades

$$\text{Valeur prédictive du test} = \frac{\text{Nombre de vrais positifs}}{\text{Nombre de vrais positifs + Nombre de faux positifs}}$$

Sevrage alcoolique (indice de) ou score de Cusham

Signes	0	1	2	3
Pouls (par min)	< 80	81-100	101-120	> 120
Pression artérielle systolique (mmHg)	< 135	136-145	146-155	> 155
Fréquence respiratoire (par min)	< 16	16-25	26-35	> 35
Tremblements	0	de la main en extension	tout le membre supérieur	généralisés
Sueurs	0	paumes	paume et front	généralisées
Agitation	0	discrète	généralisée/contrôlable	généralisée/incontrôlable
Troubles sensoriels	0	gêne par bruit ou lumière prurit	hallucinations critiquées	hallucinations non critiquées

Silverman (score de)

Permet d'apprécier les **détresses respiratoires** chez le nouveau-né

Cotation	0	1	2
Balancement thoraco-abdominal	Respiration synchrone	Thorax immobile	Respiration paradoxale
Tirage	Absent	Intercostal	Intercostal et sus-sternal
Entonnoir xiphoïdien	Absent	Modéré	Intense
Battement des ailes du nez	Absent	Modéré	Intense
Geignement expiratoire*	Absent	Au stéthoscope	À l'oreille

* Importance particulière chez le nouveau-né à terme

Score ≥ 5
=
intubation et ventilation assistée

Sokolow (indice de)

Indice de Sokolow
=
profondeur de l'onde S en V1 (mm)
+
hauteur de l'onde R en V5 (mm)

Au-dessus de 35 mm
=
hypertrophie ventriculaire gauche

Surface des brûlures

Enfant

Face dorsale ou ventrale	Avant 1 an	1 an	5 ans	10 ans
Tête	9,5	8,5	6,5	5,5
Cou	0,5	0,5	0,5	0,5
Bras	2	2	2	2
Avant-bras	1,5	1,5	1,5	1,5
Main	1,5	1,5	1,5	1,5
Tronc	13	13	13	13
Fesse	2,5	2,5	2,5	2,5
Organes génitaux externes	1	1	1	1
Cuisse	2,75	3,25	4	4,25
Jambe	2,5	2,5	2,75	3
Pied	1,75	1,75	1,75	1,75

Table de Lund et Browder (estimation des surfaces brûlées chez l'enfant, en % par rapport à la surface corporelle globale en fonction de l'âge)

Surface des brûlures

Adulte

Règle des 9 de Wallace

Cette règle permet d'estimer en urgence la surface brûlée. Le corps est divisé en 11 parties représentant chacune 9 % (99 %) auxquelles s'ajoutent les organes génitaux externes pour 1 % :

1. Tête.
2. Bras droit.
3. Bras gauche.
4. Poitrine.
5. Abdomen.
6. Moitié supérieure du dos.
7. Moitié inférieure du dos
8. Face antérieure de la jambe droite
9. Face postérieure de la jambe droite.
10. Face antérieure de la jambe gauche.
11. Face postérieure de la jambe gauche.

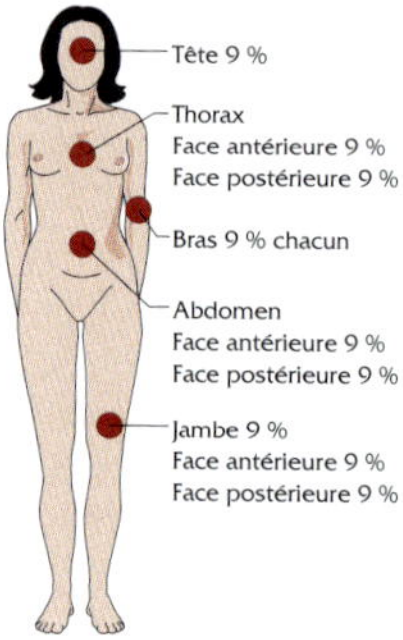

Surface cutanée

Surface corporelle (nourrisson et jeune enfant)

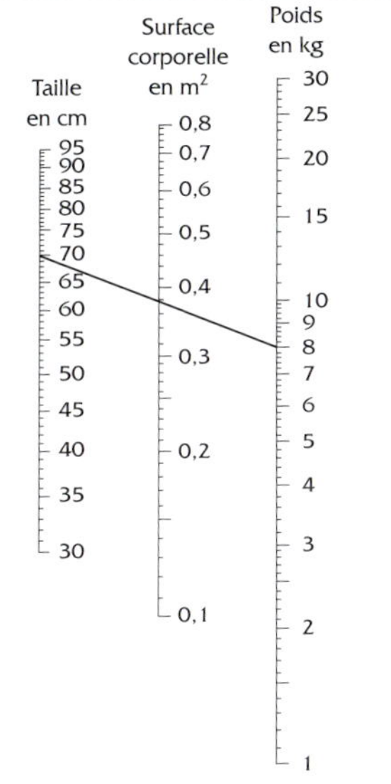

La surface corporelle est lue sur l'échelle centrale au point où elle est coupée par la droite reliant les échelles de taille et de poids (soit dans l'exemple indiqué 0,38 m² pour 70 cm et 8 kg).

Surface corporelle (adulte et grand enfant)

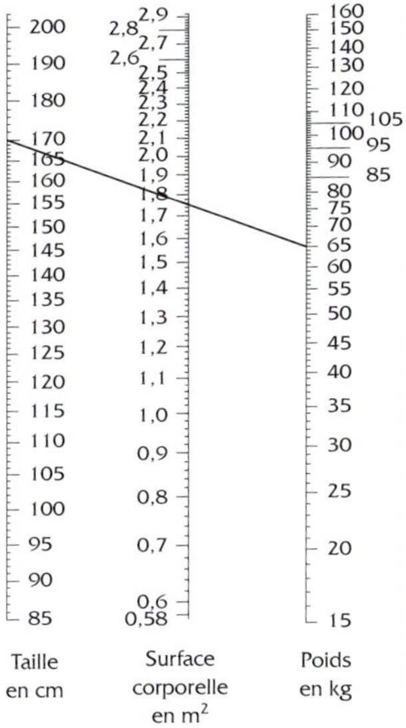

La surface corporelle est lue sur l'échelle centrale au point où elle est coupée par la droite reliant les échelles de taille et de poids (soit dans l'exemple indiqué 1,75 m² pour 170 cm et 65 kg).

Approximation chez l'enfant en fonction du poids

$$SC\ en\ m^2 = \frac{(\text{Poids en kg} \times 4) + 7}{\text{Poids en kg} + 90}$$

TIMI (score de TIMI = *Thrombolysis in Myocardial Infarction*)

Score	État du flux dans l'artère coronaire
TIMI 0	Absence de flux au-delà de la sténose
TIMI 1	Passage de produit de contraste au-delà de la sténose sans opacification complète du lit d'aval
TIMI 2	Passage de produit de contraste au-delà de la sténose avec opacification complète du lit d'aval mais avec un flux ralenti post-sténose
TIMI 3	Passage de produit de contraste au-delà de la sténose avec opacification complète du lit d'aval et flux post-sténose non ralenti

Trou anionique

Trou anionique

$Na^+ - (Cl^- + HCO_3^-)$
(en mmol/L)

Normal = 12 ± 4 mmol/L

Les médicaments de l'urgence

4

Actilyse®
(altéplase)

Délai d'action : 30 min.
Durée d'action : 5 min.

Indications : thrombolyse dans l'infarctus du myocarde et l'embolie pulmonaire.
Contre-indications : cf. Infarctus du myocarde p. 180 et Embolie pulmonaire p. 147.
Présentation
- Flacon de lyophilisat 50 mg + flacon de solvant 50 mL.
- Flacon de lyophilisat 20 mg + flacon de solvant 20 mL.
- Flacon de lyophilisat 10 mg + flacon de solvant 10 mL.

Posologie : *cf.* Infarctus du myocarde et Embolie pulmonaire.

Conseils pratiques
- Ne jamais dissoudre dans du sérum glucosé, seul le sérum physiologique est indiqué.
- Ne rien injecter sur la même voie.

Effets secondaires
- Hémorragies (cutanées, digestives, cérébrales…).
- Troubles du rythme cardiaques lors de la reperfusion.
- Rares réactions allergiques.

Actrapid®
(insuline ordinaire)

Délai d'action : 30 min.
Durée d'action : 7-8 h

Indications :
- Diabète insulinodépendant.
- Décompensation diabétique acidocétose, hyperglycémie hyperosmolaire.

Contre-indications : allergie connue à l'insuline.
Présentation : flacon 1 000 UI/10 mL, soit 1 mL = 100 UI.

Posologie : *0,1 UI/kg/h à adapter en fonction de la glycémie (parfois après dose de charge de 10 à 20 UI en IVD).*

Conseils pratiques
- Dilution dans du G 5 % ou du sérum physiologique (stabilité en solution jusqu'à 24 h).
- N'utiliser que les solutions limpides, incolores et sans particules.
- Ne pas mélanger avec d'autres produits y compris dans la tubulure.

Effets secondaires
- Hypoglycémie : arrêt de l'administration si glycémie < 5,5 mmol/L ou 1 g/L.
- Hypokaliémie.
- Bradycardie avec hypotension.
- Manifestations allergiques.

Acupan® (néfopam)

Délai d'action en IM : 15-30 min.
Durée d'action : 3-6 h

Indications: antalgique non morphinique d'action centrale (activité antalgique comparable à celle de 10 mg de morphine en IM).

Contre-indications

- Convulsions et antécédents de convulsions.
- Glaucome.
- Adénome de la prostate.
- Enfant de moins de 15 ans.

Présentation : ampoule de 20 mg/2 mL.

Posologie

- 1 A en IM ou en IV lente (injection en 5 min minimum).
- A répéter si besoin toutes les 4 à 6 h.

Conseils pratiques

- Administrer chez un sujet couché.
- Dilution dans du G 5 % ou du sérum physiologique.

Effets secondaires

- Sueurs, somnolence plus rarement vomissements.
- Effets atropiniques : tachycardie, palpitations, vertiges, bouche sèche, rétention d'urine, excitabilité, irritabilité.

Adrénaline

Délai d'action : 1 min.
Durée d'action : 5 min.

Indications

- Arrêt cardiaque.
- Choc anaphylactique et autres états de choc.
- Asthme aigu grave.

Contre-indications

- Insuffisance coronaire.
- Troubles du rythme ventriculaire.
- Cardiomyopathies obstructives.

Présentation

- Ampoules 1 mg/1mL et 5 mg/5 mL.
- Il existe aussi des ampoules 0,5 mg/1 mL et 0,25 mg/1 mL, mais il est préférable de n'utiliser qu'un seul dosage pour les ampoules de 1 mL afin d'éviter les confusions.

Posologie

- **Arrêt cardiaque**
  - *Adulte :* 1 mg en IV ou 3 mg en intratrachéal (dilution dans 10 mL de sérum physiologique).
  - *Enfant :* 10 µg en IV ou 30 µg en intratrachéal.

À renouveler toutes les 3 à 5 min.

- **Choc anaphylactique** = 1 mg dilué dans 10 mL de sérum physiologique à injecter mL par mL.
- **Autres états de choc** = débuter à 0,01 µg/kg/min en IV puis augmenter progressivement en fonction de l'état hémodynamique (jusqu'à plusieurs mg/h).
- **Asthme aigu grave** = 0,01 à 1 µg/kg/min en IV.

Conseils pratiques

- Ne jamais diluer ou injecter dans des solutés alcalins.
- Compatible avec le G 5 % et le sérum physiologique.

Effets secondaires

- Pâleur, anxiété, céphalées, tremblements.
- Troubles du rythme ventriculaire.
- Hypertension artérielle.
- Crise d'angor et infarctus du myocarde chez les coronariens.

Aminophylline

Délai d'action : 5 min.
Durée d'action : 3 h.

Indications : asthme chez les patients non traités par une théophylline et en particulier chez les enfants. Mais utilisation controversée.

Contre-indications

- Enfant < 30 mois.
- Insuffisance cardiaque aiguë.
- Ulcère gastro-duodénal évolutif.
- Patient déjà traité par théophylline per os.

Présentation : ampoule 250 mg/10 mL.

Posologie

- **Adulte** = 6 à 7,5 mg/kg en IV lente (30 min) puis 0,5 mg/kg/h.
- **Enfant** = 6 à 7,5 mg/kg en IV lente (30 min) puis 0,5 à 1 mg/kg/h.

Conseils pratiques

- Respecter les posologies car la dose toxique est très proche de la dose thérapeutique.
- Dilution dans du G 5 % ou du sérum physiologique.

Effets secondaires
- Excitabilité, tremblements, céphalées.
- Nausées, vomissements, diarrhée, gastralgies.
- Tachycardie, troubles du rythme.
- Convulsions en cas de surdosage.

Ancotil®
(flucytosine)

Indications : antifongique
Contre-indications : grossesse sauf indication vitale.
Présentation : flacon 2,5 g/250 mL.

Posologie : 100-200 mg/kg/j en 3-4 perfusions de 45 min chacune ou en perfusion continue sur 24 h.

Conseils pratiques
- Diminuer la posologie en cas d'insuffisance rénale.
- ATTENTION : apporte 2 g de NaCl par flacon.

Effets secondaires
- Toxicité hématologique dose-dépendante (aplasie médullaire).
- Troubles digestifs dose-dépendants.
- Réactions allergiques cutanés.
- Élévation des transaminases et hépatomégalie réversibles à l'arrêt du traitement.

Anexate®
(flumazénil)

Délai d'action : 1/2-1 min.
Durée d'action : 1-2 h.

Indications : antidote utilisé dans les surdosages aux benzodiazépines.
Contre-indications
- Épilepsie.
- Intoxications polymédicamenteuses.

Présentation : ampoules 0,5 mg/5mL et 1 mg/10 mL.

Posologie
- 0,2 à 0,3 mg/min en IV jusqu'au réveil complet (dose maximale 2 mg).
- Relais au PSE à la dose de 0,1 à 0,4 mg/h.

Effets secondaires
- Nausées et vomissements.
- Angoisse, agitation, palpitations, tremblements.

- Risque de syndrome de sevrage chez les patients traités par des benzodiazéppines à des doses élevées et/ou de façon prolongée.

Arédia®
(acide pamidronique)

Délai d'action : long.

Indications : hypercalcémies malignes (en association avec la réhydratation).
Contre-indications : allergie connue au produit.
Présentation : flacons 15 mg/5 mL, 60 mg/10 mL et 90 mg/10 mL.

Posologie : dose fonction de la calcémie.
- Calcémie ≤ **120 mg/L (3 mmol/L)** = 15-30 mg par perfusion.
- Calcémie = **120-140 mg/L** (3-3,5 **mmol/L**) = 30-60 mg par perfusion.
- Calcémie = **140-160 mg/L** (3,5-4 **mmol/L**) = 60-90 mg par perfusion.
- Calcémie > **160 mg/L** (> **4 mmol/L**) = 90 mg par perfusion.

Conseils pratiques : dilution dans du sérum physiologique ou du G 5 % sans dépasser une concentration de 90 mg/L. En pratique :
- 90 mg dans 500 mL à passer en 4 h.
- 15 mg dans 125 mL à passer en 2 h.

Effets secondaires : hyperthermie transitoire.

Artane®
(trihexiphénidyle)

Indication : correction des effets secondaires induits par les neuroleptiques.
Contre-indications
- Glaucome.
- Adénome prostatique.
- Cardiopathies décompensées.

Présentation : ampoule 10 mg/5 mL.

Posologie : 5 à 10 mg en IM (dose max. = 30 mg/24 h).

Conseils pratiques : l'utilisation d'une seringue en plastique impose une injection immédiate après introduction de la solution dans la seringue.
Effets secondaires
- Effets atropiniques dose-dépendants : troubles de l'accommodation, tachycardie, bouche et yeux secs, mydriase, troubles de l'accommodation, rétention urinaire, glaucome aigu.
- En cas de surdosage : agitation, confusion mentale, hallucinations, dépression respiratoire.

Aspégic®
(acétylsalicylate de lysine)

Délai d'action : 10 min.
Durée d'action : 4-6 h.

Indications
- Antipyrétique.
- Antalgique.
- Anti-inflammatoire.
- Antiagrégant plaquettaire (infarctus du myocarde et syndrome de menace).

Contre-indications
- Allergie à l'aspirine.
- Maladie ulcéreuse.
- Risque hémorragique.
- 3e trimestre de la grossesse.
- Virose.

Présentation : flacons de lyophilisat 500 mg ou 1 g + ampoule de solvant 5 mL.

Posologie
- **Adulte** = 0,5 à 1 g en IV (dose max. = 4 g/j) ou dans l'indication d'antiagrégant plaquettaire 250 mg en IV (dose unitaire pour 24 h).
- **Enfant** = 10 à 25 mg/kg/24 h en 6 injections (dose max. = 8 mg/kg/injection × 6 fois/24 h).

Conseils pratiques
- Diluer dans du G 5 % ou du sérum physiologique.
- Ne pas mélanger avec d'autres produits, ne pas injecter si la solution n'est pas limpide ou en cas de cristallisation.

Effets secondaires
- Hémorragies (gingivorragies, épistaxis, hématémèse, méléna) ; allongement du TS pendant 4 à 8 jours après l'arrêt du traitement.
- Réactions allergiques (éruptions cutanées, bronchospasme, choc anaphylactique).
- Rare : syndrome de Reye (encéphalopathie aiguë avec atteinte hépatique chez l'enfant ayant une affection virale).

Atarax®
(hydroxyzine)

Délai d'action : 2-4 min en IV ; 10-20 min en IM.
Durée d'action : 4-6 h en IV ; 6-8 h en IM.

Indications
- Tranquillisant (anxiété, crises d'agitation).
- Antihistaminique H_1 (allergies).
- Tachycardie de type Bouveret.

Contre-indications

- Glaucome.
- Adénome prostatique.
- Grossesse au 1er trimestre.

Présentation : ampoule 100 mg/2 mL.

Posologie
- IM = 50-100 mg.
- IV = 50-100 mg dilués dans 10 mL de sérum physiologique à injecter en 5 min.

Conseils pratiques : injection IV stricte et lente du produit dilué afin d'éviter une hémolyse.

Effets secondaires
- Somnolence transitoire.
- Effets atropiniques : bouche sèche, mydriase, troubles de l'accommodation, risque de poussée de glaucome et de rétention urinaire.

Atropine

Délai d'action : 30-90 s en IM ; 10-30 min en IM.
Durée d'action : 15 min en IV ; 3 h en IM.

Indications
- Bradycardies sinusales et blocs auriculo-ventriculaires ou atrio-ventriculaires, notamment à la phase aiguë des IDM postérieurs.
- Douleurs aiguës spasmodiques urinaires (coliques néphrétiques), biliaires ou digestives.
- Antidote, notamment pour les organophosphorés.

Contre-indications
- Glaucome.
- Adénome prostatique.
- Insuffisance cardiaque, tachycardie.

Présentation : ampoules 0,25mg/1 mL, 0,5 mg/1 mL, 1 mg/1 mL.

Posologie
- 1/2 à 1 mg en IV lente (5 min).
- **Antidote** = 1 mg en IM ou en IV à répéter toutes les 5 à 10 min jusqu'à apparition d'une dilatation pupillaire et arrêt de la sécrétion salivaire et de la transpiration.

Effet secondaires
- Risque de tachycardie si injection trop rapide.
- Effets dose-dépendants : troubles de l'accommodation, tachycardie, bouche et yeux secs, mydriase, troubles de l'accommodation, rétention urinaire, glaucome aigu.
- En cas de surdosage : agitation, confusion mentale, hallucinations, dépression respiratoire.

Atrovent® aérosol adulte et enfant

Délai d'action : 3 min.
Durée d'action : 4-6 h.

(ipratropium bromure)

Indications
- Crise d'asthme.
- Décompensation spastique chez le bronchopathe.

En association avec la Ventoline® ou le Bricanyl®.
Contre-indications : allergie à l'un des composants (exceptionnelle).
Présentation
- Adulte = 0,5 mg/2 mL.
- Enfant = 0,25 mg/2 mL.

Posologie : cf. protocole Asthme aigu grave, p. 104.

Effets secondaires : bouche sèche et irritation pharyngée (troubles diminués par la prise d'un verre d'eau après chaque aérosol).

Augmentin

(amoxicilline + acide clavulanique)

Indications : antibiotique de la famille des pénicillines utilisé en urgence dans un certain nombre d'infections, notamment pulmonaires et biliaires.
Contre-indications
- Allergie à la pénicilline.
- Mononucléose infectieuse.

Présentation
- Adulte = flacon de 1 et 2 g (+ 200 mg d'acide clavulanique).
- Enfant = flacon de 0,5 et 1 g (+ 100 mg d'acide clavulanique).

Posologie
- **Adulte** = 1 g × 2 à 4 fois/jour (jusqu'à 2 g × 4 fois/jour).
- **Enfant** = 25-50 mg/kg × 4 fois/jour.

Conseils pratiques
- Dilution dans du sérum physiologique (mais pas dans du sérum glucosé).
- Injection en IV lente sur 3-4 min (dilution de 10 mL pour 500 mg) ou en perfusion de 30 min (dilution 25 mL pour 500 mg).

Effets secondaires
- Réactions allergiques.
- Éruptions cutanées non allergiques.
- Troubles digestifs : nausées, vomissements.

Avlocardyl®
(propranolol)

Délai d'action : 1-2 min.
Durée d'action : 1-6 h.

Indications : troubles du rythme supra-ventriculaires (en particulier dans la crise aiguë thyréotoxique).

Contre-indications

- Asthme.
- Insuffisance cardiaque.
- BAV, maladie de l'oreillette.
- Association à la Cordarone® et à l'Isoptine®.

Présentation : ampoule de 5 mg/5mL.

Posologie : 0,5-1 mg en IVD toutes les 2 min jusqu'à effet (max. 10 mg).

Conseils pratiques

- Dilution dans du sérum physiologique ou glucosé.
- Pas d'injection trop rapide car risque de bradycardie.

Effets secondaires

- Bradycardie, voire BAV.
- Hypotension artérielle, insuffisance cardiaque.
- Crise d'asthme.
- Hypoglycémie.
- Éruptions cutanées.

Brétylate®
(brétylium)

Délai d'action : > 20 min.
Durée d'action : 6-12 h.

Indications : fibrillation ventriculaire réfractaire aux traitements habituels.
Contre-indications : troubles du rythme d'origine digitalique.
Présentation : ampoule 600 mg/2 mL.

Posologie : 5-10 mg/kg en IV lent.

Conseils pratiques : bien qu'il reste recommandé dans les protocoles internationaux concernant la fibrillation ventriculaire réfractaire, sa commercialisation a été interrompue en France depuis 1997.

Brévibloc®
(esmolol)

Délai d'action : 1-2 min.
Durée d'action : 5-15 h.

Indications
- Troubles du rythme supraventriculaires.
- Hypertension artérielle.
- Dissection aortique.

Contre-indications
- Bradycardie < 50 et troubles de la conduction.
- Choc cardiogénique.
- Syndrome de Raynaud, artérite sévère.
- Prudence en cas d'asthme ou de BPCO.

Présentation : ampoules de 100 mg/10 mL et 2,5 g/10 mL.

Posologie
- **Troubles du rythme =**
  - ***Dose de charge :*** 500 µg en 1 min puis 50 µg/kg/min au PSE en 4 min ; en l'absence d'effet recommencer la séquence de 5 min sans dépasser 200 µg/kg/min.
  - ***Dose d'entretien :*** dès que la fréquence cardiaque souhaitée est obtenue, relais à la dose de 50-200 µg/kg/min.
- **Hypertension artérielle =**
  - ***Dose de charge :*** 0,5-1 mg/kg en IV lent (30 s-1 min).
  - ***Dose d'entretien :*** 150-300 µg/kg/min.

Conseils pratiques : compatible avec tous les solutés sauf le bicarbonate de sodium.

Effets secondaires
- Hypotension artérielle, bradycardie.
- Bronchospasme.
- Sueurs, nausées, vomissements, céphalées, anxiété.
- Hypoglycémie chez le diabétique.

Bricanyl®
(terbutaline)

Délai d'action : < 1 min en IV ; 5-15 min en SC ; 5 min en aérosol.
Durée d'action : 1 h en IV ; 2-4 h en SC ; 3-6 h en aérosol.

Indications
- Crise d'asthme.
- Dyspnée spastique chez les insuffisants respiratoires chroniques.
- Hyperkaliémie.

Contre-indications : affection coronarienne aiguë.

Présentation

- Ampoule = 0,5 mg/1 mL.
- Dosette = 5 mg/2 mL.

Posologie

- SC = 1 A.
- IV = 1/2 à 1 A en IV lent (5 min) puis relais au PSE à la dose de 0,1 à 1 µg/kg/min.
- **Aérosol** = cf. Asthme aigu grave, p. 104.

Effets secondaires

- Nervosité, tremblements, céphalées, vertiges.
- Tachycardie, palpitations → diminuer la posologie si pouls > 140/min.
- Crampes musculaires douloureuses.
- Hypokaliémie et hyperglycémie.

Burinex®
(bumétanide)

Délai d'action : 2-3 min.
Durée d'action : 2-3 h.

Indication

- OAP.
- Hyperkaliémie, hypercalcémie aiguë.

Contre-indications

- Obstacle sur les voies urinaires.
- Encéphalopathie hépatique.
- Troubles hydro-électrolytiques non corrigés.

Présentation : ampoules 0,5 mg/2 mL, 2mg/4 mL, 5 mg/20 mL.

Posologie : 1 à 2 mg en IV, à renouveler au bout de 20 min si besoin.

Conseils pratiques

- Conservation à l'abri de la lumière.
- Ne pas diluer dans du sérum physiologique car précipitation.

Effets secondaires

- Risque d'hyponatrémie, d'hypovolémie et d'hypotension orthostatique.
- Risque d'hypokaliémie.
- Possibilité d'encéphalopathie hépatique en cas de cirrhose.

Catapressan®
(clonidine)

Indications : urgences hypertensives, notamment l'éclampsie en cas de bithérapie et de contre-indications aux bêtabloquants.
Contre-indications : bradycardie.
Présentation : ampoule 0,15 mg/1 mL.

Posologie : 0,015 à 0,06 mg/h.

Conseils pratiques : n'est quasiment plus utilisé dans les autres urgences hypertensives au profit de produits plus maniables comme la nicardipine (Loxen®).
Effets secondaires : somnolence, asthénie et sécheresse de la bouche.

Célestène®
(bêtaméthasone)

Indications : corticoïde utilisé dans les laryngites, les crises d'asthme ou les réactions allergiques.
Contre-indications : il n'y en a pas en urgence.
Présentation
- Solution buvable = flacon 30 mL (1 mL = 0,5 mg = 40 gouttes).
- Injectable = ampoule 4 mg/1 mL.

Posologie
- Enfant
  - *Per os* = 8 à 16 gouttes/kg/j.
  - *IV* = 0,1 à 0,3 mg/kg/j (dose max. = 6 mg/j).
- Adulte = 4 à 20 mg en IV.

Effets secondaires
- Risque d'hypokaliémie augmentant les risque de torsades de pointes (antiarythmiques, érythromicine IV, halofantrine…).
- Augmentation du risque hémorragique avec les anticoagulants.
- Aggravation des maladies infectieuses.

Célocurine®
(suxaméthonium iodure)

Délai d'action : 1 min.
Durée d'action : 5-10 min.

Indications : curare d'action brève utilisé pour l'intubation (induction en séquence rapide).

Contre-indications
- Absence de matériel de ventilation et d'administration préalable d'un narcotique.
- Crush syndrome, brûlures étendues, AVC récent, hyperkaliémie, toxémie, plaie du globe oculaire.
- Affections neuromusculaires.

Présentation : ampoule 100 mg/10 mL.

Posologie : 1 mg/kg en IVD.

Effets secondaires
- Choc anaphylactique.
- Hypersialorrhée, bronchospasme.
- Troubles du rythme cardiaque.
- Hyperthermie maligne.

Ciflox®
(ciprofloxacine)

Indications : antibiotique de la classe des fluoroquinolones utilisé en urgence en particulier dans les infections à point de départ urinaire.

Contre-indications
- Enfant jusqu'à la fin de la période de croissance.
- Femme enceinte.

Présentation : poches de 200 mg/100 mL et 400 mg/200 mL.

Posologie : 400 à 600 mg/jour en 2 à 3 perfusions.

Conseils pratiques
- Perfusion à la vitesse de 100 mL en 30 min.
- Compatible avec le sérum physiologique et le sérum glucosé.

Effets secondaires
- Troubles digestifs.
- Réactions cutanées.
- Douleurs musculaires et/ou articulaires (exceptionnellement rupture du tendon d'Achille).
- Convulsions.

Chlorure de calcium 10 %

Indications
- Tétanie.
- Hyperkaliémie menaçante.
- Hypocalcémie aiguë.

- Intoxications aux inhibiteurs calciques.

Contre-indications : traitement digitalique.
Présentation : ampoules de 10 mL.

Posologie
- **Tétanie et hypocalcémie** = 10 à 20 mL en IV lente en 5-10 min.
- **Hyperkaliémie** = 10 mL en IV, à renouveler après 5 min si besoin.

Conseils pratiques
- Incompatibilité avec le bicarbonate de sodium.
- IV stricte (risque de nécrose tissulaire), IV lente car risque de bradycardie et de chute tensionnelle.

Effets secondaires
- Risque de troubles du rythme en cas d'association aux digitaliques.
- Risque de nécrose tissulaire en cas d'extravasation.

Claforan®
(céfotaxime)

Indications
- *Purpura fulminans.*
- Infections à germes sensibles.

Présentation : flacon de poudre + solvant de 0,5 et de 1g.

Posologie
- **Adulte** = 1 g en IV lent ou en perfusion de 30 min × 6/j.
- **Enfant** = 50 mg/kg en IV lent ou en perfusion de 30 min × 6/j.

Conseils pratiques
- Ne jamais mélanger avec un autre antibiotique dans la même seringue ou perfusion.
- Ne jamais utiliser par voie veineuse Claforan® IM qui contient de la lidocaïne.

Effets secondaires
- Éventuelles manifestations allergiques.
- Veinite, thrombophlébite.

Clastoban®
(acide clodronique)

Délai d'action : long.

Indications : hypercalcémies malignes (en association avec une réhydratation).
Contre-indications : allergie connue au produit.

Présentation : ampoule 300 mg/5 mL.

Posologie : 300 mg/j en perfusion IV.

Conseils pratiques
- Dilution dans 500 mL de sérum physiologique ou de G 5 %.
- Perfusion en 2 h minimum.
- Diminution de la dose en cas d'insuffisance rénale.

Effets secondaires : protéinurie transitoire.

Coltramyl®
(thiocolchicoside)

Délai d'action : 20-30 min.
Durée d'action : 6-8 min.

Indications : contractures musculaires douloureuses.
Présentation : ampoule 4 mg/2 mL.

Posologie : 1 A en IM × 2/j.

Effets secondaires
- Possibilité de manifestations allergiques.
- Excitation ou obnubilation passagère.

Cordarone®
(amiodarone)

Délai d'action : 5-15 min.
Durée d'action : 4 h.

Indications : troubles du rythme supraventriculaires.
Contre-indications
- Troubles de la conduction (bradycardie, blocs sino-auriculaires, auriculo-ventriculaires).
- Collapsus cardio-vasculaire.
- Allergie à l'iode.

Présentation : ampoule 150 mg/3 mL.

Posologie : 5 mg/kg en IV sur 15 à 30 min puis relais au PSE à la dose 1 A sur 8 h.

ATTENTION : la voie IV est réservée aux situations d'urgence en cas d'échec des autres alternatives thérapeutiques et ne doit jamais se faire en IV rapide.

Conseils pratiques : utiliser exclusivement du sérum glucosé à 5 % sans adjonction d'autres produits.

Effets secondaires

- Veinite, bouffées de chaleur.
- Risque de troubles de la conduction et/ou du rythme en cas d'association à d'autres antiarythmiques (bêtabloquants, inhibiteurs calciques, digitaliques, quinidiniques).
- Augmentation du risque hémorragique en cas d'association des antivitamines K.

Cyanokit®
(hydroxocobalamine)

Indications : antidote des intoxications aux dérivés du cyanure (en particulier les fumées d'incendie).
Contre-indications : aucune en urgence.
Présentation : lyophilisat 2,5 g + solvant (chlorure de sodium) 100 mL.

Posologie

- 70 mg/kg (soit 5 g chez l'adulte) en perfusion de 20-30 min.
- Renouveler la dose si persistance de signes de gravité en perfusion plus lente (30 min à 2 h).

Conseils pratiques : dilution avec du chlorure de sodium.
Effets secondaires

- Réactions allergiques.
- Coloration rouge des sécrétions corporelles (urines, larmes) et des téguments.

Dalacine®
(clindamycine)

Indications : antibiotique utilisé en urgence en particulier dans les pneumopathies en cas d'allergie à la pénicilline.
Contre-indications : allergie connue au produit.
Présentation : ampoule de 600 mg/4 mL ou 900 mg/6 mL.

Posologie : 600-2400 mg/jour en 2 à 4 injections IM ou IV.

Conseils pratiques

- IM = 600 mg max. par injection.
- IV = 600 mg dans 100 mL de sérum physiologique ou glucosé en 20 min au moins.

Effets secondaires

- Troubles hématologiques.
- Réactions allergiques.
- Veinite, thrombophélite.

Dantrium®
(dantrolène)

Délai d'action : 3-4 min.
Durée d'action : 3 h.

Indications
- Hyperthermie maligne.
- Syndrome malin des neuroleptiques.

Contre-indications : aucune dans les urgences graves.
Présentation : flacon de lyophilisat 20 mg.

Posologie
- **Dose initiale** = 2,5 mg/kg en IVD, puis 1 mg/kg toutes les 5-10 min jusqu'à régression des symptômes (dose max. = 10 mg/kg).
- **Entretien** = 1-2 mg/kg/4-6 h pendant 24-48 h.

Conseils pratiques
- Dilution uniquement dans de l'eau pour préparation injectable.
- Incompatibilité avec les solutés électrolytiques et glucosés.

Effets secondaires
- Thrombophlébite avec nécrose cutanée en cas d'extravasation.
- Réaction allergique cutanée.
- Fatigue musculaire avec possible troubles de la déglutition et de la ventilation.

Dépakine®
(valproate de sodium)

Délai d'action : 10 min.
Durée d'action : courte.

Indications : état de mal épileptique.
Contre-indications
- Affections hépatiques.
- Allergie au valproate de sodium.

Présentation : lyophilisat 400 mg et ampoule de 4 mL de solvant.

Posologie : bolus de 15 mg/kg en IV lente sur 3 min puis relais au PSE à 1 mg/kg/h, à adapter secondairement aux dosages sanguins (75 mg/L).

Conseils pratiques : dilution dans du sérum physiologique.
Effets secondaires
- Hépatotoxicité.
- Thrombopénie dose-dépendante.
- Nécrose tissulaire si extravasation.

Diamox® (acétazolamide)

Délai d'action : 15 min.
Durée d'action : 6-8 h.

Indications : crise de glaucome aigu.

Contre-indications

- Insuffisance hépatique ou rénale grave.
- Allergie aux sulfamides.
- Antécédents de colique néphrétique.

Présentation : flacon de poudre 500 mg + solvant 5 mL.

Posologie : 1 flacon en IV lent.

Effets secondaires

- Réactions allergiques.
- Hypokaliémie avec acidose métabolique.
- Hyperuricémie avec crise de goutte.

Digoxine Nativelle® (digoxine)

Délai d'action : 10-30 min.
Durée d'action : plusieurs heures.

Indications : troubles du rythme supraventriculaires (en particulier en cas d'œdème du poumon associé).

Contre-indications

- Bloc auriculo-ventriculaire.
- Hyperexcitabilité ventriculaire, notamment sous traitement digitalique.
- Syndrome de Wolff-Parkinson-White.
- Cardiopathies obstructives (CMO, RAC).
- Choc électrique externe.
- Hypokaliémie, hypercalcémie, injection de calcium.

Présentation : ampoule 0,50 mg/2 mL.

Posologie : 1/2 à 1 A en IV lent, à renouveler éventuellement 1 fois.

Effets secondaires

- Troubles de la conduction et de l'excitabilité cardiaques.
- Éruptions cutanées allergiques.
- Troubles digestifs (nausées, vomissements) et neurosensoriels (vertiges, céphalées, vision colorée en jaune) → signes de surdosage.

Dihydroergotamine

Indications : crise migraineuse.
Contre-indications
- Hypersensibilité aux dérivés de l'ergot de seigle.
- Insuffisance coronarienne, HTA mal contrôlée, affections artérielles oblitérantes, syndrome de Raynaud.
- Association aux macrolides et au sumatriptan.
- Grossesse.

Présentation : seringue pré-remplie 1 mg/1mL.

Posologie : 1 ampoule en SC, IM ou IV lente (répétition possible après 30-60 min si nécessaire).

Conseils pratiques : ne pas dépasser les doses indiquées.
Effets secondaires
- Troubles digestifs.
- Paresthésies des extrémités, précordialgies.
- Ergotisme : accidents ischémiques des extrémités.

Diprivan® (propofol)

Délai d'action : 30-40 s.
Durée d'action : 5-10 min.

Indication : hypnotique d'action et d'élimination rapide.
Contre-indications
- Absence de matériel de réanimation.
- Hypovolémie (car hypotenseur).
- Épileptique non équilibré.
- Grossesse, enfant de moins de 3 ans.

Présentation : ampoule 200 mg/20 mL, flacon 500 mg/50 mL et 1g/100 mL.

Posologie
- **Dose initiale** = 1 à 2,5 mg/kg en IV lent (20 à 30 s).
- **Sédation** = 1 à 4 mg/kg/h au PSE.

Conseils pratiques
- Ne peut être dilué que dans du sérum glucosé à 5 %.
- Bien agiter l'ampoule avant l'utilisation (produit laiteux, gras).
- Utiliser les grosses veines de l'avant-bras ou du pli du coude (pour limiter la douleur au moment de l'injection).

Effet secondaires
- Dépression respiratoire → assistance ventilatoire au masque et éventuelle intubation.
- Hypotension.
- Réactions allergiques.

- Convulsions.
- Douleur au point d'injection.

Dobutrex® (dobutamine)

Délai d'action : 1-2 min.
Durée d'action : 10 min.

Indications : syndromes de bas débit cardiaque.
Contre-indications : obstacle à l'éjection (cardiomyopathie obstructive, valvulopathie aortique, tamponnade).
Présentation : flacon 250 mg/20 mL.

Posologie : 2,5 à 20 µg/kg/min.

Conseils pratiques

- Ne peut être dilué que dans du G 5 % ou du sérum physiologique.
- Ne pas arrêter brutalement une perfusion mais diminuer progressivement les doses.

Règle de dilution pratique : Poids × 3 = dose en mg à diluer dans 50 mL, on obtient ainsi 1mL/h = 1 µg/kg/min (ce qui permet de modifier les posologies très facilement sans refaire de calcul).

Effets secondaires : tachycardie, troubles du rythme ventriculaire.

Dopamine

Délai d'action : 2-4 min.
Durée d'action : 10 min.

Indications : correction des troubles hémodynamiques de l'état de choc ; l'effet est variable en fonction des doses :
< 5 µg/kg/min = améliore la perfusion rénale,
5 à 20 µg/kg/min = améliore la contractilité cardiaque,
> 20 µg/kg/min = vasoconstriction.
Contre-indications

- Troubles du rythme ventriculaire.
- Cardiomyopathies obstructives.

Présentation : ampoule 200 mg/5 mL ou 50 mg/5 mL.

Posologie : 2 à 20 µg/kg/min.

Conseils pratiques

- Ne pas diluer avec des solutions alcalines.
- Ne pas arrêter brutalement une perfusion mais diminuer progressivement les doses.

Même règle de dilution que pour le Dobutrex®.

Effets secondaires

- Tachycardie, troubles du rythme.
- Angor.

Droleptan® (dropéridol)

Délai d'action : 3-5 min en IV ; 10-20 min en IM.
Durée d'action : 1 h 30 en IV ; 3 h en IM.

Indications

- États d'agitation et/ou d'agressivité.
- Nausées, vomissements.

Contre-indications

- Hypokaliémie connue.
- Bradycardie.
- Déconseillé en cas d'éthylisme aigu.

Présentation

- Forme IM : ampoule 5 mg/2 mL.
- Forme IV : ampoule 2,5 mg/1 mL.

Posologie

- IM = 5 mg en IM. Si besoin réinjection à la même dose, 15 à 30 min plus tard.
- IV = 0,625-1,25 mg en titration (jusqu'à 2,5 mg).

Effets secondaires

- Hypotension orthostatique.
- Troubles du rythme (torsades de pointe).
- Dyskinésies avec syndrome pyramidal.
- Syndrome malin des neuroleptiques.

ATTENTION : la forme IM est utilisée pour les agitations alors que la forme IV est réservée au traitement ou à la prévention des nausées et des vomissements.

Emla® 5 % crème (association de lidocaïne et prilocaïne)

Délai d'action : 1 h.
Durée d'action : 1-2 h.

Indications : anesthésie de surface, en particulier chez l'enfant, avant un geste douloureux (ponction veineuse, ponction lombaire…).
Délai d'action : 1 h, durée d'action : 1 à 2 h.

Contre-indications
- Âge inférieur à 3 mois.
- Allergie connue aux anesthésiques locaux.
- Porphyrie.

Présentation : tube de 5 g (boite de 5) + 10 pansements adhésifs.

Posologie
- **3 à 12 mois** = 0,5 g sur une petite surface (max. 2 g).
- **Âge > 1 an** = 1 à 2 g (max. 10 g).

Conseils pratiques : application, uniquement sur une peau saine, d'une couche épaisse sur une petite surface et occlusion avec un pansement adhésif hermétique ; au bout d'1 heure, ôter le pansement et essuyer soigneusement (pour les peaux noires, le délai d'action est plus long).
Effets secondaires : possibilité de réactions allergiques.

Éphédrine

Délai d'action : 30 s en IV ; 3-4 min en IM.
Durée d'action : 10-20 min en IV ; 40-60 min en IM

Indications : traitement de l'hypotension artérielle modérée, notamment lors d'une anesthésie générale ou locorégionale.
Contre-indications
- Hyperexcitabilité ventriculaire, coronaropathie, pathologies cardiaques chroniques.
- Hypertension artérielle.
- Hyperthyroïdie.
- Glaucome par fermeture de l'angle et hypertrophie de la prostate.
- Prudence en cas d'association avec des antidépresseurs tricycliques et sérotoninergiques-noradrénergiques, des anesthésiques halogénés volatiles.

Présentation : ampoule 30 mg/1 mL.

Posologie :
- 15 mg IV lente à répéter toutes les 5-10 min si nécessaire (ne pas dépasser 150 mg/j).
- 30 mg IM ou SC, à renouveler si besoin.

Conseils pratiques
- Dilution dans du G 5 % ou du sérum physiologique.
- Administrer en 30 à 60 secondes.

Effets secondaires
- Nausées, vomissements.
- Palpitations, hypertension artérielle, douleurs précordiales.
- Anxiété, tremblements, confusion, irritabilité.

- Rétention aiguë d'urine.
- Crise de glaucome aigu.

Érythrocine®
(érythromycine)

Indications : infections à germes sensibles, notamment bronchopulmonaires.

Contre-indications
- Allongement de l'espace QT sur l'ECG.
- Association avec les dérivés de l'ergot de seigle.

Présentation : flacon de poudre 0,5 et 1 g.

Posologie : 2-4 g/j en 2-4 perfusions.

Conseils pratiques
- Dilution dans 50-100 mL de sérum physiologique ou de G 5 %.
- Perfusion d'1 h.

Effets secondaires
- Torsades de pointes.
- Nausées, vomissements.
- Réactions allergiques cutanées.
- Irritation veineuse.

Eupressyl®
(urapidil)

Délai d'action : 2-3 min.
Durée d'action : 1 h.

Indications : urgences hypertensives.

Contre-indications : rétrécissement aortique.

Présentation : ampoules 25 mg/5 mL et 50 mg/10 mL.

Posologie
- 25 mg en IV en 20 secondes à renouveler 5 min plus tard si la réduction de la PA n'est pas suffisante.
- Si après 5 min l'effet est toujours insuffisant, administrer 50 mg en IV en 20 s.
- Dose d'entretien 9 à 30 mg/h au PSE (moyenne 15 mg/h).

Effets secondaires
- Céphalées, vertiges, agitation.
- Palpitations, bradycardie sévère, sensations d'oppression thoracique.

Fentanyl

Délai d'action : 30 s.
Durée d'action : 20-30 min.

Indications : morphinique utilisé pour l'analgésie et la sédation.

Contre-indications
- Absence de matériel d'intubation.
- Traumatisme crânien et hypertension intracrânienne en ventilation spontanée.
- Hypovolémie non corrigée.

Présentation : ampoules 100 µg/2 mL ou 500 µg/10 mL.

Posologie : 50 à 100 µg en IVD puis réinjection à la demande à la même dose toutes les 20 min ou relais au PSE à la dose 50-200 µg/h.

Conseils pratiques
- Mélanges à éviter car risque de précipitation.
- Antagonisation possible par le Narcan® en cas de surdosage.

Effets secondaires
- Dépression respiratoire.
- Rigidité musculaire.
- Hypotension et bradycardie.
- Nausées vomissements.

Fluimucil®
(acétylcystéine)

Délai d'action : 30 min.
Durée d'action : 4 h.

Indications : intoxication au paracétamol.

Présentation
- Per os = sachet de 200 mg (peu pratique aux doses préconisées, il est possible d'utiliser Mucomyst® aérosol à 1g/5 mL qui a un goût désagréable nécessitant une dilution dans du jus de fruit ou de l'eau sucrée).
- IV = flacon 5g/25 mL.

Posologie
- **Per os** = dose de charge de 140 mg/kg puis 70 mg/kg/4 h pendant 3 jours (total de 17 doses).
- **IV** = dose de charge : 150 mg/kg dilués dans 250 mL de glucosé à 5 % à passer en 15 min, puis 50 mg/kg dilués dans 500 mL de glucosé à 5 % à passer en 4 h, enfin, 100 mg/kg dilués dans 1 000 mL de glucosé à 5 % à passer en 16 h.

Conseils pratiques : la voie IV peut entraîner des réactions anaphylactoïdes (en particulier en cas d'injection trop rapide) et ne doit être utilisée qu'en cas d'impossibilité de la voie orale.

Effets secondaires : en cas d'apparition de signes de réaction anaphylactoïde (urticaire, œdème facial, hypotension, bronchospasme...), arrêter la perfusion (un traitement symptomatique est parfois nécessaire).

Fonzylane®
(buflomédil)

Indications : manifestations douloureuses des artériopathies en poussée ischémique en attente du traitement chirurgical ou en cas d'impossibilité de celui-ci.
Contre-indications : aucune.
Présentation : flacons de 400 mg/40 mL ou poche souple de 400 mg/120 mL.

Posologie : 400 mg/24 h en perfusion lente (au minimum 3 h).

Conseils pratiques
- La poche souple est prête à l'emploi.
- En cas d'utilisation du flacon de 40 mL, la dilution se fait dans du sérum glucosé à 5 % ou du sérum physiologique.
- Diminuer de moitié la posologie chez l'insuffisant rénal.
- La persistance de l'ischémie doit accélérer la mise en route du traitement chirurgical si celui-ci est possible.

Effets secondaires
- Sensation de chaleur cutanée, céphalées, vertiges, tremblements.
- Nausées, vomissements.
- Réactions urticariennes.

Fragmine®
(daltéparine sodique)

Indications – Contre-indications : cf. Fraxiparine®.
Présentation : seringues préremplies de 2500/0,2 mL, 5000/0,2 mL, 7500/0,75 mL et 10 000 UI/1 mL.

Posologie
- **Préventif** = 2500 à 5000 UI/j en 1 injection SC.
- **Phlébite** = 100 UI/kg/12 h en SC.

Conseils pratiques – Surveillance – Effets secondaires : cf. Fraxiparine®.

Fraxiparine®
(nadroparine calcique)

Indications : anticoagulant utilisé en prévention des accidents thrombo-emboliques et pour le traitement des phlébites.

Contre-indications

- AVC hémorragique.
- Lésion organique susceptible de saigner.

Présentation : seringues préremplies de 0,2-0,3-0,4-0,6-0,8-1 mL (avec une concentration de 9500 UI anti-Xa/mL).

Posologie

- **Préventif** = 0,2-0,4 mL/j en 1 injection en SC.
- **Phlébite** = 0,1 mL/10 kg/12 h en SC.

Conseils pratiques : l'injection se fait dans le tissu sous-cutané de la paroi abdominale alternativement à droite et à gauche ; l'aiguille doit être introduite entièrement et perpendiculairement dans l'épaisseur du pli cutané formé entre le pouce et l'index de l'opérateur ; le pli doit être maintenu toute la durée de l'injection et ne sera relâché qu'après le retrait de l'aiguille.

Surveillance

- Effectuer un dosage des plaquettes avant institution du traitement, puis 2 fois/semaine.
- Dosage de l'activité anti-Xa en effectuant un prélèvement le 2e jour, 3 h après l'injection (fourchette thérapeutique 0,5-1,2 UI/mL) en cas d'inefficacité clinique, d'hémorragie ou d'insuffisance rénale.

Effets secondaires

- Thrombopénies.
- Hémorragies.

Fortum®
(ceftazidime)

Indications : antibiotique de la classe des céphalosporines de 3e génération utilisé en urgence dans les infections graves à bacilles Gram négatif.

Contre-indications : allergie connue aux céphalosporines.

Présentation : flacons de 0,25-0,5-1 et 2 g.

Posologie : 3 à 6 g/j en 3 à 4 injections IM ou IV.

Conseils pratiques

- Compatible avec le sérum physiologique et le sérum glucosé

- IM = 0,25 g + 1 mL, 0,5 g + 2 mL, 1 g + 3 mL, 2 g + 10 mL
- IV = injection lente dans 10 mL d'eau ppi ou en perfusion de 50 mL en 20 min

◆ Diminution de la posologie en cas d'insuffisance rénale.

Effets secondaires

◆ Réactions allergiques.
◆ Troubles digestifs.
◆ Thrombophlébite au point d'injection.

Fosfocine®
(fosfomycine)

Indications : antibiotique utilisé en urgence dans les infections graves à staphylocoques méti-R.
Contre-indications : aucune.
Présentation : flacons de poudre de 1 g + solvant 10 mL et 4 g + solvant 20 mL.

Posologie : 100 à 200 mg/kg/jour en 2 à 3 perfusions.

Conseils pratiques

◆ Perfusion de 250 mL sur une durée de 4 h.
◆ Compatibilité avec le sérum physiologique et le sérum glucosé.
◆ Adapter la posologie en cas d'insuffisance rénale.

Surveillance

◆ Ionogramme régulier car apport sodé très important.
◆ Veinites (changer les points de perfusion).

Fungizone®
(amphotéricine B)

Indications : septicémies fongiques.
Contre-indications : allergie connue au produit.
Présentation : flacon de poudre 50 mg.

Posologie

◆ Perfusion initiale = 0,1-0,2 mg/kg/perfusion.
◆ Puis augmentation par paliers de 5 mg pour atteindre une dose de 0,7-1 mg/kg/perfusion (0,5 mg/kg/perfusion seulement an cas d'association à l'Ancotil®).
◆ Perfusion 1 jour sur 2.

Conseils pratiques

- Dilution uniquement dans du sérum glucosé (500 mL).
- Dose-test de 1 mg en 50-60 min pour dépister un éventuel choc.
- Puis, dose initiale en 8-10 h.

Effets secondaires

- Fièvre, frissons, crampes, céphalées, nausées, vomissements.
- Hypotension, exceptionnellement choc anaphylactique.
- Néphrotoxicité dose-dépendante (ne pas dépasser 2 g par cure).
- Thrombophlébite (respecter la dilution).

Gardénal® (phénobarbital)

Délai d'action : 5 min.
Durée d'action : très longue.

Indications : état de mal convulsif résistant aux benzodiazépines, particulièrement chez l'enfant.
Contre-indications : porphyries.
Présentation : flacon poudre + solvant 40 mg/2 mL et 200 mg/4 mL.

Posologie : **Enfant** = 10 à 20 mg/kg en IV lent sur 15 min.

Conseils pratiques : dilution dans du sérum physiologique.
Effets secondaires

- Dépression respiratoire → matériel de réanimation prêt pour une intubation éventuelle.
- Thrombophlébite.
- Réactions allergiques.

Gentamicine

Indications : aminoside largement utilisé dans de nombreuses infections en association avec les bêtalactamines.
Contre-indications

- Allergie aux aminosides (rare).
- Myasthénie.

Présentation : selon les marques, ampoules de 10, 40, 80 et 160 mg.

Posologie : 3 mg/kg/j en 2-3 injections IM ou perfusions IV.

Conseils pratiques

- Dilution dans du sérum physiologique ou du G 5 % (au moins 1 mg/1 mL).
- Perfusion de 30-60 min.
- Adapter les doses en cas d'insuffisance rénale.

Effets secondaires
- Toxicité cochléo-vestibulaire.
- Toxicité rénale.

Glucagen® (glucagon)

Délai d'action : 1 min en IV ; 5 min en IM ou SC.
Durée d'action : 10 min en IV ; 20-30 min en IM ou SC.

Indications
- Hypoglycémie liée à l'insuline.
- Intoxication aux bêtabloquants.
- Choc anaphylactique réfractaire à l'adrénaline chez les patients bêtabloqués.

Contre-indications
- Hypoglycémie alcoolique, liée aux sulfamides ou au jeûne.
- Insulinome, glucagonome, phéochromocytome.

Présentation : lyophilisat 1 mg + solvant 2,5 mL.

Posologie
- Hypoglycémie : 1 mg IM ou SC, à renouveler après 20 min si besoin.
- Intoxication aux bêtabloquants :
  - Dose de charge : 50-100 µg/kg IV en 1-2 min.
  - Dose d'entretien : 70 µg/kg/h en perfusion continue.

Conseils pratiques
- Dilution dans du G 5 % ou du sérum physiologique.
- N'utiliser que si la solution est limpide.

Effets secondaires
- Réactions allergiques.
- Nausées, vomissements.
- Tachycardie (effets chronotrope et inotrope positifs).
- Hypokaliémie pour de fortes doses en IV (> 2 mg).
- Risque de poussée hypertensive en cas de phéochromocytome.

Gluconate de calcium 10 %

Indications
- Tétanie.
- Hypocalcémie aiguë.
- Hyperkaliémie menaçante.

Contre-indications : traitement digitalique.

Présentation : ampoule de 1 g/10 mL.

Posologie
- **Tétanie et hypocalcémie** = 10 à 20 mL en IV lente en 5-10 min.
- **Hyperkaliémie** = 10 mL en IV, à renouveler après 5 min si besoin.

Conseils pratiques : incompatibilité avec le bicarbonate de sodium.
Effets secondaires : risque de nécrose tissulaire en cas d'extravasation.

Glypressine®
(terlipressine)

Délai d'action : 40-60 min.
Durée d'action : 4 h.

Indications : traitement d'urgence des hémorragies digestives par rupture de varices œsophagiennes.

Contre-indications
- HTA non contrôlée.
- Insuffisance rénale chronique.
- Artérite des membres inférieurs.
- Insuffisance respiratoire.
- Traitement par bêtabloquants avec fréquence cardiaque < 60/min en phase hémorragique.
- Collapsus rebelle.
- Insuffisance coronarienne.
- Âge > 70 ans.

Présentation : flacon de lyophilisat 1 mg et ampoule de solvant 5 mL.

Posologie
- **Poids < 50 kg** = 1 mg en IVD.
- **De 50 à 70 kg** = 1,5 mg en IVD.
- **Poids > 70 kg** = 2 mg en IVD.

Conseils pratiques
- Ne diluer que dans du sérum physiologique (ne pas utiliser de sérum glucosé).
- Utiliser un cathéter de gros calibre (16 G) dans une veine de bonne qualité (le passage en sous-cutané peut entraîner une nécrose).

Effets secondaires
- Poussée hypertensive, bradycardie, angor.
- Acrocyanose.
- Crampes abdominales, diarrhée.
- Céphalées.

Haldol® (halopéridol)

Délai d'action : immédiat en IV ; 20-40 min en IM.
Durée d'action : 12-24 h.

Indications : états d'agitation et d'agressivité au cours d'états psychotiques aigus.
Contre-indications
- Intoxication éthylique aiguë.
- Antécédents d'hyperthermie maligne.

Présentation : ampoule 5 mg/1 mL.

Posologie
- IM = 5-10 mg.
- IV = 5 mg IV lent.

Effets secondaires
- Sédation, somnolence.
- Hypotension.
- Troubles du rythme cardiaque (torsades de pointes).
- Dyskinésies.

Héparine (sodique)

Indications : situations nécessitant une anti-coagulation efficace (phlébite, embolie pulmonaire, infarctus...).
Contre-indications
- Antécédents de thrombopénie sous héparine.
- Lésions susceptibles de saigner.

Présentation : flacons de 1 et de 5 mL à la concentration de 5 000 UI/mL.

Posologie
- En moyenne 400 à 600 UI/kg/24 h au PSE (parfois dose de charge de 5 000 UI en IV direct).
- La posologie sera adaptée en fonction des résultats d'hémostase.

Conseils pratiques : ne pas associer d'autres produits dans la même perfusion car il existe des risques d'incompatibilité.
Surveillance : prélever un dosage des plaquettes et une hémostase avant la mise en route du traitement, répéter le dosage 4 h après son début afin d'adapter la posologie.
Effets secondaires
- Thrombopénie.
- Hémorragies.

Hydrocortisone (hémisuccinate)

Délai d'action : qq min.
Durée d'action : 3-4 h.

Indications

- État de mal asthmatique.
- Œdème de Quincke.
- Œdèmes laryngés.

Contre-indications : il n'y en a pas en situation d'urgence.

Présentation : flacon de poudre + solvant 100 et 500 mg.

Posologie

- **Adulte** = 200 mg en IV.
- **Enfant** = 5mg/kg.

Conseils pratiques : dilution possible dans du sérum physiologique ou du sérum glucosé (dans ce cas le délai de perfusion ne doit pas excéder 4 h).

Hypnomidate® (étomidate)

Délai d'action : 30 s.
Durée d'action : 4-6 min.

Indications : anesthésique utilisé notamment pour l'intubation avec induction en séquence rapide. Intérêt car peu de retentissement hémodynamique.

Contre-indications : enfant de moins de 2 ans.

Présentation : ampoules 20 mg/10 mL et 125 mg/1 mL

Posologie

- **Induction** = 0,2 à 0,4 mg/kg en IV.
- **Entretien** = 0,25 à 1,8 mg/kg/h.

Conseils pratiques

- Injection lente (30 à 60 s) dans une veine de gros calibre.
- Dilution possible dans du sérum physiologique ou du G 5 %.

Effets secondaires

- Nausées, vomissements, toux, hoquet.
- Réactions anaphylactiques, notamment bronchospasme.
- Myocolonies en l'absence de prémédication par une benzodiazépine.

Hypnovel®
(midazolam)

Indications : sédation.

Contre-indications

- Myasthénie.
- À manier avec précaution en cas d'instabilité hémodynamique (produit hypotenseur) et chez les insuffisants respiratoires (dépresseur respiratoire).

Présentation : ampoules 5mg/1 mL, 5 mg/5 mL et 50 mg/10 mL.

Posologie

- **Sédation vigile** = 0,05 à 0,1 mg/kg en IV.
- **Sédation profonde** (patient intubé) = 0,1-0,3 mg/kg puis relais au PSE à la dose de 0,1-0,3 mg/kg/h.

Conseils pratiques

- Diluer le produit dans du sérum physiologique afin de pouvoir injecter précisément les doses prescrites.
- Voie intra-rectale possible chez l'enfant à la dose de 0,3-0,4 mg/kg.

Effets secondaires

- Dépression respiratoire.
- Hypotension, tachycardie.
- Réactions paradoxales chez certains sujets.

Isoptine®
(vérapamil)

Indications : tachycardies jonctionnelles paroxystiques (maladie de Bouveret).

Contre-indications

- BAV 2 ou 3.
- Insuffisance cardiaque.
- Hypotension artérielle (PAS < 90 mmHg).
- Dysfonctions sinusales.

Présentation : ampoule 5 mg/2 mL.

Posologie

- 5 à 10 mg (1 à 2 ampoules) en IVL (2 à 3 min) à répéter éventuellement au bout de 10 min.
- Relais avec 15 mg (3 ampoules) dans 250 mL de soluté glucosé en 8 heures.
- Relais oral à débuter 2 h avant la fin de la perfusion.

Conseils pratiques : à utiliser en 2e intention en cas d'échec de la Striadyne® ou du Krénosin®.

Effets secondaires

- Hypotension, insuffisance cardiaque voire choc cardiogénique.
- Bradycardie, BAV.

Isuprel® (isoprénaline)

Délai d'action : 30-40 s.
Durée d'action : 5 min.

Indications : bloc auriculo-ventriculaire du 3e degré en attente d'appareillage.
Contre-indications : insuffisance coronaire aiguë et en particulier l'infarctus.
Présentation : ampoule 0,2 mg/1 mL.

Posologie : 5 A (1 mg) dans 250 mL de sérum glucosé à 5 % et régler le débit en fonction de la fréquence cardiaque.

Conseils pratiques : conservation à l'abri de la lumière.
Effets secondaires

- Bouffées de chaleur, tachycardie, hypotension.
- Douleurs angineuses.
- Réactions allergiques.

Kalinox® (MEOPA : mélange équimolaire protoxyde d'azote-oxygène)

Indications

- Patients avec une EVA ≥ 50 mm ou devant subir un geste thérapeutique douloureux.
- Très utile chez le patient non perfusé, notamment l'enfant.

Contre-indications

- Traumatisme crânien grave.
- Traumatisme thoracique grave (pneumothorax).
- État de choc et hémorragie majeure.
- Occlusion intestinale.
- Anémie, drépanocytose et thalassémie.

Présentation : bouteille de mélange de 5 ou 20 L à 170 bars.

Posologie et mise en œuvre

- Appliquer le masque à oxygène muni d'une réserve sur le nez du patient et le raccorder au débit-litre de la bouteille de mélange.
- Commencer avec un débit de 6 L/min et augmenter en fonction de la consommation du patient (aplatissement de la réserve) jusqu'à 12 L/min.

- L'effet s'installe au bout de 3 minutes après le début de l'administration et disparaît dans les minutes qui suivent l'arrêt de l'inhalation.
- Arrêter l'administration lorsqu'un traitement antalgique par voie veineuse a été mis en place et est efficace (EVA < 30) ou que le geste douloureux a été effectué. Durée maximale d'administration = 30 min.
- Mettre éventuellement le patient sous oxygène pur pendant quelques minutes si l'administration a été prolongée.

Conseils pratiques

- Mettre le patient en confiance en expliquant l'intérêt de ce type d'analgésie et la manière dont on va procéder.
- Surveillance de la SpO_2, de la coloration des téguments et de l'état de conscience.
- Source d'oxygène et ballon autoremplisseur ainsi que matériel d'aspiration disponibles à proximité.
- Aérer la pièce dans laquelle le gaz a été administré.

Effets secondaires

- Rarement : nausées et vomissements, céphalées, excitation, endormissement avec perte du contact verbal → stopper l'administration du mélange et mettre le patient sous O_2 à 6 L/min : en général régression des signes en quelques minutes.

Kétalar® (kétamine)

Délai d'action : 20-60 s en IV ; 3-4 min en IM.
Durée d'action : 5-10 min en IV ; 15-30 min en IM.

Indications : anesthésie en particulier chez le brûlé (analgésie de surface) et chez l'asthmatique (bronchodilatateur).

Contre-indications

- HTA sévère ou anévrisme de l'aorte.
- Traumatisme crânien ou AVC.
- Plaie oculaire.
- Insuffisance cardiaque sévère.
- Éclampsie.

Présentation : ATTENTION 3 **présentations**

Kétalar® 10 = ampoule de 5 mL à 10 mg/mL soit 50 mg/ampoule,
Kétalar® 50 = ampoule de 5 mL à 50 mg/mL soit 250 mg/ampoule,
Kétalar® 100 = ampoule de 2,5 mL à 100 mg/mL soit 250 mg/ampoule.

Posologie

- **Prémédication** = 10 mg de Valium® en IV ou en IM.
- **IV** = en moyenne une dose de 2 mg/kg détermine une anesthésie durant 5 à 10 min (l'injection doit être pratiquée lentement en 60 s environ).
- **IM** = en moyenne une dose de 10 mg/kg provoque une anesthésie durant 12 à 25 min.

Conseils pratiques

- Injecter dans une ambiance calme pour éviter des réactions à type d'agitation, hallucinations ou délire lors de la phase de réveil.
- N'utiliser qu'un seul dosage pour éviter les erreurs (par exemple Kétalar® 50).

Effets secondaires

- Hypertension artérielle, tachycardie.
- Dépression respiratoire modérée.
- Troubles d'allure psychiatriques au réveil (hallucinations, délire, état confusionnel…).

Krénosin®
(adénosine)

Délai d'action : immédiat.
Durée d'action : moins d'1 min.

Indications : tachycardie jonctionnelle (maladie de Bouveret, Wolff-Parkinson-White).

Contre-indications

- Blocs auriculo-ventriculaires du 2e ou 3e degré non appareillés.
- Maladie de l'oreillette non appareillée.
- Asthme.
- Utilisation avec précaution en cas de QT long (risque de torsades de pointes).

Présentation : ampoule 6 mg/2 mL.

Posologie

- **1re dose** = 3 mg en IVD.
- **2e dose** (en cas d'inefficacité au bout de 1-2 min) = 6 mg en IVD.
- **3e dose** (en cas d'inefficacité au bout de 1-2 min) = 12 mg en IVD.

Conseils pratiques

- Préparer avant l'injection une seringue avec 1 mg d'atropine à utiliser en cas de pause sinusale prolongée.
- Mettre en place une ligne de perfusion pour disposer d'un abord veineux en cas de complications.

Surveillance : scope et possibilité d'enregistrement ECG en continu, pouls, PA.

Effets secondaires

- Flush facial, bronchospasme, oppression thoracique, nausées en général transitoires.
- Pauses sinusales, bradycardies, voire BAV, souvent résistants à l'atropine et pouvant nécessiter une stimulation temporaire.
- Troubles du rythme ventriculaire.

Largactil®
(chlorpromazine)

Indications
- Neuroleptique sédatif utilisé dans les états d'agitation ou les bouffées délirantes.
- Hoquet rebelle.

Contre-indications
- Glaucome.
- Adénome prostatique.
- Intoxication éthylique aiguë.

Présentation : ampoule 25 mg/5 mL.

Posologie
- 25-50 mg/injection (dose maximale 150 mg/j).
- Si voie IV, perfusion lente sur plusieurs heures dans du chlorure de sodium ou du G 5 %.

Conseils pratiques : association à un anti-parkinsonien (Artane®, Lepticur®) pour limiter les effets secondaires (torticolis, trismus…).

Effets secondaires
- Hypotension, tachycardie.
- Dyskinésies.
- Troubles du rythme cardiaque (torsades de pointes).
- Réactions allergiques.

Lasilix®
(furosémide)

Délai d'action : 5 min.
Durée d'action : 2-3 h.

Indications
- OAP.
- Hyperkaliémies et hypercalcémies aiguës.

Contre-indications
- Obstacle sur les voies urinaires.
- Troubles hydro-électrolytiques non corrigés.
- Encéphalopathie hépatique.

Présentation : ampoule 20 mg/2 mL.

Posologie : 20-80 mg en IVD.

Conseils pratiques : précipitation en cas d'injection dans une solution acide.

Effets secondaires

- Risque d'hyponatrémie, d'hypovolémie et d'hypotension orthostatique.
- Risque d'hypokaliémie.
- Possibilité d'encéphalopathie hépatique en cas de cirrhose.

Lepticur®
(tropatépine)

Indications : correction des effets secondaires induits par les neuroleptiques.

Contre-indications

- Glaucome.
- Adénome prostatique.
- Cardiopathies décompensées.

Présentation : ampoule 10 mg/2 mL.

Posologie : 10 mg en IM ou en IV lent.

Effets secondaires : effets atropiniques (sécheresse buccale, troubles de l'accommodation, hypertonie oculaire, troubles mictionnels, contipation).

Lovenox®
(énoxaparine sodique)

Indications-Contre-indications : cf. Fraxiparine®

Présentation : seringues préremplies de 20 mg/0,2 mL, 40 mg/0,4 mL, 60 mg/0,6 mL, 80 mg/0,8 mL et 100 mg/1 mL.

Posologie

- Préventif = 20-40 mg en SC.
- Curatif = 1 mg/kg/12 h en SC.

Conseils pratiques – Surveillance – Effets secondaires : cf. Fraxiparine®.

Loxapac®
(loxapine)

Délai d'action : 10-20 min.
Durée d'action : 8 h.

Indications

- Bouffées délirantes.
- États d'agitation, d'agressivité.

Contre-indications

- Intoxication alcoolique avec troubles de la conscience.
- Enfant de moins de 16 ans.

Présentation : ampoule 50 mg/2 mL.

Posologie : 100-250 mg en IM.

Conseils pratiques : association à un anti-parkinsonien (Artane®, Lepticur®) pour limiter les effets secondaires (torticolis, trismus…).

Effets secondaires
- Dyskinésies, syndrome extrapyramidal.
- Hypotension orthostatique.
- Effets anticholinergiques (sécheresse de la bouche, constipation, troubles de l'accommodation, rétention urinaire).

Loxen® (nicardipine)

Délai d'action : immédiat.
Durée d'action : 45 min.

Indications
- Urgences hypertensives.
- Dissection aortique.
- Pré-éclampsie.
- Menace d'accouchement prématuré (pas d'AMM, cf. p. 211)

Contre-indications : uniquement allergie connue au produit.
Présentation : ampoules 5 mg/5mL et 10 mg/10 mL.

Posologie
- 2,5 mg en IV en 5 min, attendre 5 min puis renouveler, si nécessaire, cette séquence jusqu'à un maximum de 10 mg.
- Relais au PSE à la dose de 2 à 4 mg/h à adapter par palier de 0,5 mg/h.

Conseils pratiques
- Précipitation avec les produits présentant en solution un pH > 6 (solutions bicarbonatées, Lasilix®, Valium®…).
- Dilution dans du sérum glucosé (ne pas utiliser de solution saline car risque d'adsorption du produit sur les matériaux plastiques de la tubulure).

Effets secondaires : céphalées, flush, tachycardie.

Magnésium (sulfate à 15 %)

Délai d'action : immédiat.
Durée d'action : 30 min.

Indications
- Torsades de pointes.
- Troubles du rythme ventriculaire (hypokaliémie, IDM).
- Crise d'asthme sévère.
- Éclampsie.
- Hypomagnésémies.

Contre-indications : insuffisance rénale sévère.
Présentation : ampoules de 1,5 g/10 mL ou 3 g/20 mL.

Posologie
- **Torsade de pointes** = 1-2 g en 15 min puis 1-2 g/4 à 6 h au PSE.
- **Asthme** = 1-2 g en 20 min au PSE.
- **Hyperexcitabilité ventriculaire** = 3 g en IV lente puis 1-1,5 g/h au PSE.
- **Éclampsie** = 1-4 g en 30 min puis 1 g en 12 à 24 h (en fonction de la kaliémie).
- **Hypomagnésémie** = 1,5-3 g en 30 min puis 4,5-9 g en 24 h.

Conseils pratiques : incompatibilité avec les solutés alcalins.
Effets secondaires
- Douleur au point d'injection.
- Flush, hypotension artérielle.

Médimix®
(MEOPA : mélange équimolaire protoxyde d'azote-oxygène)

Même produit que le Kalinox® (cf. p. 384), la seule différence est la taille des bouteilles de mélange : 5 ou 15 L à 135 bars.

Métalyse®
(ténectéplase)

Indications : thrombolyse dans l'infarctus du myocarde à la phase aiguë.
Contre-indications : cf. Infarctus du myocarde.
Présentation : 10 000 UI (50 mg) + solvant 10 mL.

Posologie : cf. Infarctus du myocarde.

Conseils pratiques : s'injecte en bolus de 5 à 10 s sur une perfusion de sérum physiologique. Incompatible avec les solutions glucosées. Aucun autre médicament ne doit être mélangé à la solution injection.
Effets secondaires
- Hémorragies (cutanées, digestives, cérébrales…).
- Troubles du rythme cardiaque lors de la reperfusion.
- Rares réactions allergiques.
- Les plus fréquents : nausées, vomissements, poussées de fièvre.

Méthergin®
(méthylergométrine)

Délai d'action : 2-5 min.
Durée d'action : 4-6 h.

Indications
- Hémorragies de la délivrance ou du post-partum.
- Hémorragies utérines importantes en dehors de la grossesse.

Contre-indications
- Allergie aux dérivés de l'ergot de seigle.
- Toxémie gravidique.
- HTA, coronaropathie.

Présentation : ampoule 0,2 mg/1 mL.

Posologie : 1 A en IM.

Effets secondaires
- Poussée tensionnelle, vasospasme périphérique, angor, brady- ou tachycardie.
- Éruptions cutanées, céphalées, vertiges.
- Troubles digestifs.

Minirin®
(desmopresine ou DDAVP)

Délai d'action : 30 min.
Durée d'action : 8 h.

Indications
- Diabète insipide néphrogénique.
- Correction et prévention des accidents hémorragiques en cas d'hémophilie A et de maladie de von Willebrand.

Contre-indications : maladie de von Willebrand de type IIB.

Présentation : ampoule 4 µg/1 mL.

Posologie
- **Diabète insipide** = 1-4 µg/jour en 2 injections IV (SC ou IM).
- **Hémorragies** = 0,2-0,4 µg/kg en perfusion IV de 15-30 min avec une dilution dans 50-100 mL de sérum physiologique.

Conseils pratiques : conservation au réfrigérateur.

Effets secondaires
- Céphalées, crampes abdominales.
- Flush de la face, tachycardie.

Modustatine®

(somatostatine) (cf. Somatostatine® UCB)

Mopral®

(oméprazole)

Indications : anti-ulcéreux lorsque la voie orale est impossible.
Contre-indications : grossesse, allaitement.
Présentation : flacon 40 mg/10 mL.

Posologie : 40 mg en une injection IV lente (5 min).

Conseils pratiques : aucun autre solvant que celui fourni ne doit être utilisé.
Effets secondaires

- Réactions allergiques.
- Confusion, hallucinations, agitation.
- Atteintes hématologiques.

Morphine

(chlorhydrate de morphine)

Délai d'action : 5 min en IV ; 15 min en SC ou IM.
Durée d'action : 2-3 h en IV ; 3-4 h en SC ou IM.

Indications : douleurs résistantes aux autres antalgiques.
Contre-indications

- Syndrome abdominal aigu avant le diagnostic.
- Traumatisme crânien en l'absence de ventilation contrôlée.
- Insuffisance hépatocellulaire sévère.

Présentation : ampoule 10 mg/1 mL.

Posologie

- 0,1 mg/kg en SC ou en IV.
- Si insuffisant, compléter par des bolus de 1 mg/5-10 min jusqu'à obtention de l'effet souhaité.

Conseils pratiques : conserver les ampoules vides.
Effets secondaires

- Dépression respiratoire.
- Nausées, vomissements.
- Céphalées, vertiges, confusion.
- Hypotension orthostatique.

Myambutol®
(éthambutol)

Indications : tuberculose et mycobactérioses atypiques.
Contre-indications
- Allergie connue à l'éthambutol.
- Névrite optique.

Présentation : ampoule 1 g/10 mL.

Posologie : 20 mg/kg/j en une perfusion IV ou en une injection IM.

Conseils pratiques
- Dilution dans 250-500 mL de G 5 %.
- Perfusion en 1 h.
- Diminuer la dose chez l'insuffisant rénal.

Effets secondaires
- Névrite optique.
- Réactions allergiques.

Nalador®
(sulprostone)

Indications : hémorragie de la délivrance ou atonie du post-partum après échec du Syntocinon®.
Contre-indications
- Coronaropathie, lésion cardiaque pré-existante, hypertension sévère.
- Asthme.
- Troubles graves des fonctions hépatique et/ou rénale.
- Utérus cicatriciel.
- Glaucome, thyréotoxicose, comitialité.

Présentation : ampoule de lyophilisat 500 µg.

Posologie
- **Hémorragies de la délivrance** = 500 µg en perfusion sur 5 h.
- **Atonie du post-partum** = 100 µg en 15 min puis 200 µg en 1 h, puis 200 µg en 2 h.

Conseils pratiques : dilution dans du sérum physiologique.
Effets secondaires
- Hypertension artérielle, angor.
- Bronchospasme.
- Troubles digestifs.

Narcan®
(naloxone)

Délai d'action : 1-2 min en IV ; 3 min en IM ou SC.
Durée d'action : 20-30 min en IV ; 2-3 h en IM ou SC.

Indications : intoxication aux morphinomimétiques (overdose en particulier).
Contre-indications : inhalation ou œdème pulmonaire → dans ce cas intubation et ventilation assistée.
Présentation : ampoule 0,4 mg/1 mL.

Posologie : 0,04 mg/0,04 mg jusqu'à la reprise d'une ventilation spontanée efficace.

Conseils pratiques
- Dilution de l'ampoule dans 10 mL de sérum glucosé ou de sérum physiologique puis injecter mL par mL (cela permet d'ajuster au mieux la dose et d'éviter un réveil brutal avec agitation et état de manque).
- Voie IM ou SC possible en cas de capital veineux déficient.

Surveillance : la durée d'action de l'antidote est inférieure à celle du toxique, il est parfois nécessaire de répéter les injections ou de prendre le relais au PSE en fonction de l'évolution de l'état de conscience et respiratoire.
Effets secondaires : syndrome de sevrage si réveil brutal.

Natispray®
(trinitrine)

Délai d'action : 1-2 min.
Durée d'action : 30-60 min.

Indications : cf. Lénitral®, permet en particulier de tester rapidement la sensibilité d'une douleur thoracique à la trinitrine.
Présentation : bombe aérosol délivrant des bouffées de 0,4 mg.

Posologie : 1 à 2 bouffées en sub-lingual, à répéter éventuellement en l'absence d'effet.

Conseils pratiques : à utiliser en position semi-assise ou allongée pour éviter la survenue d'une hypotension orthostatique.
Effets secondaires
- Céphalées, nausées, vomissements.
- Hypotension, voire collapsus.

Népressol®
(dihydralazine)

Indications : hypertension de la toxémie gravidique, mais préférer un produit à durée d'action moins longue comme le Loxen® par exemple.
Présentation : ampoule de poudre 25 mg et ampoule de solvant de 1 mL.

Posologie : 0,1-0,2 mg/kg en IV lent sur 2 min puis relais au PSE à la dose de 0,1 mg/kg/h à adapter en fonction de l'effet observé.

Conseils pratiques : dilution dans du sérum physiologique.
Effets secondaires
- Tachycardie, hypotension artérielle.
- Nausées, vomissements, céphalées, vertiges.

Nétromicine®
(nétilmicine)

Indications : aminoside largement utilisé dans de nombreuses infections en association avec les bêtalactamines.
Contre-indications
- Allergie aux aminosides (rare).
- Myasthénie.

Présentation : selon les marques, ampoules de 25, 50, 100 et 150 mg.

Posologie : 3-6 mg/kg/j en 2-3 injections IM ou perfusions IV.

Conseils pratiques
- Dilution dans du sérum physiologique ou du G 5 % (au moins 1 mg/1 mL).
- Perfusion de 30-60 min.
- Adapter les doses en cas d'insuffisance rénale.

Effets secondaires
- Toxicité cochléo-vestibulaire.
- Toxicité rénale.

Nimotop®
(nimodipine)

Délai d'action : qq min.
Durée d'action : 1-2 h.

Indication : hémorragie méningée sous-arachnoïdienne par rupture d'anévrisme.
Contre-indications : grossesse.
Présentation : flacon 10 mg/50 mL.

Posologie : 1 mg/h (2 mg/h possible à partir de la 2e heure).

Conseils pratiques : ne pas diluer, ne pas utiliser de matériel en PVC.

Effets secondaires

- Bouffées de chaleur, flush, hypotension.
- Douleurs abdominales, nausées.
- Veinite.

Noradrénaline®

Délai d'action : immédiat.
Durée d'action : 5-10 min.

Indications : choc vasoplégique (septique, anaphylactique, cardiogénique par insuffisance cardiaque droite).

Contre-indications : choc cardiogénique à prédominance gauche.

Présentation : ampoules 8 mg/4 mL.

Posologie : 0,02-0,1 µg/kg/min.

Conseils pratiques

- Dilution dans du G 5 % (incompatibilité avec le sérum physiologique).
- Utilisation préférentielle sur voie centrale.

Effets secondaires

- Troubles du rythme cardiaque.
- Céphalées, nausées, vomissements.
- Risque de nécrose cutanées si extravasation.

Norcuron® (vercuronium)

Délai d'action : 2-3 min.
Durée d'action : 20-30 min.

Indications : curare non dépolarisant permettant l'adaptation d'une ventilation assistée chez un patient endormi.

Contre-indications

- Allergie connue au produit.
- Insuffisance hépatique ou rénale.
- Affections neuromusculaires.

Présentation : ampoule lyophilisat 4 mg.

Posologie

- **Induction** = 0,1 mg/kg en IV lent.
- **Entretien** = 0,03 mg/kg/20-30 min ou 0,03 mg/kg/h au PSE.

Conseils pratiques : incompatibilité avec les solutions alcalines.
Effets secondaires : possibles réactions allergiques.

Nozinan®
(lévomépromazine)

Délai d'action : 30-40 min.
Durée d'action : 8-10 h.

Indications : neuroleptique sédatif utilisé dans les états d'excitation psychomotrice (accès maniaques, bouffées délirantes).
Contre-indications
- Glaucome.
- Adénome de la prostate.

Présentation : ampoule 25 mg/1 mL.

Posologie : 25-100 mg en IM.

Conseils pratiques
- Conservation à l'abri de la lumière.
- Association à un anti-parkinsonien (Artane®, Lepticur®) pour limiter les effets secondaires (torticolis, trismus…).

Effets secondaires
- Hypotension orthostatique, sécheresse de la bouche, constipation, troubles de l'accommodation, rétention urinaire.
- Dyskinésies, syndrome extrapyramidal.
- Réactions allergiques cutanées ; exceptionnellement agranulocytose.

Nubain®
(nalbuphine)

Délai d'action : 2-3 min en IV ; 15 min en IM ou SC.
Durée d'action : 3-6 h en IV ; 4-8 en IM ou SC.

Indications : douleurs résistantes aux antalgiques classiques.
Contre-indications
- Suspicion d'abdomen chirurgical, traumatisme crânien.
- Précaution chez l'insuffisant respiratoire (peut entraîner une dépression respiratoire).
- Enfants < 18 mois.
- Insuffisance hépato-cellulaire sévère.
- Intoxication éthylique aiguë.

Présentation : ampoule 20 mg/2 mL.

Posologie
- **Adulte** = 1/2 à 1 A en IV, IM ou SC.
- **Enfant** (de 18 mois à 15 ans) = 0,2 mg/kg en IV, IM ou SC.

Conseils pratiques : comme pour tous les morphinomimétiques, le Narcan® peut être utilisé comme antidote en cas de surdosage.

Effets secondaires

- Dépression respiratoire.
- Céphalées, vertiges, confusion mentale, troubles de l'humeur.
- Nausées, vomissements.
- Possible syndrome de sevrage chez les toxicomanes aux opiacés.

Oflocet®
(ofloxacine)

Indications : antibiotique de la classe des fluoroquinolones.

Contre-indications

- Enfant jusqu'à la fin de la période de croissance.
- Femme enceinte.

Présentation : flacon 200 mg/40 mL.

Posologie : 400 à 600 mg/jour en 2 à 3 perfusions.

Conseils pratiques

- Perfusion du flacon en 30 min.
- Compatible avec le sérum physiologique et le sérum glucosé.

Effets secondaires

- Troubles digestifs.
- Réactions cutanées.
- Douleurs musculaires et/ou articulaires (exceptionnellement rupture du tendon d'Achille).
- Convulsions.

Pavulon®
(pancuronium bromure)

Délai d'action : 2-4 min.
Durée d'action : 45-60 min.

Indications : curare permettant l'adaptation d'une ventilation assistée lors d'un état de mal asthmatique par exemple.

Contre-indications

- Myasthénie.
- Insuffisance hépatique et rénale.

Présentation : ampoule 4 mg/2 mL.

Posologie
- **Induction** = 0,06 à 0,1 mg/kg en IV.
- **Entretien** = 0,01-0,02 mg/kg/45-60 min en IVD ou relais au PSE à la dose de 0,02 à 0,06 mg/h.

Conseils pratiques : conservation à 4 °C.
Effets secondaires : réactions allergiques.

Péflacine®
(péfloxacine)

Indications : antibiotique de la classe des fluoroquinolones.
Contre-indications
- Enfant jusqu'à la fin de la période de croissance.
- Femme enceinte.

Présentation : poche 400 mg/125 mL et ampoule 400 mg/5 mL.

Posologie : 800 mg/j en 2 perfusions IV.

Conseils pratiques
- Perfusion du flacon en 1 h.
- Compatible avec le sérum physiologique et le sérum glucosé.
- Diminution des doses en cas d'insuffisance hépatique.

Effets secondaires
- Troubles digestifs.
- Réactions cutanées.
- Douleurs musculaires et/ou articulaires (exceptionnellement rupture du tendon d'Achille).
- Convulsions.

Pénicilline G

Indications : infections aux germes sensibles (notamment streptocoques).
Contre-indications : allergie aux pénicillines.
Présentation : flacons de poudre 1 M UI et 5 M UI.

Posologie : habituellement 50 000-100 000 UI/kg/j en 2 à 3 perfusions IV (ou injections IM), mais possibilité de doses jusqu'à 50 M UI/j dans les infections sévères (notamment endocardite).

Conseils pratiques : dilution dans du sérum physiologique.

Effets secondaires
- Réactions allergiques.
- En cas de fortes doses, surcharge sodée chez l'insuffisance cardiaque ou rénal.

Pentothal®
(thiopental)

Délai d'action : 30 s à 1 min.
Durée d'action : 15-30 min.

Indication
- État de mal convulsif.
- Anesthésie.

Contre-indications
- Hypovolémie ou état hémodynamique précaire.
- État de mal asthmatique.

Présentation : flacon de poudre de 0,5 ou 1 g.

Posologie
- **Induction** = 3 à 5 mg/kg.
- **Entretien** = 0,05-0,3 mg/kg/min.

Conseils pratiques : dilution avec du sérum physiologique pour obtenir une solution à 2,5 % (exemple pour une solution à 2,5 %, soit 25 mg/mL : diluer un flacon d'1 g avec 20 mL de sérum physiologique, prendre 10 mL et recompléter la seringue avec 10 mL de sérum physiologique).
Surveillance : nécessité d'une intubation et d'une ventilation assistée, contrôle de la PA et du pouls.

Effets secondaires
- Choc anaphylactique.
- Hypotension artérielle.
- Bronchospasme à l'induction.
- Nécrose cutanée en cas d'injection sous-cutanée ou de gangrène en cas d'injection intra-artérielle.

Perfalgan®
(paracétamol)

Délai d'action : 10-15 min.
Durée d'action : 4-6 h.

Indications : antalgique, antipyrétique.
Contre-indications : insuffisance hépatique sévère.

Présentation
- **Adulte et enfant > 33 kg :** flacon de 1 g dans 100 mL (10 mg/mL).
- **Nourrisson et enfant :** flacon de 500 mg dans 50 mL (10 mg/mL).

Posologie
- **Adulte** : 1 g, maximum 4 g par jour en respectant un intervalle d'au minimum 4 h entre chaque perfusion.
- **Enfant** : 15 mg/kg soit 1,5 mL/kg avec un maximum de 60 mg/kg/j en respectant un intervalle d'au minium 4 h entre chaque perfusion.
- **Nouveau-né** : 7,5 mg/kg avec un maximum de 30 mg/kg/j.

ATTENTION : chez les jeunes enfants et les nourrissons, utiliser la forme adaptée (Perfalgan® 10mg/mL, flacon de 50 mL) ; solution prête à l'emploi qui **ne doit pas être diluée** ; en cas de nécessité de limiter les volumes de perfusion, utiliser un pousse-seringue électrique.

Conseils pratiques
- Perfusion en 15 min.
- En cas d'insuffisance rénale sévère, espacer les injections de 6 heures.

Effets secondaires
- Réactions allergiques.
- Malaise avec hypotension artérielle.

Pipéracilline

Indications : antibiotique de la classe des uréidopénicillines, indiqué en urgence notamment dans les infections biliaires.
Contre-indications : allergie aux pénicillines.
Présentation : flacon de lyophilisat de 1, 2 et 4 g.

Posologie : 200 mg/kg/jour en 3 à 4 fois en IV ou en IM.

Conseils pratiques
- Voie préférentielle = perfusion dans un volume de dilution de 100 mL en 30 à 60 min.
- Voie IM = 1g/2 mL ou 2 g/4 mL d'eau ppi.
- Compatible avec le sérum physiologique et le sérum glucosé.

Effets secondaires
- Réactions allergiques.
- Nausées, vomissements.

Polaramine®
(dexchlorphéniramine)

Indications : antihistaminique H_1 utilisé dans les phénomènes allergiques, notamment l'urticaire.

Contre-indications
- Glaucome.
- Adénome de la prostate.
- Grossesse.

Présentation : ampoule 5 mg/1 mL.

Posologie : 5 mg en IVD ou en IM, à renouveler 1 fois en cas de besoin.

Effets secondaires
- Somnolence.
- Sécheresse de la bouche, mydriase, palpitations, rétention urinaire.
- Troubles de l'équilibre, incoordination motrice, confusion mentale.

Primpéran® (métoclopramide)

Délai d'action : 1-3 min en IV; 10-15 min en IM.
Durée d'action : quelques heures.

Indications : anti-émétique.

Contre-indications
- Hémorragie digestive, obstruction mécanique ou perforation digestive.
- Antécédents de dyskinésie aux neuroleptiques.
- Phéochromocytome.

Présentation : ampoule 10 mg/2 mL.

Posologie : 10 mg en IV ou en IM.

Conseils pratiques : dilution possible dans du sérum physiologique ou glucosé.

Effets secondaires
- Somnolence, vertiges, céphalées.
- Hypotension artérielle.
- Dyskinésies, syndrome extrapyramidal.

Prodilantin® (fosphénytoïne)

Délai d'action : 20-30 min.
Durée d'action : 8-10 h.

Indications : état de mal épileptique résistant au benzodiazépines.

Contre-indications
- Troubles de la conduction (bradycardie sinusale, BSA, BAV 2 et 3).
- Porphyrie aiguë intermittente.

Présentation
- Flacon 750 mg/10 mL.
- 1,5 mg de fosphénytoïne = 1 mg d'équivalent phénytoïne (EP).

Posologie

- **Dose de charge** = 15 mg/kg d'EP (débit 50-100 mg/min).
- **Dose d'entretien** = 4-5 mg/kg/24 h d'EP (à ajuster en fonction de la réponse du patient et des concentrations plasmatiques).
- **Objectif** = concentration plasmatique totale de phénytoïne entre 10 et 20 mg/L.

Conseils pratiques

- Dilution dans sérum physiologique et glucosé.
- Ne pas dépasser le débit maximum de 150 mg/min → risque de troubles du rythme, de la conduction et d'hypotension.

Effets secondaires

- Collapsus, troubles du rythme et de la conduction.
- Troubles digestifs : nausées, vomissements, hépatite toxique.

Profénid®
(kétoprofène)

Délai d'action : 20-30 min en IV.

Indications

- Affections rhumatismales inflammatoires.
- Radiculalgies.
- Colique néphrétique.

Contre-indications

- Allergie aux anti-inflammatoires.
- Ulcère gastro-duodénal en évolution.
- Insuffisance hépatocellulaire, insuffisance rénale.
- Âge < 15 ans.

Présentation

- IM = flacon de poudre 100 mg + ampoule de solvant 5 mL.
- IV = flacon de poudre 100 mg.

Posologie

- **IM** = 100 mg.
- **IV** = 100 mg dans 100 à 150 mL de G 5 % ou de sérum physiologique à passer en 20 min.

Conseils pratiques

- En fait les flacons de poudre IM ou IV sont identiques, seul le solvant pose problème et ne doit pas être injecté en IV.
- L'injection IM doit se faire lentement pour limiter la douleur.

Effets secondaires
- Réactions allergiques.
- Nausées, vomissements, gastralgies.
- Vertiges, somnolence.

Prostigmine®
(néostigmine)

Délai d'action : 15 min.

Indications : myasthénie.
Contre-indications
- Asthme.
- Obstruction mécanique des voies digestives et urinaires.

Présentation : ampoule 0,5 mg/1 mL.

Posologie : 2 à 5 A en SC ou en IM par jour réparties en 4 à 6 administrations.

Conseils pratiques : en cas de surdosage (sueurs, nausées, vomissements, bradycardie, crampe, diarrhée…) → injection de 0,5 mg d'Atropine en IV, à renouveler éventuellement.

Protamine

Délai d'action : 1 min.
Durée d'action : 2 h.

Indications : hémorragies par surdosage en héparine.
Contre-indications : allergie connue à la protamine.
Présentation : ampoule de 10 000 UAH/10 mL.

Posologie
- 100 UAH neutralisent 100 UI d'héparine.
- Pour les HBPM, la neutralisation se fait unité pour unité pour l'activité anti-IIa mais seulement à 50 % pour l'activité anti-Xa.
- Injection en IV lente (8-10 min) d'une dose calculée soit en fonction de l'héparinémie, soit le plus souvent en fonction du délai par rapport à l'injection :
  - **délai < 30 min** = 100 UAH/100 UI d'héparine.
  - **délai 30-60 min** = 50 UAH/100 UI d'héparine.
  - **délai > 60 min** (mais < 4 h) = 25 UI/100 UI d'héparine.

Effets secondaires
- Réactions allergiques.
- Hypotension, bradycardie.

Pulmicort®
(budésonide)

Indications : laryngite, épiglottite.
Contre-indications : éventuelle allergie connue au produit.
Présentation : dose de 0,5 mg/2 mL et 1 mg/2 mL.

Posologie : 1 mg en complément de l'adrénaline en nébulisation.

Conseils pratiques : compléter le volume de liquide à nébuliser avec du sérum physiologique pour atteindre 4 ou 5 mL.
Effets secondaires : réaction allergique.

Quinimax®
(quinine)

Indications : accès pernicieux palustre.
Contre-indications : troubles de la conduction cardiaque.
Présentation : ampoules 500 mg/4 mL, 250 mg/2 mL, 125 mg/1 mL.

Posologie
- 8 mg/kg à passer en 4 h dans 500 mL de sérum glucosé 5 %.
- À renouveler 3 fois par jour (la dose initiale peut être doublée, soit 16 mg/kg, en cas de doute sur la sensibilité). Ne pas dépasser 25 mg/kg/j.
- Injection IM possible en cas d'absence de matériel de perfusion.

Conseils pratiques : choisir une veine de gros diamètre et respecter la dilution car risque de sclérose de la veine en cas d'extravasation.
Effets secondaires
- Risque d'hypogycémie.
- Acouphènes, vertiges, céphalées, troublées de la vision, nausées.
- Réactions allergiques.
- Anémie hémolytique aiguë, thrombopénie.
- Convulsions à fortes doses.

Rapilysin®
(rétéplase)

Délai d'action : qq min.
Durée d'action : plusieurs heures.

Indications : thrombolyse à la phase aiguë de l'infarctus du myocarde.
Contre-indications : cf. protocole chapitre Infarctus du myocarde, p. 169.

Présentation : flacon de poudre 10 U + solvant 10 mL.

Posologie : 1er bolus de 10 U en IV sur 2 min et 2e bolus de 10 U 30 min plus tard.

Conseils pratiques : une dose de charge de 5 000 UI d'héparine s'effectue avant le 1er bolus et une perfusion de 1000 UI/h est démarrée après le 2e bolus.
Effets secondaires
- Réactions allergiques.
- Hémorragies, notamment accident vasculaire cérébral.

Rifadine®
(rifampicine)

Indications : antibiotique de la famille des antituberculeux, utilisé en urgence dans certaines méningites en cas d'allergie à la pénicilline.
Contre-indications : porphyries.
Présentation : flacon de poudre 600 mg + solvant 10 mL.

Posologie : 20 à 30 mg/kg/jour en 2 perfusions.

Conseils pratiques : dilution de chaque flacon dans 250 mL de G 5 % à passer en 3 h.
Effets secondaires
- Réactions cutanées allergiques.
- Nausées et vomissements.
- Coloration en rouge des urines.
- Toxicité hépatique et hématologiques (NFS et bilan hépatique).

Rimifon®
(isoniazide)

Indications : tuberculose ou mycobactérisoes atypiques.
Contre-indications
- Allergie connue à l'isoniazide.
- Insuffisance hépatique sévère.

Présentation : ampoule 500 mg/5 mL.

Posologie : 10 mg/kg/j en une perfusion IV ou en une injection IM.

Conseils pratiques

- Dilution dans 250 mL de sérum physiologique ou de G 5 %.
- Perfusion en 1 h.

Effets secondaires

- Hépatotoxicité (hépatite aiguë).
- Neurotoxicité : crise convulsives en cas de surdosage, neuropathie périphérique en cas de carence en pyridoxine (éthylique notamment).
- Réactions allergiques.

Risordan®
(isosorbide dinitrate)

Délai d'action : 30 s à 1 min.
Durée d'action : 30-60 min.

Indications

- Syndrome coronarien aigu (SCA).
- Œdème aigu du poumon (OAP).
- Crise hypertensive.

Contre-indications

- Hypotension artérielle (prudence en cas d'infarctus du ventricule droit !).
- Association au sildénafil (Viagra®).

Présentation : ampoule 10 mg/10 mL, soit 1 mg = 1 mL.

Posologie :

- SCA : débuter par 2 mg/h et adapter suivant la clinique et la pression artérielle.
- OAP :
  - Bolus IVD : 0,5 mg à répéter toutes les 2 min jusqu'à un maximum de 2 mg.
  - Relais en perfusion continue : 2 à 15 mg/h à adapter par palier de 1-2 mg toutes les 10 min.

Conseils pratiques

- À utiliser pur ou dilution dans du G 5 %.
- Ne pas mélanger à d'autres substances.

Effets respiratoires

- Hypotension artérielle, tachycardie réactionnelle.
- Syncope vagale.
- Céphalées dose-dépendantes
- Érythème cutané, bouffées de chaleur.
- Nausées, vomissements.

Rivotril®
(clonazépam)

Délai d'action : 5 min.
Durée d'action : 8-12 h.

Indications : crises convulsives.
Contre-indications : prudence en cas d'insuffisance respiratoire.
Présentation : ampoule 1 mg/2 mL.

Posologie : 1 à 2 mg en IVD puis relais au PSE sur la base de 3 à 6 mg/24 h.

Conseils pratiques : si possible ne pas associer à d'autres benzodiazépines (par ex. Valium®) car risque d'effets antagonistes.
Effets respiratoires
- Somnolence.
- Dépression respiratoire.

Rocéphine®
(ceftriaxone)

Indications : antibiotique de la classe des céphalosporines de 3e génération, largement utilisé en urgence, du fait de son large spectre antibactérien. Particularité : demi-vie longue permettant 1 injection par jour.
Contre-indications : allergie aux céphalosporines.
Présentation
- IM = flacons de poudre 500 mg + solvant 2 mL et 1 g + solvant 3,5 mL.
- IV = flacons de poudre 0,25-0,5-1 et 2 g + solvant 5 ou 10 mL.

Posologie
- Adulte = 1 à 2 g/j en 1 ou 2 injections.
- Enfant = 50 mg/kg/j.

Conseils pratiques
- Injection IM (pas à plus d'1 g sur le même site d'injection) ou IV (2 à 4 min).
- Perfusion dans 50 mL en 10 min.
- Compatible avec le sérum physiologique et le sérum glucosé.

Effets secondaires
- Réactions allergiques.
- Troubles digestifs.

Salbumol® Fort (salbutamol)

Délai d'action : 5 min.
Durée d'action : 3-4 h.

Indications
- État de mal asthmatique.
- Menace d'accouchement prématuré.

Contre-indications
- Cardiopathie sévère, hypertension artérielle (y compris éclampsie).
- Hémorragie utérine abondante.

Présentation : ampoule 5 mg/5 mL.

Posologie
- **Pneumologie** = 0,25 à 1,5 mg/h (doses pouvant être augmentées en surveillant la tolérance cardiaque).
- **Gynéco-obstétrique** = 5 mg dans 500 mL de sérum glucosé, régler le débit à 30-40 gouttes/min et adapter en fonction du résultat clinique.

Conseils pratiques
- Dilution dans du sérum glucosé ou physiologique.
- Ne pas mélanger avec d'autres spécialités.

Effets secondaires
- Tachycardie, troubles du rythme cardiaque.
- Allergie cutanée.
- Troubles digestifs.
- Vertiges, tremblements, crampes.

Sermion® (nicergoline)

Indications : accidents vasculaires ischémiques aigus, notamment vestibulaires.
Contre-indications : hypotension artérielle.
Présentation : flacon de poudre + solvant 5 mg/2,5 mL.

Posologie : 10-30 mg/j en 2-6 perfusions.

Conseils pratiques
- Dilution dans 250 mL de sérum physiologique ou de G 5 %.
- Perfusion en 30 min.

Effets secondaires
- Bouffées de chaleur, sensations de vertige.
- Hypotension.

Soludactone®

(canréonate de potassium)

Indications : diurétique épargneur de potassium (utile en particulier dans l'ascite du cirrhotique).

Contre-indications

- Hyperkaliémie.
- Insuffisance rénale sévère.
- Troubles de la conduction.
- Stade terminal de l'insuffisance hépatique.
- Association à d'autres diurétiques hyperkaliémiants.

Présentation : flacons de poudre 100 et 200 mg + ampoules de solvant.

Posologie : 400-800 mg en 2-4 injections IV lente (3 min) ou en perfusion.

Conseils pratiques : ne pas diluer un flacon dans plus de 100 mL de G 5 % ou 500 mL de sérum physiologique.

Effets secondaires

- Hyperkaliémie.
- Éruptions cutanées, douleur au point d'injection.

Soludécadron®

(dexaméthasone)

Indications, Contre-indications : cf. Célestène®.

Présentation : ampoules 4 mg/1 mL et 20 mg/5 mL.

Posologie : 4 à 20 mg en IV.

Effets secondaires

- Réactions allergiques.
- Troubles du rythme cardiaque.

ATTENTION : produit retiré du marché depuis 2001 du fait de la présence de sulfites et du risque allergique potentiel.

Solu-Médrol®

(méthylprednisolone)

Indications

- Réactions allergiques graves.
- Asthme aigu grave.

Contre-indications : il n'y en a pas en urgence.

Présentation : flacons de poudre 20 mg, 40 mg, 120 mg + solvant 2 mL.

Posologie : 1-2 mg/kg en IV lent sur 5 à 10 min.

Conseils pratiques

- Dilution dans du sérum glucosé ou du sérum physiologique.
- Ne pas injecter trop rapidement.

À noter : dans certaines indications particulières (traumatismes médullaires), les doses peuvent atteindre 30 mg/kg (injection en 20 min minimum).

Effets secondaires

- Réactions allergiques.
- Troubles du rythme cardiaque.

Somatostatine UCB®

Délai d'action : immédiate.
Durée d'action : 2-3 min.

Indications

- Traitement d'urgence des hémorragies digestives par rupture de varices œsophagiennes.
- Fistules digestives post-opératoires.

Contre-indications : grossesse et allaitement (précaution).

Présentation : flacon de lyophilisat 0,25 mg, 3 et 6 mg avec ampoule de solvant 1 mL.

Posologie

- **Hémorragies digestives** = 0,250 mg en IV lent puis relais au PSE à 0,250 mg/h.
- **Fistules** = 0,250 mg/h.

Conseils pratiques : inactivation par les solutés alcalins.

Effets secondaires : nausées, flush, bradycardie liés à une injection trop rapide.

Spasfon® (phloroglucinol)

Délai d'action : 10-15 min en IV ; 15-30 min en IM.
Durée d'action : 6-7 h en IV ; 7-8 h en IM.

Indications : coliques néphrétiques, coliques hépatiques, douleurs abdominales spasmodiques.

Présentation : ampoule 40 mg/4 mL.

Posologie : 40 mg en IM ou en IV.

À noter: la forme Spasfon-Lyoc® à faire fondre sous la langue est une alternative du fait de son action rapide (traitement d'attaque: 2 lyophylisats).

Streptase®
(streptokinase)

Délai d'action : 2 min.
Durée d'action : 4-5 h.

Indications: thrombolyse à la phase aiguë de l'infarctus du myocarde.
Contre-indications: cf. protocole chapitre Infarctus du myocarde, p. 169.
Présentation: flacon de poudre de 1,5 M UI.

Posologie : 1,5 M UI au PSE en 45 min après injection préalable de 100 mg d'hémisuccinate d'hydrocortisone en IVD.

Conseils pratiques: dissolution du lysophylisat dans du sérum physiologique ou glucosé.
Effets secondaires
- Réactions allergiques.
- Hémorragies, notamment AVC.
- Hypotension artérielle.
- Nausées, vomissements.

Striadyne®
(adénosine triphosphate)

Délai d'action : immédiate.
Durée d'action : 1-2 min.

Indications: tachycardie jonctionnelle (maladie de Bouveret).
Contre-indications
- Antécédents de tachyarythmie auriculaire ou ventriculaire.
- Coronarien.
- Asthme.

Présentation: ampoule 20 mg/2 mL.

Posologie: 10 à 20 mg en IVD, à renouveler éventuellement 2 à 3 min plus tard.

Conseils pratiques
- Préparer avant l'injection une seringue avec 1 mg d'atropine à utiliser en cas de pause sinusale prolongée.
- Mettre en place une ligne de perfusion pour disposer d'un abord veineux en cas de complications.

Surveillance: scope et possibilité d'enregistrement ECG en continu, pouls, PA.

Effets secondaires
- Pause sinusale.
- Troubles du rythme ventriculaire.
- Bronchospasme.
- Nausées, vomissements.

Sufenta®
(sufentanil)

Délai d'action : 45 s.
Durée d'action : 20-30 min.

Indications : morphinique utilisé pour l'analgésie et l'anesthésie-sédation.
Contre-indications
- Absence de matériel de ventilation.
- Traumatisme crânien et hypertension intracrânienne en ventilation spontanée.
- Hypovolémie non corrigée.

Présentation : ampoules 50 µg/10 mL et 250 µg/5 mL.

Posologie
- **Analgésie** = 0,5-1 µg/kg en IV ; réinjection en fonction des besoins à la moitié de la dose initiale.
- **Anesthésie-sédation** =
  - ***Induction*** = 0,5-1 µg/kg en IV.
  - ***Entretien*** = 0,5-3 µg/kg/h au PSE en continu.

Conseils pratiques
- Mélanges à éviter car risque de précipitation.
- Antagonisation possible avec le Narcan® en cas de surdosage.

Effets secondaires
- Dépression respiratoire.
- Rigidité musculaire.
- Hypotension et bradycardie.
- Nausées, vomissements.

Syncortyl®
(désoxycortone)

Indications : insuffisance surrénale.
Contre-indications : hypertension artérielle.
Présentation : ampoule 10 mg/1 mL.

Posologie : 10 mg/12-24 h en IM.

Conseils pratiques : solution huileuse (si possible utiliser une seringue en verre).
Effets secondaires : uniquement en cas d'utilisation prolongée.

Syntocinon®
(oxytocine)

Délai d'action : 30 s en IV ; 3-4 min en IM.
Durée d'action : 20-40 min en IV ; 2-3 h en IM.

Indications : hémorragie de la délivrance et atonie du post-partum.
Contre-indications
- Toxémie.
- Troubles cardio-vasculaires sévères.

Présentation : ampoule 5 UI/1 mL.

Posologie : 5-10 UI en IM ou 5 UI en IV lent (1 min).

Conseils pratiques : il est nécessaire de s'assurer de la vacuité utérine avant l'administration du Syntocinon®.
Effets secondaires
- Flush, hypotension et tachycardie (en cas d'injection IV trop rapide).
- Nausées, vomissements.
- Troubles du rythme cardiaque.
- Réactions allergiques.

Tanganil®
(acétyl-leucine)

Indications : vertiges invalidants.
Contre-indications : ne pas injecter en IM car risque de réactions locales.
Présentation : ampoule 500 mg/5 mL.

Posologie : 500 mg en IV lent (1-2 min)

Effets secondaires : aucun connu à ce jour.

Tazocilline®
(pipéracilline + tazobactam)

Indications : antibiotique de la classe de uréïdopénicillines associé à un inhibiteur des bêta-lactamases, utilisé en urgence notamment en cas d'infection biliaire grave.
Contre-indications : allergie aux pénicillines.
Présentation : flacons de poudre de 2 et 4 g.

Posologie : 12 à 16 g/j en 3 à 4 perfusions.

Conseils pratiques
- Perfusion avec une dilution de 2 g/50 mL de G 5 % à passer en 30 min.
- Compatible avec le sérum physiologique.

Surveillance
- Troubles digestifs.
- Réactions cutanées.
- Phlébite superficielle.

Temgésic® (buprénorphine)

Délai d'action : 10-15 min en IV ou en SL ; 15-25 min en IM ou SC.
Durée d'action : 5-6 h en IV ou en SL ; 6-8 h en IM ou SC.

Indications : antalgique morphinique agoniste-antagoniste.

Contre-indications
- Intoxication éthylique.
- Insuffisance respiratoire.
- Insuffisance hépato-cellulaire.
- Âge < 15 ans.

Présentation
- Ampoule 0,3 mg/1 mL.
- Comprimé sub-lingual : 0,2 mg.

Posologie : 1 A en SC, IM ou IV ou 1 comprimé en SL.

Conseils pratiques : ne pas associer à d'autres morphiniques car risque d'effets antagonistes.

Effets secondaires
- Nausées, vomissements.
- Sueurs, lipothymies, sensations vertigineuses.
- Dépression respiratoire possible.

Ténormine® (aténolol)

Délai d'action : immédiate.
Durée d'action : jusqu'à 24 h.

Indications : infarctus du myocarde à la phase aiguë.

Contre-indications
- Insuffisance cardiaque.
- Bloc auriculo-ventriculaire.
- Bradycardie < 45.
- État de choc.

Présentation : ampoule 5 mg/10 mL.

Posologie
- **Dose initiale** = 5 à 10 mg en IV lent (1 mg/min) pour réduire le rythme cardiaque à 60/min environ.
- **Relais** = 50 mg per os 15 min plus tard, puis 12 h plus tard (ensuite 50 mg/24 h pendant 10 j).

Effets secondaires
- Bradycardie et troubles de la conduction.
- Hypotension artérielle et insuffisance cardiaque aiguë.
- Bronchospasme.
- Hypoglycémie.
- Nausées, digestifs.

Tercian®
(cyamémazine)

Délai d'action : 20-30 min.
Durée d'action : plusieurs heures.

Indications
- États anxieux résistants aux thérapeutiques habituelles.
- États d'agressivité.

Contre-indications
- Glaucome.
- Adénome de la prostate.

Présentation : ampoule 50 mg/5 mL.

Posologie : 25-100 mg en IM.

Conseils pratiques : association à un anti-parkinsonien (Artane®, Lepticur®) pour limiter les effets secondaires (torticolis, trismus…).

Effets secondaires
- Dyskinésies, syndrome extrapyramidal.
- Hypotension orthostatique.
- Effets anticholinergiques (sécheresse de la bouche, constipation, troubles de l'accommodation, rétention urinaire).

Tibéral®
(ornidazole)

Indications : dérivé imidazolé actif dans les infections à germes anaérobies.

Contre-indications
- Allergie aux imidazolés.
- Risque d'aggravation de l'état neurologiques en cas d'atteintes neurologiques centrales ou périphériques.

Présentation : ampoules 500 mg/3 mL et 1 g/6 mL.

Posologie : 1-1,5 g/j en 2 à 3 perfusions.

Conseils pratiques
- Dilution de 500 mg dans 125 mL de sérum physiologique ou de G 5 %.
- Perfusion en 60 min.

Effets secondaires
- Ataxie, vertiges et confusion mentale → INTERROMPRE LE TRAITEMENT
- Éruptions cutanées, nausées, gastralgies.

Tiénam®
(imipénème + cilastine)

Indications : infections à germes sensibles, notamment abdominales.
Contre-indications : allergie connue à un des constituants du médicament.
Présentation : flacons 250 et 500 mg.

Posologie : 1-2 g/j en 3-4 perfusions IV (jusqu'à 50 mg/kg/j sanas dépasser 4 g/j).

Conseils pratiques
- Dilution dans 50 mL/250 mg de sérum physiologique ou de G 5 %.
- Perfusion de 30 min/500 mg.

Effets secondaires
- Réactions allergiques.
- Troubles digestifs.
- Possibilité d'atteinte hépatique ou rénale ainsi que de manifestations neuro-psychiatriques.

Tildiem®
(diltiazem)

Indications : inhibiteur calcique utilisé dans les troubles du rythme supraventriculaire

Contre-indications
- BAV.
- Syndrome de Wolff-Parkinson-White.
- Hypotension artérielle.
- Association à la Cordarone®.

Présentation : flacons de lyophilisat 25 et 100 mg.

Posologie : 0,25 à 0,3 mg/kg à injecter en IV lente sur 2 min.

Conseils pratiques : compatible avec le sérum physiologique et le sérum glucosé.

Effets secondaires

- Bradycardie et troubles de la conduction.
- Hypotension artérielle.
- Nausées, vomissements.
- Réactions allergiques cutanées.

Théralène®
(alimémazine)

Indications

- Traitement symptomatique des manifestations allergiques.
- États d'agitation.

Contre-indications

- Glaucome.
- Adénome de la prostate.

Présentation : ampoule 25 mg/5 mL.

Posologie

- **Allergie** = 25 mg en IV lent ou en IM.
- **Agitation** = 50-75 mg en IM.

Conseils pratiques : association à un anti-parkinsonien (Artane®, Lepticur®) pour limiter les effets secondaires (torticolis, trismus…).

Effets secondaires

- Réactions allergiques (contient des sulfites).
- Dyskinésies, syndrome extrapyramidal.
- Hypotension orthostatique.
- Effets anticholinergiques (sécheresse de la bouche, constipation, troubles de l'accommodation, rétention urinaire).

Thiophénicol®
(thiamphénicol)

Indications : antibiotique indiqué en urgence lors des méningites graves (en particulier *purpura fulminans*) en cas d'allergie à la pénicilline.

Contre-indications : nourrisson de moins de 6 mois.

Présentation : flacon de lyophilisat de 750 mg + solvant 5 mL.

Posologie
- **Adulte** = 1,5 à 3 g/j en 2 à 4 fois.
- **Enfant** = 30 à 100 mg/kg/j en 2 à 4 fois.

Conseils pratiques
- Injection IM.
- Injection IV = 750 mg + 10 mL eau ppi.
- Perfusion = dilution dans 50 mL à passer en 15 min.
- Compatible avec le sérum physiologique et le sérum glucosé.

Effets secondaires
- Toxicité hématologique (NFS).
- Troubles digestifs.

Topalgic® (tramadol)

Délai d'action : qq min.
Durée d'action : 4-6 h.

Indications : antalgique analgésique mineur (classe II).

Contres-indications
- Enfant de moins de 15 ans.
- Insuffisance respiratoire sévère.
- Insuffisance hépatique sévère.
- Intoxication alcoolique aiguë ou à des produits dépresseurs du système nerveux central.

Présentation : ampoule 100 mg/2 mL.

Posologie
- **Attaque** = 50-100 mg en IV lent (2-3 min), puis si besoin 50 mg/10-20 min sans dépasser 250 mg durant la première heure.
- **Entretien** = 50-100 mg en IV lent (2-3 min)/4-6 h sans dépasser 600 mg/24 h.

Conseils pratiques : réduire les doses et espacer les prises en cas d'insuffisance hépatique ou rénale.

Effets secondaires
- Nausées, vomissements, constipation.
- Étourdissements, céphalées, somnolence.
- Possibilités d'états confusionnels, d'hallucinations, de dépression respiratoire et de réactions allergiques.

Tracrium® (atracurium)

Délai d'action : moins de 3 min.
Durée d'action : 10-30 min.

Indications : curare non dépolarisant permettant l'adaptation au respirateur de malades intubés. Utilisation possible pour l'intubation en alternative à la Célocurine®

lorsque celle-ci est déconseillée (comme par ex. en cas d'hyperthermie lors d'une intoxication à la cocaïne ou aux amphétamines).

Contre-indications

- Absence de matériel de ventilation et d'administration préalable d'un narcotique.
- Allergie connue au produit.
- Affections neuromusculaires.
- Asthme, terrain atopique.

Présentation : ampoules de 25 mg/2,5 mL, 50 mg/5 mL et 250 mg/25 mL.

Posologie

- **Induction** = 0,6 mg/kg IV lente.
- **Entretien** = 0,1-0,2 mg/kg IV toutes les 20-40 min ou 0,3-0,6 mg/kg en perfusion continue.

Conseils pratiques

- Compatibles avec le sérum physiologique et le G 5 %.
- Précipitation avec les solutés alcalines et le Nesdonal®.

Effets secondaires

- Réactions allergiques.
- Hypotension artérielle, tachycardie.

Tractocile®
(atosiban)

Indications : menace d'accouchement prématuré entre 24 et 33 semaines d'âge gestationnel avec un rythme cardiaque fœtal normal.

Contre-indications

- Âge gestationnel < 24 ou > 33 semaines complètes.
- Rupture prématurée des membranes au-delà de 30 semaines de gestation.
- Retard de croissance intra-utérin ou rythme cardiaque fœtal anormal.
- Hémorragie utérine nécessitant l'accouchement immédiat.
- Éclampsie ou pré-éclampsie.
- Mort fœtale in utero.
- Suspicion d'infection utérine.
- Placenta praevia ou hématome rétroplacentaire.

Présentation

- Solution injectable IV : 7,5 mg/mL, flacon de 0,9 mL.
- Solution à diluer pour perfusion IV : 7,5 mg/mL, flacon de 5 mL.

Posologie

- Bolus initial : 0,9 mL, soit 6,75 mg, en 1 minute.
- Perfusion de charge intraveineuse pendant 3 heures : 24 mL/h, soit 18 mg/h.
- Perfusion d'entretien intraveineuse : 8 mL/h, soit 6 mg/h.

Effets secondaires
- Nausées, vomissements.
- Céphalées, vertiges, bouffées de chaleur.
- Tachycardie, hypotension.
- Réaction au point d'injection, prurit, fièvre.

Trandate®
(labétolol)

Délai d'action : 2-5 min.
Durée d'action : 2-4 h.

Indications : urgences hypertensives.
Contre-indications
- Insuffisance cardiaque.
- Troubles de la conduction cardiaque.
- Asthme, insuffisance hépato-cellulaire.
- Association avec la Cordarone®.

Présentation : ampoule 100 mg/20 mL.

Posologie : 1 mg/kg en IV lent à renouveler éventuellement après 10 min puis relais au PSE à la dose moyenne de 0,1 mg/kg/h.

Conseils pratiques : dilution dans du sérum glucosé.
Effets secondaires
- Hypotension artérielle.
- Bradycardie, troubles de la conduction cardiaque.
- Réactions allergiques.
- Céphalées, vertiges, tremblements.

Tranxène®
(clorazépate dipotassique)

Délai d'action : 15-30 min.
Durée d'action : plusieurs heures.

Indications
- Crises d'angoisse ou d'agitation.
- Delirium tremens.

Contre-indications
- Insuffisance respiratoire.
- Myasthénie.

Présentation : flacon de poudre 20 mg + ampoules de solvant 2 mL, 50mg/2,5 mL et 100 mg/5 mL.

Posologie : doses pouvant varier de 20 à 100 mg en IM, IV ou perfusion en fonction de la clinique, renouvelables tous les 3-4 h.

Conseils pratiques

- En IV, injection lente dans une grosse veine.
- En IM, injection profonde.
- Antagonisable par l'Anexate® en cas de surdosage.

Effets secondaires

- Dépression respiratoire.
- Hypotension artérielle.
- Parfois réactions paradoxales : irritabilité, agressivité, excitation.

Valium®
(diazépam)

Délai d'action : 2 min en IV ; qq min en IR.
Durée d'action : 1-3 h.

Indications

- Crises convulsives.
- Agitation, angoisse.
- Delirium tremens.
- Intoxication à la chloroquine (cf. p. 180).

Contre-indications

- Insuffisance respiratoire.
- Myasthénie.

Présentation : ampoule 10 mg/2 mL.

Posologie

- **Convulsions =**
  - *Adulte* = 10 à 20 mg en IV lent (1 mg/min) jusqu'à l'arrêt des convulsions.
  - *Enfant* = 0,5 mg/kg en IR, à renouveler si besoin.
- **Intoxication à la chloroquine** = 2 mg/kg en IV lent pui relais 2-4 mg/kg/24 h.
- **Autres indications** = 5-20 mg en IV lent.

Conseils pratiques : injection dans une grosse veine (solution huileuse).

Effets secondaires

- Dépression respiratoire.
- Hypotension artérielle.
- Parfois réactions paradoxales : irritabilité, agressivité, excitation.
- Douleur au point d'injection.

Vancocine®
(vancomycine)

Indications : antibiotique utilisé notamment en urgence dans les méningites à pneumocoques ou à staphylocoques méti-R.
Présentation : flacons de lyophilisat de 0,125-0,25-0,5 et 1 g.

Posologie : 30 à 50 mg/kg/j.

Conseils pratiques
- En général perfusion continue sur 24 h.
- Possibilité de perfusion plus courte (pour dose de charge notamment) = dilution dans 200 mL à passer en 1 h.
- Compatible avec sérum physiologique et sérum glucosé.

Effets secondaires
- Réaction anaphylactique possible en cas de perfusion trop rapide.
- Troubles digestifs.
- Phlébites au point d'injection.
- Ototoxicité.

Ventoline®
(salbutamol)

Délai d'action : 1-2 min.
Durée d'action : 3-4 h.

Indications
- Crise d'asthme.
- Dyspnée spastique chez les insuffisants respiratoires chroniques.

Contre-indications : affection coronarienne aiguë.
Présentation : flacon 50 mg/10 mL pour aérosols.

Posologie
- **Adulte** = 5 mg (1 mL) dans 4 mL de sérum physiologique à aérolisé en 10-15 min avec un débit d'oxygène de 6 L/min.
- **Enfant** = 0,02-0,03 mL/kg (sans dépasser 1 mL) ramené à 5 mL avec du sérum physiologique.
- En général en association avec de l'Atrovent®.
- Aérosol à renouveler au bout de 15 min en l'absence d'effet suffisant, puis toutes les 4 h.

Effets secondaires : rares avec les aérosols.

Viperfav®
(fragments d'immunoglobulines équines)

Indications : œdème rapidement extensible ou apparition de signes systémiques (vomissements, diarrhée, douleurs abdominales, hypotension artérielle) après une piqûre par une vipère européenne.
Contre-indications : allergie connue aux protéines d'origine équine.
Présentation : flacon 4 mL.

Posologie : 1 flacon à perfuser en 1 heure, à renouveler si besoin 5 heures après la première perfusion (posologie identique quels que soient l'âge et le poids).

Conseils pratiques
- Conservation au froid.
- Dilution dans 100 mL de sérum physiologique.
- Administration en 1 h avec un débit de 50 mL/h (15 gouttes/min) puis en augmentant à 100 mL/h (30 gouttes/min) au bout de 10 min → **ARRÊT IMMÉDIAT DE L'ADMINISTRATION** en cas d'apparition de signes d'intolérance ou d'allergie.

Effets secondaires
- Réactions anaphylactiques de tout type pouvant aller jusqu'au choc anaphylactique.
- Sueurs, nausées.
- Hypotension artérielle.
- Maladie sérique retardée (8e-12e jour) : arthralgies, fièvre, prurit, érythème, urticaire, adénopathies, œdème de Quincke.

Viscéralgine®
(tiémonium)

Délai d'action : qq min.

Indications
- Coliques néphrétiques et hépatiques.
- Douleurs digestives spasmodiques.

Contre-indications
- Glaucome.
- Adénome de la prostate.

Présentation : ampoule 5 mg/2 mL.

Posologie : 1 A en IM ou IV lente.

Effets secondaires : tachycardie et hypotension artérielle en cas d'injection trop rapide.

Vitamine K1

Délai d'action : 1 h.
Durée d'action : plusieurs jours.

Indications : surdosage aux anti-vitamines K.
Contres-indications : allergie connue à la vitamine K.
Présentation : ampoule 10 mg/1 mL.

Posologie : 10 mg en IV lent.

Conseils pratiques : compatible avec le sérum glucosé et le sérum physiologique.
Effets secondaires : réactions allergiques.

Vogalène® (métopimazine)

Délai d'action : 1-3 min en IV; 15 min en IM.
Durée d'action : quelques h.

Indications : nausées, vomissements.
Contre-indications
- Glaucome.
- Adénome de la prostate.

Présentation : ampoule 10 mg/1 mL.

Posologie : 10 mg en IV lent ou en IM.

Effets secondaires
- Hypotension artérielle (notamment en cas d'injection trop rapide).
- Dyskinésies, syndrome extra-pyramidal.
- Sédation, somnolence.

Xylocaïne® (lidocaïne)

Délai d'action : 10 min.
Durée d'action : 45-75 min.

Indications : anesthésie locale.
Contre-indications
- Anesthésie locale chez les patients sous anti-coagulant.
- Prudence chez les épileptiques et les patients présentant des troubles de la conduction cardiaque.

Présentation
- Xylocaïne® 0,5 % = flacon 100 mg/20 mL.
- Xylocaïne® 1 % = ampoule 50 mg/5 mL et flacon 200 mg/20 mL.
- Xylocaïne® 2 % = flacon 400 mg/20 mL.

Posologie : maximum 200 mg.

Effets secondaires
- Réactions allergiques.
- En cas de surdosage : nervosité, agitation, convulsions, tachycardie, troubles du rythme cardiaque.

Xylocard®
(lidocaïne)

Délai d'action : immédiat en IV.
Durée d'action : 20-30 min en IV.

Indications
- Troubles du rythme ventriculaire.
- Analgésie (dans la pancréatite notamment).

Contre-indications : prudence en cas de troubles de la conduction cardiaque, chez les épileptiques et en cas d'insuffisance cardiaque.

Présentation
- Seringue préremplie : 100 mg/5 mL.
- Flacon : 1 g/20 mL.

Posologie
- Cardiologie = 1 à 1,5 mg/kg en IV puis éventuel relais au PSE à la dose de 100 mg/h.
- Analgésie = 0,5 à 1 g dilué dans 250 à 500 mL de sérum glucosé en perfusion lente.

Conseils pratiques : la seringue préremplie facilite l'utilisation en urgence.

Effets secondaires
- Réactions allergiques.
- Hypotension artérielle, bradycardie.
- Nervosité, agitation
- Convulsions en cas de surdosage.

Zovirax®
(aciclovir)

Indications : antiviral indiqué en urgence en particulier en cas de suspicion de méningite herpétique

Présentation : flacons de lyophilisat de 250 et 500 mg

Posologie : 30 mg/kg/24 h en 3 perfusions.

Conseils pratiques
- Perfusion de 1 h minimum dans un volume de dilution de 50 à 100 mL de sérum physiologique.
- Adaptation de la posologie en cas d'insuffisance rénale.

Certificats et aspects médico-légaux

5

Certificats – Généralités

- Un certificat médical est l'attestation écrite par un médecin de toute constatation portant sur l'état de santé d'une personne qu'il a examinée.
- **Tout patient peut demander à un médecin qui l'a examiné de lui délivrer un certificat médical.**
- Le certificat est **remis en main propre à l'intéressé** qui en disposera à sa convenance. ***Exceptions :***
  - Mineur → remis au tuteur légal.
  - Sujet dans le coma → remis au représentant légal.
  - Certificats d'internement.
  - Certificats d'expertise ou effectués sur réquisition.
  - Certificats établissant la relation entre la mort d'un pensionné militaire et l'affection pensionnée → remis aux ayant droit.
  - Certificat concernant le décès de la victime d'un accident du travail ou d'une maladie professionnelle → remis au conjoint survivant.
- L'**article 76 du Code de déontologie médicale** précise : « *Tout certificat, attestation ou document délivré par un médecin doit être rédigé en langue française et daté, permettre l'identification du praticien dont il émane et être signé par lui. Le médecin peut en remettre une traduction au patient dans la langue de celui-ci* ».

Plan type de rédaction

- Date exacte du jour de rédaction (si possible en toutes lettres pour éviter toute falsification).
- Identité et adresse du médecin.
- Identité de l'intéressé ou, en cas de doute, la mention « le patient m'a déclaré se nommer… ».
- Les dires de l'intéressé rapportés en tant que tels et au conditionnel : « M. X m'a déclaré que… ; il aurait… ».
- Description des symptômes allégués et des signes positifs et négatifs constatés à l'examen.
- Mention des éventuels examens complémentaires et de leurs résultats.
- Conclusion et interprétation qui découle de l'examen.
- Motif du certificat et mention « certificat fait ce jour à la demande de l'intéressé(e) et remis en mains propres pour valoir ce que de droit ».
- Signature manuscrite du médecin.

Par sécurité, conserver un double des certificats.

Accident du travail

- Un certificat d'accident de travail est délivré pour tous les accidents survenant du fait ou à l'occasion du travail, y compris les accidents de trajet.
- Ce n'est pas au médecin de juger de la réalité matérielle de l'accident du travail. Il est tenu de délivrer un certificat au patient qui en fait la demande : il s'agit d'une obligation légale.
- Attention ! En cas d'agression ou de toute autre circonstance induisant la rédaction concomitante d'un certificat de coups et blessures ! Distinguer **ITTP (Incapacité Totale de Travail Personnel)** et l'**arrêt de travail** dont les durées peuvent être différentes (voir p. 433) :
  - ITTP : valeur pénale en cas d'action en justice.
  - Arrêt de travail : droit social ouvrant droit à des indemnités journalières.
- Tout **certificat d'accident du travail** doit être délivré par le médecin sur un imprimé prévu à cet effet (**triple exemplaire :** 1 pour le patient, 1 à envoyer à la caisse de sécurité sociale, 1 à conserver dans le dossier). Dans tous les cas, l'employeur doit être prévenu dans les 24 h et la caisse de sécurité sociale dans les 48 h.
- La rubrique « **Constatations détaillées** » est très importante car elle servira de base pour imputer les lésions et leurs complications à l'accident de travail.
- Le **certificat médical initial et le certificat médical de prolongation** suivent les mêmes règles de rédaction.
- Particularités du **certificat final :**
  - *Reprise du travail avec soins :* le patient peut reprendre son activité professionnelle mais nécessite encore des soins → cocher la case « Soins jusqu'au… ».
  - *Guérison :* en l'absence de séquelle → cocher la case « Guéri avec retour à l'état antérieur ».
  - *Consolidation avec séquelles :* existence de séquelles entraînant une IPP (Incapacité Permanente Partielle). En pratique, la date de consolidation doit être fixée à partir du moment où tous les soins initiaux sont terminés.

cerfa
n° 50513#01

certificat médical
accident du travail
maladie professionnelle

notice d'utilisation destinée au praticien

Ce certificat médical doit être utilisé pour les salariés victimes d'accidents du travail, de trajet, de maladies professionnelles (dans le cadre des tableaux ou hors tableaux – article L. 461-1 du Code de la sécurité sociale), ou de rechute.

Les renseignements concernant la victime et l'employeur seront complétés par le praticien à l'aide des informations fournies par la victime.

Dans la partie « renseignements médicaux », décrivez avec précision l'état de la victime, le siège, la nature des lésions ou de la maladie avec les symptômes constatés et les séquelles fonctionnelles.

IMPORTANT

Une reprise de travail peut être antérieure à la date de guérison ou de consolidation. Si la reprise d'un travail léger (à temps partiel) est de nature à favoriser une guérison ou une consolidation, précisez-le dans la rubrique « constatations détaillées ».

Il faut indiquer, en cas de **guérison** ou de **consolidation**, les conséquences définitives de l'accident ou de la maladie.
Il est possible exceptionnellement, sur proposition du médecin traitant, de maintenir des soins après consolidation pour éviter l'aggravation des séquelles.
Cette possibilité, limitée dans le temps, est soumise à l'accord du praticien conseil.

volets 1 et 2 :	à adresser directement par le praticien **sous 24 heures** à l'organisme dont dépend la victime (article L. 441-6 du Code de la sécurité sociale)
volet 3 :	à remettre par le praticien à la victime
volet « certificat d'arrêt de travail » :	à remettre par le praticien à la victime, qui peut l'adresser, en cas d'arrêt de travail, à son employeur ou à l'ASSEDIC si elle est en situation de chômage, afin de les informer

S 6909 a

cerfa

n°11138*01

certificat médical
accident du travail
maladie professionnelle

(articles L. 441-6 et L. 461-5 du Code de la sécurité sociale)

(ne cocher qu'une seule case)

☐ initial ☐ de prolongation

☐ final ☐ de rechute

volet 1, à adresser par le praticien à l'organisme dans les 24 heures

l'assuré(e) ***(à compléter à l'aide de la carte d'assurance maladie)***

- **régime**

général agricole autre : lequel ?

- **identité**

numéro d'immatriculation

nom *(suivi, s'il y a lieu du nom d'usage)*

prénoms

adresse

- **accident du travail ou maladie professionnelle**

s'agit-il d'un accident du travail ? d'une maladie professionnelle ?

date de l'accident ou de la 1ère constatation médicale de la maladie professionnelle :

présentation de la feuille d'accident du travail/maladie professionnelle oui non[(1)]

[(1)] *en cas de non présentation de la feuille, les honoraires doivent être demandés (art. L. 432-3 du Code de la sécurité sociale)*

l'employeur

nom, prénom ou dénomination sociale :

les renseignements médicaux

- **constatations détaillées** (siège, nature des lésions ou de la maladie professionnelle, séquelles fonctionnelles)

- **conséquences**

arrêt de travail jusqu'au

sorties autorisées oui non de heures à heures

reprise de travail le

soins jusqu'au *

- **conclusions** (à remplir seulement en cas de certificat final)

guérison avec retour à l'état antérieur, date

guérison apparente avec possibilité de rechute ultérieure, date

consolidation avec séquelles, date

certificat établi le

à

signature du praticien

cachet du praticien ou de l'établissement

* complétez également, si nécessaire, les rubriques « arrêt de travail » ou « reprise du travail »

La loi 78.17 du 6.1.78 relative à l'informatique, aux fichiers et aux libertés s'applique aux réponses faites sur ce formulaire. Elle garantit un droit d'accès et de rectification pour les données vous concernant.

UCANSS - "Edition 04/00" S 6909i

Arrêt de travail

- La prescription d'un arrêt de travail provoque l'attribution d'indemnités journalières et est donc un acte important qui doit être effectué avec mesure et objectivité.
- Le nouveau Code de la Sécurité Sociale oblige à préciser les « **éléments d'ordre médical justifiant l'arrêt de travail** » (article L 162-461 1er alinéa).
  - Cette **mention est obligatoire**, sous peine pour le prescripteur de sanction.
  - Pour préserver le secret médical, l'avis d'arrêt de travail doit donc être remis, avec une enveloppe adressée à « M. le Médecin Conseil », au patient qui adressera les volets 1 et 2 au service médical de son organisme d'assurance maladie.
- Il est nécessaire de spécifier si l'arrêt de travail est en rapport ou non avec une affection visée par l'**article L 324-1** du Code de la Sécurité Sociale qui précise :

  « En cas d'affection de longue durée et en cas d'interruption de travail ou de soins continus supérieurs à une durée déterminée, la caisse doit faire procéder périodiquement à un examen spécial du bénéficiaire, conjointement par le médecin traitant et le médecin conseil de la sécurité sociale en vue de déterminer le traitement que l'intéressé doit suivre si les soins sont dispensés sans interruption; la continuation du service des prestations est subordonnée à l'obligation pour le bénéficiaire :

  1) *de se soumettre aux traitements et mesures de toute nature prescrits d'un commun accord par le médecin traitant et le médecin conseil de la sécurité sociale et, en cas de désaccord entre ces deux médecins par un expert,*
  2) *de se soumettre aux visites médicales et contrôles spéciaux organisés par la caisse,*
  3) *de s'abstenir de toute activité non autorisée,*
  4) *d'accomplir les exercices ou travaux prescrits en vue de favoriser sa rééducation et son reclassement professionnel.*

  En cas d'inobservation des obligations ci-dessus indiquées, la caisse peut suspendre, réduire ou supprimer le service des prestations »

cerfa

n° 10170*02

avis d'arrêt de travail

☐ initial ☐ de prolongation

volet 1, à adresser au service médical

à adresser, dans les deux jours, au service médical, à l'aide de l'enveloppe M. le Médecin-Conseil (art. L 162-4-1-1er al., L 321-1-5e, R 321-2 du code de la sécurité sociale)

l'assuré(e)

- **identité**

numéro d'immatriculation

nom de naissance *(suivi, s'il y a lieu du nom d'usage)*

prénoms

adresse

code postal

adresse où le malade peut être visité

code postal

bâtiment escalier étage appartement

☐ **activité salariée**

☐ **profession indépendante**

☐ **sans emploi** date de cessation d'activité précisez votre situation (1)

l'arrêt prescrit est en rapport avec l'affection pour laquelle vous êtes pensionné(e) de guerre oui non

l'arrêt prescrit fait suite à une cure thermale oui non

l'arrêt prescrit fait suite à un accident causé par un tiers oui date non

(1) voir notice

les renseignements médicaux

je soussigné(e), certifie avoir examiné (nom, prénom) :

et prescrit un arrêt de travail jusqu'au *(en toutes lettres)* : inclus

sans rapport ☐ **en rapport** ☐ avec une affection visée à l'article L 324-1 et R 615-69 du code de la sécurité sociale (2)

sans rapport ☐ **en rapport** ☐ avec un état pathologique résultant de la grossesse

sorties non autorisées ☐

sorties autorisées ☐ **de 10 à 12 heures et de 16 à 18 heures à partir du**

éléments d'ordre médical justifiant l'arrêt de travail

cette précision est obligatoire en application des articles L 162-4-1-1er alinéa et D 615-23 du code de la sécurité sociale

date

identification du praticien et le cas échéant de l'établissement

signature du praticien

(2) voir note d'accompagnement

La loi 78.17 du 6.1.78 relative à l'informatique, aux fichiers et aux libertés s'applique aux réponses faites sur ce formulaire. Elle garantit un droit d'accès et de rectification pour les données vous concernant.

La loi rend passible d'amende et/ou d'emprisonnement quiconque se rend coupable de fraudes ou de fausses déclarations (art. L 377-1 du code de la sécurité sociale, 441-1 du Code Pénal).

En cas de non respect des conditions prévues pour l'attribution des indemnités journalières, le prescripteur s'expose à une sanction financière fixée par le Comité Médical Régional (art. L 315-3 du code de la sécurité sociale).

S 3116 d

HERMIEU Imp. & Services • Tél. 01 41 79 44 33 • Fax 01 41 79 44 34 • Email hermieu@aol.com

Coups et blessures

- Le **certificat de coups et blessures est un document médico-légal** qui aidera la victime à prouver la réalité du préjudice subi (la justice punit non pas en fonction de la nature de l'acte commis mais en fonction des conséquences).
- L' «**ITT**» utilisée en droit pénal est **l'Incapacité Totale de Travail Personnel** et de ce fait, doit être appelée **ITTP**, ce qui évite de la confondre avec l'**ITT** utilisée en droit civil (Incapacité Temporaire de Travail), plus communément appelée **arrêt de travail**.
- **L'ITTP est l'incapacité de se livrer à un travail quelconque, même domestique** et dans les gestes élémentaires de la vie quotidienne (toilette, préparation et consommation des repas, habillage, déshabillage...) et a fortiori dans les occupations personnelles (activités ménagères, bricolage, jardinage...). **L'incapacité totale de travail personnel doit être appréciée indépendamment de l'activité professionnelle effective du patient.**
- La fixation de la durée de l'ITTP est essentielle au niveau juridique:
  + ***Coups et blessures volontaires:***
  • ITTP > 8 jours: délit passible du tribunal correctionnel.
  • ITTP < 8 jours: délit passible du tribunal de police.
  + ***Coups et blessures involontaires:***
  • ITTP > 3 mois: délit passible du tribunal correctionnel.
  • ITTP < 3 mois: délit passible du tribunal de police.
- Si le certificat est remis en main propre à l'intéressé, il est en fait destiné à un magistrat. Il est donc conseillé d'éviter d'utiliser des termes trop techniques et de donner des exemples de gestes de la vie courante que le patient ne peut effectuer du fait de son traumatisme (exemple: faire sa toilette, conduire une automobile...).
- **L'ITTP n'est pas synonyme d'arrêt de travail.** La durée de ce dernier prend en compte la spécificité des gestes de la vie professionnelle (sa durée peut parfois être inférieure à celle de l'ITTP). Un certificat séparé doit donc être établi pour l'employeur.

Il est toujours utile de préciser que des séquelles pourraient persister donnant lieu à une **Incapacité Permanente Partielle (IPP)** dont l'évaluation donnera lieu à une expertise ultérieure.

Certificat de coups et blessures

Je soussigné..........., Docteur en médecine, certifie avoir examiné sur sa demande (nom, adresse, date de naissance) le............

Monsieur (Madame)............ m'a déclaré......................................
(Description des circonstances. Exemple : « avoir reçu un coup de poing sur le visage lors d'une altercation avec son voisin »).

J'ai constaté :
....
(Description précises des lésions. Exemple : « contusion périorbitaire gauche »)

(Préciser les signes négatifs. Exemple : « absence de lésion visible du globe oculaire et de trouble de la vision »)

(Préciser l'origine de la lésion lorsque l'aspect le permet. Exemple : « la lésion est compatible avec un coup de poing »)

(Préciser les résultats des éventuels examens complémentaires, notamment radiographiques)

(Préciser l'éventuel retentissement psychoaffectif)

Le retentissement fonctionnel justifie une incapacité totale de travail personnel (I.T.T.P). de ....jours sous réserve de complications. (L'absence de retentissement fonctionnel ne justifie pas d'I.T.T.P.). *Des séquelles pourraient persister donnant lieu à une incapacité permanente partielle (I.P.P.) à expertiser ultérieurement.*

Ce certificat a été rédigé à la demande de l'intéressé (e) et remis en mains propres pour valoir ce que de droit.

Fait à.............., le..............

Signature

Décès

> *« L'acte de décès est dressé par l'officier d'État Civil de la commune du lieu de décès sur la déclaration d'un parent ou d'une personne ayant sur son état civil les renseignements les plus exacts possibles »* (Article 80 du Code Civil) mais cet acte n'est délivré que sur présentation d'un certificat établi par un médecin certifiant le décès.

Le certificat de décès est rédigé sur un **formulaire pré-imprimé** modifié en 1998 qui comprend 2 parties :

- **Volet administratif** (partie supérieure) comportant 3 feuillets (feuillet 1 pour la mairie d'implantation de la chambre funéraire, feuillet 2 pour le gestionnaire de la chambre funéraire, feuillet 3 pour la mairie du lieu de décès)
- **Volet médical** (partie inférieure qui ne mentionne pas l'identité du défunt, sera cachetée et adressé à la DDASS pour servir aux statistiques des causes de mortalité).

Comment bien remplir le certificat de décès?

- Noter les horaires et ne jamais écrire « Horaire inconnu ou heure indéterminée » à moins de désirer une enquête et de cocher « Obstacle médico-légal ».
- Signer (indiquer le n° d'inscription à l'Ordre des médecins ou le n° ADELI) et dater de façon lisible.
- Case « **Obstacle médico-légal** » : en cas de mort violente ou suspecte.
- Case « **Obligation de mise en bière immédiate** » :
  - « **dans un cercueil simple** » : hépatite (sauf hépatite A confirmée), rage, infection à VIH, maladie de Creutzfeld-Jakob, état septique grave.
  - « **dans un cercueil hermétique** » : variole ou autres orthopoxviroses, charbon, choléra, peste, fièvres hémorragiques virales.
- Case « **Obstacle au don du corps** » : impossible en cas d'obstacle médico-légal ou de maladie contagieuse.
- Case « **Prélèvement en vue de rechercher la cause du décès** » : il s'agit notamment de l'autopsie médico-scientifique. Impossible en cas d'obstacle médico-légal (risque de soustraction de preuve).
- Case « **Présence de prothèses fonctionnant au moyen d'une pile** » : retrait des prothèses fonctionnant avec une pile (risque d'explosion lors d'une crémation) ou contenant des radioéléments artificiels (éviter une contamination).

DÉPARTEMENT : ....

CERTIFICAT DE DÉCÈS

conforme à l'arrêté du 24 décembre 1996

À REMPLIR PAR LE MÉDECIN

COMMUNE : ....

.... Code postal |_|_|_|_|_|

NOM : ....

Prénoms : ....

Date de naissance : .... Sexe : ....

Domicile : ....

....

....

RÉSERVÉ À LA MAIRIE

Le numéro d'ordre du décès sur le registre des actes de l'état civil à inscrire ci-contre doit être reproduit au verso.

N° D'ORDRE du décès |_|_|_|_|_|

Partie à détacher et à conserver dans la mairie du lieu de décès

Le docteur en médecine soussigné, certifie que la mort de la personne désignée ci-contre, survenue le .... à .... heure(s) .... est réelle et constante (voir **1** au verso).

Obstacle médico-légal (voir **2** au verso)	☐ OUI	☐ NON
Obligation de mise en bière immédiate (voir **3** au verso)	☐ OUI	☐ NON
– dans un cercueil hermétique (voir **4** au verso)	☐ OUI	☐ NON
– dans un cercueil simple (voir **5** au verso)	☐ OUI	☐ NON
Obstacle au don du corps (voir **6** au verso)	☐ OUI	☐ NON
Prélèvement en vue de rechercher la cause du décès (voir **7** au verso)	☐ OUI	☐ NON
Présence de prothèse fonctionnant sur piles (voir **8** au verso)	☐ OUI	☐ NON

Important : bien cocher toutes les lignes par oui ou non

À .... le ....

Signature *(Nom lisible) et* ***Cachet*** *(obligatoire) du médecin*

À REMPLIR ET À CLORE PAR LE MÉDECIN

Renseignements confidentiels et anonymes

Code Postal :	Commune de décès :	Date de décès :	1. ☐ Sexe masculin
Code Postal :	Commune de domicile :	Date de naissance :	2. ☐ Sexe féminin

CAUSES DU DÉCÈS

PARTIE I **Maladie(s) ou affection(s) morbide(s) ayant directement provoqué le décès ***

La dernière ligne remplie doit correspondre à la cause initiale.

Intervalle entre le début du processus morbide et le décès (heures, jours, mois ou ans)

a. ....

due à ou consécutive à : **b.** ....

due à ou consécutive à : **c.** ....

due à ou consécutive à : **d.** ....

* *Il s'agit de la maladie, du traumatisme, de la complication ayant entraîné la mort (et non du mode de décès, ex. : syncope, arrêt cardiaque...)*

PARTIE II Autres états morbides, facteurs ou états physiologiques (grossesse...) ayant contribué au décès, mais non mentionnés en Partie I

....

....

INFORMATIONS COMPLÉMENTAIRES

• *Le décès est-il survenu pendant une* **grossesse** *(à déclarer, même si cet état n'a pas contribué à la mort) ou moins d'un an après ?* 1. Oui 2. Non

Dans ce dernier cas, intervalle entre la fin de cette grossesse et le décès : *Mois* *Jours*

• *En cas* ***d'accident,*** *préciser le lieu exact de survenue (voie publique, domicile...) :* ....

S'agit-il d'un accident du travail (ou présumé tel) ? : 1. Oui 2. Non 3. Sans précision

Autopsie : une autopsie a-t-elle été ou sera-t-elle pratiquée ?

1. Non 2. Oui, résultat disponible
3. Oui, résultat non disponible

Lieu du décès :

1. Domicile 2. Hôpital 3. Clinique privée
4. Hospice, maison de retraite 5. Voie publique 6. Autre lieu

Exemples

	Intervalle		*Intervalle*		*Intervalle*
I. a. Septicémie	3 h	I. a. Coma	12 h	I. a. Hémorragie cérébrale	1 h
b. Péritonite	18 h	b. Œdème cérébral	18 h	b. Hypertension	15 a
c. Perforation d'ulcère	3 j	c. Traumatisme cranien	2 j	c.	
d. Ulcère duodénal	?	d. Accident de la route	2 j	d.	
II. Alcoolisme	?	II.		II. Cancer du sein récidivé	–

	Intervalle		*Intervalle*		*Intervalle*
I. a. Toxoplasmose cérébrale	20 j	I. a. Noyade	–	I. a. Détresse respiratoire	5 mn
b. Sida	7 m	b. Suicide	–	b. Embolie pulmonaire	5 mn
c.		c.		c. Phlébite	?
d.		d.		d. Accouchement	16 j
II. Kaposi, Tuberculose		II. Toxicomanie	–	II. Varices	–

Signature *(Nom lisible) et* ***Cachet*** *(obligatoire) du médecin*

Ce document ne peut être communiqué à quiconque ni en original, ni en copie

Accord médical pour les soins de conservation

- Fait l'objet d'un certificat distinct du certificat de décès.
- Impossibilité dans 3 cas : obstacle médico-légal, maladie contagieuse, mauvais état général.

Accord médical pour le transport du corps

- Fait l'objet d'un certificat distinct du certificat de décès.
- Impossibilité dans 3 cas : obstacle médico-légal, maladie contagieuse, mauvais état général.
- Transport du corps possible dans les 18 heures post-mortem (un délai de 36 heures est autorisé si des soins de conservation ont été faits).
- Si transfert de l'hôpital vers le domicile, nécessité des accords du directeur de l'hôpital et du chef de service.
- Une autorisation de la préfecture est nécessaire pour inhumer un corps dans une autre commune : elle n'est délivrée que sur production d'un certificat médical et d'un permis d'inhumation délivré par le maire de la commune où la déclaration de décès a été faite.

Certificat pour les soins de conservation ou le transfert du corps

Je soussigné,.........., Docteur en médecine, en résidence à ..... certifie que la mort de M. (nom, prénom), survenue le (date), à (commune du lieu de décès), est due à une cause naturelle et ne résulte pas d'une maladie contagieuse.

Les soins de conservation (ou le transfert du corps à....) peut donc être autorisé sans danger pour la santé publique.

Certificat délivré à la demande de M. (nom, prénom, qualité – lien de parenté), pour permettre les soins de conservation (ou le transport de la dépouille sur le lieu de son inhumation.

Fait à........., le........

Signature

Hospitalisation à la demande d'un tiers

L'hospitalisation à la demande d'un tiers (HDT) est régie par la **loi du 27 juin 1990**. Elle peut être envisagée si deux conditions sont réunies (**article L 3212-1 du Code de la Santé Publique**) :

1. Les troubles mentaux de la personne rendent impossible son consentement.
2. Son état impose des soins immédiats assortis d'une surveillance constante en milieu hospitalier.

Elle nécessite en urgence plusieurs documents destinés au directeur de l'établissement psychiatrique :

1. La **demande d'admission** rédigée soit par un membre de la famille du patient, soit par une personne susceptible d'agir dans son intérêt (ami, voisin, assistante sociale… mais en aucun cas un membre du personnel soignant de l'établissement d'accueil).
2. Un **premier certificat médical** (dit initial) établi par un médecin n'exerçant pas dans l'établissement accueillant le malade. Il sera accompagné d'une lettre cachetée, détaillant les données médicales destinée au médecin de l'établissement d'accueil (le certificat constitue un document « ouvert » pouvant être lu par de nombreuses personnes).
3. Les **pièces d'identité** du patient et du tiers demandant son hospitalisation.
4. Un **deuxième certificat médical** rédigé par un deuxième médecin qui peut exercer dans l'établissement accueillant le patient.
   NB. La loi prévoit une exception : « *À titre exceptionnel et en cas de péril imminent pour la santé du malade dûment constaté par le médecin, le directeur de l'établissement pourra prononcer l'admission au vu d'un seul certificat médical émanant éventuellement d'un médecin exerçant dans l'hôpital d'accueil* » (article L 3212-3 du Code de la Santé Publique).

Demande d'admission rédigée par un tiers

Je soussigné..
(Indiquez nom, prénom, âge, profession, adresse)

demande en ma qualité de..
(nature des relations entre le demandeur et le patient)

conformément à l'article L.3212-1 du Code de la Santé Publique et aux conclusions du certificat médical ci-joint, l'admission de..
(nom, prénom, âge, profession et adresse du patient)

dans un établissement régi par la loi du 27 juin 1990.

Fait à........., *le*......

Signature

Certificat médical initial pour une HDT

Docteur Jean DUPONT
8, rue Victor Hugo
93000 Bobigny
01 48 96 18 44
En cas d'urgence : 15

Médecine générale
Consultation sur RdV
Identif. SS : 93 1 08643 3 C

Je soussigné ....
Docteur en médecine, certifie avoir examiné ce jour ....
....
(nom, prénom, âge, profession, adresse)

et avoir constaté les faits suivants ....
....
....
(description des symptômes sans précision diagnostique)

En conséquence, l'état de santé de ....
rend impossible son consentement et impose des soins immédiats assortie d'une surveillance constante en milieu hospitalier.

Cette personne doit donc être hospitalisée sur demande d'un tiers dans un établissement régi par la loi du 27 juin 1990.

Fait à ...., *le* ....

Signature

(Certificat datant de moins de 15 jours)

Hospitalisation d'office

L'hospitalisation d'office (HO) est régie par la **loi du 27 juin 1990**. Elle est utilisée pour *« des personnes dont les troubles mentaux compromettent l'ordre public ou la sûreté des personnes »*.

La **procédure classique** utilise l'**article L 3213-1 du Code de la Santé Publique** :

1. Un **certificat médical** *« circonstancié »* établi par un médecin n'exerçant pas dans l'établissement d'accueil qui est transmis au Préfet. Il sera accompagné d'une lettre cachetée, détaillant les données médicales destinée au médecin de l'établissement d'accueil (le certificat constitue un document « ouvert » pouvant être lu par de nombreuses personnes).
2. Un **arrêté d'hospitalisation d'office pris, à Paris, par le préfet de police et, dans les départements, les représentants de l'État** qui doit énoncer *« avec précision les circonstances qui ont rendu l'hospitalisation nécessaire »*.

La **procédure d'urgence** s'appuie sur l'**article L 3213-2 du Code la Santé publique** : *« En cas de danger imminent pour la sûreté des personnes, attesté par un avis médical ou, à défaut, par la notoriété publique »*, le maire ou, à Paris, les commissaires de police peuvent engager des mesures provisoires qui seront caduques au bout de 48 h en l'absence de prononciation d'un arrêté d'HO par le représentant de l'État.

Certificat médical pour une HO

Docteur Jean DUPONT
8, rue Victor Hugo
93000 Bobigny
01 48 96 18 44
En cas d'urgence : 15

Médecine générale
Consultation sur RdV
Identif. SS : 93 1 08643 3 C

Je soussigné ....
Docteur en médecine, certifie avoir examiné ce jour ....
....
(nom, prénom, âge, profession, adresse)
et avoir constaté les faits suivants ....
....
(description des symptômes sans précision diagnostique)
En conséquence, l'état de santé de ....
constitue un danger imminent pour la sécurité des personnes et nécessite son hospitalisation selon les termes des articles L 3213-1 et L 3213-2 du Code de la Santé Publique dans un établissement régi par la loi du 27 juin 1990.

Fait à ...., *le* ....

Signature

Ivresse aiguë – Certificat de comportement

Ivresse aiguë

- **Examen médical effectué sur réquisition** de la police le plus souvent (mais également du Préfet, du Procureur de la République, de la DDASS).
- Le médecin remplit la **fiche B** (verte) remise par l'autorité requérante (qui aura rempli au préalable la fiche A consignant les éléments de comportement de l'intéressé).
- **Prélèvement sanguin** :
  - La seringue, l'aiguille et les flacons sont fournis par les requérants (les résultats sont consignés sur la fiche C).
  - Les requérants peuvent assister à l'examen et au prélèvement. Ils effectueront les scellés et les feront signer par le médecin et le patient.

NOM ET ADRESSE DU MÉDECIN EXAMINATEUR

gnature

RECHERCHE DE L'ÉTAT ALCOOLIQUE

FICHES "B" et "C"

Date des faits | Heure

NOM ET PRÉNOM DE LA PERSONNE EXAMINÉE

Date de naissance

EXAMEN CLINIQUE (N'a pu être effectué. Motif ________)

Réveillé à ________ heures

ÉTAT DE CHOC Oui ☐ 1 Non ☐ 2

EXPLICATIONS Claires ☐ 3 Embrouillées ☐ 4 Répétitives ☐ 5 Incohérentes ☐ 6

ANTÉCÉDENTS Néant ☐ 7 Traumatismes crâniens ☐ 8 Épilepsie ☐ 9 H.T.A. ☐ 10 Diabète ☐ 11 Troubles mentaux ☐ 12 Gastrectomie ☐ 13 Polyaccidenté ☐ 14

BOISSONS HABITUELLES AUX REPAS
Eau ☐ 15 Vin ☐ 16 Cidre ☐ 17 Bière ☐ 18 Autres ☐ 19

HALEINE Normale ☐ 20 Caractéristique ☐ 21

TENSION ARTÉRIELLE Oui Non Hyper 22 ☐ ☐ 23

INGESTIONS DU JOUR
avant les faits
Ingestion de médicaments Non ☐ 24
Lesquels ? Oui ☐ 25

Dernier repas terminé à ________ heures
Depuis, ingestion de boissons alcoolisées Non ☐ 26
Lesquelles ? Oui ☐ 27

après les faits
Ingestion de médicaments Non ☐ 28
Lesquels ? Oui ☐ 29

Ingestion de boissons alcoolisées Non ☐ 30 Oui ☐ 31
Lesquelles ?

A été anesthésié Non ☐ 32
Nature de l'anesthésique Oui ☐ 33

CONSTITUTION PHYSIQUE
Poids — Maigre ☐ 34 Normal ☐ 35 Obèse ☐ 36

LÉSIONS Indemne ☐ 37 Contusions ☐ 38
Nature — Blessures ☐ 39

VISAGE Normal ☐ 40 Pâle ☐ 41 Rouge ☐ 42 Vultueux ☐ 43 Terreux ☐ 44 Subictérique ☐ 45 Varicosités ☐ 46

REGARD Normal ☐ 47 Anormal ☐ 48 Voilé ☐ 49 Brillant ☐ 50

CONJONCTIVES Normales ☐ 51 Injectées ☐ 52 Subictériques ☐ 53

LANGUE Normale ☐ 54 Saburrale ☐ 55

ÉQUILIBRE Oui Non
Se tient debout 56 ☐ ☐ 57

MARCHE NORMALE EN LIGNE DROITE Oui Non
Yeux ouverts 58 ☐ ☐ 59
Yeux fermés 60 ☐ ☐ 61
Demi-tour normal 62 ☐ ☐ 63

ROMBERG SENSIBILISÉ
Sujet debout, sur une jambe, l'autre levée, mains au corps, yeux fermés durant 5 secondes au moins.
Appuyé sur la jambe D G
le sujet reste immobile 64 ☐ ☐ 65
avec mouv. bras, tronc 66 ☐ ☐ 67
ne peut tenir la position 68 ☐ ☐ 69

RÉFLEXES TENDINEUX Achille Rotule
Normaux 70 ☐ ☐ 71
Exagérés 72 ☐ ☐ 73
Diminués 74 ☐ ☐ 75
Abolis 76 ☐ ☐ 77

TREMBLEMENTS Oui Non
Bouche 78 ☐ ☐ 79
Langue 80 ☐ ☐ 81
Extrémités 82 ☐ ☐ 83

PRÉLÈVEMENT SANGUIN (en présence de l'autorité requérante qui fournit le matériel nécessaire)

EFFECTUÉ
Date Heures Min.
Sur les lieux ☐ 84 Dans un local de service ☐ 85
Au cabinet du médecin ☐ 86 Hôpital ou clinique ☐ 87

Volume recueilli (total aussi proche que possible de 15 ml) Flacon I ____ Flacon II ____

NON EFFECTUÉ
Motif

Signature du médecin et observations (1)

ANALYSE DE SANG effectuée conformément à l'une des méthodes agréées; préciser la méthode :

FLACON I

Je soussigné(e) Nom
Fonction
Certifie avoir reçu l'échantillon le __ __ 19 __ à __ h
État du scellé

Volume de l'échantillon utilisé

RÉSULTATS
Le sang analysé renferme une teneur en alcool de ____ gramme pour mille.
Date
Signature
Observations

FLACON II

Je soussigné(e) Nom
Fonction
Certifie avoir reçu l'échantillon le __ __ 19 __ à __ h
Etat du scellé

Volume de l'échantillon utilisé

RÉSULTATS
Le sang analysé renferme une teneur en alcool de ____ gramme pour mille.
Date
Signature
Observations

rière au médecin de bien vouloir cocher d'une croix ☒ la case numérotée correspondant au signe relevé.

Le médecin examinateur peut garder copie du présent document.

Certificat de comportement

- **Examen médical effectué sur réquisition** d'une personne dont le comportement paraît anormal.
- Souvent, il s'agit d'une **ivresse** mais il faut **toujours évoquer d'autres causes** (neurologiques, toxiques, métaboliques, psychiatriques….).
- Toujours examiner le **patient dévêtu** et rechercher des traces de traumatismes éventuels.
- Faire **doser l'alcoolémie.**
- **Hospitaliser le patient en cas de doute.**
- Rédiger une observation précisant les signes positifs et négatifs.

Le **certificat** constate l'état mental et clinique de la personne, indique la pathologie présentée et conclut soit à la possibilité du maintien en garde à vue dans les locaux de la police avec un traitement adapté, soit à la nécessité de l'hospitaliser dans un service particulier.

- Garder un double du certificat.

Maltraitance

Il n'est pas nécessaire d'avoir de certitude pour hospitaliser un enfant suspect de maltraitance. En cas de suspicion l'hospitalisation s'impose.

En fonction du danger immédiat pour l'enfant et de la coopération de la famille :

- **Signalement judiciaire** en urgence auprès du Procureur de la République en cas de danger actuel et certain pour l'enfant. Ce signalement peut comporter une demande d'**O.P.P.** (**ordonnance de placement provisoire**) à l'hôpital.
- **Signalement administratif** auprès de l'inspecteur de l'ASE (Aide Sociale à l'Enfance) en dehors de l'urgence, utile pour étudier la mesure de protection de l'enfant en dehors d'un contexte de danger manifeste.

L'établissement d'un **certificat descriptif** est nécessaire en cas d'appel au Procureur ou de réquisition.

Certificat descriptif

(à remettre à l'autorité requérante; conserver un double)

Je soussigné ...., Docteur en médecine, certifie avoir examiné l'enfant .... né le .... sur réquisition de ....
Cet enfant présente des signes compatibles avec des mauvais traitements physiques :
....
....
(Description précise des lésions. Exemple : « Tuméfaction de l'ensemble du visage, prédominant sur l'hémiface droite en rapport avec des hématomes »).

(Préciser les signes négatifs. Exemple : « L'abdomen, les régions génitales et l'anus sont indemnes de toute lésion »).

(Préciser l'état général de l'enfant. Exemple : " L'enfant paraît souffrir. Il pleure mais se clame quant il est pris dans les bras ")

(Préciser si possible son poids et sa taille)

Son incapacité totale de travail (ITT) pourrait être de ...... jours sous réserve de complications. Des séquelles pourraient persister donnant lieu à une incapacité partielle (IPP) à expertiser ultérieurement.*
Certificat fait ce jour et remis en mains propres à l'autorité requérante.

Fait à ...., le ....

Signature

* L'ITT correspond à l'incapacité totale fonctionnelle d'accomplir les activités quotidiennes habituelles (se vêtir, faire sa toilette, suivre une scolarité…). Cette dénomination peut donc s'appliquer à un mineur. La durée de l'incapacité totale de travail a une incidence pénale. La durée d'hospitalisation est incluse dans celle de l'ITT, et elle a donc une incidence pénale.

Certificat médical de signalement à adresser au Procureur

(conserver un double dans le dossier)

Je soussigné, ..., Docteur en médecine, certifie avoir examiné ce jour l'enfant ...., adressé par le D[r] .... (nom et adresse), *amené par ses parents, et avoir constaté ce qui suit :*

....

....

(Description précise des lésions et de l'état général)

(Préciser les résultats des examens complémentaires, notamment radiographiques)

Ces lésions sont manifestement d'origine traumatiques. Les circonstances de survenue ne sont pas claires. Elles seraient, d'après les parents présents lors de la consultation, secondaires à une chute dans les escaliers de date non précisée.

L'enfant est hospitalisé depuis le ....

Les lésions observées pourraient être secondaires à de mauvais traitements.

Je tiens à porter ces faits à votre connaissance, et vous prie de croire, Monsieur le Procureur, à l'expression de mes sentiments respectueux.

Fait à ...., le ....

Signature

Demande d'Ordonnance de Placement Provisoire (OPP)

(à adresser au Procureur ; conserver un double dans le dossier)

Je soussigné, ..., Docteur en médecine, certifie avoir examiné ce jour l'enfant .... né le .... adressé par le Docteur .... (nom, adresse) *amené par sa mère à l'insu de son époux – père de l'enfant – et avoir constaté ce qui suit :*

....

(Description précise des lésions. Exemple : lésions cicatricielles arrondies de 1 cm de diamètre, au nombre de 3, sur la partie supérieure du dos).

(Préciser les résultats des examens complémentaires notamment radiographiques)

(Préciser l'état général et la présentation de l'enfant)

Ces lésions sont manifestement d'origine traumatique. Les circonstances de survenue ne sont pas claires. Elles seraient, au dire de la mère, secondaires à des sévices infligés par le père souvent en état d'ébriété. L'enfant est hospitalisé depuis le .... dans le service de ....

Le père pourrait s'opposer violemment à l'hospitalisation de son enfant.

Je tenais à porter ces faits à votre connaissance et à solliciter de votre part une Ordonnance de Placement Provisoire afin de protéger l'enfant .... de son environnement familial.

Je vous prie de croire, Monsieur le Procureur, à l'expression de mes salutations respectueuses.

Fait à ...., le ....

Signature

Mort subite inopinée du nourrisson

- Mort imprévue, inexpliquée de premier abord, survenant entre le 28e jour de vie et l'âge de un an.
- Il s'agit d'un problème médico-légal car aucun élément extérieur ne peut expliquer la mort.

ATTENTION : le médecin qui constate le décès doit rechercher des causes permettant d'envisager une mort suspecte (signes de lésions traumatiques, retard de croissance, hygiène défectueuse en faveur d'un manque de soins...).

- **Au moindre doute :**
  - Cocher la case « **Obstacle médico-légal** » sur le certificat de décès.
  - Avertir le Procureur de la République pour déclencher une enquête et demander une autopsie médico-légale.
- **En l'absence d'éléments suspects :**
  - Essayer d'obtenir l'accord de la famille pour une **autopsie scientifique**.
  - Transporter le corps dans un **centre de référence** (en général dérogation tacite des autorités pour le transport du corps).

Passeurs de stupéfiants

- Le **transport in corpore** concerne essentiellement l'héroïne et la cocaïne (« **body-packers** » = passeurs en anglais).
- Il s'effectue par **ingestion orale** ou par **insertion rectale**. Des revendeurs peuvent **avaler des sachets** lors de leur interpellation.
- Le risque de rupture des emballages exposent à des surdoses aiguës.
- La détection est radiologique et urinaire.
- Le **traitement est en principalement médical** et non invasif. Le but est d'obtenir l'élimination la plus rapide possible des emballages :
  - Il s'agit d'une véritable urgence en cas d'absorption de sachets → vomissements provoqués (sirop d'ipéca).
  - Pour les passeurs, l'urgence est moindre mais une surveillance en soins intensifs s'impose en attente de l'évacuation des emballages.

Éléments à notifier dans le certificat

Ingestion de boulettes

- Présence de corps étrangers dans le tube digestif évoquant des paquets de stupéfiants.
- Moyens de diagnostic : radiographies, examen des selles…
- Description du paquet et de son mode d'emballage en cas de récupération dans les selles.

→ **Notifier le risque vital et conclure par la phrase suivante :** ***« L'état de santé de M. X est incompatible avec la poursuite de la garde à vue dans les locaux de la police (ou de la gendarmerie) et nécessite son hospitalisation ».***

Insertion rectale

- Présence de corps étrangers dans le tube digestif évoquant des paquets de stupéfiants.
- Moyens de diagnostic : radiographies, examen des selles…
- Description du type de paquets et d'emballages. Indication du nombre
- Noter la vacuité pelvienne et les moyens de contrôle de l'évacuation complète utilisés (touchers pelviens, radiographies…).

→ **Après élimination complète et en l'absence de signe clinique, conclure le certificat par la phrase suivante :** ***« L'état de santé de M. X est compatible avec la poursuite de la garde à vue dans les locaux de la police (ou de la gendarmerie) ».***

Ingestion inopinée de sachets destinés à la revente

- Noter la suspicion de l'ingestion de doses de stupéfiants.
- Examen clinique initial et ultérieures avec horodatage.
- Indiquer si l'induction de vomissements a été effectuée ou refusée et si des doses ont été récupérées.

→ **Surveillance pendant 6 heures.** En l'absence de signe clinique, conclure le certificat par la phrase suivante : « *L'état de santé de M. X est compatible avec la poursuite de la garde à vue dans les locaux de la police (ou de la gendarmerie)* ».

Prélèvement d'organes

La loi pose le principe du consentement présumé du donneur.
« Le prélèvement peut être effectué dès lors que la personne concernée n'a pas fait connaître, de son vivant, son refus d'un tel prélèvement » (Art. L. 671-7 du Code de la Santé Publique).

Arbre décisionnel de l'état de mort encéphalique

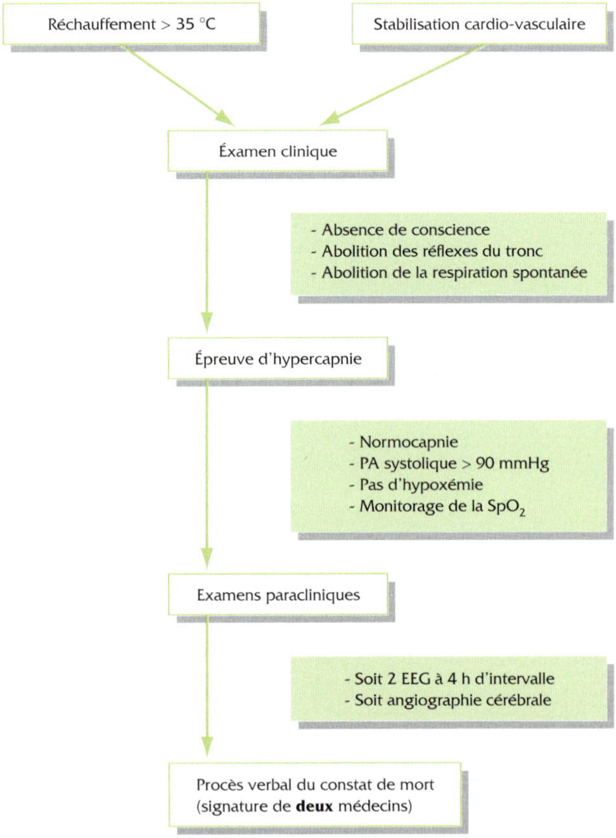

Procès verbal de constat de la mort avant prélèvement à des fins thérapeutiques ou scientifiques – Patient décédé mais assisté par ventilation mécanique et conservant une fonction hémodynamique

(doit être signé en même temps que le certificat de décès)

Coordonnées précises de l'établissement de santé

Nous, soussignés,
Docteur (nom, prénom, qualité, service) ....
Docteur (nom, prénom, qualité, service) ....
certifions avoir constaté la réalité de la mort de M. (nom, prénom, date et lieu de naissance) ....

Le diagnostic a été porté en tenant compte des circonstances de survenue de l'état de la personne.
Les trois critères cliniques suivants étant simultanément présents (à cocher) :

a) Absence totale de conscience et d'activité motrice spontanée.
b) Abolition de tous les réflexes du tronc cérébral.
c) Absence totale de ventilation spontanée vérifiée par une épreuve d'hypercapnie.

Conformément à l'article R 671-7-2 du Code de la Santé Publique, l'attestation du caractère irréversible de la destruction encéphalique a été apportée par l'examen paraclinique suivant (cocher la case 1 ou 2).

1. Deux électroencéphalogrammes (EEG) :
- Le premier EEG a été interprété par le D^r^ ....
- Le résultat est le suivant : ....
....
- Le deuxième EEG a été interprété par le D^r^ ....
- Le résultat est le suivant : ....
....

2. Angiographie
- L'angiographie a été interprété par le D^r^ ....
- Le résultat est le suivant : ....
....

Date, heure du constat de la mort : ....

Signature du médecin (nom, prénom, qualité, service) : ....

Signature du médecin (nom, prénom, qualité, service) : ....

Refus de soins

« *La situation d'urgence face à toute personne en péril autorise le médecin à prodiguer des soins même en l'absence de consentement* » (Art. 16-3 de la loi du 29 juillet 1994 relative au respect du corps humain).

- Le **refus doit être** *libre, éclairé* et *conscient*. Le patient doit être majeur et en pleine possession de ses facultés mentales : il prend ses responsabilités et assume les risques en connaissance de cause.

Exceptions

- Malades psychiatriques relevant de la loi du 27 juin 1990.
- Porteurs de maladies sexuellement transmissibles qui refusent tout traitement.
- Alcooliques dangereux.
- Toxicomanes.
- Mineurs victimes de sévices ou de privations.

- Le refus exige un **document écrit.**
- **Précautions indispensables :**
  - Donner au patient une information claire et précise des risques encourus, de préférence devant témoins.
  - Mettre par écrit les complications et risques encourus avec précision.
  - S'assurer de la continuité des soins en prenant contact éventuellement avec le médecin traitant du patient.
  - Noter l'état clinique du malade et les diverses précautions prises dans le dossier du malade.

ATTENTION : la **fugue** est souvent attribué à un défaut d'organisation du service qui engage sa responsabilité. Dans ce cas, tous les moyens doivent être mis en œuvre pour retrouver le patient (police ou gendarmerie, famille du patient…).

Refus de soins

Je soussigné (nom, prénom du patient) refuse mon hospitalisation qui m'est proposée ce jour par le Docteur ....

Je déclare avoir été informé des conséquences éventuelles de ce refus. En particulier ....

(Exemple : « Je risque d'avoir un infarctus du myocarde ...., une infection sévère ...., de troubles neurologiques et circulatoires liées à la fracture............... »)

Je suis informé que même si je signe ce document, je peux revenir aux urgences au moindre problème pour me faire soigner si je le désire, et que j'y suis même encouragé.

Fait à ...., le ....

Signature (précédé de la mention « lu et approuvé » si le patient n'a pas lui même écrit le texte).

Signatures (précédées des noms) du médecin, d'un membre du personnel de l'hôpital, d'un proche si possible.

Si le patient refuse de signer, un document signé par deux témoins (médecin et surveillante part exemple) comportera une formule du type :
« *Monsieur X est sorti contre avis médical après avoir été informé en détail que son état de santé nécessitait une hospitalisation immédiate en raison des risques de.....* ».
Le directeur de l'établissement sera prévenu dans les meilleurs délais.

Toxicomane

Le drogué peut se faire soigner volontairement et anonymement. S'il le demande, les soins sont gratuits et il est exonéré de toute poursuite pour usage illicite de stupéfiants. Il n'y a alors aucune intervention de quelque autorité que ce soit, sanitaire ou judiciaire.

Rédaction d'un certificat dans le cadre d'une **réquisition** des forces de police. Dans ce cas, il faut :

- Apprécier l'état somatique.
- Évaluer l'état psychologique.
- Évaluer le délai examen-dernière prise.
- Évaluer la durée de la toxicomanie.
- Rechercher des signes de sevrage.
- Rechercher une complication.
- Recueillir systématiquement les urines pour une recherche qualitative (opiacés, cocaïne, cannabis, benzodiazépines, barbituriques, amphétamines…).

Conduite à tenir

1. En l'absence de signe d'intoxication, prescrire un **traitement de sevrage** pour une durée de 24 heures associant un tranquillisant non hypnotique, un antalgique non opiacé et un antipasmodique (voire un neuroleptique).
2. Rédiger un **certificat** (garder un double).

Je soussigné ...., Docteur en médecine, certifie avoir examiné ce jour sur réquisition de ...., M. X.
Il présente ....

(Décrire les signes positifs évoquant la toxicomanie, le manque, l'intoxication aiguë).

(Décrire les signes négatifs permettant d'exclure une complication de la toxicomanie).

Au terme de l'examen clinique, l'état de santé de M. X est compatible (ou n'est pas compatible) avec la poursuite de la garde à vue dans les locaux de la police (ou de la gendarmerie). Un traitement comportant .... doit être donné aux heures suivantes .... (prescription pour 24 heures).

Fait à ...., le ....

Signature

Violences sexuelles

Agression sexuelle : *« Toute atteinte sexuelle commise avec violence, contrainte, menace ou surprise ».*
Viol : *« Tout acte de pénétration sexuelle, de quelque nature que ce soit, commis sur la personne d'autrui par violence, contrainte, menace ou surprise ».*
Loi n° 92-684 du 22 juillet 1992

- Le certificat doit s'appuyer sur un **examen particulièrement minutieux, complet et précis.**
- Le certificat est **descriptif** et non interprétatif.
- Le certificat est **remis en main propre à la victime** ou à son représentant légal.
- En cas de **réquisition** par les autorités judiciaires, un rapport répond aux question posées. Il n'en est pas remis d'exemplaire à la victime.
- Le secret professionnel n'est pas applicable *« au médecin qui, **avec l'accord de la victime**, porte à la connaissance du Procureur de le République les sévices qu'il a constatés dans l'exercice de sa profession et qui lui permettent de présumer que des violences sexuelles de toute nature ont été commises »* (Art. 226-14 du Code Pénal).

ATTENTION :

- Ne pas tenter d'affirmer ou de qualifier pénalement l'agression : parler de « **pénétration sexuelle** » et non de « viol » qui est une qualification juridique.
- L'interrogatoire peut être long et difficile (en particulier chez une personne choquée et chez les enfants). Noter tels quels les dires de la victime avec les mots exactement employés et ne jamais reprendre les dires de la victime à son propre compte.
- Ne jamais conclure à l'absence d'agression sexuelle lorsque l'examen ne montre aucune lésion.
- **Mal faire l'examen initial, c'est empêcher toute action judiciaire efficace ultérieure.**

Plan type du certificat remis à une victime de violences sexuelles

- Identité et coordonnées du médecin
- Date et heure du jour de rédaction.
- Préciser qui a demandé l'examen : par la personne elle-même, pour un enfant (père, mère, représentant légal...), sur réquisition (police, gendarmerie, procureur...)
- Identité et coordonnées de la victime
- Les déclarations de la victime en reprenant ses mots.
- S'il s'agit d'un enfant, les déclarations de la personne qui l'accompagne.
- Une description complète des constatations avec les examens complémentaires pratiqués (avec éventuellement leurs résultats s'ils sont disponibles).
- Faire figurer une phrase indiquant que : « *le jour de l'examen Mlle (ou Mme) est (ou n'est pas) vierge au plan médico-légal du terme. L'examen de l'hymen est compatible avec une déchirure récente (ou avec l'aspect de celui d'une femme ayant une vie sexuelle active)* ».
- L'adjonction de schémas ou de documents photographiques pour les lésions corporelles éventuellement associée est très utile.
- Une conclusion comportant éventuellement la durée d'une incapacité totale de travail personnel (ITTP) et la prévision d'une incapacité permanente partielle (IPP).
- Préciser à qui est remis le certificat :
  - Pour un enfant : « *Certificat fait ce jour et remis à .... (père, mère ou représentant légal) pour valoir ce que de droit* ».
  - Pour un adulte : « *Certificat fait ce jour et remis en mains propres à l'intéressé(e) pour valoir ce que de droit)* ».
  - Sur réquisition : « *Certificat fait ce jour et remis en mains propres aux autorités requérantes* ».

Lexique français-anglais pour les urgences

6

abcès	abcess
percer un abcès	*to lance an abcess*
accident vasculaire cérébral	stroke
accouchement	delivery
accouchement prématuré	*immature delivery*
accoucher	to deliver
acido-cétose	acido-ketosis
acouphène	tinnitus
adrénaline	epinephrine
aigu	acute
aiguille	needle
aine	groin
aisselle	armpit
alcool	alcohol
alcoolémie	alcoholaemia
alcoolisme	alcoholism
allaitement	breast feeding
allergie	allergia
amibiase	amibiasis
amnésie	amnesia
ampoule (dermatologie)	blister
amputer	to amputate, to cut off
amygdale	tonsil
analgésique	painkillers
anémie	anemia
anesthésie	anaesthesia, anaesthetic
anévrisme	aneurysm
angine	sorethroat
angiocholite	cholangitis
angor	angina pectoris
annulaire	ringfinger
anoxie	anoxia
antécédents	previous history
antibiotiques	antibiotics
anticoagulant	anticoagulant
antidote	antidote
antihistaminique	antihistamine
antihypertenseur	antihypertensive
anti-inflammatoire	anti-inflammatory
antimigraineux	antimigraine
antipaludéen	antimalarial
anurie	anuria
anus	anus, back passage
anxiété	anxiety

anxiolytique	anxiolytic
aorte	aorta
apophyse transverse	processus transversus
appendice	appendix
appendicite	appendicitis
arrêt cardiaque	cardiac arrest
artère	artery
artériographie	arteriography
artériopathie	arteriopathy
artérite	arteritis
arthrite	arthritis
articulation	joint
arythmie	arrythmia
ascite	ascites
asthme	asthma
attelle	splint
auriculaire	earfinger
avaler	to swallow
avant-bras	forearm
aveugle	blind
avortement	abortion
ballonnement	distension
bassin (hygiène)	bedpan
bassin	pelvis
béquilles	crutches
bilan	check up
blessure	wound, injury
blessures graves	*severe injuries*
bloc auriculo-ventriculaire	atrio-ventricular heart block
bloc de branche	bundle-branch block
bouche	mouth
bouton	bleb, pimple, pock, pustule
bradycardie	bradycardia
brancard	stretcher
brancardier	stretcher bearer
bras	arm
bronche	bronchus
bronchiolite	bronchiolitis
bronchite	bronchitis
bronchopneumopathie obstructive	chronic obstructive lung disease
bruit du cœur	heart sound
brûlure	burn

cadavre	corpse
caillot	clot
calcul	stone
calmant	sedative
cancer	cancer
cardiologue	cardiologist
carie	caries, decay
carotide	carotid
cartilage	cartilage
cataracte	cataracts
cathéter	catheter
cathéter sus-pubien	*supra-pubic catheter*
cauchemar	nightmare
cécité	blindness
céphalée	headache
cerveau	brain
cervelet	cerebellum
césarienne	cesarean section
cétose	ketosis
chaleur	heat, warmth
coup de chaleur	*heat stroke*
cheville	ankle
chimioprophylaxie	chemioprophylaxia
chimiothérapie	chemiotherapy
chirurgie	surgery
choc anaphylactique	anaphylactic shock
choc électrique	cardioversion
choc hémorragique	haematogenic shock
choc rotulien	patellar tap
choc septique	septic shock
choc	shock
cholécystite	cholecystitis
cicatrice	scar
cicatrisation	healing
cil(s)	eyelash (eyelashes)
circulation	circulation
cirrhose	cirrhosis
clavicule	clavicle
clou (chirurgie)	nail
coccyx	coccyx
cœur	heart
colique	colic
colique néphrétique	rénal colic
collyre	eye-lotion

colonne vertébrale	spine
comprimé	tablet
convulsion	seizure
coqueluche	whooping cough
cornée	cornea
coronaire	coronary
côte	rib
côté	side, flank
cou	neck
coup de soleil	sunstroke
couveuse	incubator
crachat	sputum
cracher	to spit, to expectorate
crise d'épilepsie	epileptic seizure
cuir chevelu	scalp
cuisse	tigh
débit	flow
débit cardiaque	*cardiac output*
débridement	toilet of the wound
décédé	dead
décès	death
décharge	discharge
décollement (de la rétine)	detachment (of the retina)
défaillance cardiaque	heart failure
défibrillation	defibrillation
déglobulisation	reduction in the number of red cells
délirant	delirious
délire	delirium
délivrance	delivery
démangeaison	itching, pruritus
démence	insanity
dent(s)	tooth (teeth)
déplacement	migration
dépistage	case finding
dépression	nervous break-down
déprimé	depressed
dermatite	dermatitis
dermatologie	dermatology
déséquilibration	loss of balance
désinfectant	disinfectant
diabète	diabetes
diagnostic	diagnosis
diagnostiquer	to diagnose

dialyse	dialysis
diaphragme	diaphragm
diarrhée	diarrhea
diète absolue	starvation diet
digestion	digestion
dilatation	distension
dissection	dissection
dissoudre	to dissolve
diurèse	diuresis
diverticule	diverticulum
diverticulite	diverticulitis
doigt	finger
doigtier	fingerstall
dorsalgie	dorsalgia
dos	back
dose	dose
douleur	pain
montrer où cela fait mal	*to point where it hurts*
douloureux	painful
drain	drainage tube
drogue	drug addict
droitier	right-handed person
dure-mère	dura mater
durillon	callosity
dysménorrhée	dysmenorrhea, painful mensturation
dyspnée	dyspnea
ébriété	drunkenness
ecchymose	bruise
échantillon (prélèvement)	sample
échographie	ultrasound scan
éclampsie	eclampsia
écoulement	discharge, outfow
eczéma	eczema
électrisation	electrization
électrocardiogramme	electrocardiogram
faire un ECG	*to run an ECG*
embarrure	depressed fracture of the skull
embolie	emboly
emphysème	emphysema
enceinte	pregnant
encéphalite	encephalitis
enclouage (fractures)	pinning (of fractures)
endocardite	endocarditis

engelure	chiblain
enrouement	hoarseness
entorse	sprain
épanchement	effusion
épaule	shoulder
épiderme	cuticle, epidermis
épigastralgie	epigastric pain
épiglotte	epiglottis
épiglottite	epiglottitis
epilepsie	epilepsy
épine	spine
épistaxis	epistaxis, nose bleeding
épuisement	exhaustion
éruption	eruption
érysipèle	erysipelas
escarre de décubitus	besdsore
essoufflement	breathlessness
estomac	stomach
état de santé	state of health
éternuer	to sneeze
étourdissement	dizziness
étranglement herniaire	strangulated hernia
évanouissement	faint
évolution	evolution, development
examen	examination
examen de laboratoire	*laboratory finding*
expirer	to expire
extension (d'un membre)	straightening (of a limb)
extension (d'une maladie)	spread of a disease
extinction (de voix)	loss of voice
face	face
faible	weak
faim	hunger
fatigue	tiredness
fausse-couche	miscarriage
fébrile	feverish
femme	female
fémur	femur/tigh bone
fer	iron
fesse	buttock, bottom
fibrillation	fibrillation
fibrinolyse	fibrinolysis
figure	face

fièvre	fever
flanc	flank
flasque	flaccid
flou	blurred
foie	liver
folie	madness, insanity
fracture	fracture
frisson	shiver
frissonner	to shiver
froid	cold
avoir froid	*to be cold*
front	forehead
frottis	smear
fureur	frenzy
furoncle	furuncle, boil
gale	scabies
ganglion	ganglion
garrot	tourniquet
gastralgie	stomachache
gastrite	gastritis
gaucher	left-hander
gaz	gas
gaz (digestif)	wind
avoir des gaz	*to have breaking wind*
gaze	gauze
gélule	capsule
gelure	frostbite
gémissement	groan
gencive	gum
genou	knee
germe	germ
glande	gland
glaucome	glaucoma
globule blanc	white blood cell (WBC)
glycémie	glycemia
gonflé	distended, swollen
gorge	throat
avoir mal à la gorge	*to have a sore throat*
goût	taste
grabataire	bedridden
grain de beauté	beauty spot
graisse	grease, fat
grattage	scraping, scratching

greffe	graft, transplant
griffe (coup de)	scratch
grippe	influenza
grossesse	pregnancy
grossesse extra-utérine	*ectopic pregnancy*
group sanguin	blood group
guêpe	wasp
guérir	to cure
guérison	to recover
haleine	breath
hallucination	hallucination
hanche	hip
hémarthrose	hémarthrosis
hématémèse	hematemesis
hématie	red blood cell (RBC)
hématome	hematoma, bruise
hématurie	hematuria
hémiplégie	hemiplegia
hémoculture	hemoculture
hémoglobine	hemoglobin
hémoptysie	hemotysis
hémorragie	hemorrhage
hémorroïdes	piles
hémothorax	hemothorax
hépatite	hepatitis
hernie	hernia
hôpital	hospital
hoquet	hiccup
hydratation	hydration
hypothermie	hypothermia
iatrogène	iatrogenic
ictère	jaundice
immobilisation	immobilization
inconscience	unconsciousness
index	forefinger
indolore	painless
infarctus	infarct
infection	infection
infirmière	nurse
inhaler	to inhale
inhumer	to bury
injecter	to inject
instable	unstable

insuffisance	insufficiency
insuffisance cardiaque	*heart failure*
insuffisance rénale	*renal impairment*
interne (médecin)	house physician
intestin	bowel
intoxication	intoxication
intubation	intubation
sonde d'intubation	*intubation catheter*
ischémie	ischemia
ivre	drunk
kinésithérapeute	physiotherapist
jambe	leg
javel (eau de)	bleach
jeun (à)	fasting
joue	cheek
gonfler les joues	*to blow up the cheeks*
kyste	cyst
langue	toungue
tirer la langue	*to stick out the toungue*
larme	tear
laryngite	laryngitis
larynx	larynx
laxatif	laxative
lentille	lens
leucémie	leukemia
lèvre	lip
ligament	ligament
lombalgie	lumbago
loucher	to squint
luette	uvula
lunettes	glasses
luxation	dislocation
lymphangite	lymphangitis
mâcher	to chew
mâchoire	jaw
maigre	thin
main	hand
dos de la main	*back of the hand*
majeur	middle finger
malade	patient
maladie	sickness, disease, sickness
malaise	discomfort
malin	malignant

malléole	malleolus
mamelon	mamilla
mandibule	mandible
maniaque	maniac
marbrure	marbleization
masculin	male
matité	dullness
méchage	gauze drainage
médecin	physicain
membre	limb
mémoire	memory
méningé	meningeal
ménisque	meniscus
menton	chin
métacarpien	metacarpal
métastase	metastasis
migraine	migrain
mince	thin, slim
minerve	cervical collar
moelle épinière	spinal cord
moelle osseuse	bone marrow
moite	damp, moist
moitié	half
mollet(s)	calf (calves)
morsure	bite
mort	death
moucher (se)	to blow the nose
mouiller	to moisten, to wet
muet	dumb person
muqueuse	mucosa
muscle	muscle
nain	dwarf
naissance	birth
narine	nostril
nausées	nausea
avoir des nausées	*to feel sick*
nécrose	necrosis
nerf	nerve
nettoyage	cleansing, cleaning
névralgie	neuralgia
névrose	neurosis
nez	nose
avoir le nez qui coule	*to have a runny nose*

nocif	noxious, harmful
nombril	belly button
norme	norm, standard
nourrir	to feed
nourriture	food
numération globulaire	blood count
obèse	obese, corpulent, fat
occlure	to occlude
occlusion	closure
occlusion intestinale	*impaction of the bowel*
occlusion des paupières	*closure of the eyelids*
odorat	sense of smell
œdème	edema
œil	eye
œsophage	esophagus, gullet
oligoélément	trace element
ombilic	navel
omoplate	scapula, shoulder-blade
ongle	nail
ongle incarné	*ingrowing nail*
opérer	to operate
orbite	eye-socket
ordonnance	prescription
oreille	ear
oreillette	auricle
oreillons	mumps
orteil	toe
os	bone
otite	otitis
ouïe	hearing
ovaire	ovary
oxygène	oxygen
palais	palate
pâleur	paleness
pâlir	to turn pale
panaris	whitlow, felon
palpation	palpation
paludisme	paludism, malaria
pancréas	pancreas
pancréatite	pancreatitis
pansement	dressing, bandage
panser	to dress
paralysie	paralysis, palsy

parturiente	parturient woman
paume	palm
paupière	eyelid
peau	skin
pédiatre	pediatrician
perdre connaissance	to faint
perforation	perforation
perfusion	perfusion, infusion
perfusion intraveineuse	*intravenous drip*
péritoine	peritoneum
péritonite	peritonitis
péroné	fibula
pesée	weighing
peste	plague
phalange(s)	phalanx (phalanges)
pharmacien	dispensing chemist
pharyngite	pharyngitis
phlébite	phlebitis
phobie	phobia, morbid fear
pied(s)	foot (feet)
pilule	pill
piquer	to puncture
piqûre (d'insecte)	bite (puce), sting (abeille)
placenta	placenta
plaie	wound
plâtre	plaster cast
pleurésie	pleurisy
plèvre	pleura
pli	fold, plication
pneumonie	pneumonia
pneumothorax	pneumothorax
poche des eaux	bag of water
poignet	wrist
poids	weight
poil	hair
poing	fist
poison	poison
poitrine	chest, breast (seins)
pommade	ointment
pompes funèbres	funerals
ponction	punction
ponction lombaire	*spinal tap*
pontage	bypass
position	position

position assise	*sitting position*
position en chien de fusil	*coiled position*
position demi-assise	*semireclinig position*
pouce	thumb
pouls	pulse
prendre le pouls	*to take the pulse*
poumon	lung
prise de sang	blood sample
prostate	prostate
prothèse	prothesis
prurit	itching, pruritus
psychiatre	psychiatrist
psychose	psychosis
pubis	pubis
pylore	pylorus
queue de cheval (syndrome de la)	cauda equina syndrome
quinte de toux	coughing fit
rachianesthésie	spinal anesthesia
rachis	rachis, spine
rage	rabies
râle	rale, rattle
râle crépitant	*vesicular rale*
râle sibilant	*whistling rale*
rapports sexuels	sexual intercourse
rate	spleen
rauque	hoarse
réanimation	intensive care
réanimation cardio-pulmonaire	cardiopulmonary rescuscitation
récidive, rechute	relapse, recurrence
redon	succion drain
réduction	reduction
réflexe	reflex
réflexe tendineux	*tendon jerk*
régime	diet
regime sans sel	*salt-free diet*
règles	menstrua, periods
régulier	regular
réhydratation	rehydration
rein	kidney
relâcher	to relax, to loosen
repas	meal
repos	rest
resonance magnétique nucléaire (RMN)	nuclear magnetic resonance (NMR)

respiration	respiration, breathing
respirateur	ventilator
retard	retardation
rétention	retention
rétine	retina
rétinite	retinitis
rhumatisme	rheumatism
rhume	cold
rhume des foins	*hay fever*
rocher	petrus bone
rot	belch, eructation, burp
rotule	patella, kneecap
rougeole	measles
roué dentée	cogwheel rigidity
rubéole	rubella, German measles
rythme	rythm
sage-femme	mid-wife
saignement	bleeding
salive	saliva
sang	blood
sanglot	sob
santé	health
scanner	CT-scan
sciatique	sciatica
scintigraphie	radioisotope scanning
sclerose en plaque	multiple sclerosis
sébacé (kyste)	sebaceous (cyst)
secours	aid, help
sein	breast
selles	stools, motions
aller à la selle	*having a bowel movement*
sensation	sensation
éprouver une sensation de malaise	*to have a feeling of discomfort*
sensibilité	sensitiveness
septicémie	septicemia
seringue	syringe
service	department
sevrage (syndrome de)	withdrawal syndrome
SIDA	AIDS
siège (présentation)	breech (presentation)
sifflement	wheezing
sigmoïde	sigmoid
soins	care, nursing

soins à domicile	*home care*
solute	solute
sommeil	sleep
avoir sommeil	*to feel sleepy*
somnolence	drowsiness
sondage	catheterization
sonde	catheter
souffle cardiaque	cardiac murmur
souffrance	pain, suffering
soulagement	alleviation, relief
sourcil	eyebrow
sourd	death
sous-muet	death and dumb
sourire	smile
spasmophilie	spasmophilia
sphincter	sphincter
squelette	skeleton
sténose	sténosis
stérilet	intrauterine device (IUD)
stupéfiant	narcotic
suc gastrique	gastric juice
sucer	to suck
suer	to sweat, to perspire
suffoquer	to choke
suicide	suicide
surdité	deafness
surmenage	overstrain
surrénale	suprarenal, adrenal
suture	suture, to stitch together
mettre des points de suture	*to sew up the wound*
sympathique	sympathetic
syncope	syncope, faint
synovie	synovial fluid
tabac	tobacco
tableau clinique	clinical picture
tachycardie	tachycardia
taille	stature (hauteur), waist (tour de)
talon	heel
taux	rate, amount, proportion
teint	complexion
tempe	temple
température	temperature
tendon	tendon

tendinite	tendinitis
tensiomètre	blood pressure cuff
tension artérielle	blood pressure
terme	term
être à terme	*to be at full term*
testicule	testis
torsion du testicule	*testiculor torsion*
tétanos	tetanus
vaccination à jour	*up-to-date vaccination*
tête	head
téter	to suck
thermomètre	thermometer
thorax	thorax
thrombose	thrombosis, clotting
thymus	thymus gland
thyroïde	thyroid gland
tibia	tibia
tissu	tissue
toucher	touch
toucher vaginal	*vaginal palpation*
toucher rectal	*rectal palpation*
tousser	to cough
toux grasse	*loose cough*
toux d'irritation	*tickling cough*
toux sèche	*dry cough*
toxémie	toxemia
toxicomane	toxicomaniac
toxique	toxicant, poison
trachée	trachea
trachéite	tracheitis
traitement	treatment
transfuser	to transfuse
tranquillisant	tranquilizer
transports (mal des)	motion sickness
tremblement	tremor, shiver, shake, quiver
trompe	tube
trouble	complaint, symptom
tuberculose	tuberculosis
tumeur	tumor
tympan	ear drum
typique	typical
ulcère	ulcer
urée	urea

urètre	urethra
urétrite	urethritis
urgence	emergency
service d'urgences	*emergency room*
urine	urine
urines troubles	*cloudy urine*
urticaire	urticaria, nettle rash
utérus	uterus
vaccin	vaccine
vaccination	vaccination
vagin	vagina
vaisseau	vessel
valve	valve
varice	varicosity
varicelle	chickenpox
vegetations	adenoids
veine	vein
ventre	belly
ventre de bois	*wooden belly*
verrue	wart
vertèbre	vertebra
vertige	dizziness
avoir des vertiges	*to feel dizzy*
vésicule biliaire	gall bladder
vessie	bladder
viol	rape
vipère	viper
vision	vision
voix	voice
volonté	will
volume courant	tidal volume
vomir	to vomit
vomissements	vomiting
vue	sight, vision
vultueux (visage)	bloated (face)
vulve	vulva
X (rayons)	X-rays
zona	herpes zoster

TEMPÉRATURE	
Degré Celsius	Degré Fahrenheit
36 – 36° 5C	96°8 – 97°7 F
37 – 37° 5C	98°6 – 99°5 F
38 – 38° 5C	100°4 – 101°3 F
39 – 39° 5C	102°2 – 103°1 F
40 – 40° 5C	104° — 104°9 F
41 – 41° 5C	105°8 – 106°7 F

POIDS

- 1 kg = 2,2 pounds (Lbs) ; 1 pound = 0,45 kg
- Le poids se mesure en stones et en pounds. 1 stone = 14 pounds.
- Pour convertir en kilo de manière approximative, multiplier par 6 le nombre de stones.

TAILLE

- 1 m = 3,28 feet ; 1 foot = 30,5 cm
- 1 cm = 0,38 inches ; 1 inch = 2,54 cm
- 1 foot = 12 inches

Index

7

I

K

L

Table des illustrations

8

Mis en page sur les presses de la
SNEL Grafics sa
rue Saint-Vincent 12 – B-4020 Liège
Tél +32(0)4 344 65 60 - Fax +32(0)4 341 48 41
septembre 2005 – 35798